Das Gutachten des Sachverständigen

Das Gutachten des Sachverständigen

Rechtsgrundlagen, Fragestellungen,
Gliederung, Rationalisierung

von
Berndt Zuschlag

2., überarbeitete und ergänzte Auflage

Hogrefe · Verlag für Psychologie
Göttingen · Bern · Toronto · Seattle

Berndt Zuschlag, Dipl.-Psych., Dr. phil., geb. 1942 in Dresden, Abitur in Kassel (1962), studierte Psychologie an den Universitäten Marburg/L. (Diplom 1969) und Lausanne. Promotion 1977 an der Universität Hamburg. Lehraufträge an verschiedenen Hochschulen. 1969-1981 in Hannover als Verkehrspsychologe Mitarbeiter des Medizinisch-Psychologischen Instituts (MPI). 1981-1995 Ausbildungsleiter und Leiter des Instituts für Berufliche Bildung (IBB), Aufbau der TÜV-AKADEMIE des TÜV Hannover/Sachsen-Anhalt e.V.
Seit 1980 freiberuflicher Geschäftsführer des Instituts für Angewandte Psychologie (I.A.P.) mit integrierter psychotherapeutischer Praxis. Klinischer Psychologe/Psychotherapeut (BDP), Verhaltenstherapeut (DGVT), approbierter psychologischer Psychotherapeut, Supervisor (BDP) sowie Fachpsychologe für Arbeits-, Betriebs- und Organisationspsychologie (BDP/DGPs), Fachpsychologe für Verkehrspsychologie (BDP), zugelassen als Verkehrspsychologischer Berater (nach §71 FeV). *Arbeitsschwerpunkte:* (1) Qualifikationsanalysen, Führungskräftetraining, Bildungsmanagement, Personalentwicklung, Coaching; (2) Motivationsforschung, Konfliktmanagement, Stress, Mobbing; (3) Verkehrspsychologie; (4) Psychotherapie, Beratung, Supervision; (5) Gutachten-Qualität.

Die Deutsche Bibliothek - CIP-Einheitsaufnahme

Ein Titeldatensatz für diese Publikation ist bei
Der Deutschen Bibliothek erhältlich.

© by Hogrefe-Verlag, Göttingen • Bern • Toronto • Seattle 1992, 2002
Rohnsweg 25, D-37085 Göttingen

http://www.hogrefe.de
Aktuelle Informationen • Weitere Titel zum Thema • Ergänzende Materialien

Umschlagbild: Diana Ong
Druck: Kaestner, D-37124 Göttingen-Rosdorf
Printed in Germany
Auf säurefreiem Papier gedruckt

ISBN 3-8017-1237-0

Vorwort zur 2. Auflage

Neben der Einarbeitung von inzwischen eingetretenen Veränderungen im Rechtsrahmen der Begutachtung (z. B. Novellierung des ZSEG) und neuer Fachliteratur habe ich vor allem zwei Themen-Schwerpunkte noch erweitert, die wesentlich für die *Gutachten-Qualität* sind:

1. *Anforderungen an Gutachten.* Dadurch soll insbesondere für den unerfahrenen Gutachter noch deutlicher das sachliche und logische Fundament der Gutachtenerstellung hervortreten. Deshalb habe ich noch einprägsamer herauszuarbeiten versucht, welche (Nutzen-) Erwartungen der Auftraggeber üblicherweise hat, wenn er ein Gutachten in Auftrag gibt, und welche Anforderungen sich daraus für die Gutachtertätigkeit ergeben.

2. *Fragestellung des Auftraggebers.* Hier habe ich noch stärker akzentuiert, welche überragende Bedeutung einer präzisen Fragestellung für die erfolgreiche Begutachtung zukommt und wie grundsätzlich auch jede noch so globale Fragestellung des Auftraggebers durch den Sachverständigen so sachgerecht strukturiert werden kann, dass sich daraus mit Konsequenz der logische Gang des Gutachtens von der Fragestellung über die Untersuchungen bis zu den zutreffenden und überzeugenden Antworten ergibt.

In den Gutachten-Seminaren zeigt sich regelmäßig, dass Informations- und Reflexionsbedarf nicht nur bei Anfängern besteht, sondern auch bei Sachverständigen mit langjähriger Gutachtererfahrung, weil sie nicht systematisch genug vorzugehen gelernt haben und dadurch unnötige Angriffspunkte bieten.

Ich wünsche daher auch der zweiten Auflage dieses Buches Erfolg, dessen erste Auflage sich bereits für die Gutachtertätigkeit vieler Fachkolleginnen und -kollegen als nützlich erwiesen hat. Besonders die Koll*eginnen* bitte ich um Nachsicht dafür, wenn ich im Hinblick auf die Lesbarkeit des Textes durchweg die männliche Sprachform benutze (d. h. der Sachverständige, der Gutachter etc.) und dass ich nur sporadisch die Gutachter*innen* ausdrücklich separat aufführe – dies umsomehr, als seit 1996 auch der Psychologenverband firmiert als *„Berufsverband Deutscher Psychologinnen und Psychologen e. V. (BDP)“*.

Bedanken möchte ich mich zunächst bei allen Kolleginnen und Kollegen, deren Anregungen ich zur weiteren Optimierung des Buches aufgreifen konnte. Außerdem danke ich dem Verlag für die freundliche Bereitschaft, die von mir vorgeschlagenen Texterweiterungen und Aktualisierungen wohlwollend aufzunehmen. Herrn H.-G. Kaps danke ich wieder für die Korrekturdurchsicht des überarbeiteten Manuskripts.

Hannover, März 2001   Berndt Zuschlag

Inhalt

1 Grundlagen der Begutachtung

1.1 Anforderungen an Gutachten

Warum werden überhaupt Gutachten erstellt?

Creifelds (1997, S. 581) stellt aus juristischer Sicht zutreffend fest:

> *„Gutachten der in gerichtlichen Verfahren auftretenden Sachverständigen sind Hilfsmittel für das Gericht zur Beurteilung von Tatsachen oder Tatsachenkomplexen, insbes. auf Grund von Erfahrungssätzen; sie vermitteln dem Richter die ihm fehlende Sachkunde.*
>
> *Ein G. basiert auf einem bereits festgestellten oder unstreitigen Sachverhalt oder auf einer oder mehreren als möglich unterstellten Tatsachengrundlagen; im Sachbericht kann es ‚Befundtatsachen' verwerten. Die Würdigung des G. und die aus ihm für die Sachentscheidung zu ziehenden Schlußfolgerungen bleiben dagegen dem Gericht vorbehalten (§§ 286 ZPO, 261 StPO).*
>
> *– Der Begriff G. wird auch für Ausarbeitungen verwendet, die gerichtliche Entscheidungen vorbereiten; solche G. enthalten einen Sachbericht (Tatsachendarstellung), die rechtliche Würdigung und einen Entscheidungsvorschlag. "*

Dies ist für Gerichtsgutachten und analog auch für Gutachten anderer Auftraggeber der entscheidende Punkt: jemand (ein Richter, eine Behörde) muss eine Entscheidung über einen Sachverhalt treffen, zu dessen Beurteilung ihm die notwendige Sachkenntnis fehlt. Deshalb wird ein Sachverständiger mit der Anfertigung eines Gutachtens beauftragt. Er soll den Sachverhalt fachkundig analysieren und in einer für den Auftraggeber verständlichen Form die Ergebnisse darstellen, damit der Auftraggeber hierdurch eine ausreichende Grundlage für die von ihm zu treffende Entscheidung erhält. – Wohlgemerkt: Die Entscheidung trifft der Auftraggeber und nicht der Gutachter!

Gutachten können jedoch nicht nur von Gerichten oder Behörden, sondern auch von Privatpersonen oder juristischen Personen (z. B. Verein, GmbH, AG) in Auftrag gegeben werden – nämlich dann, wenn die Person selbst oder ihre Rechtsvertreter nicht über die erforderliche Sachkenntnis verfügen, um z. B. in einem Streitfall gegenüber einer fachkompetent vertretenen Gegenseite die eigene Rechtsposition überzeugend darstellen zu können.

Aber auch eine Privatperson oder eine juristische Person mit dem erforderlichen Sachverstand könnte ein Gutachten durch einen neutralen Sachverständigen anfertigen lassen, da das in eigener Sache selbst gefertigte Gutachten leichter als subjektive Darstellung von Eigeninteressen interpretiert und von daher den Verdacht der Parteilichkeit zum eigenen Vorteil erwecken würde.

Nach Jessnitzer/Frieling (1992, S. 242) lässt sich für den Aufbau von Gutachten kein starres Schema vorgeben. *„Gesetzliche Vorschriften hierüber gibt es nicht. Doch haben sich in der Praxis unter Berücksichtigung der rechtswis-*

senschaftlichen Lehre und der Rechtsprechung gewisse Grundregeln entwickelt. "
Diese gelten grundsätzlich sowohl für schriftliche als auch für mündlich vorge-
tragene Gutachten.

Einige Anhaltspunkte für das, was beim Erstellen eines Gutachtens grundsätzlich beachtet werden sollte (s. auch Thomae 1967, Heckl 1983, Müller 1987,
319-322; Bayerlein 1990, 468-489, Westhoff & Kluck 1999; Entscheidung des
BGH vom 30.07.1999 (1 StR 618/98 – LG Ansbach) über Anforderungen an
hypothesengeleitete Diagnostik und Transparenz des Gutachtens insgesamt), gibt
die folgende Übersicht über Anforderungen an Gutachten, die weiter unten noch
im einzelnen besprochen werden:

Tabelle 1: Anforderungen an Gutachten
(nach Zuschlag 1996; Zuschlag & Kühne [in Vorbereitung])

Beurteilungskriterien	Anforderungen an psychologische Gutachten
	Auftragserteilung mit folgenden Qualitäts-erwartungen des Auftraggebers:
1. Nutzen des Gutachtens für den Auftraggeber	– Beantwortung der gestellten Frage(n) – vertretbare Relation von Kosten und Nutzen – angemessener Bearbeitungszeitraum
2. Fachkompetenz des psychologischen Gutachters	– einschlägige Berufsausbildung (normalerweise Studium der Psychologie mit einem wissenschaftlichen Abschluss – d. h. Diplom oder Promotion) – Sachverstand in dem jeweiligen Fachgebiet nach aktuellem Stand der Wissenschaft – aktueller Kenntnisstand bezüglich der Fachliteratur – aktueller Stand der Kenntnisse über die Untersuchungsmethoden – einschlägige mehrjährige Berufserfahrung
3. Neutralität, Objektivität, Unbestechlichkeit, Vertraulichkeit	– Unabhängigkeit von den am Begutachtungsprozess Beteiligten – neutrales Verhalten gegenüber den Beteiligten – Vorurteilsfreiheit – Objektivität bei der Planung, Durchführung, Auswertung der Untersuchung(en) sowie bei der Interpretation der Untersuchungsergebnisse – Datenerhebung ausschließlich bezogen auf die Fragestellung(en) – Verwertung aller erhobenen Daten – sichere Aufbewahrung der Daten und der Akten – Einhaltung des Datenschutzes (Datenschutzgesetz) – Einhaltung der Schweigepflicht (§ 203 StGB) – Unbestechlichkeit

Fortsetzung Tabelle 1

4. Lesbarkeit und Verständlichkeit des Gutachtens	– Dokumentation der Auftragsdaten (Geschäfts- und Aktenzeichen etc.) – übersichtliche Textorganisation – übersichtliche Gutachten-Gliederung – gut lesbares Schriftbild – verständliche Formulierung (Vermeiden von unnötigen Abkürzungen) – präzise Wortwahl (ggf. Erklärung von Fachausdrücken) – Rechtschreibung, Zeichensetzung und Grammatik nach Dudenregeln – auf den Auftraggeber abgestimmtes Sprachniveau – gegebenenfalls Veranschaulichung durch Abbildungen, Diagramme, Skizzen
5. Nachvollziehbarkeit des Gutachtens	– konkrete Wiedergabe der Fragestellung (wörtliches Zitat) – sachgerechte Strukturierung der Fragestellung aus der Perspektive des psychologischen Sachverständigen im Rahmen seiner psychologischen Arbeitshypothese(n) – überzeugende Differentialdiagnostik – getrennte Darstellung von Untersuchungsergebnissen (d. h. Daten) und psychologischem Befund (d. h. Interpretation) – Eindeutigkeit der Aussagen – Widerspruchsfreiheit der Argumentation – Übereinstimmung von Text und Abbildungen – Vollständigkeit der Darstellung – nachvollziehbare Begründung der Feststellungen und Schlussfolgerungen – Beantwortung aller vom Auftraggeber gestellten Fragen
6. Nachprüfbarkeit des Gutachtens	– Angabe aller Informations- und Datenquellen – Angaben über angewandte Untersuchungsgrundlagen, deren Zielsetzung, Auswertung und Normierung – präzise Darstellung des Untersuchungsablaufs und der Rahmenbedingungen – überzeugende Differentialdiagnostik – Information über (eventuell hinzugezogene) Hilfskräfte sowie über deren Qualifikation und über eventuelle Unteraufträge (z. B. Spezialuntersuchungen durch Fachärzte) – Angaben über Auswertungsverfahren und Beurteilungskriterien – ggf. Dokumentationen im Anhang (z. B. Testdokumente, Fotos – soweit sie nicht nur in der Handakte des Gutachters für eventuelle spätere Nachprüfungen vorgehalten werden)

Fortsetzung Tabelle 1

| 7. **Überzeugungskraft des Gutachtens** | – präzise Erfassung der Fragestellung des Auftraggebers
– klare, übersichtliche Gliederung des Gutachtens
– klare Trennung von Untersuchungsergebnissen (Daten) und psychologischem Befund (Interpretation)
– logisch zwingende Argumentation
– Eindeutigkeit der Ausführungen des Sachverständigen
– Widerspruchsfreiheit der Ausführungen des Sachverständigen
– überzeugende Differentialdiagnostik
– Auseinandersetzung mit möglichen Alternativen (bei Untersuchung, Auswertung, Interpretation und Beurteilung) sowie ggf. auch mit vorhersehbaren Einwänden von Kritikern
– Verzicht auf fragwürdige Annahmen, Vermutungen und Spekulationen
– sachgerechte Gewichtung der Befunde (mit Abwägung von Pro und Contra)
– sachlich nachvollziehbare Begründung der Feststellungen und Schlussfolgerungen
– professionelle Gutachtengestaltung
– gut verständliche Beantwortung aller vom Auftraggeber gestellten Fragen
– keinen Anlass geben, den Sachverständigen bzw. die Sachverständige wegen Befangenheit abzulehnen |
| | **Akzeptanz des Gutachtens beim Auftraggeber, wenn dessen Qualitäts-Erwartungen erfüllt sind.** |

1.1.1 Nutzen des Gutachtens für den Auftraggeber als Grundlage der Auftragserteilung

Nur, wenn sich der Auftraggeber irgendeinen Nutzen davon verspricht, wird er einen Sachverständigen mit der Erstellung eines Gutachtens beauftragen. Jede Reduktion dieses erwarteten Nutzens kann der Auftraggeber als Mangel empfinden.

Der Auftraggeber kann demnach mit der Auftragserteilung folgende Erwartungen verbinden:

Tabelle 2: Erwartungen des Auftraggebers an den Sachverständigen bzw. Gutachter

– Die Fragen des Auftraggebers werden vom Gutachter zufriedenstellend beantwortet. – Kosten und Nutzen stehen in einem für den Auftraggeber vernünftigen Verhältnis. – Das Gutachten wird in einem angemessenen Zeitraum erstellt.

Verschuldet der Sachverständige durch Gutachtenmängel eine Reduktion des zu erwartenden Nutzens, kann er gegebenenfalls dafür vom Auftraggeber haftbar gemacht werden.

Der Sachverständige kann in solchen Fällen teilweise oder ganz seinen Honoraranspruch verlieren. Der Auftraggeber kann darüber hinaus – sofern ihm (z. B. durch Verdienstausfall, Nichteinstellung durch den potentiellen Arbeitgeber, ungerechtfertigte Kündigung, Nichterteilung der beantragten Fahrerlaubnis) Schäden entstehen – dementsprechende Schadenersatzforderungen gegen den Sachverständigen geltend machen.

1.1.2 Fachkompetenz des Gutachters

Der Auftraggeber darf erwarten, dass nur solche Sachverständige seinen Gutachtenauftrag übernehmen, die über ausreichende Fachkompetenz für das betreffende Sachgebiet verfügen.

Er kann daher folgendes voraussetzen:

Tabelle 3: Fachkompetenz des Sachverständigen bzw. Gutachters

– Der Sachverständige hat eine für das betreffende Sachgebiet relevante einschlägige Berufsausbildung abgeschlossen (z. B. als Dipl.-Psych.).   – Der Gutachter verfügt grundsätzlich über den für das relevante Fachgebiet erforderlichen Sachverstand.   – Kenntnisse und Untersuchungsmethoden des Sachverständigen sind auf dem aktuellen fachlichen bzw. wissenschaftlichen Stand.   – Der Sachverständige hat für das relevante Sachgebiet ausreichende einschlägige Berufserfahrung.

Wenn der Sachverständige diese Voraussetzungen nicht erfüllt, ist er verpflichtet, seinen potentiellen Auftraggeber darüber zu informieren und gegebenenfalls die Übernahme des Auftrags abzulehnen.

Überschreiten Teile des Auftrags seinen unmittelbaren Kompetenzrahmen oder seine eigenen Arbeitsmöglichkeiten (weil er z. B. über notwendige Tests oder Untersuchungsgeräte nicht verfügt), kann er Unteraufträge an geeignete Experten bzw. Institutionen weitergeben, wenn er dies mit dem Auftraggeber vereinbart bzw. wenn dieses Vorgehen üblich ist.

1.1.3 Neutralität, Objektivität, Unbestechlichkeit, Vertraulichkeit

Der Auftraggeber erwartet, dass der von ihm mit der Erstellung eines Gutachtens beauftragte Sachverständige sich zwischen streitenden Parteien neutral verhält, dass er in der Sache objektiv ist, dass er unbestechlich ist (sich also zumindest nicht von der Gegenseite bestechen lässt) und dass er die Vertraulichkeit (im

Hinblick auf § 203 StGB) wahrt und ihn nicht durch unbefugte Weitergabe von Informationen in Schwierigkeiten bringt.

Tabelle 4: Neutralität, Objektivität, Unbestechlichkeit, Vertraulichkeit des Sachverständigen bzw. Gutachters

- Der Sachverständige ist unabhängig von den Beteiligten (in der Regel: von den streitenden Parteien).
- Der Sachverständige verhält sich den Beteiligten gegenüber neutral (z. B. informiert er alle rechtzeitig über anstehende Ortstermine).
- Der Sachverständige bearbeitet den Gutachtenauftrag insgesamt möglichst frei von persönlichen, fachlichen und ideologischen Vorurteilen.
- Der Sachverständige verhält sich objektiv bei der Klärung einer sachgerechten Fragestellung sowie bei der Aktenauswertung, der Untersuchungsplanung, -durchführung, -auswertung und der Interpretation der Ergebnisse im Hinblick auf die Fragestellung.
- Der Sachverständige verwertet alle Untersuchungs- und Prüfergebnisse angemessen in seinem Gutachten und trifft keine sachlich nicht begründete Selektion.
- Er beachtet seine Schweigepflicht (nach § 203 StGB) und wahrt die Vertraulichkeit der Informationen und Erkenntnisse (z. B. auch durch sichere Verwahrung der Akten und Nichtweitergabe an unbefugte Dritte).
- Er ist unbestechlich.

In § 203 StGB *„Verletzung von Privatgeheimnissen"* sind speziell die öffentlich bestellten und vereidigten Sachverständigen aufgeführt. Da aber auch andere Sachverständige entweder bereits anlässlich einer Beiziehung als Gerichtsgutachter vereidigt worden sind bzw. vereidigt werden können, gelten diese Vorgaben bzw. Restriktionen grundsätzlich auch für sie – abgesehen von ihren sonstigen berufsethischen und moralischen Sachverständigen-Pflichten (s. dazu auch Kap. 1.3.3.2 „Schweigepflicht"):

Tabelle 5: Schweigepflicht des Sachverständigen bzw. Gutachters gemäß § 203 StGB

„II Ebenso wird bestraft, wer unbefugt ein fremdes Geheimnis, namentlich ein zum persönlichen Lebensbereich gehörendes Geheimnis oder ein Betriebs- oder Geschäftsgeheimnis, offenbart, das ihm als
1. Amtsträger,
2. für den öffentlichen Dienst besonders Verpflichteten,
3. Person, die Aufgaben oder Befugnisse nach dem Personalvertretungsrecht wahrnimmt,
4. Mitglied eines für ein Gesetzgebungsorgan des Bundes oder eines Landes tätigen Untersuchungsausschusses, sonstigen Ausschusses oder Rates, das nicht selbst Mitglied des Gesetzgebungsorgans ist, oder als Hilfskraft eines solchen Ausschusses oder Rates oder
5. *öffentlich bestellten Sachverständigen, der auf die gewissenhafte Erfüllung seiner Obliegenheiten auf Grund eines Gesetzes förmlich verpflichtet ist,* anvertraut worden oder sonst bekanntgeworden ist.

...

V Handelt der Täter gegen Entgelt oder in der Absicht, sich oder einen anderen zu bereichern oder einen anderen zu schädigen, so ist die Strafe Freiheitsstrafe bis zu zwei Jahren oder Geldstrafe."

[Kursivdruck vom Verfasser]

Neutralität (s. auch Kap. 1.5.1) bedeutet in erster Linie, dass sich der Sachverständige z. B. gegenüber den vor Gericht streitenden Parteien möglichst vorurteilsfrei verhält und dass er sich in seiner Sachverhaltsbeurteilung nicht durch Sympathie bzw. Antipathie zum Vorteil der einen bzw. zum Nachteil der anderen Partei beeinflussen lässt.

Die Neutralität kann jedoch nicht nur durch Sympathie/Antipathie gegenüber den Parteien gefährdet sein. Sie kann auch beeinträchtigt sein, wenn z. B. ein Sachverständiger ihm bereits bekannten oder von ihm erahnten Ergebniswünschen des auftraggebenden Richters entgegenkommt, um von diesem weitere Gutachtenaufträge zu erhalten.

Objektivität bezieht sich in diesem Zusammenhang vor allem auf die fachliche Tätigkeit. Der Sachverständige sollte sich sowohl bei der Planung seiner Untersuchungen, der Auswahl der Untersuchungsmethoden, der Durchführung seiner Untersuchungen, der Auswahl der Auswertungsmethoden als auch bei der Interpretation seiner Ergebnisse ausschließlich auf die von der Sache selbst gestellten Anforderungen konzentrieren und die Ergebnisse nicht durch persönliche Vorlieben oder Abneigungen bestimmen lassen.

Vertraulichkeit bedeutet Verschwiegenheit über alles, was der Sachverständige während seiner Sachverständigen- bzw. Gutachtertätigkeit erfährt, gegenüber Unbeteiligten bzw. Unbefugten. Vertraulichkeit hat sowohl einen moralischen und berufsethischen Hintergrund als auch einen strafrechtlichen im Hinblick auf § 203 StGB.

Unbestechlichkeit ist eine wesentliche Voraussetzung der Neutralität des Sachverständigen. Bestochen werden kann man bekanntlich nicht nur mit Geldbeträgen, sondern auch mit anderen Vorteilsangeboten (z. B. Reisevergünstigungen, Unterstützung einer Bewerbung, Inaussichtstellen weiterer Aufträge, Befürwortung der Wahl in ein Ehrenamt).

1.1.4 Lesbarkeit und Verständlichkeit

Würde der Auftraggeber ein schwer leserliches, unlesbares bzw. ein schwer verständliches oder gar unverständliches Gutachten erhalten, wäre er mit Recht verärgert und würde daraus vermutlich Konsequenzen für die Kürzung des Gutachterhonorars ableiten.

Gute Lesbarkeit und Verständlichkeit von Gutachten liegen insofern nicht nur im Interesse des Auftraggebers, sondern auch des Gutachters selbst. Sie sind ein wichtiges Qualitätsmerkmal:

Tabelle 6: Lesbarkeit und Verständlichkeit von Gutachten

– Gut lesbare Schrifttypen (z. B. „Arial") verwenden und rechtzeitig z. B. ein neues Farbband in die Schreibmaschine oder eine neue Patrone in den PC-Drucker einsetzen (bzw. Toner-Cassette rechtzeitig auswechseln).
– Übersichtliche Textorganisation des Gutachtens durch sachlich vernünftige Gliederung

Fortsetzung Tabelle 6

– Strukturierung durch klare Textabsätze, Einschub von Tabellen, Hervorhebung des
  Wesentlichen durch Fettdruck, Kursivdruck, Einrückungen; Textgestaltung nach
  DIN 5008 „Regeln für Maschinenschreiben").
– Verständliche Formulierung mit präziser Wortwahl (Fachtermini ggf. erläutern),
  grammatisch richtigen und leicht überschaubaren Satzkonstruktionen.
– Auf den Leser- bzw. Zuhörerkreis abgestimmtes Sprachniveau (jeweilige Ange-
  messenheit von Umgangssprache, Schriftsprache, Fachterminologie beachten).
– Veranschaulichung von Sachverhalten durch Abbildungen, Skizzen, Diagramme.
– Dokumentation der relevanten Auftragsdaten (z. B. Auftraggeber, Aktenzeichen
  des Auftraggebers, Fragestellung, Anlass der Untersuchung, Anschrift und
  Telefonnummer des Sachverständigen).

1.1.5 Nachvollziehbarkeit

Auftraggeber sollten – auch als fachliche Laien – zumindest die wesentlichen
Gedankengänge des Sachverständigen im Gutachten nachvollziehen können.
Richter sind dazu von Berufs wegen verpflichtet.

Unumgänglich ist jedoch die Nachvollziehbarkeit des Gutachtens in allen Einzelheiten für Fachkollegen des Gutachters – insbesondere dann, wenn sie als
Gegengutachter oder als Obergutachter in derselben Sache tätig werden sollen.

Je leichter und exakter ein Leser (und insbesondere ein Fachkollege) ein Gutachten nachvollziehen kann, desto weniger wird er es nur deshalb unnötigerweise kritisieren, weil er einem grundsätzlich vermeidbaren Missverständnis aufgesessen ist. Insoweit müsste die Gewährleistung der Nachvollziehbarkeit seines
Gutachtens auch im Interesse jedes Gutachters selbst liegen.

Eine Reihe von Aspekten ist dabei zu beachten:

Tabelle 7: Nachvollziehbarkeit von Gutachten

– Eine wichtige Voraussetzung ist die klare Erfassung der Fragestellung und eine
  vernünftige Strukturierung des durch sie angesprochenen Gesamtkomplexes.
– Eine übersichtliche Gliederung des Gutachtens sorgt für Transparenz bezüglich
  des vom Sachverständigen beschrittenen Lösungsweges.
– Entwicklung und Beurteilung von Arbeitshypothesen (einschließlich „Nullhypo-
  these" und „Alternativhypothese(n)" gemäß Urteil des BGH vom 30.7.1999, S. 7).
– Mit einem „roten Faden" logisch nachvollziehbar von der Fragestellung über die
  Untersuchungen zu den Antworten auf die gestellte(n) Frage(n) führen.
– Ausschlaggebend für die Nachvollziehbarkeit von Feststellungen und Schlussfolge-
  rungen sind ausreichende und jeweils sachlich überzeugende Begründungen dafür.
– Möglichst vollständige Darstellung der Überlegungen des Gutachters und der
  Begründungen für seine Schlussfolgerungen, damit der Leser bzw. Zuhörer die
  Gedankengänge ohne Schwierigkeiten und Missverständnisse nachvollziehen kann.
– Eindeutigkeit der Begriffe und Formulierungen kann Fehldeutungen und Missver-
  ständnisse reduzieren.
– Widerspruchsfreiheit der Ausführungen (einschließlich der Übereinstimmung der
  Informationen in Text, Abbildungen und Anhang) kann die Nachvollziehbarkeit
  erleichtern.

Fortsetzung Tabelle 7

– Eine klare Trennung von objektiven Tatsachen und Ergebnisbewertung durch den Gutachter kann verhindern, dass bei Zweifeln an der Richtigkeit der Bewertung gleichzeitig die Tatsachen grundlos mit in Zweifel gezogen werden. – Nachvollziehbarkeit der Begutachtung erfordert möglichst exakte Beantwortung aller vom Auftraggeber gestellten Fragen und verbietet insbesondere die Beantwortung nicht gestellter Fragen.

1.1.6 Nachprüfbarkeit

Im Prinzip gelten für die Nachprüfbarkeit von Gutachten die gleichen Kriterien, wie für die Nachvollziehbarkeit.

Zur Nachprüfbarkeit durch Fachkollegen gehören jedoch noch detailliertere Informationen (z. B. über konkrete Untersuchungsbedingungen mit genauen Angaben über die eingesetzten psychodiagnostischen Verfahren, Versuchsabläufe, Auswertungsverfahren, Normen, Bewertungskriterien).

Sie sollen einen Nachuntersucher gegebenenfalls in die Lage versetzen, grundsätzlich genau die gleiche Untersuchung noch einmal durchzuführen und damit im Idealfall (unter Berücksichtigung der Messfehlertoleranzen etc.) zu den gleichen Ergebnissen zu kommen.

Tabelle 8: Nachprüfbarkeit von Gutachten

– Detaillierte Angabe der Informationsquellen (z. B. Akten, Ergebnisse von Voruntersuchern, Fachliteratur). – Dokumentation der Rechtsgrundlagen der Untersuchungen. – Detaillierte Angaben über eingesetzte Untersuchungsverfahren und -geräte sowie über die Auswertungsverfahren, die Bewertungsnormen und Beurteilungskriterien. – Darstellung des Untersuchungsablaufs und der untersuchungsrelevanten Rahmenbedingungen (z. B. Vorgaben des Auftraggebers, Situation bei Hausbesuchen). – Ausführliche, möglichst detaillierte und vollständige Darstellung der Untersuchungen, um zumindest Fachleuten (z. B. Gutachtern der Gegenseite, Obergutachtern) die Nachprüfung der Richtigkeit zu erleichtern, was letztlich auch im Interesse des Gutachters selbst liegen sollte. – Angaben über ggf. vergebene Unteraufträge (z. B. an Fachärzte) und über die Qualifikation ggf. eingesetzter eigener Hilfskräfte (z. B. psychologisch-technische Assistentinnen). – Information über die benutzten Auswertungsverfahren und über eventuell nicht berücksichtigte alternative Auswertungsmethoden. – Gegebenenfalls ausführliche oder sogar komplette Dokumentation der Untersuchungsdaten (z. B. Messwerttabellen von Messungen mit apparativen Verfahren, Unfall-Fotos, Kinderzeichnungen aus Zeichentests) im Anhang.

Sind Untersuchungsergebnisse hinsichtlich ihrer Richtigkeit nicht nachprüfbar, ist ihr Wert fragwürdig. Kommen dann sogar noch Gegengutachter zu leicht nachvollziehbar und nachprüfbar stark abweichenden Resultaten, entsteht leicht der Verdacht, der erste Sachverständige habe nicht fachgerecht gearbeitet oder gar, dass er aus Eigeninteresse (z. B. zum Beweis einer liebgewonnenen Hypothese) oder mit parteilicher Tendenz ein Gefälligkeitsgutachten erstellt habe.

1.1.7 Überzeugungskraft und Akzeptanz von Gutachter und Gutachten

Gutachten ohne Überzeugungskraft werden erfahrungsgemäß – wenn überhaupt – nur nach aufwändiger Klärung von Informationslücken, Missverständnissen, „Ungereimtheiten" und Widersprüchen akzeptiert.

Da mangelnde Überzeugungskraft eines Gutachtens nicht nur zu grundsätzlich unnötigen Einwänden und Nachfragen, sondern auch unter Umständen zur Ablehnung des gesamten Gutachtens (einschließlich der Honorierung) führen kann, sollten sich Gutachter jeweils von vornherein um maximale Überzeugungskraft ihrer Gutachten bemühen.

Durch Beachtung folgender Grundsätze kann die Überzeugungskraft gestärkt werden:

Tabelle 9: Überzeugungskraft und Akzeptanz von Gutachter und Gutachten

- Der Sachverständige dokumentiert im Gutachten, dass er das Anliegen des Auftraggebers und seine Fragestellung richtig verstanden und bearbeitet hat.
- Schon aufgrund der übersichtlichen Gutachten-Gliederung gewinnt der Leser den Eindruck, dass der Sachverständige das Gutachten fachlich voll im Griff hat.
- Die in sich konsistente und logisch zwingende Argumentation stützt sich überzeugend auf die objektiven Fakten.
- Der Sachverständige weicht den Problemen nicht aus, sondern bezieht mit eindeutigen Ausführungen klar Stellung.
- Die Ausführungen des Sachverständigen enthalten keine Widersprüche, sie sind miteinander und mit den Fakten kompatibel.
- Der Sachverständige hat sich sachkompetent mit möglichen Untersuchungs-, Auswertungs- und Beurteilungsalternativen im Gutachten auseinandergesetzt und dadurch möglichen Zweifeln an der Korrektheit seines Vorgehens vorgebeugt.
- Der Sachverständige setzt sich bei gegebenem Anlass auch bereits prophylaktisch mit eventuellen Einwänden von Kritikern sachlich auseinander.
- Das Gutachten enthält keine fragwürdigen Annahmen, Vermutungen oder Spekulationen des Sachverständigen.
- Der Sachverständige kommt nicht zu voreiligen Schlussfolgerungen, sondern wägt jeweils das Pro und Contra sachgerecht gegeneinander ab.
- Die vom Sachverständigen getroffenen Feststellungen und Schlussfolgerungen sind jeweils sachlich ausreichend begründet.
- Das Gutachten erweckt nach Form und Inhalt einen professionellen Eindruck.
- Der Gutachter hat ein Renommee als Sachverständiger (z. B. durch Publikationen).
- Überzeugende Auseinandersetzung mit möglichen Untersuchungs-, Auswertungs- und Beurteilungsalternativen.
- Alle vom Auftraggeber gestellten Fragen werden sachlich begründet und lückenlos beantwortet.
- Der Gutachter gibt keinen Anlass, ihn wegen Befangenheit abzulehnen.

Unterschiedliche Grade logischer Stringenz von Gutachten bei der Ableitung von Ergebnissen aus Fakten veranschaulicht die nächste Abbildung.

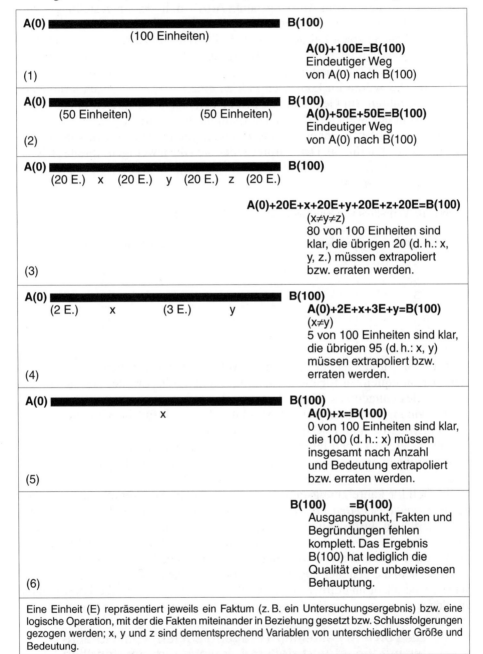

Abbildung 1: Logische Stringenz von Gutachten bei der Ableitung von Ergebnissen aus Fakten

Das erste Beispiel in Abbildung 1 skizziert, wie der Gutachter mit einer Kette von 100 unstreitigen Fakten und richtigen logischen Verknüpfungen dieser Fakten logisch stringent vom Ausgangspunkt A(0) – d. h. der Fragestellung – zum Endpunkt B(100) – d. h. der Antwort auf die Fragestellung – gelangt.

Im zweiten Beispiel, bei dem lediglich die logische Gedankenkette in 2x50 Einheiten unterteilt ist, führt ebenso stringent zu demselben Ergebnis. In beiden Fällen sind alle 100 Einheiten (d. h. Fakten und logische Operationen) eindeutig definiert. Das würde im konkreten Fall zu einem 100%ig logisch stringenten Gutachten führen. Im Gegensatz zu den beiden ersten Beispielen in der Abbildung sind in den weiteren Beispielen (Nummern 3-6) nicht genauer definierte Variablen x, y bzw. z eingeführt, die zu unterschiedlichen Graden von Unklarheit im Gutachten führen. Demzufolge teilen sich die jeweiligen Anteile an Klarheit bzw. Unklarheit in den beiden ersten sowie in den weiteren Beispielen 3-6 in folgender Weise auf:

Tabelle 10: Verhältnis von Klarheit/Unklarheit bei Gutachten

Beispiel	%-Anteil an Klarheit	%-Anteil an Unklarheit
1	100	0
2	100	0
3	80	20
4	5	95
5	0	100
6	0	100

Aus diesen grundlegenden Gutachten-Anforderungen ergeben sich unter anderem Konsequenzen für die formale und inhaltliche Erarbeitung der Fragestellung des Gutachtens (Kapitel 2), für die Gutachtengliederung (Kapitel 3), die Gestaltung des Gutachtens (Kapitel 4), aber auch für die Vermeidung von Gutachten-Fehlern und -Mängeln (Kapitel 5).

Tab. 12 ergänzt noch einige Präzisierungen von grundlegenden Gutachten-Anforderungen, wie sie sich aus der Gutachten-Definition (Kapitel 1.2.1) ergeben.

Speziell für Fahreignungsgutachten, die vor allem von Verkehrspsychologen in *Begutachtungsstellen für Fahreignung* erstellt werden, sind die Gutachten-Anforderungen ausdrücklich festgelegt in *„Grundsätze für die Durchführung der Untersuchungen und die Erstellung der Gutachten"* (Anlage 15 zu § 11 Abs. 5 der Fahrerlaubnis-Verordnung – FeV; hier abgedruckt in Anhang 9.3).

Gutachten, die den hier angeführten grundsätzlichen Anforderungen nicht genügen, sind leicht angreifbar und erfüllen im Extremfall nicht die Erwartungen, die den Auftraggeber zur Erteilung des Gutachtenauftrags veranlasst haben:

Die von ihm gestellte(n) Frage(n) soll(en) vom Gutachter möglichst vorurteilsfrei, vollständig, verständlich und überzeugend beantwortet werden.

Der Berufsverband deutscher Psychologen e.V. (1989, S. 12-13) regelt in seiner Berufsordnung die Erstellung von Gutachten und Untersuchungsberichten grundsätzlich folgendermaßen:

Tabelle 11: Prinzipien der Gutachtenerstellung (BDP)

„1. Sorgfaltspflicht
Allgemein gilt, daß die Erstellung und Verwendung von Gutachten und Untersuchungsberichten vom Psychologen größtmögliche Sachlichkeit, Sorgfalt und Gewissenhaftigkeit erfordert. Gutachten und Untersuchungsberichte sind frist- und formgerecht anzufertigen.

2. Transparenz
Gutachten und Untersuchungsberichte müssen für den Adressaten inhaltlich nachvollziehbar sein.

3. Einsichtnahme
(1) Sind Auftraggeber und Begutachteter nicht identisch, kann das Gutachten bzw. der Untersuchungsbericht nur mit Einwilligung des Auftraggebers dem Begutachteten zugänglich gemacht werden.
(2) Der Psychologe ist gehalten, darauf hinzuwirken, daß der Begutachtete das Gutachten bzw. den Untersuchungsbericht auf Wunsch einsehen kann, sofern für ihn kein ernster Schaden zu befürchten ist.
(3) Falls der Auftrag eine Einsichtnahme von vornherein ausschließt, muß der Klient/Patient vorab davon in Kenntnis gesetzt werden.

4. Gefälligkeitsgutachten
Gefälligkeitsgutachten sind nicht zulässig.

5. Stellungnahme zu Gutachten von Kollegen
Stellungnahmen zu Gutachten von Kollegen sind zulässig, wobei der Abschnitt V Ziffer 1 dieser Berufsordnung besonders zu beachten ist."

1.2 Definitionen

Einige wichtige Begriffe sollen zunächst definiert werden, da hier erfahrungsgemäß bei vielen Fachleuten, die erstmals als Gutachter herangezogen werden, Unklarheiten bestehen:

1.2.1 Gutachten, Gerichtsgutachten, Parteiengutachten, Privatgutachten, Obergutachten

1.2.1.1 Gutachten

Aus den Überlegungen von Pause & Zuschlag (1982) ist unter Berücksichtigung der wesentlichen juristischen Aspekte folgende Definition von Gutachten hervorgegangen:

> „Ein *Gutachten* ist eine umfassende schriftliche (und ggf. mündliche), für den Adressaten nachvollziehbare Darlegung der Aufgabe, des Verlaufs, des Ergebnisses und der Bewertung dieses Ergebnisses einer Untersuchung auf der Grundlage eines beachtlichen Abwägungsprozesses durch eine Person oder eine Personenmehrheit, die die dafür erforderlichen Kenntnisse und Erfahrungen besitzt, wobei die zugrundegelegten Beurteilungsmaßstäbe und die zur Verfügung stehenden oder gestellten Hilfsmittel anzugeben sind."

Die Zerlegung dieses juristischen Bandwurms (einer unübersichtlichen Satzkonstruktion, als abschreckendes Beispiel, wie sie kein einziges Ihrer Gutachten belasten sollte) in seine Bestandteile führt uns zu folgender Erkenntnis:

Tabelle 12: Weitere grundlegende Anforderungen an ein Gutachten

- Ein Gutachten ist **umfassend**. Es soll alle für die Beantwortung der gestellten Frage(n) wesentlichen Details enthalten.
Es wird grundsätzlich schriftlich erstellt. Das ist zweckmäßig, da der Wortlaut dann von allen Beteiligten nachgelesen werden kann und der Originaltext jeweils bei Bedarf in der Akte zur Verfügung steht. Gegebenenfalls werden Gutachten zusätzlich (z. B. bei Gerichtsverfahren) auch mündlich vorgetragen. Beim mündlichen Vortrag kann der Gutachter z. B. erst in der Verhandlung bekanntgewordene, neue Tatsachen noch bei der Erstattung seines Gutachtens berücksichtigen.
- Das Gutachten soll für den **Adressaten nachvollziehbar** sein. Der Auftraggeber (z. B. ein wegen Trunkenheit am Steuer verurteilter Kraftfahrer) muss nicht gleichzeitig auch der Adressat sein. Adressat kann z. B. der ihn vertretende Rechtsanwalt oder die Straßenverkehrsbehörde sein. Die Unterscheidung kann dann bedeutsam werden, wenn das Gutachten nicht nachvollziehbar sein muss für einen geistig minderbegabten Mandanten, sondern z. B. für dessen normalbegabten Rechtsanwalt. Nachvollziehbar soll es dann vor allem für den Anwalt sein, damit er die Verteidigung seines Mandanten daraus ableiten kann. Aber auch für den Richter bzw. die Verwaltungsbehörde: sie müssen die Ergebnisse des vom Anwalt vorgelegten Gutachtens für die von ihm zu treffende Entscheidung auswerten können.
- **Darlegung der Aufgabe.** Der Leser soll erfahren, welche Fragestellung(en) der Gutachter behandelt. Nur wenn dies dargelegt wird, kann z. B. ein Richter erkennen, ob und in welchem Maße die Ergebnisse des Gutachtens für die Entscheidung einer Sache erheblich sind.
- Die **Darlegung des Verlaufs** der Untersuchung ermöglicht dem Leser die Verfolgung der logischen und damit überzeugenden Untersuchung der gestellten Frage(n). Erst anhand des Verlaufs kann er die Richtigkeit der Schlussfolgerungen des Gutachters einschätzen und verstehen. Das Ergebnis muss dargelegt werden, weil Untersuchungen gerade im Hinblick auf die Präsentation der Ergebnisse und der daraus zu ziehenden Schlussfolgerungen durchgeführt werden.
- Die **Bewertung dieses Ergebnisses** durch den Gutachter ist erforderlich, da Ergebnisse von Untersuchungen (z. B. ein Intelligenzquotient) allein noch wenig aussagen. Sie müssen vom Sachverständigen unter Berücksichtigung der Rahmenbedingungen bewertet und im Hinblick auf die Fragestellung interpretiert werden.

Fortsetzung Tabelle 12

- Der **beachtliche Abwägungsprozess** charakterisiert dabei die vielleicht wichtigste Aufgabe des Sachverständigen. Die Feststellung des IQ im Rahmen der Auswertung eines Intelligenztests erfordert z. B. **keinen beachtlichen** Abwägungsprozess, sondern in der Regel nur den Vergleich der Gesamttest-Summe (Rohwert) mit den in vorgegebenen Tabellen aufgeführten Normwerten. **Beachtlich** kann der Abwägungsprozess jedoch dann werden, wenn der Sachverständige beurteilen soll, in welchem Grade die im Intelligenztest erbrachte Leistung eine reliable und valide Schätzung der vorhandenen intellektuellen Fähigkeiten darstellt und inwieweit diese im konkreten Fall ausgereicht haben, das Strafbare einer Handlung einzusehen.
- Ein Gutachten kann durch **eine Person** oder durch eine **Personenmehrheit** erstellt werden. Wenn ein einzelner Gutachter nicht sachverständig für alle Problembereiche des im Gutachten abzuhandelnden Auftrags ist, kann er weitere Sachverständige an der Erstellung des Gutachtens beteiligen. Es ist leicht einzusehen, dass ein Sachverständiger nur für das Gebiet zuständig ist, für das er ausgebildet ist und Erfahrungen hat.
- Der Gutachter muss die **erforderlichen Kenntnisse und Erfahrungen** besitzen. Bezieht sich der an ihn herangetragene Gutachtenauftrag jedoch auf ein anderes Fachgebiet als das, wofür er sachverständig ist, ist er gehalten, diesen abzulehnen.
- Die **zugrundegelegten Beurteilungsmaßstäbe** hat der Gutachter anzugeben. Andernfalls könnte der Leser zwar die Logik der Untersuchung, nicht aber die Logik der daraus abgeleiteten Schlussfolgerungen verstehen.
- Der Gutachter hat auch die zur Verfügung stehenden oder zur Verfügung gestellten **Hilfsmittel** anzugeben. Für psychologische Gutachter ist z. B. die genaue Angabe der benutzten Testverfahren und der Bewertungsnormen relevant. Der fachkundige Leser möchte z. B. wissen, welche Auflage des Testverfahrens (und damit welche Aufgabenversion, welche Normen) eingesetzt wurde. Der nichtfachkundige Leser benötigt darüber hinaus noch Informationen darüber, was man mit dem Verfahren messen kann.

Auf die einzelnen Punkte werden wir im Verlaufe der weiteren Erörterungen noch genauer eingehen (s. dazu auch Zuschlag 1996).

1.2.1.2 Gerichtsgutachten

Das Gerichtsgutachten (dazu auch Kap. 1.1: Creifelds 1997 sowie Bleutge 1991) verdankt diese Bezeichnung dem Umstand, dass ein Gericht der Auftraggeber für das Gutachten ist. Das sollte grundsätzlich keine Auswirkungen auf Qualität und Inhalt des Gutachtens haben, da die grundsätzlichen Anforderungen an die Qualität von Gutachten im Prinzip für alle Arten von Gutachten und unabhängig vom Auftraggeber in gleicher Weise Geltung haben.

Wesentlich ist allerdings, dass sich der Gutachter bei der Erstellung seines Gutachtens den Gepflogenheiten des Gerichts anpasst.

Dazu gehört z. B.:
- die Beachtung von Beweisbeschlüssen als Auftragsgrundlage,
- der auf Verhandlungstermine abgestimmte Zeitrahmen,
- die Abrechnung nach dem Gesetz über die Entschädigung von Zeugen und Sachverständigen (ZSEG),

– und gegebenenfalls die Aufforderung zur mündlichen Erstattung des Gutachtens im Rahmen einer Gerichtsverhandlung.

Der Gutachter muss also darauf vorbereitet sein, sich in der mündlichen Verhandlung nicht nur mit Verständnisfragen des Richters zu befassen, sondern sich unter Umständen auch gegen sachliche und vielleicht sogar unsachlich-taktische Angriffe der Gegenseite und eines eventuellen Gegengutachters zur Wehr zu setzen. Dabei muss er selbst stets sachlich bleiben und darf sich nicht in Widersprüche verwickeln oder zu polemischen Äußerungen hinreißen lassen.

1.2.1.3 Parteiengutachten

Im Gegensatz zu einem von einem Gericht in Auftrag gegebenen Gutachten wird das Parteiengutachten im Auftrag einer der (streitenden) Parteien angefertigt. Es kann dem Gericht als *„Sachverständigenbeweis"* vorgelegt werden, mit dem es sich nach den Verfahrensregeln auseinandersetzen muss (z. B. § 402ff. ZPO, § 72ff. StPO). Nach Dreher & Tröndle (1985, S. 222) ist der Sachverständige nach seiner rechtlichen Stellung ein Beweismittel wie jedes andere.

Thomas/Putzo (1999, S. 734) sagen über Parteiengutachten:

> *„Privatgutachten sind urkundlich belegter substantiierter Parteienvortrag; als Sachverständigenbeweis nur mit Zustimmung beider Parteien verwertbar (BGH NJW 93, 2382). Sie können dem Gericht Veranlassung geben, den gerichtlichen Sachverständigen nochmal anzuhören oder ein weiteres Gutachten einzuholen (BGH NJW 86, 1928, NJW 92, 1459, Frankfurt NJW-RR 98, 870). Bei sich widersprechenden Parteigutachten muß das Gericht, wenn es keine eigene Sachkunde besitzt, einen gerichtlichen Sachverständigen zuziehen (BGH NJW 93, 2382)."*

Nach Kleinknecht & Meyer-Gossner (1997, S. 216) ist der Sachverständige *„neben dem Zeugen das zweite persönliche Beweismittel der StPO ..."*

Auch das Gutachten einer Partei sollte den gleichen Qualitätsstandard haben wie z. B. ein von einem Gericht in Auftrag gegebenes - es sollte ebenso sachlich und objektiv sein. Das unterscheidet ein *Parteiengutachten* von einem *parteilichen Gutachten,* bei dem der Sachverständige seine Neutralität und Objektivität mehr oder weniger aufgibt. Er stellt dann wider besseres Wissen Ergebnisse heraus, die den Interessen des (zahlenden) Auftraggebers angepasst sind.

Während Parteiengutachten zum normalen Aufgabenbereich eines Gutachters gehören können, disqualifiziert sich ein Gutachter durch die Erstellung oder Erstattung von parteilichen Gutachten im Sinne von *„Gefälligkeitsgutachten"* (s. dazu auch Kapitel 1.5.1: *„Neutralität, Objektivität, Unabhängigkeit"*).

1.2.1.4 Privatgutachten

Ein Privatgutachten ist – wie ein „Parteiengutachten" (Kap. 1.2.1.3) – ein Gutachten, das sich eine Partei bei einem von ihr ausgewählten Sachverständigen - z. B. vorprozessual – beschafft. Es ist als Parteivorbringen zu würdigen und dann auch ohne Einverständnis des Gegners urkundenbeweislich benutzbar.

Das Gericht darf das Privatgutachten zu seiner Unterrichtung und als Hilfsmittel zur freien Würdigung benutzen. Über den Urkundenbeweis hinaus darf es an Stelle eines vom Gericht angeforderten Gutachtens als Sachverständigenbeweis jedoch nur verwandt werden beim Einverständnis der Parteien oder wenn das Gericht es für ausreichend hält oder halten darf (Albers & Hartmann 1986, S. 1152). Aber auch das Privatgutachten muss nachprüfbar sein, um prozessual uneingeschränkt verwertbar zu sein. Der Privatgutachter haftet nach dem Vertragsrecht.

Wenn ein Privatgutachter nur zu seinen eigenen Wahrnehmungen vernommen wird, ist er ein *sachverständiger Zeuge* (s. dazu 1.2.2.4).

1.2.1.5 Obergutachten

Den Begriff „Obergutachten" (s. dazu auch Kap. 1.2.2.1 „Gutachter/Obergutachter") gibt es in der Zivilprozessordnung und auch in der Strafprozessordnung nicht (Beaumont 1984, Thomas/Putzo 1999).

So heißt es z. B. in § 412 ZPO:

> „(1) Das Gericht kann eine neue Begutachtung durch dieselben oder durch andere Sachverständige anordnen, wenn es das Gutachten für ungenügend erachtet.
> (2) Das Gericht kann die Begutachtung durch einen anderen Sachverständigen anordnen, wenn ein Sachverständiger nach Erstattung des Gutachtens mit Erfolg abgelehnt ist."

Die analoge Regelung für Strafverfahren findet sich in § 83 StPO mit der Erweiterung:

> „III In wichtigen Fällen kann das Gutachten einer Fachbehörde eingeholt werden."

Himmelreich/Janker (1999, S. 19) weisen auf die früheren Eignungsrichtlinien im Rahmen der Fahreignungsbegutachtung hin, wo es hinsichtlich der Obergutachten in Ziff. III, Abs. 2 hieß:

> *„Obergutachten sollen von Persönlichkeiten erstattet werden, die ... von den obersten Landesbehörden benannt worden sind: Der verantwortliche Obergutachter muß über eine abgeschlossene Fachausbildung verfügen."*

In diesem Zusammenhang wurden sogar in den Bundesländern Obergutachterstellen eingerichtet bzw. Obergutachter benannt. Diese Regelung ist jedoch inzwischen im Zusammenhang mit der Entwicklung des neuen Fahrerlaubnisrechts wieder aufgehoben worden.

Nach der Rechtsprechung kann man von einem Obergutachten sprechen (Thomas/Putzo 1999, S. 749), wenn ein Sachverständiger (d. h. hier: als Obergutachter) aufgrund überragender Sachkunde oder besonderer Autorität die durch gegensätzliche Auffassung mehrerer Sachverständiger entstehenden Zweifel zu klären hat.

> *„Somit kann man von einem Obergutachter immer erst dann sprechen, wenn zumindest zwei Gutachten vorliegen, die sich widersprechen, nicht aber dann, wenn lediglich ein nach Meinung einer Prozeßpartei unzutreffendes Gutachten beanstandet wird."*
> (Beaumont 1984).

Nach der Entscheidung des Bundesgerichtshofs vom 4.3.1980 – VI ZR 6/79 – ist dabei an folgende Fallgestaltungen zu denken:
   a) bei besonders schwierigen Fragen,
   b) bei Zweifeln an der Sachkunde des Sachverständigen,
   c) bei überlegenen Forschungsmitteln des weiteren Gutachters,
   d) bei groben Mängeln des erstatteten Gutachtens.

Kleinknecht & Meyer-Gossner (1997) ziehen zur Erläuterung der Vorschrift des § 83 I StPO:

> *„Der Richter kann eine neue Begutachtung durch dieselben oder andere Sachverständige anordnen, wenn er das Gutachten für ungenügend erachtet."*

§ 244 IV S. 2 mit heran:

> *„..., wenn die Sachkunde des früheren Gutachters zweifelhaft ist, wenn sein Gutachten von unzutreffenden tatsächlichen Voraussetzungen ausgeht,*
> *wenn das Gutachten Widersprüche enthält*
> *oder wenn der neue Sachverständige über Forschungsmittel verfügt, die denen eines früheren Gutachters überlegen erscheinen."*

Grundsätzlich ist demnach kein Obergutachten nötig, wenn das erste Gutachten ohne erkennbare Fehler und im übrigen überzeugend erstattet worden ist. Letztlich ist auch hier die Qualifikation des Sachverständigen entscheidend. Die Einholung eines Obergutachtens bleibt jedoch nach ständiger Rechtsprechung des Bundesgerichtshofs eine Ermessensfrage der Instanzgerichte.

Einen Anspruch auf Anhörung eines Gegen- oder Obergutachters bei widersprechenden Gutachten haben die Parteien nur ausnahmsweise – z. B. bei groben Mängeln des Gutachtens und/oder bei besonders schwierigen oder umstrittenen Fragen (Albers & Hartmann 1986).

Der vollständige Verfahrensgang würde demnach mindestens aus zwei Gutachten mit einander widersprechenden Feststellungen und einem klärenden Obergutachten bestehen:

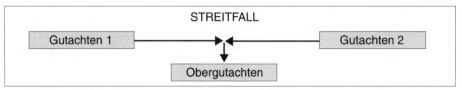

Abbildung 2: Obergutachten

In der Praxis wird häufig auf ein formelles zweites Gutachten verzichtet, wenn das erste Gutachten unzureichend ist oder sich aus dem dagegen gerichteten Schriftverkehr der Gegenseite bzw. aus der Verhandlung begründete Zweifel daran ergeben, dass das erste Gutachten als Entscheidungsgrundlage ausreichen wird. Die Parteien können sich dann auf einen Gutachter des gemeinsamen Vertrauens einigen und diesen durch das Gericht bestellen lassen; er hat dann die Funktion eines „Obergutachters".

1.2.2   Gutachter/Obergutachter, Sachkundiger, Sachverständiger, Sachverständiger Zeuge

1.2.2.1   Gutachter/Obergutachter

Ein Gutachter/Obergutachter (s. auch Kap. 1.2.1.5 „Obergutachten") ist ein Sachverständiger, der von einem Auftraggeber mit der Erstellung eines Gutachtens/Obergutachtens beauftragt worden ist (und der diesen Auftrag annimmt und ausführt).

Wir haben oben schon darauf hingewiesen, dass es den Begriff des *Obergutachtens* im Rahmen der Zivilprozessordnung und der Strafprozessordnung nicht gibt. Die hier maßgebliche Bestimmung in § 412 ZPO bzw. § 83 StPO haben wir oben bereits zitiert. Dessen ungeachtet haben sich im Sprachgebrauch die Begriffe Obergutachten und Obergutachter eingebürgert.

Der Begriff *„Obergutachten"* findet sich explizit in den (inzwischen überholten) verkehrspsychologischen *„Eignungsrichtlinien"* (Bundesminister für Verkehr 1982, 1992):

„III Obergutachten
Die Verwaltungsbehörde kann die Vorlage eines Obergutachtens fordern, wenn:
a) sie das vorliegende Gutachten oder mehrere solcher Gutachten als Grundlage für die zu treffende Entscheidung nicht für ausreichend hält, insbesondere wenn mehrere einander widersprechende Gutachten vorliegen,
b) der Untersuchte erheblich erscheinende Einwendungen gegen das Ergebnis eines vorliegenden Gutachtens oder mehrere solcher Gutachten erhebt,
c) ein Gutachter die Einholung eines Obergutachtens anregt.

Obergutachten sollen von Persönlichkeiten erstattet werden, die nach Erfüllung der folgenden Anforderungen von den obersten Landesbehörden benannt worden sind:
– Der verantwortliche Obergutachter muß über eine abgeschlossene Fachausbildung verfügen (Staatsexamen, Diplom bzw. Promotion).

– Er muß sowohl durch eine besondere Erfahrung in der medizinischen oder psychologischen Begutachtung als auch durch eigene Forschungsarbeiten auf dem Gebiet der Verkehrsmedizin bzw. Verkehrspsychologie legitimiert sein und eine regelmäßige Tätigkeit auf diesem Fachgebiet aufweisen, welche auch Untersuchungen im Auftrage von Straf- und Ver-
waltungsgerichten einschließt.
Für die Beiziehung und Verwertung von Obergutachten gilt Abschnitt II Ziff. 4-9 entsprechend."

So gibt es z. B. noch bei Bode & Winkler (1994) ein Verzeichnis der Obergutachter
für den Bereich der Verkehrspsychologie in Deutschland. Kroj (1995, S. 65 ff.)
nennt Qualitäts-Kriterien für die *„Oberbegutachtung"* – und zwar bezüglich der
Anforderungen, die an die Institution, an die Obergutachter, an die Ober-
begutachtungen sowie an die Obergutachten zu stellen sind.

Allerdings wurden diese Obergutachterstellen – wie bereits erwähnt – inzwischen im Zusammenhang mit dem Inkrafttreten des neuen Fahrerlaubnisrechts
1999 wieder aufgelöst.

1.2.2.2 Sachverständiger

Nach Schlund (1988) gibt es keine gesetzliche Definition darüber, was unter
einem Sachverständigen und seiner Tätigkeit zu verstehen ist. Dies gelte sowohl
für das Prozessrecht, wo der Sachverständige eines von mehreren Beweismitteln
sei (§ 402ff. ZPO bzw. § 72ff. StPO), als auch für die Gewerbeordnung (§ 36),
wo man eine solche Definition über die gewerbsmäßige Betätigung des Sachverständigen finde.

Allerdings können die Landesregierungen nach § 36 (3) GewO Rechtsverord-
nungen erlassen mit Kriterien über die öffentliche Bestellung und Vereidigung
besonders geeigneter Personen:

„(3) Die Landesregierungen können durch Rechtsverordnung die zur Durchführung der Absätze 1 und 2 erforderlichen Vorschriften über die Voraussetzungen für die Bestellung sowie über
die Befugnisse und Verpflichtungen der öffentlich bestellten und vereidigten Sachverständigen bei der Ausübung ihrer Tätigkeit erlassen, insbesondere über
1. die persönlichen Voraussetzungen einschließlich altersmäßiger Anforderungen
    an den Beginn und das Ende der Bestellung,
2. die in Betracht kommenden Sachbegiete einschließlich der Bestellungsvoraussetzungen,
3. den Umfang der Verpflichtungen des Sachverständigen bei der Ausübung seiner Tätigkeit,
    insbesondere über die Verpflichtungen
    a) zur unabhängigen, weisungsfreien, persönlichen, gewissenhaften und unparteiischen
        Leistungserbringung,
    b) zum Abschluß einer Berufshaftpflichtversicherung und zum Umfang der Haftung,
    c) zur Fortbildung und zum Erfahrungsaustausch,
    d) zur Einhaltung von Mindestanforderungen bei der Erstellung von Gutachten,
    e) bei der Errichtung von Haupt- und Zweigniederlassungen,
    f) zur Aufzeichnung von Daten über einzelne Geschäftsvorgänge sowie über die Auftrag-
        geber,
    g) der zuständigen Behörde Auskünfte zu erteilen,

h) die behördliche Nachschau zu dulden; das Grundrecht des Artikels 13 kann für die Nachschau eingeschränkt werden, und hierbei auch die Stellung des hauptberuflichen Sachverständigen regeln."

Wesentliche Aspekte dieses Rahmens von Rechten und Pflichten der Tätigkeit von öffentlich bestellten und vereidigten Sachverständigen können auch für andere Sachverständigengruppen als Richtschnur dienen.

In den Prozessordnungen orientiert sich der Rechtsrahmen für Sachverständige an dem für Zeugen:

§ 402 ZPO (analog: § 72 StPO): Anwendbarkeit der Vorschriften für Zeugen.
Für den Beweis durch Sachverständige gelten die Vorschriften über den Beweis durch Zeugen entsprechend, insoweit nicht in den nachfolgenden Paragraphen abweichende Vorschriften enthalten sind."

Als Sachverständiger im weiteren Sinne gilt bekanntlich jeder, der von den Dingen eines bestimmten Sachgebiets aufgrund seiner Ausbildung oder praktischen Erfahrung besondere Sachkunde aufweist. Als Sachverständiger im engeren Sinne werden all jene Personen bezeichnet, die haupt- oder nebenberuflich damit befasst sind, aufgrund ihrer Fach- und Spezialkenntnisse Gutachten für Gerichte, Verwaltungsbehörden, Firmen, andere Organisationen sowie für Privatpersonen zu erstellen.

Oder (ebenfalls von Schlund 1988) eleganter definiert:

> *„Sachverständiger ist eine natürliche Person, die auf einem abgrenzbaren Gebiet der Geistes- oder Naturwissenschaften, der Technik, der Wirtschaft, der Kunst oder in einem sonstigen Bereich über überdurchschnittliche Kenntnisse und Erfahrungen verfügt und diese besondere Sachkunde jedermann auf Anfrage persönlich, unabhängig, unparteilich und objektiv zur Verfügung stellt."*

Ergänzend dazu die Beschreibung der Funktion eines Sachverständigen von Creifelds (1997, S. 1081):

> *„Sachverständiger ist eine Person mit besonderer Sachkunde. Im Beweisverfahren soll der S. für das Gericht Tatsachen und Erfahrungssätze beurteilen oder feststellen, manchmal auch die Kenntnis von Rechtsnormen (§ 293 ZPO) vermitteln. Der Beweis durch S. ist in jeder Verfahrensordnung vorgesehen (§§ 402-414 ZPO, §§ 72-93 StPO, § 96 I VwGO, § 81 FGO, § 118 I SGG, § 15 I FGG).*
> *Der S. wird durch das Gericht ausgewählt (§ 404 ZPO, § 73 StPO); das Gericht hat die Tätigkeit des S. zu leiten und kann ihm für Art und Umfang seiner Tätigkeit Weisungen erteilen (§ 404a ZPO). Er kann wie ein Richter abgelehnt werden ... Grundsätzlich ist der ausgewählte Sachverständige nicht verpflichtet, tätig zu werden, wohl aber nach § 407 ZPO und § 75 StPO, wenn er öffentlich bestellt ist ... oder die Fachtätigkeit öffentlich ausübt; doch muß der Auftrag in sein Fachgebiet fallen (§ 407a ZPO), auch steht ihm un-*

ter denselben Voraussetzungen wie einem Zeugen ein Verweige-
rungsrecht zu (§ 408 ZPO, § 76 StPO, ...).
    Der S. erstattet ein Gutachten i. d. R. zunächst schriftlich (§ 411
ZPO), das er dann in der Hauptverhandlung des Strafverfahrens
mündlich vortragen, im Zivilprozeß und in anderen Streitsachen in
der mündlichen Verhandlung nur bei besonderer gerichtlicher An-
ordnung erläutern muß (§ 411 III ZPO). Der Sachverständige kann
vereidigt werden (§ 410 ZPO, § 79 StPO). "

Die Bedeutung der Tätigkeit des Sachverständigen für den Richter hat Pfeiffer
(1983) in einem Überblick zusammengefasst im Hinblick auf die Stellung des
Sachverständigen im Prozess, die Würdigung des Sachverständigengutachtens
durch das Gericht und auf die Haftung des Sachverständigen.

Die für die Sachverständigen-Qualifikation erforderliche *Sachkunde* weist ein
Psychologe grundsätzlich durch die Diplom-Prüfung nach. Allerdings wird vom
Sachverständigen nicht nur Sachkunde, sondern *besondere* Sachkunde verlangt.
Diese kann der Diplom-Psychologe z. B. durch wissenschaftliche Vertiefung seiner während der Hochschulausbildung erworbenen Kenntnisse und Fertigkeiten
(z. B. durch Forschungsaktivitäten, Promotion, Habilitation) an einer Universität erwerben oder durch Berufserfahrung in einem Praxisfeld (z. B. als klinischer
Psychologe bzw. Psychotherapeut; Arbeits-, Betriebs- und Organisations-Psy-
chologe; Verkehrs-Psychologe; Schul-Psychologe). Formelle Zulassungskriterien
für Diplom-Psychologen als Sachverständige gibt es allerdings bereits für
Verkehrspsychologen in amtlich anerkannten Medizinisch-Psychologischen
Untersuchungstellen (MPU) (Bundesminister für Verkehr, 1991) bzw. nach der
neuen Fahrerlaubnisverordnung (FeV, seit 1.1.1999) in den „Begutachtungsstellen
für Fahreignung" und als „Verkehrspsychologische Berater" nach § 71 FeV.

Der Diplom-Psychologe muss – wie im übrigen jeder andere Sachverständige
auch – selbst entscheiden, ob er für das Sachgebiet, auf das sich der Gutachtenauftrag bezieht, die erforderliche besondere Sachkunde besitzt. Andernfalls muss
er den Auftrag ablehnen, auch wenn ihm der potentielle Auftraggeber (zu Unrecht) diese besondere Sachkunde zugetraut bzw. unterstellt hat.

1.2.2.3 Sachkundiger

Diplom-Psychologen werden normalerweise nicht als *Sachkundige* in Anspruch
genommen, sondern als *Sachverständige*. Sachkunde ist jedoch eine wesentliche Voraussetzung der Tätigkeit als Sachverständiger.

Sachkunde steht nach Creifelds (1997, S. 161) im Zusammenhang mit der
Erbringung eines Befähigungsnachweises:

    „Befähigungsnachweis ist die Bezeichnung für den vor der Zulas-
sung zu zahlreichen Berufen erforderlichen Nachweis der fachli-
chen (theoretischen und/oder praktischen) Vorbildung. Einen nicht
(z. B. durch Voraussetzung einer praktischen Tätigkeit, Aus-

bildungsgang oder Prüfung) formalisierten B. bezeichnet die Gesetzessprache meist als ‚Sachkunde' oder fachliche Eignung (Gegensatz: persönliche Eignung: Zuverlässigkeit)."

Relevant ist Sachkunde in diesem Sinn nach Wellmann (1981, S. 110) z. B. bei der Bewerbung eines Handwerksmeisters um das Amt eines öffentlich bestellten Sachverständigen. Nach § 36 GewO ist die besondere Sachkunde und die persönliche Eignung nachzuweisen. Ein öffentlich bestellter und vereidigter Sachverständiger muss in der Lage sein, *„die Leistungen anderer objektiv und sachgerecht zu begutachten und das Ergebnis seiner Begutachtung verständlich und nachvollziehbar schriftlich zu erläutern. Es reicht nicht aus, daß ein Bewerber seinen Beruf bisher erfolgreich und fachlich einwandfrei ausgeübt hat."*

1.2.2.4 Sachverständiger Zeuge

Für sachverständige Zeugen (nach § 414 ZPO bzw. § 85 StPO) gelten die Vorschriften über den Zeugenbeweis. Er unterscheidet sich hiernach in rechtlicher Hinsicht durch nichts von einem normalen Zeugen. Er ist Zeuge und kein Sachverständiger, mag auch noch so viel Sachkunde zu den Wahrnehmungen erforderlich sein, über die er aussagen soll (s. Wellmann 1981, S. 71). Nicht die Sachkunde macht die Beweisperson zum Sachverständigen, sondern erst ein entsprechender *Auftrag* vom Gericht oder vom Staatsanwalt.

Wird ein Privatsachverständiger als Zeuge geladen, ist er *„sachverständiger Zeuge"*. Und zwar Zeuge nur, soweit er, wie andere Personen auch, über eigene Wahrnehmungen berichtet. Er ist aber insoweit Sachverständiger, als er fachlich zu Fragen Stellung nimmt (d. h. nach BGH-Urteil I ZR 59/72 vom 23.11.1973 *„dem Richter allgemeine Erfahrungssätze oder besondere Kenntnisse seines Wissensgebietes vermittelt oder auf Grund von Erfahrungssätzen oder besonderen Fachkenntnissen Schlußfolgerungen aus einem feststehenden Sachverhalt zieht."*), die über seine persönlichen Wahrnehmungen hinausgehen.

Als Sachverständiger und als sachverständiger Zeuge hat man einen unterschiedlichen Entschädigungsanspruch für die erbrachten Leistungen. Deshalb sollte der als Zeuge geladene Sachverständige mit dem Gericht von vornherein klären, inwieweit er außerdem als Sachverständiger beansprucht werden soll. Als Zeuge braucht er auf Fragen, die sich nicht auf seine Wahrnehmung, sondern auf sein fachliches Wissen beziehen, nicht zu antworten. Andernfalls sollte er seinen Anspruch auf angemessene Entschädigung als Sachverständiger rechtzeitig geltend machen - dies kann auch noch im Verlauf einer Verhandlung geschehen (s. dazu auch Kapitel 7 „Abrechnung des Gutachtens").

1.3 Rechtliche Stellung des Sachverständigen/ Gutachters

Da Gutachten in der Regel nur dann in Auftrag gegeben werden, wenn ein schwieriger Sachverhalt geklärt werden soll und weil solche Klärungen insbesondere bei Auseinandersetzungen erforderlich werden können, in die sich Personen bzw. Institutionen verwickeln, muss der Gutachter grundsätzlich damit rechnen, dass sein Gutachten sofort oder zu einem späteren Zeitpunkt als Beweismaterial in einem Gerichtsverfahren vorgelegt wird.

Jeder Gutachter ist daher gut beraten, wenn er diese Möglichkeit bei allen seinen Gutachten mit in Betracht zieht und die für Gerichtsgutachten und Gerichtsgutachtertätigkeit geltenden Regeln und Vorschriften von vornherein beim Erstellen seines Gutachtens berücksichtigt.

Im Gutachten „Krankheit und Kraftverkehr" des Bundesministeriums für Verkehr (1996, S. 9-10.) ist bereits aus der Perspektive der Eignungsbegutachtung von Kraftfahrern die rechtliche Stellung des ärztlichen Gutachters, die in diesen Punkten der eines psychologischen Gutachters entspricht, zusammenfassend und übersichtlich dargestellt:

„Der Beirat empfiehlt allen zuständigen ärztlichen Gutachtern (Arzt des Gesundheitsamtes, Facharzt oder in der MPU tätige Arzt) besonders zu beachten, daß sie gegenüber einer entscheidenden Instanz nach dem Gesetz immer nur eine Beraterstellung für die rechtliche Entscheidung haben. Dabei bleibt völlig unbestritten, daß nur dem Arzt Kompetenz und Verantwortung für die Feststellung zukommt, ob im Einzelfall Krankheit oder Gesundheit vorliegt und welche Prognose sich für die Teilnahme am Straßenverkehr ergibt. In den Fällen, die nach den Eignungsrichtlinien (siehe Seite 41) medizinisch und psychologisch untersucht werden, gilt dies für den Arzt in Zusammenarbeit mit dem Psychologen.

Die Leistung als Gutachter besteht weiter darin, die rechtlichen Folgen ableitbar zu machen. Die Folgerungen selbst treffen nur:
a) die Verwaltungsbehörden,
b) die Gerichte.
Ein fachlicher Entscheidungshinweis im Gutachten ist demnach für die endgültige rechtliche Beurteilung nicht bindend.

Das Gutachten ist eine Entscheidungshilfe, die der Rechtsinstanz begründete Aussagen über das künftige Verhalten eines Fahrerlaubnisinhabers oder Fahrerlaubnisbewerbers ermöglichen soll; insbesondere soll es aufzeigen, welche Gefahren von gegebenen Krankheiten, Defekten, Leistungsmängeln oder anderen Sachverhalten ausgehen. Die Beurteilung der Sachlage durch den zuständigen ärztlichen Gutachter muß daher in dieser Hinsicht klar, folgerichtig und verständlich – grundsätzlich auch für den Auftraggeber – sein. Rechtsbegriffe wie „geeignet" oder „ungeeignet" hat der Gutachter zu vermeiden. Adressat der Anordnung, ein Eignungsgutachten beizubringen, ist der betroffene Fahrerlaubnisbewerber oder -inhaber. Er – nicht die Behörde –ist Auftraggeber der Begutachtung und damit auch Vertragspartner und Kostenschuldner des Gutachters bzw. der begutachtenden Stelle. Ihm, dem Betroffenen, steht auch die Auswahl des Gutachters bzw. der begutachtenden Stelle zu – natürlich im Rahmen der Vorgaben, die die behördliche Anordnung hinsichtlich der Art der Begutachtung setzt. Er – und nicht die Behörde – hat Anspruch auf die Aushändigung des Gutachtens. Nur mit seiner ausdrücklichen Zustimmung darf der Gutachter das Gutachten unmittelbar der Behörde oder Dritten zuleiten, sonst steht die Schweigepflicht (§ 203 StGB) entgegen."

Die einschlägigen Rechtsvorschriften für gerichtliche Sachverständige finden wir z. B. in den §§ 402-414 der Zivilprozessordnung (ZPO) für Sachverständige in Zivilverfahren und in den §§ 72-85 der Strafprozessordnung (StPO) für Sachverständige, die in Strafverfahren als Gutachter tätig werden. Für weitergehende Erläuterungen verweisen wir auf die einschlägige Fachliteratur, wie z. B. Gebhardt (1978), Müller (1978), Pieper et al. (1982), Glatzl (1985), Jessnitzer (1992), Bayerlein (1990). Im folgenden sollen nur einige besonders wichtige Rechte und Pflichten von Sachverständigen bzw. Gutachtern kurz dargestellt werden:

1.3.1 Hinzuziehungsfreiheit/Hinzuziehungspflicht

„Den Sachverständigen zieht das Gericht grundsätzlich nach seinem pflichtgemäßen Ermessen hinzu."
(Albers & Hartmann 1986, S. 1150).

Der Richter, dem die für die Beurteilung eines Sachverhalts erforderliche Sachkunde fehlt, darf sich diese, sofern dies möglich ist, auch selbst aneignen (z. B. durch Studium von Fachschrifttum; durch Auswertung von Gutachten, die bereits für andere Prozesse erstellt worden sind) und dann auf die Hinzuziehung eines Sachverständigen verzichten.

Pflichtgemäße Hinzuziehung eines Sachverständigen ist jedoch dann erforderlich, wenn sich das Gericht keine genügende Sachkunde zutraut:

„Das Gericht kann den Sachverständigen bei der Beweisaufnahme zuziehen, kann ihm aber auch das Ergebnis der Beweisaufnahme oder bestimmte Fragen vorlegen. Es kann ihm weiter die Beschaffung der Unterlagen des Gutachtens überlassen. Es kann ihn um ein Gutachten auf Grund der Gerichtsakten ersuchen."
(Albers & Hartmann, 1986, S.1150).

Gutachten können jedoch nicht nur vom Gericht bestellt werden, sondern auch z. B. von streitenden Parteien (als Parteiengutachten) – auch außerhalb von Gerichtsprozessen. So können z. B. Eltern ihren Widerspruch gegen die Umschulungsverfügung der Schulbehörde durch Vorlage eines psychologischen Gutachtens begründen (Fall: Die Behörde will das Kind, das mehrfach das Klassenziel in der Grundschule nicht erreicht hat, in die Sonderschule für Lernbehinderte umschulen. Dagegen lassen die Eltern durch ihren Rechtsanwalt Widerspruch einlegen.).

Wenn das Gutachten überzeugt, zieht die Behörde in der Regel ihre Verfügung zurück, und eine Klage der Eltern, die überhaupt erst zu einem Gerichtsverfahren führen würde, erübrigt sich. Dies ist ein gutes Beispiel dafür, dass bisweilen ein Rechtsstreit allein durch die Vorlage eines überzeugenden Gutachtens beendet werden kann, ohne dass man sich auf den zeitaufwändigen, kostspieligen und nervenaufreibenden gerichtlichen Instanzenweg begeben muss.

Schon im Vorverfahren sollen Sachverständige im Hinblick auf die Vorbereitung eines in der Hauptverhandlung zu erstattenden Gutachtens hinzugezogen werden (§ 80a StPO), wenn es z. B. um die Unterbringung eines Beschuldigten in einem psychiatrischen Krankenhaus, einer Entziehungsanstalt oder in der Sicherungsverwahrung nach § 81 StPO geht:

> „Ist damit zu rechnen, daß die Unterbringung des Beschuldigten in einem psychiatrischen Krankenhaus, einer Entziehungsanstalt oder in der Sicherungsverwahrung angeordnet werden wird, so soll schon im Vorverfahren einem Sachverständigen Gelegenheit zur Vorbereitung des in der Hauptverhandlung zu erstattenden Gutachtens gegeben werden." (§ 80a StPO)

Dem Sachverständigen soll schon möglichst früh die Gelegenheit zur Vorbereitung des Gutachtens gegeben werden. Davon darf nur abgesehen werden, wenn der Zustand des Beschuldigten und seine Gemeingefährlichkeit offensichtlich sind. In der Regel ist ein Psychiater zum Sachverständigen zu bestellen. Sein Gutachten muss sich auf den psychischen und körperlichen Zustand des Beschuldigten und auf die Behandlungsaussichten erstrecken (Kleinknecht & Meyer 1985, S. 240).

1.3.2   Begutachtungspflicht

> § 407 ZPO (analog: § 75 StPO):
> „(1) Der zum Sachverständigen Ernannte hat der Ernennung Folge zu leisten, wenn er zur Erstattung von Gutachten der erforderten Art öffentlich bestellt ist oder wenn er die Wissenschaft, die Kunst oder das Gewerbe, deren Kenntnis Voraussetzung der Begutachtung ist, öffentlich zum Erwerb ausübt oder wenn er zur Ausübung derselben öffentlich bestellt oder ermächtigt ist.
> (2) Zur Erstattung des Gutachtens ist auch derjenige verpflichtet, der sich hierzu vor Gericht bereit erklärt hat."

„Gewerbe" im Sinne des Gesetzes ist (nach Albers & Hartmann 1986, S. 1160, bzw. Kleinknecht & Meyer 1985, S. 231f.) *„jede dauernde Erwerbstätigkeit in Handel, Industrie, Landwirtschaft, freiem Beruf usw., also auch als Arzt, Arbeitnehmer, Schriftsteller."* Sachlich gehören dazu als Angehörige eines freien Berufs auch die Diplom-Psychologen.

Die Bereitschaft zur Übernahme eines Gutachtenauftrags kann in verschiedenen Formen schriftlich oder mündlich erklärt werden:

– wer sich ausdrücklich vor Gericht allgemein für Gutachten bestimmter Art oder im Einzelfall bereit erklärt hat;
– wer stillschweigend einen Auftrag entgegengenommen hat;
– wer mit der Erstellung eines Gutachtens beginnt;
– wer zur Erstattung eines Gutachtens vor Gericht erscheint;
– wer die unverzügliche Ablehnung des Auftrags unterlässt;
– wer die Bereitschaftserklärung vor dem verordneten Richter abgibt.

Die amtlich anerkannten Begutachtungsstellen für Fahreignung der Technischen Überwachungs-Vereine bzw. des DEKRA e. V. etc., das Institut für Gerichtspsychologie (IfG) in Bochum und die in den regionalen Gerichtslisten eingetragenen Sachverständigen z. B. haben grundsätzlich ihre Bereitschaft zur Übernahme bestimmter Gutachtenaufträge erklärt und sind von daher zur Übernahme von Aufträgen verpflichtet.

Kleinknecht & Meyer (1985, S. 231) stellen die Sachverständigenpflicht in Strafverfahren als eine der Zeugenpflicht entsprechende Staatsbürgerpflicht heraus, die auch im Fall der unmittelbaren Ladung und im Vorverfahren schon gegenüber der Staatsanwaltschaft, nicht aber gegenüber der Polizei besteht. Auch hier muss jedoch der Bestellung zum Sachverständigen nur folgen, wer zur Gutachtenerstattung öffentlich bestellt ist oder die Wissenschaft, die Kunst oder das Gewerbe öffentlich zum Erwerb ausübt oder wer sich dazu bereits bereiterklärt hat.

Die Grenzen der Sachverständigenpflicht werden in der Zumutbarkeit gesehen (z. B. starke berufliche Inanspruchnahme, Notwendigkeit eines Erholungsurlaubs). Inhaltlich erstreckt sich die Sachverständigenpflicht sowohl auf die mit der Erstellung des Gutachtens verbundenen Vorarbeiten (Aktenstudium, Erledigung von Forschungsarbeiten, Vornahme von Untersuchungen) als auch auf das Erscheinen vor Gericht.

1.3.3 Gutachtenweigerungsrecht und Schweigepflicht

1.3.3.1 Gutachtenweigerungsrecht

Hier geht es primär um Rechte und Pflichten eines psychologischen Sachverständigen im Gerichtsverfahren (s. dazu auch Jessnitzer 1992, 91-95).

§ 408 ZPO (analog: § 76 StPO):
„(1) Dieselben Gründe, die einen Zeugen berechtigen, das Zeugnis zu verweigern, berechtigen einen Sachverständigen zur Verweigerung des Gutachtens. Das Gericht kann auch aus anderen Gründen einen Sachverständigen von der Verpflichtung zur Erstattung des Gutachtens entbinden.
(2) Für die Vernehmung eines Richters, Beamten oder einer anderen Person des öffentlichen Dienstes als Sachverständigen gelten die besonderen beamtenrechtlichen Vorschriften ...“

§ 408 ZPO betrifft (nach Albers & Hartmann 1986, S. 1160) nur den nach § 407 ZPO zur Begutachtung Verpflichteten; andere Sachverständige können frei ablehnen. Verweigern darf jedoch jeder Sachverständige die Erstattung eines Gutachtens aus den für Zeugnisverweigerung im Zivilprozess maßgeblichen Gründen der §§ 383-384 ZPO:

„§ 383 ZPO Zeugnisverweigerung
(1) Zur Verweigerung des Zeugnisses sind berechtigt:
1. der Verlobte einer Partei;
2. der Ehegatte einer Partei, auch wenn die Ehe nicht mehr besteht;

3. diejenigen, die mit einer Partei in gerader Linie verwandt oder verschwägert, in der Seitenlinie bis zum dritten Grad verwandt oder bis zum zweiten Grad verschwägert sind oder waren;
4. Geistliche in Ansehung desjenigen, was ihnen bei der Ausübung der Seelsorge anvertraut ist;
5. Personen, die bei der Vorbereitung, Herstellung oder Verbreitung von periodischen Druckwerken oder Rundfunksendungen berufsmäßig mitwirken oder mitgewirkt haben, über die Person des Verfassers, Einsenders oder Gewährsmanns von Beiträgen und Unterlagen sowie über die ihnen im Hinblick auf ihre Tätigkeit gemachten Mitteilungen, soweit es sich um Beiträge, Unterlagen und Mitteilungen für den redaktionellen Teil handelt;
6. Personen, denen kraft ihres Amtes, Standes oder Gewerbes Tatsachen anvertraut sind, deren Geheimhaltung durch ihre Natur oder durch gesetzliche Vorschrift geboten ist, in betreff der Tatsachen, auf welche die Verpflichtung zur Verschwiegenheit sich bezieht.
(2) Die unter Nr. 1 bis 3 bezeichneten Personen sind vor der Vernehmung über ihr Recht zur Verweigerung des Zeugnisses zu belehren.
(3) Die Vernehmung der unter Nummern 4 bis 6 bezeichneten Personen ist, auch wenn das Zeugnis nicht verweigert wird, auf Tatsachen nicht zu richten, in Ansehung welcher erhellt, daß ohne Verletzung der Verpflichtung zur Verschwiegenheit ein Zeugnis nicht abgelegt werden kann."

§ 384 ZPO Zeugnisverweigerung aus *sachlichen Gründen*.

„Das Zeugnis kann verweigert werden:
1. über Fragen, deren Beantwortung dem Zeugen oder einer Person, zu der er in einem der im § 383 Nr. 1 bis 3 bezeichneten Verhältnisse steht, einen unmittelbaren vermögensrechtlichen Schaden verursachen würde;
2. über Fragen, deren Beantwortung dem Zeugen oder einem seiner im § 383 Nr. 1 bis 3 bezeichneten Angehörigen zur Unehre gereichen oder die Gefahr zuziehen würde, wegen einer Straftat oder einer Ordnungswidrigkeit verfolgt zu werden;
3. über Fragen, die der Zeuge nicht würde beantworten können, ohne ein Kunst- oder Gewerbegeheimnis zu offenbaren."

Allerdings besteht nach § 385 ZPO eine Zeugnispflicht eines Zeugen trotz Verweigerungsrecht, was für folgende Fälle zu beachten ist:

„(1) In den Fällen des § 383 Nr. 1 bis 3 und des § 384 Nr. 1 darf der Zeuge das Zeugnis nicht verweigern:
1. über die Errichtung und den Inhalt eines Rechtsgeschäfts, bei dessen Errichtung er als Zeuge zugezogen war;
2. über Geburten, Verheiratungen oder Sterbefälle von Familienmitgliedern;
3. über Tatsachen, welche die durch das Familienverhältnis bedingten Vermögensangelegenheiten betreffen;
4. über die auf das streitige Rechtsverhältnis sich beziehenden Handlungen, die von ihm selbst als Rechtsvorgänger oder Vertreter einer Partei vorgenommen sein sollen.
(2) Die im § 383 Nr. 4, 6 bezeichneten Personen dürfen das Zeugnis nicht verweigern, wenn sie von der Verpflichtung zur Verschwiegenheit entbunden sind."

Diese Vorschriften können für einen Gutachter z. B. auch dann von Bedeutung sein, wenn sie nicht auf seine eigene Eigenschaft als Zeuge Anwendung finden, sondern auf einen Zeugen, dessen Informationen er für sein Gutachten benötigt.

In der Strafprozessordnung regelt § 52 StPO analog § 383 ZPO das Zeugnisverweigerungsrecht aus persönlichen Gründen. Das Zeugnisverweigerungsrecht aus beruflichen Gründen ist hier noch differenzierter dargestellt und durch § 53a StPO für Berufshelfer ergänzt:

§ 53 StPO Zeugnisverweigerungsrecht der Berufsgeheimnisträger

„(1) Zur Verweigerung des Zeugnisses sind ferner berechtigt
1. Geistliche über das, was ihnen in ihrer Eigenschaft als Seelsorger anvertraut worden oder bekanntgeworden ist;
2. Verteidiger des Beschuldigten über das, was ihnen in dieser Eigenschaft anvertraut worden oder bekanntgeworden ist;
3. Rechtsanwälte, Patentanwälte, Notare, Wirtschaftsprüfer, vereidigte Buchprüfer, Steuerberater und Steuerbevollmächtigte, Ärzte, Zahnärzte, Apotheker und Hebammen über das, was ihnen in dieser Eigenschaft anvertraut worden oder bekanntgeworden ist;
3a. Mitglieder oder Beauftragte einer anerkannten Beratungsstelle nach den §§ 3 und 8 des Schwangerschaftskonfliktgesetzes über das, was ihnen in dieser Eigenschaft anvertraut worden oder bekanntgeworden ist;
3b. Berater für Fragen der Betäubungsmittelabhängigkeit in einer Beratungsstelle, die eine Behörde oder eine Körperschaft, Anstalt oder Stiftung des öffentlichen Rechts anerkannt oder bei sich eingerichtet hat, über das, was ihnen in dieser Eigenschaft anvertraut worden oder bekanntgeworden ist;
4. Mitglieder des Bundestages, eines Landtages oder einer zweiten Kammer über Personen, die ihnen in ihrer Eigenschaft als Mitglieder dieser Organe oder denen sie in dieser Eigenschaft Tatsachen anvertraut haben sowie über diese Tatsachen selbst;
5. Personen, die bei der Vorbereitung, Herstellung oder Verbreitung von periodischen Druckwerken oder Rundfunksendungen berufsmäßig mitwirken oder mitgewirkt haben, über die Person des Verfassers, Einsenders oder Gewährsmanns von Beiträgen und Unterlagen sowie über die ihnen im Hinblick auf ihre Tätigkeit gemachten Mitteilungen, soweit es sich um Beiträge, Unterlagen und Mitteilungen für den redaktionellen Teil handelt.
(2) Die in Absatz 1 Nr. 2 bis 3b Genannten dürfen das Zeugnis nicht verweigern, wenn sie von der Verpflichtung zur Verschwiegenheit entbunden sind."

§ 53a StPO Zeugnisverweigerungsrecht der Berufshelfer.

„(1) Den in § 53 Abs. 1 Nr. 1 bis 4 Genannten stehen ihre Gehilfen und die Personen gleich, die zur Vorbereitung auf den Beruf an der berufsmäßigen Tätigkeit teilnehmen. Über die Ausübung des Rechtes dieser Hilfspersonen, das Zeugnis zu verweigern, entscheiden die in § 53 Abs. 1 Nr. 1 bis 4 Genannten, es sei denn, daß diese Entscheidung in absehbarer Zeit nicht herbeigeführt werden kann.
(2) Die Entbindung von der Verpflichtung zur Verschwiegenheit (§ 53 Abs. 2) gilt auch für die Hilfspersonen."

Auf die allgemeine Schweigepflicht werden wir im nächsten Abschnitt im Zusammenhang mit § 203 StGB noch eingehen. Interessant ist jedoch an dieser Stelle, dass im Gegensatz zu § 203 StGB in den Paragrafen über Zeugnisverweigerungsrecht aus beruflichen Gründen in der ZPO und der StPO neben den Ärzten die Berufspsychologen nicht ausdrücklich genannt sind.

Außerdem kann nach Albers & Hartmann (1986) ein Gericht einen Sachverständigen auch aus Zweckmäßigkeitsgründen von seiner Verpflichtung befreien, auch wenn er an sich kein Verweigerungsrecht hat – etwa aus folgenden Gründen:

– fehlende Sachkunde bzw. Ungeeignetheit,
– Überlastung des Sachverständigen (d. h. Unmöglichkeit, das Gutachten in angemessener Zeit zu erlangen),

– Verschleppung des Gutachtens,
– wegen besonderer Härte (z. B. wegen hohen Alters),
– wegen nicht geltend gemachter Befangenheit.

Der Sachverständige sollte die Gründe und die Möglichkeiten der Gutachten-
verweigerung in jedem Fall beachten, da er sich sonst unter Umständen unange-
nehmen Konsequenzen nach den Vorschriften der Straf- bzw. Zivilprozessordnung aussetzt, z. B. nach § 409 ZPO:

> „Folgen von Ausbleiben oder Weigerung.
> (1) Wenn ein Sachverständiger nicht erscheint oder sich weigert, ein Gutachten zu erstatten,
> obgleich er dazu verpflichtet ist, oder wenn er Akten oder sonstige Unterlagen zurückbehält,
> werden ihm die dadurch verursachten Kosten auferlegt. Zugleich wird gegen ihn ein Ordnungs-
> geld festgesetzt. Im Falle wiederholten Ungehorsams kann das Ordnungsgeld noch einmal
> festgesetzt werden.
> (2) Gegen den Beschluß findet Beschwerde statt."

Und ergänzend dazu in § 77 StPO:

> „Weigert sich ein zur Erstattung des Gutachtens verpflichteter Sachverständiger, nach § 73
> Abs. 1 Satz 2 eine angemessene Frist abzusprechen, oder versäumt er die abgesprochene Frist,
> so kann gegen ihn ein Ordnungsgeld festgesetzt werden. Der Festsetzung des Ordnungsgeldes
> muß eine Androhung unter Setzung einer Nachfrist vorausgehen. Im Falle wiederholter Frist-
> versäumnis kann das Ordnungsgeld noch einmal festgesetzt werden."

Beharrt der Gutachter auf einer unangemessen langen Frist, steht dies der völli-
gen Verweigerung der Fristabsprache gleich.

Wird eine abgesprochene Frist nicht eingehalten, treten rechtliche Ungehor-
samsfolgen nur bei schuldhafter Säumnis auf. Krankheit, unvorhersehbare Arbeitsüberlastung oder berufliche Abordnung sind Entschuldigungsgründe. Nach
Kleinknecht & Meyer (1985, S. 234) ist jedoch schon die Nichtanzeige der Arbeitsüberlastung schuldhaft.

1.3.3.2 Schweigepflicht

Einzelne Aspekte der Schweige-*Pflicht*, die zu unterscheiden ist vom Schweige-
Recht (d. h. dem Recht der Zeugnisverweigerung nach §§ 383-390 ZPO bzw. §§
53-53a StPO), sind schon im vorigen Abschnitt angesprochen worden. Hier müssen wir vor allem noch auf § 203 StGB und auf die besondere Bedeutung für
Diplom-Psychologen eingehen, wo es ganz allgemein und unabhängig von der
Beteiligung an einem Gerichtsverfahren um Rechte und Pflichten eines Berufspsychologen geht:
§ 203 StGB: Verletzung von Privatgeheimnissen.

> „I Wer unbefugt ein fremdes Geheimnis, namentlich ein zum persönlichen Lebensbereich ge-
> hörendes Geheimnis oder ein Betriebs- oder Geschäftsgeheimnis, offenbart, das ihm als
> 1. Arzt, Zahnarzt, Tierarzt, Apotheker oder Angehörigen eines anderen Heilberufs, der für die

Berufsausübung oder die Führung der Berufsbezeichnung eine staatlich geregelte Ausbildung fordert,
2. Berufspsychologen mit staatlich anerkannter wissenschaftlicher Abschlußprüfung,
3. Rechtsanwalt, Patentanwalt, Notar, Verteidiger ...
4. Ehe-, Familien-, Erziehungs- oder Jugendberater sowie Berater für Suchtfragen in einer Beratungsstelle, die von einer Behörde oder Körperschaft, Anstalt oder Stiftung des öffentlichen Rechts anerkannt ist,
4a. Mitglied oder Beauftragten einer anerkannten Beratungsstelle nach den §§ 3 und 8 des Schwangerschaftskonfliktgesetzes
5. staatlich anerkanntem Sozialarbeiter oder staatlich anerkanntem Sozialpädagogen oder
6. Angehörigen eines Unternehmens der privaten Kranken-, Unfall- oder Lebensversicherung oder einer privatärztlichen Verrechnungsstelle
anvertraut worden oder sonst bekanntgeworden ist, wird mit Freiheitsstrafe bis zu einem Jahr oder mit Geldstrafe bestraft.

II Ebenso wird bestraft, wer unbefugt ein fremdes Geheimnis, namentlich ein zum persönlichen Lebensbereich gehörendes Geheimnis oder ein Betriebs- oder Geschäftsgeheimnis, offenbart, das ihm als
1. Amtsträger,
2. für den öffentlichen Dienst besonders Verpflichteten,
3. Person, die Aufgaben oder Befugnisse nach dem Personalvertretungsrecht wahrnimmt,
4. Mitglied eines für ein Gesetzgebungsorgan des Bundes ...
5. öffentlich bestelltem Sachverständigen, der auf die gewissenhafte Erfüllung seiner Obliegenheiten auf Grund eines Gesetzes förmlich verpflichtet worden ist,
anvertraut worden oder sonst bekanntgeworden ist. Einem Geheimnis im Sinne des Satzes 1 stehen Einzelangaben über persönliche oder sachliche Verhältnisse eines anderen gleich, die für Aufgaben der öffentlichen Verwaltung erfaßt worden sind; Satz 1 ist jedoch nicht anzuwenden, soweit solche Einzelangaben anderen Behörden oder sonstigen Stellen für Aufgaben der öffentlichen Verwaltung bekanntgegeben werden und das Gesetz dies nicht untersagt.

III Einem in Absatz 1 Nr. 3 genannten Rechtsanwalt stehen andere Mitglieder einer Rechtsanwaltskammer gleich. Den in Absatz 1 und Satz 1 Genannten stehen ihre berufsmäßig tätigen Gehilfen und die Personen gleich, die bei ihnen zur Vorbereitung auf den Beruf tätig sind. Den in Absatz 1 und den in Satz 1 und 2 Genannten steht nach dem Tod des zur Wahrung des Geheimnisses Verpflichteten ferner gleich, wer das Geheimnis von dem Verstorbenen oder aus dessen Nachlaß erlangt hat.

IV Die Absätze 1 bis 3 sind auch anzuwenden, wenn der Täter das fremde Geheimnis nach dem Tod des Betroffenen unbefugt offenbart.

V Handelt der Täter gegen Entgelt oder in der Absicht, sich oder einen anderen zu bereichern oder einen anderen zu schädigen, so ist die Strafe Freiheitsstrafe bis zu zwei Jahren oder Geldstrafe."

Nach § 204 StGB ist auch die Verwertung fremder Geheimnisse verboten, zu deren Geheimhaltung jemand nach § 203 StGB verpflichtet ist.

Jessnitzer (1992, S. 93) weist darauf hin, dass nicht nur Tatsachen, die von der vertrauenden Person mitgeteilt (anvertraut) werden, unter die Schweigepflicht fallen, sondern alle, von denen die Auskunftsperson in der ihre Schweigepflicht begründenden Eigenschaft irgendwie, sei es auch durch eigene Wahrnehmungen, Kenntnis erlangt hat. Es muss jedoch immer ein innerer Zusammenhang zwischen der erlangten Kenntnis und dem auf der beruflichen Stellung der

Auskunftsperson beruhenden Vertrauensverhältnis vorhanden sein. Probleme können hier insbesondere für einen ärztlichen oder psychologischen Sachverständigen entstehen, wenn er im Auftrage eines Gerichts Untersuchungen an Personen durchführt und dabei bestimmte Kenntnisse erlangt.

In besonderen Fällen können (z. B. für Amtsträger) auch § 353b StGB *„Verletzung des Dienstgeheimnisses und einer besonderen Geheimhaltungspflicht"* und § 353d StGB *„Verbotene Mitteilungen über Gerichtsverhandlungen"* von Bedeutung sein.

Nach Dreher/Tröndle (1986, S. 1011) gehören zur Gruppe der *Heilberufe* zwar *Ärzte* und *Zahnärzte* etc., aber z. B. nicht die Heilpraktiker, *„da keine staatliche Berufsausbildung erforderlich"* ist. Nach Tröndle/Fischer (1999, S. 833) ist *„Heilpraktiker eine zulässige selbständige Berufsbezeichnung"*.

Davon abgesetzt sind jedoch *Berufspsychologen* als Personen, *„die auf einem Hauptanwendungsgebiet der Psychologie beruflich tätig sind und eine staatlich anerkannte wissenschaftliche Abschlußprüfung auf einer Universität oder gleichrangigen Hochschule mit der Graduierung als Diplompsychologe oder Dr. im Hauptfach Psychologie abgelegt haben"*.

Für den Psychologen stellt sich vor allem die Frage, wann und unter welchen Umständen er nicht an die Schweigepflicht gebunden ist und wem er dann ggf. welche Auskünfte über seine Patienten geben darf. Dies hängt meistens sehr von den konkreten Umständen des Einzelfalls ab, und der Psychologe ist im Zweifelsfall gut beraten, wenn er dabei einen kompetenten Juristen zu Rate zieht.

Die folgenden Beispiele können also lediglich dazu dienen, dem Psychologen einige Anhaltspunkte für Kriterien zur Prüfung und Entscheidung dieser Frage zu geben (nach Dreher/Tröndle 1986, S. 1013ff.):

„Tathandlung ist das Offenbaren, d.h. jedes Mitteilen (auch das schlüssige Verhalten oder durch Unterlassen des Verschließens) eines z.Z. der Tat noch bestehenden Geheimnisses oder einer Einzelangabe an einen Dritten, der diese nicht, nicht in dem Umfange, nicht in dieser Form oder nicht sicher kennt ...

Beispiele: Veröffentlichung, Auskunfterteilung, Akteneinsichtgewährung ...

Auch die Mitteilung an Personen, denen ebenfalls die Pflicht zur Verschwiegenheit obliegt, ist strafbar, so ... eines Arztes an einen anderen Arzt, ... es sei denn, daß die Mitteilung im Rahmen des Berufs geboten und mit Billigung des Geheimnisträgers zu rechnen ist ...

Befugt handelt der, dessen Handeln gerechtfertigt ist, durch besondere gesetzliche ... Regelungen z. B. über Genehmigungen, Erlaubnisse, Bewilligungen, alte Rechte und Befugnisse in Gesetzen und RechtsV0en (VwV und Satzungen reichen insoweit nicht aus), aber auch bei sozialadäquatem Verhalten oder durch allgemeine Rechtfertigungsgründe, insbesondere durch

a) die Einwilligung des Geheimnisgeschützten ...

In Betracht kommt auch mutmaßliche Einwilligung, wenn der Täter im vermeintlichen Interesse und Einverständnis des Geheimnisgeschützten zu handeln glaubt; so bei Mitteilung an das Krankenhaus, an den Hausarzt ... oder an

nahe Angehörige,... innerhalb des Krankenhauses an alle am Behandlungs-
geschehen Beteiligten ... sowie bei Mitteilungen des Werksarztes an die Be-
triebsleitung, insbes. über das Ergebnis von Einstellungsuntersuchungen ...
Hier kommt auch vielfach konkludente Einwilligung in Betracht; ...

b) *Gesetzlich geboten* kann die Offenbarung in einzelnen Fällen sein. Es ist
dann nach den Grundsätzen der *Pflichtenkollision* ... zu entscheiden, ob die
Pflicht zum Schweigen oder die zum Offenbaren die höhere ist ...
Geboten sein kann im übrigen die Offenbarung durch die gesetzliche
Berichtspflicht (z. B. Amtshilfe), die Presseinformationspflicht und die
Zeugnispflicht, die bei fehlender prozeßrechtlicher Entbindung der Schweigepflicht vorgehen ...
Der gerichtliche Sachverständige muß dem Gericht mitteilen, was er bei
seiner Tätigkeit ermittelt hat, ... nicht aber Tatsachen, die ihm ohne Zusammenhang mit seinem Gutachten freiwillig mitgeteilt worden sind ...
Fehlt das Zeugnisverweigerungsrecht im Prozeß, so muß trotz Verschwie-
genheitspflicht nach sachlichem Strafrecht ausgesagt werden. Das gilt vor allem nach der Befreiung von der Schweigepflicht sowohl für den Arzt, Rechtsanwalt usw. (§ 53 StPO) als auch für seine Gehilfen (§ 53 a StPO) ...

c) in *anderen Fällen;* so bei rechtfertigendem Notstand (§ 34); bei Ausübung
einer beruflich gebotenen Handlung (Zuziehung eines Gehilfen); bei Offenbarung zur Wahrung entgegenstehender berechtigter *eigener* oder *fremder Interessen,* soweit die Tat unter Berücksichtigung der widerstreitenden Interessen ein angemessenes Mittel dazu ist; so bei den Mitteilungen des Arztes an
die ärztliche Verrechnungsstelle; bei Einklagung des Honorars, bei Verteidigung im Regreßprozeß; oder im Strafprozeß, soweit zur Selbstverteidigung
erforderlich ...
Der Arzt darf erforderlichenfalls Angehörige warnen ... oder den zuständigen Behörden von epileptischen Anfällen seines Patienten beim Autofahren
oder sonstigen die Fahrtüchtigkeit aufhebenden Krankheiten berichten, ... aber
nicht ohne weiteres der Polizei über die Tatsache einer ambulanten Behandlung Auskunft erteilen; ...

d) Im *Behördenverkehr* mit Geheimnissen gilt für die Offenbarungsbefugnis,
daß *innerbehördlich*, zur regelmäßigen Sachbehandlung erforderliche Mitteilungen befugt sind. Für *zwischenbehördliche* Mitteilungen, die sog. *Amtshilfe*
durch kompetenzmäßige Informationshilfe ... gilt, daß zwar eine grundsätzliche aus der Einheit der Staatsmacht abgeleitete Verpflichtung (Art. 35 1 GG)
zu gegenseitiger ergänzender Hilfe (§ 4 VwVfG) besteht. Art. 35 GG begründet aber noch keine generelle gesetzliche Befugnis zur Offenbarung des
geschützten Geheimnisses. Diese muß vielmehr grundsätzlich eingeräumt
sein."

Kreuzer (1989) referiert ausführlich die Diskussion zum Zeugnisverweigerungsrecht von Drogen- und Aids-Beratern und die damit verbundene rechtliche Problematik.

Söllner (1979, S. 5) hebt für den *Sachverständigen in der Rolle eines Angestellten* hervor, dass aus der allgemeinen arbeitsrechtlichen Treuepflicht oder Interessenwahrnehmungspflicht eines angestellten oder beamteten Gutachters ohne weiteres die Pflicht zum Stillschweigen über Geschäfts- und Betriebsgeheimnisse folge. Deshalb könne man auch, wo eine entsprechende konkrete Regelung im Arbeitsvertrag fehle, nicht den Schluss ziehen, eine entsprechende Pflicht bestünde nicht.

Diplom-Psychologen sind jedoch auch nach der *„Berufsordnung für Psychologen"* des Berufsverbandes deutscher Psychologen e.V. (1989, S. 11) mit Hinweis auf § 203 StGB aus berufsrechtlichen und berufsethischen Gründen zum Schweigen verpflichtet. Im Abschnitt VII über den „Umgang mit Daten" heißt es unter „1. *Schweigepflicht*":

„(1) Der Psychologe ist verpflichtet, über alle ihm in Ausübung seiner Berufstätigkeit anvertrauten und bekannt gewordenen Tatsachen zu schweigen (§ 203 StGB), soweit nicht das Gesetz Ausnahmen vorsieht oder ein bedrohtes Rechtsgut überwiegt.

(2) Die Schweigepflicht des Psychologen besteht auch gegenüber Familienangehörigen des Klienten/Patienten und gegenüber Vorgesetzten.

(3) Wenn mehrere Psychologen oder Psychologen und Ärzte gleichzeitig denselben Klienten/ Patienten beraten oder behandeln, so sind sie untereinander von der Schweigepflicht insoweit befreit, als der Klient/Patient nicht etwas anderes bestimmt.

Die Schweigepflicht entfällt auch gegenüber denjenigen Gehilfen des Psychologen, die notwendigerweise mit der Vorbereitung oder Begleitung seiner Tätigkeit betraut sind.

Ansonsten entfällt die Verpflichtung zur Verschwiegenheit nur bei der Entbindung von dieser durch den Klienten/Patienten.

(4) Die der Schweigepflicht unterliegenden Tatsachen, Befunde und Beratungs- bzw. Behandlungsergebnisse dürfen anonymisiert verwendet werden.

(5) Mitarbeiter des Psychologen sind über ihre Pflicht zur Verschwiegenheit zu belehren, und diese Belehrung ist schriftlich festzuhalten."

Die Sektion Arbeits-, Betriebs- und Organisationspsychologie des Berufsverbandes deutscher Psychologen (1988) greift die Schweigepflicht auf unter Punkt 5: *Grundsätze für die Anwendung psychologischer Eignungsuntersuchungen in Wirtschaft und Verwaltung*

> *„Der Psychologe ist bei der Weitergabe von Untersuchungsergebnissen an den Auftraggeber oder dritte Personen an seine gesetzliche Schweigepflicht nach § 203 StGB gebunden. Für die Fragestellung nicht relevante Informationen, die ihm während der Untersuchung anvertraut oder sonst bekanntgeworden sind, darf der Psychologe nur weitergeben, wenn er ausdrücklich von seiner Schweigepflicht entbunden worden ist. Der Psychologe muß darauf achten, daß Verwendung, Weitergabe, Aufbewahrung usw. von Eignungsuntersuchungsunterlagen und -ergebnissen den gesetzlichen Vorschriften entsprechen!"*

1.3.4 Auswahl der Sachverständigen

Die Auswahl von Sachverständigen regelt 404 ZPO (analog § 73 StPO):

„(1) Die Auswahl der zuzuziehenden Sachverständigen und die Bestimmung ihrer Anzahl erfolgt durch das Prozeßgericht. Es kann sich auf die Ernennung eines einzigen Sachverständigen beschränken. An Stelle der zuerst ernannten Sachverständigen kann es andere ernennen.
(2) Sind für gewisse Arten von Gutachten Sachverständige öffentlich bestellt, so sollen andere Personen nur dann gewählt werden, wenn besondere Umstände es erfordern.
(3) Das Gericht kann die Parteien auffordern, Personen zu bezeichnen, die geeignet sind, als Sachverständige vernommen zu werden.
(4) Einigen sich die Parteien über bestimmte Personen als Sachverständige, so hat das Gericht dieser Einigung Folge zu geben; das Gericht kann jedoch die Wahl der Parteien auf eine bestimmte Anzahl beschränken.“

Die Auswahl bezieht sich auf das Fachgebiet und auf die persönliche Eignung des Sachverständigen. Die Person des Sachverständigen muss Gewähr dafür bieten, dass er geeignet ist, dass er zur Verfügung steht und dass kein Ablehnungsgrund nach § 406 ZPO (bzw. § 74 StPO) vorliegt.

Als Sachverständiger wird grundsätzlich vom Gericht nicht eine Institution ausgewählt, sondern ein bestimmter Sachverständiger. Wenn z. B. ein Klinikleiter oder der Leiter einer Gemeinschaftspraxis angeschrieben wird, wünscht das Gericht im allgemeinen dessen persönliche Stellungnahme und Verantwortung. Ihm bleibt es jedoch überlassen, für die Arbeit geeignete Hilfskräfte bzw. Sachbearbeiter hinzuzuziehen. Der Sachverständige ist dabei verpflichtet, „seine Hilfskräfte sorgfältig auszuwählen, anzuleiten, zu überwachen und fortzubilden, den Umfang der Tätigkeit der Hilfspersonen darzulegen und ihrer Ansicht ausdrücklich zuzustimmen. Der Sachverständige muß außerdem angeben, welche Ausbildung seine Hilfskräfte erhalten haben.“ (Albers & Hartmann 1986, S. 1154).

Eine Sachverständigengruppe darf der berufene Sachverständige nur zusammenstellen, wenn er die volle Prüfung und Verantwortung für alle Einzelergebnisse übernehmen kann. Desgleichen weisen auch schon Kleinknecht & Meyer (1985, S. 224) nachdrücklich darauf hin, dass der Sachverständige für ein Sachgebiet, das er nicht selbst beherrscht, niemals ohne Auftrag Untersachverständige hinzuziehen darf, sondern in solchem Fall deren Bestellung durch das Gericht anregen muss.

Bei Strafverfahren ist im Vorverfahren für die Bestellung von Sachverständigen die Staatsanwaltschaft, ggf. auch die Polizei zuständig.

Außerhalb von Gerichtsverfahren kann selbstverständlich jeder Bürger für sich einen für das relevante Fachgebiet als kompetent ausgewiesenen Sachverständigen als Gutachter auswählen und beauftragen. Maßgebliche Auswahlkriterien dafür können neben der fachlichen Spezialisierung und dem damit verbundenen Renommee z. B. sein: das persönliche Vertrauensverhältnis, die leichte Erreichbarkeit des Sachverständigen (z. B. Nähe zum eigenen Wohnort), aber auch die Höhe der Honorarforderung, soweit diese nicht durch eine Gebührenordnung festgelegt ist.

Ein besonderes Problem stellt die Beschäftigung von Hilfskräften durch einen vom Auftraggeber berufenen Gutachter dar. Dazu stellt z. B. Jessnitzer (1992, S. 196) grundsätzlich fest:

> *„Für alle Arten von Untersuchungen ist zu prüfen, inwieweit der Gutachter sie selbst vornehmen muß und inwieweit er sie anderen sachkundigen Personen übertragen darf. Zulässig ist die Zuziehung untergeordneter Hilfskräfte aus dem eigenen Fachbereich des Sachverständigen, soweit diese persönlich zuverlässig und genügend fachlich geschult sind. Es versteht sich von selbst, daß solche Hilfskräfte vom Sachverständigen mit der den Umständen des Falles entsprechenden Sorgfalt auszuwählen sind. Auch wird der Sachverständige je nach Lage der Verhältnisse in eigener Verantwortung die Tätigkeit der Hilfskräfte überwachen und sich von der Exaktheit der Erledigung ihrer Aufgaben etwa durch Stichproben überzeugen müssen. Sind diese Voraussetzungen erfüllt, so können die Ergebnisse der Untersuchungen der Hilfskräfte den Gutachten zugrunde gelegt werden*
>
> *... Deshalb sollte der Sachverständige in seinen schriftlichen oder mündlichen Gutachten stets angeben, inwieweit in seinem Gutachten Untersuchungen und Beurteilungen von Hilfskräften verwendet worden sind ...*
>
> *Besonders bedeutsam und aktuell ist die Frage, inwieweit ärztliche Gutachten auf Untersuchungen von Hilfskräften gestützt werden können."* Es kann *„der ärztliche Gutachter Einzeluntersuchungen und Einzelauswertungen (Anamnese, Beschwerdenfeststellung, körperliche Untersuchungen, EKG, Röntgenaufnahmen usw.) Hilfskräften überlassen ..., wenn diese für die in Betracht kommenden Tätigkeiten verläßlich geschult sind. In bestimmten Fällen ist jedoch eine persönliche Untersuchung durch den Gutachter erforderlich. So hat z. B. das Bundessozialgericht zu § 109 SGG entschieden, daß ... bei Feststellung einer Simulation (Täuschung) oder Aggravation (Übertreibung) sowie insbesondere bei neurologischen und psychiatrischen Beobachtungen und Gutachten die eigene ‚Anschauung' – im wörtlichen Sinn - in der Regel unentbehrlich sei ...*
>
> *So wird es für erforderlich zu erachten sein, daß der Psychiater, der ein Gutachten für den Geisteszustand einer Partei oder eines Beschuldigten zu erstatten hat, die Exploration (Befragung) des Betreffenden persönlich durchführt. "*

Analog zum ärztlichen hat sich auch der psychologische Sachverständige und Gutachter zu verhalten.

1.3.5 Ablehnung des Sachverständigen

§ 406 ZPO Ablehnung des Sachverständigen im Zivilverfahren

„(1) Ein Sachverständiger kann aus denselben Gründen, die zur Ablehnung eines Richters berechtigen, abgelehnt werden. Ein Ablehnungsgrund kann jedoch nicht daraus entnommen werden, daß der Sachverständige als Zeuge vernommen worden ist.
(2) Der Ablehnungsantrag ist bei dem Gericht oder Richter, von dem der Sachverständige ernannt ist, vor seiner Vernehmung zu stellen, spätestens jedoch binnen zwei Wochen nach Verkündung oder Zustellung des Beschlusses über die Ernennung. Zu einem späteren Zeitpunkt ist die Ablehnung nur zulässig, wenn der Antragsteller glaubhaft macht, daß er ohne sein Verschulden verhindert war, den Ablehnungsgrund früher geltend zu machen. Der Antrag kann vor der Geschäftsstelle zu Protokoll gegeben werden.
(3) Der Ablehnungsgrund ist glaubhaft zu machen; zur Versicherung an Eides Statt darf die Partei nicht zugelassen werden.
(4) Die Entscheidung ergeht von dem im zweiten Absatz bezeichneten Gericht oder Richter; eine mündliche Verhandlung der Beteiligten ist nicht erforderlich.
(5) Gegen den Beschluß, durch den die Ablehnung für begründet erklärt wird, findet kein Rechtsmittel, gegen den Beschluß, durch den sie für unbegründet erklärt wird, findet sofortige Beschwerde statt.“

Analog zu § 406 ZPO lautet für das Strafverfahren § 74 StPO:

„[I] Ein Sachverständiger kann aus denselben Gründen, die zur Ablehnung eines Richters berechtigen, abgelehnt werden. Ein Ablehnungsgrund kann jedoch nicht daraus entnommen werden, daß der Sachverständige als Zeuge vernommen worden ist.
[II] Das Ablehnungsrecht steht der Staatsanwaltschaft, dem Privatkläger und dem Beschuldigten zu. Die ernannten Sachverständigen sind den zur Ablehnung Berechtigten namhaft zu machen, wenn nicht besondere Umstände entgegenstehen.
[III] Der Ablehnungsgrund ist glaubhaft zu machen; der Eid ist als Mittel der Glaubhaftmachung ausgeschlossen.“

Der Sachverständige ist im Gerichtsverfahren Gehilfe des Richters und kann deshalb z. B. im Zivilverfahren von den Parteien und im Strafverfahren von Staatsanwaltschaft, Privatkläger und/oder Beschuldigtem aus denselben Gründen abgelehnt werden wie ein Richter. Ablehnungsgrund ist nur die Befangenheit.

Mangel an Sachkunde führt nur zur Anhörung eines weiteren Sachverständigen. Eine Selbstablehnung des Sachverständigen entsprechend § 30 StPO ist ausgeschlossen, führt aber in der Regel nach § 76 I S. 2 zur Entbindung („*Auch aus anderen Gründen kann ein Sachverständiger von der Verpflichtung zur Erstattung des Gutachtens entbunden werden.*“; Kleinknecht & Meyer 1985, S. 227).

Befangenheit liegt z. B. vor, wenn es einen Grund gibt, der bei verständiger Würdigung ein Misstrauen der Partei von ihrem Standpunkt aus rechtfertigen kann. Eine offensichtliche Pflichtwidrigkeit ist dabei nicht erforderlich.

Die Besorgnis der Befangenheit ist auch begründet, wenn der Sachverständige parteiisch ist oder wenn er bereits früher als Zeuge vernommen worden ist. Frühere Tätigkeit als Gutachter zählt hier nicht als Befangenheitsgrund.

Beispiele für erfolgreiche Ablehnung des Sachverständigen im Zivilverfahren
sind (nach Albers & Hartmann 1986, S. 1157):

> – Erstattung eines entgeltlichen Privatgutachtens in der Sache für den Ver-
>   letzten selbst, einen Nebenkläger oder eine am Verfahrensausgang interes-
>   sierte Versicherungsgesellschaft.
> – Tätigkeit für den Haftpflichtversicherer einer Partei.
> – Eine gleichartige Tätigkeit für einen Dritten, der dasselbe Interesse wie der
>   Prozessgegner hatte.
> – Eine Behandlung als Arzt oder Tierarzt, wenn die Zweckmäßigkeit der Maß-
>   nahme in Frage steht.
> – Ein jetziges oder früheres Angestelltenverhältnis zu einer Partei (gilt auch
>   für Beamte, soweit der Dienstzweig ihrer Behörde in Betracht kommt).
> – Feindschaft oder Freundschaft zu einer Partei.
> – Die Eigenschaft als Mitbewerber einer Partei.
> – Die Hinzuziehung nur einer von zwei Parteien zur Vorbereitung des Gut-
>   achtens.
> – Das Unterlassen der Hinzuziehung beider Parteien.
> – Die Tätigkeit als Schiedsgutachter für den Gegner oder als Schiedsrichter
>   in einer anderen Sache gegenüber einem Dritten.
> – Wenn ein Obermeister ein Innungsmitglied begutachten soll.
> – Die Ablehnung der Durchführung einer Besichtigung in Anwesenheit des
>   technischen Beraters der Partei.
> – Falsche Angaben über die tatsächlichen Grundlagen des Gutachtens.
> – Grobe Beleidigung gegenüber dem Patienten.
> – Unter Umständen die Annahme einer privaten Zusatzvergütung.

Aus der Perspektive des Strafrechts führen Kleinknecht & Meyer (1985, S. 227)
z. B. folgende Ablehnungsgründe für Richter auf, die analog auch für Sachverständige gelten:
     Nach § 22 StPO ist ein Richter *„von der Ausübung des Richteramtes kraft
Gesetzes ausgeschlossen,*

> *1. wenn er selbst durch die Straftat verletzt ist;*
> *2. wenn er Ehegatte oder Vormund des Beschuldigten oder Verletzten ist oder
>   gewesen ist;*
> *3. wenn er mit dem Beschuldigten oder mit dem Verletzten in gerader Linie
>   verwandt oder verschwägert, in der Seitenlinie bis zum dritten Grad ver-
>   wandt oder bis zum zweiten Grad verschwägert ist oder war;*
> *4. wenn er in der Sache als Beamter der Staatsanwaltschaft, als Polizeibeam-
>   ter, als Anwalt des Verletzten oder als Verteidiger tätig gewesen ist;*
> *5. wenn er in der Sache als Zeuge oder Sachverständiger vernommen ist.“*

> – wenn der Sachverständige der Verletzte ist oder in nahem Verhältnis zu
>   Beschuldigten oder Verletzten steht;

– wenn vom Standpunkt des Ablehnenden aus (nicht von dem des Gerichts!) verständlicherweise ein Misstrauen gegen die Unparteilichkeit des Sachverständigen gerechtfertigt erscheint;
– wenn der Sachverständige einen Beschuldigten ohne dessen Einwilligung vor Studenten explorierte oder bei ihm unberechtigt körperliche Eingriffe vorgenommen hat;
– wenn er das Tatopfer ärztlich behandelt hat;
– wenn er durch mündliche oder schriftliche Äußerungen den Eindruck der Voreingenommenheit hervorgerufen hat.

Demgegenüber gilt folgendes nicht als Ablehnungsgrund (nach Albers & Hartmann 1986, S. 1157):

– Ein Mangel an Sachkunde.
– Unzulänglichkeit oder Fehler des Gutachtens.
– Der Umstand, dass schon ein Gegengutachten vorliegt.
– Dass der Sachverständige in einem anderen, gleichliegenden Prozess oder in der Vorinstanz ungünstig begutachtet hat.
– Der Umstand, dass die Partei das Gutachten nebst Gebührenrechnung angegriffen hat.
– Dass der Sachverständige sich sachlich verteidigt hat, wenn auch nach einem unberechtigten Ablehnungsantrag eventuell in scharfer Weise, selbst wenn er einen Strafantrag stellt.
– Die Befragung des bei einer Partei (Gemeinde) gebildeten Gutachterausschusses durch den Sachverständigen ohne Zuziehung der anderen Partei bei der Vorbereitung.
– Der Umstand, dass der Sachverständige als Klinikdirektor vom beklagten Arzt Patienten überwiesen erhält und nach der Erstattung des Gutachtens dessen Ehefrau in seine Klinik aufgenommen hat.
– Die spätere Wahl des Gutachters in diesen Ausschuss.
– Der Umstand, dass ein früherer Schüler des Sachverständigen schon ein Gutachten erstattet hatte.
– Eine frühere gewerbliche Zusammenarbeit mit dem Privatgutachter des Prozessgegners des Beweisführers.
– Verwandtschaft zwischen dem Sachverständigen und seinem Gehilfen, solange dieser keinen Einfluss auf den Inhalt des Gutachtens nimmt.
– Allgemeine wirtschaftliche Beziehungen zu einer Partei.
– Eine frühere Zeugenaussage.

Und nach Kleinknecht & Meyer (1985, S. 228):

– Die Mitwirkung am Vorverfahren im Auftrag der Staatsanwaltschaft oder der Polizei.
– Die Teilnahme des Sachverständigen an Vernehmungen und die Befragung eines Beschuldigten nach § 80 II StPO („Vorbereitung des Gutachtens ...

> *Zu demselben Zweck kann ihm gestattet werden, die Akten einzusehen, der*
> *Vernehmung von Zeugen oder des Beschuldigten beizuwohnen und an sie*
> *unmittelbar Fragen zu stellen. ").*
> – Wenn ein Sachverständiger Polizeibeamter ist (sofern er nicht vorwiegend
>   sicherheitspolizeiliche Aufgaben wahrnimmt) und wenn er schon in einem
>   früheren Strafverfahren gegen den Beschuldigten tätig war; wenn er in sei-
>   nem schriftlichen Gutachten die Beweisaufnahme zum Nachteil des Be-
>   schuldigten gewürdigt, von Opfer und Tat gesprochen, auf das Schrifttum
>   zur Schuldfrage hingewiesen oder dass er für den Beschuldigten schon ein
>   Privatgutachten erstattet hat.

Die Neigung eines Sachverständigen zur Befangenheit braucht sich nicht unmittelbar in einem Gutachten der Fachdisziplin selbst zu offenbaren. Emotionale
und fachliche Vorurteile können auch in andere Schriftsätze einfließen und die
Qualifikation eines Sachverständigen in Frage stellen (z.B. bei Rezensionen).

1.3.6 Beeidigung

§ 410 ZPO Beeidigung des Sachverständigen

> „(1) Der Sachverständige wird vor oder nach Erstattung des Gutachtens beeidigt. Die Eides-
> norm geht dahin, daß der Sachverständige das von ihm erforderte Gutachten unparteiisch und
> nach bestem Wissen und Gewissen erstatten werde oder erstattet habe.
> (2) Ist der Sachverständige für die Erstattung von Gutachten der betreffenden Art im allgemei-
> nen beeidigt, so genügt die Berufung auf den geleisteten Eid; sie kann auch in einem schriftli-
> chen Gutachten erklärt werden."

Die Strafprozessordnung enthält davon etwas abweichende Regelungen:
  § 79 StPO Sachverständigeneid

> „[I] Der Sachverständige kann nach dem Ermessen des Gerichts vereidigt werden. Auf Antrag
> der Staatsanwaltschaft, des Angeklagten oder des Verteidigers ist er zu vereidigen.
> [II] Der Eid ist nach Erstattung des Gutachtens zu leisten; er geht dahin, daß der Sachverständige
> das Gutachten unparteiisch und nach bestem Wissen und Gewissen erstattet habe.
> [III] Ist der Sachverständige für die Erstattung von Gutachten der betreffenden Art im allgemei-
> nen vereidigt, so genügt die Berufung auf den geleisteten Eid."

Albers & Hartmann (1986, S. 1162) betonen hinsichtlich der Einzelbeeidigung,
dass der Sachverständige im Zivilprozess grundsätzlich uneidlich zu vernehmen
sei. Zu beeidigen sei er nur wegen der Bedeutung eines Gutachtens oder zur
Herbeiführung eines wahrheitsgemäßen Gutachtens. Dabei sei der Voreid dem
Nacheid vorzuziehen. Der Eid decke auch ein späteres schriftliches Gutachten
(aber nicht beim sachverständigen Zeugen!), ferner Aussagen über Befund und
Quellen der Wahrnehmung.
   Eine allgemeine Vereidigung von Sachverständigen (Entscheidung darüber
sei Landessache) erfolge besonders bei häufig zuzuziehenden Sachverständi-

gen. Dann genüge im konkreten Fall die Berufung auf den ein für allemal geleisteten Eid, auch wenn eine Verwaltungsbehörde ihn abgenommen habe, sofern er sich auch auf Gutachten solcher Art erstrecke (s. dazu auch Müller 1978, S. 224ff., Jessnitzer 1992, S. 278-282).

Die Sachverständigen sollten eine solche Berufung auf den allgemein geleisteten Eid im schriftlichen Gutachten nur erklären, wenn das Gericht sie ausdrücklich verlange. Durch das Rechtspflege-Vereinfachungsgesetz vom 17.12.1990 ergibt sich nach Jessnitzer (1991), dass ab 1.4.1991 die eidesstattliche Versicherung zum Sachverständigen-Gutachten nicht mehr zulässig sei.

Für das *Strafverfahren* stellen Dreher & Tröndle (1985, S. 236f.) sowie auch Kleinknecht & Meyer-Goßner (1997, S. 229) fest, dass die Vereidigung des Sachverständigen im Ermessen des Gerichts stehe, wenn niemand sie beantrage. Allerdings führten nur besondere Umstände zur Vereidigung, etwa wenn Sachkunde und Gewissenhaftigkeit des Sachverständigen zweifelhaft seien oder wenn seinem Gutachten ohne Prüfungsmöglichkeit blindlings gefolgt werden müsse.

Der Eid sei nur als *Nacheid* zu leisten, und mehrere Sachverständige müssten einzeln vereidigt werden. Mit Berufung auf die allgemeine Vereidigung (nach § 79 StPO III) könne der Sachverständige den Eid verweigern. Auch reiche die Berufung auf den Diensteid des Beamten aus, wenn zu dessen Dienstpflichten die Erstattung von Gutachten der betreffenden Art gehöre.

Der Eid erstrecke sich ausschließlich auf das Gutachten (Befundtatsachen). Befundtatsachen als Anknüpfungstatsachen an das Gutachten vermittle der Sachverständige, weil er sie aufgrund seiner Sachkunde selbst festgestellt habe, dem Gericht als Teil seines Gutachtens. Solche Tatsachen seien z. B. Wahrnehmungen bei der Leichenöffnung oder am lebenden Körper, bei der Besichtigung des Tatorts oder der Unfallstelle, Feststellungen bei der Auswertung früherer Gutachten oder Krankengeschichten, bei der Untersuchung von Lebensmitteln oder Kraftfahrzeugen oder bei der Einsicht in Handelsbücher und Buchungsunterlagen - nicht aber Schriftproben, Fahrtschreiberdiagramme und Wahrnehmungen des Sachverständigen vor seiner Bestellung.

Nicht Inhalt des Gutachtens und daher auch nicht vom Eid erfasst seien Zusatztatsachen, d. h. das Gutachten vorbereitende Anknüpfungstatsachen, zu deren Ermittlung und Wahrnehmung keine besondere Sachkunde erforderlich gewesen sei und die daher auch vom Gericht selbst hätten festgestellt werden können. Es handele sich dabei vielmehr um Zeugenaussagen, die der Sachverständige machen müsse – z. B. das Tatgeschehen betreffende Tatsachen, die der Sachverständige bei der Vorbereitung des Gutachtens von dem zu Begutachtenden oder von Auskunftspersonen unaufgefordert oder auf Befragen oder durch Augenschein erfahren hat. Auch Zufallsbeobachtungen vor der Bestellung stünden in keinem unmittelbaren Zusammenhang mit dem Gutachten und würden von daher ebenfalls nicht vom Eid erfasst.

1.3.7 Ermittlungen des Sachverständigen

Albers & Hartmann (1986, S. 1151f.) betonen, dass der Sachverständige im Zivilverfahren Parteien und Zeugen über wesentliche Streitpunkte grundsätzlich nicht selbständig vernehmen dürfe. Werde eine derartige Vernehmung vom Gericht gewertet, dann verstoße dies gegen den Grundsatz der Unmittelbarkeit.

Allerdings dürfe z. B. ein Arzt jedoch Fragen wegen derjenigen Erscheinungen stellen, die ein Geschädigter dem fraglichen Ereignis zuschreibe. Dabei sei der Sachverständige grundsätzlich zur *persönlichen Aufnahme der Anamnese* verpflichtet. Er könne auch dann eigene Ermittlungen verwenden, wenn die ermittelten Tatsachen unstreitig oder durch die Beweiserhebung bestätigt worden seien, wenn die Parteien zustimmten oder wenn der Sachverständige eine Behördenauskunft einhole und zum Bestandteil des Gutachtens mache.

Der Sachverständige müsse eventuell das Gericht um eine *Weisung* bitten, von welchem Sachverhalt er ausgehen solle, und er müsse insbesondere die tatsächlichen Grundlagen seines Gutachtens darlegen, also auch alle in Betracht kommenden Varianten, damit das Gericht notfalls mit Hilfe eines weiteren Sachverständigen das Gutachten nachprüfen könne.

Der Sachverständige muss bei Besichtigungen, bei der Beschaffung des Untersuchungsguts und bei Befragungen in der Regel die *Parteien zuziehen* und ihren sachkundigen Vertretern oder technischen Beratern die Anwesenheit gestatten, da er sich sonst der Gefahr der Ablehnung aussetze. Ob eine Partei dem Sachverständigen Zutritt zu ihren Räumen und eine Untersuchung gestatten müsse, hänge davon ab, ob man ihr diesen Eingriff nach Treu und Glauben zumuten könne.

Der Sachverhalt ist für den Strafprozess in § 80 StPO „Vorbereitung des Gutachtens" geregelt:

> „[I] Dem Sachverständigen kann auf sein Verlangen zur Vorbereitung des Gutachtens durch die Vernehmung von Zeugen oder des Beschuldigten weitere Aufklärung verschafft werden.
> [II] Zu demselben Zweck kann ihm gestattet werden, die Akten einzusehen, der Vernehmung von Zeugen oder des Beschuldigten beizuwohnen und an sie unmittelbar Fragen zu stellen."

Nach Kleinknecht & Meyer (1985, S.238) sind dem Sachverständigen die *Anknüpfungstatsachen*, soweit möglich, bereits bei der Erteilung des Auftrags mitzuteilen. Wenn er eine Vervollständigung für erforderlich hält, ist er verpflichtet, sich an seinen Auftraggeber (Gericht, Staatsanwaltschaft, Polizei) zu wenden und die nach seiner Auffassung mögliche und erforderliche weitere Sachaufklärung zu beantragen, um die nach seiner Auffassung möglichen und erforderlichen vollständigen und zuverlässigen Tatsachengrundlagen für sein Gutachten zu gewinnen.

Der Sachverständige ist nicht selbst zu Vernehmungen von Zeugen oder Beschuldigten befugt, sondern nur das Gericht, die Staatsanwaltschaft bzw. die Polizei. Bloß informatorische Befragungen, die nur die Beweiserheblichkeit des Wissens der Auskunftsperson feststellen sollen, sind dem Sachverständigen nicht verwehrt. Ansonsten darf er jedoch nur der richterlichen Vernehmung beiwohnen und an Beschuldigte oder Zeugen Fragen stellen. Dieses *Vernehmungsverbot* gilt auch für Explorationen durch psychologische Sachverständige (s. dazu auch 3.3.3.3 „Exploration"). Vernehmungen, die der Sachverständige vornimmt und in denen er gegen diese Grundsätze verstößt, sind verfahrensrechtlich wertlos. Falls erforderlich, muss das Gericht sie wiederholen.

In der Regel wird dem Sachverständigen schon bei der Auftragserteilung unaufgefordert *Akteneinsicht* gewährt. Entscheidend ist jedoch die Stelle, die die Tätigkeit des Sachverständigen zu leiten hat.

Neben den Akten können zur Vorbereitung des Gutachtens Urkunden herangezogen und Augenscheinsobjekte vorgelegt werden. Ohne Mitwirkung des Gerichts darf der Sachverständige Örtlichkeiten (z. B. einen Tatort) besichtigen, Auskünfte einholen, Krankengeschichten und andere Unterlagen heranziehen. Bei einer Ortsbesichtigung im Strafverfahren braucht er Beschuldigte und Verteidiger nicht zu benachrichtigen.

In der *Hauptverhandlung* kann der Sachverständige selbst entscheiden, ob das Gutachten seine ständige *Anwesenheit* erfordert – sofern das Gericht ihm hierüber keine Weisungen erteilt. Das Gericht kann ihm die Anwesenheit bei der Beweisaufnahme gestatten. Es steht im Ermessen des Gerichts, ob der Sachverständige unmittelbar Fragen an Zeugen oder Beschuldigte stellen darf.

1.3.8 Körperliche/psychologische Untersuchung des Klienten/Patienten

Für das Strafverfahren regelt § 81a StPO die körperliche Untersuchung eines Beschuldigten:

> „[I] Eine körperliche Untersuchung des Beschuldigten darf zur Feststellung von Tatsachen angeordnet werden, die für das Verfahren von Bedeutung sind. Zu diesem Zweck sind Entnahmen von Blutproben und andere körperliche Eingriffe, die von einem Arzt nach den Regeln der ärztlichen Kunst zu Untersuchungszwecken vorgenommen werden, ohne Einwilligung des Beschuldigten zulässig, wenn kein Nachteil für seine Gesundheit zu befürchten ist.
> [II] Die Anordnung steht dem Richter, bei Gefährdung des Untersuchungserfolges durch Verzögerung auch der Staatsanwaltschaft und ihren Hilfsbeamten (§ 152 des Gerichtsverfassungsgesetzes) zu.
> [III] Dem Beschuldigten entnommene Blutproben oder sonstige Körperzellen dürfen nur für Zwecke des der Entnahme zugrundeliegenden oder eines anderen anhängigen Strafverfahrens verwendet werden; sie sind unverzüglich zu vernichten, sobald sie hierfür nicht mehr erforderlich sind."

Durch Gestattung der zwangsweisen körperlichen Untersuchung muss ein Beschuldigter hinnehmen, dass sein Körper zum Augenscheinsobjekt wird. Die Einwilligung des Beschuldigten macht die Anordnung nach § 81a StPO entbehrlich und gestattet (nach Kleinknecht & Meyer 1985, S. 246 sowie Kleinknecht & Meyer-Goßner 1997, S. 237 ff.) auch unzulässige körperliche Eingriffe, sofern sie nicht, insbesondere wegen besonderer Gefährlichkeit, gegen die guten Sitten verstoßen. Schwerwiegende Eingriffe dürfen trotz der Einwilligung nur auf richterliche Anordnung hin vorgenommen werden. Ausdrücklich und eindeutig und aus freiem Entschluss muss der Beschuldigte, der nicht unbedingt geschäftsfähig, aber genügend verstandesreif sein muss, die Einwilligung erklären. Diese liegt nicht schon in der bloßen Hinnahme des Eingriffs. Der Beschuldigte muss die Sachlage und sein Weigerungsrecht kennen und in der Regel darüber wie auch über die Gefährlichkeit und Nachwirkungen erheblicher Eingriffe belehrt werden.

Die Untersuchung darf nur zur *Feststellung verfahrenserheblicher Tatsachen* durchgeführt werden, für deren Vorliegen bereits bestimmte Anhaltspunkte bestehen. Das sind in erster Hinsicht Tatsachen, die die Straftat, die Täterschaft und die Schuld des Beschuldigten beweisen oder die Rechtsfolgenentscheidung beeinflussen können.

Solche *Tatsachen* können sein:

- die Beschaffenheit des Körpers des Beschuldigten und seiner Bestandteile (z. B. Blut, Magensaft),
- das Vorhandensein von Fremdkörpern,
- sein psychischer Zustand,
- die Verhandlungsfähigkeit des Beschuldigten,
- die Reisefähigkeit des Beschuldigten.

Einfache *körperliche Untersuchungen* umfassen keine körperlichen Eingriffe, sondern nur die sinnliche Wahrnehmung im Hinblick auf folgende Feststellungen:

- Beschaffenheit des Körpers,
- Beschaffenheit einzelner Körperteile,
- Vorhandensein von Fremdkörpern in den natürlichen Körperöffnungen,
- psychischer Zustand des Beschuldigten,
- Arbeitsweise des Gehirns,
- körperbedingte psychische Funktionen.

Die Untersuchung der natürlichen Körperöffnungen (Mund, After, Scheide) ist kein Eingriff, sondern in diesem Sinne eine einfache Untersuchung.

Die bloße *Beobachtung des Geisteszustands* fällt nicht unter „Körperliche Untersuchung des Beschuldigten" nach § 81a StPO, sondern unter „Unterbringung zur Beobachtung" gemäß § 81 StPO.

Der Beschuldigte muss *körperliche Untersuchungen* dulden und ist auch verpflichtet, sich für die Untersuchung zu entkleiden und die erforderliche Körperhaltung einzunehmen. Zu einer aktiven Beteiligung an der Untersuchung kann er aber nicht gezwungen werden:

- Er braucht keine Fragen zu beantworten.
- Er braucht sich keinen Prüfungen zu unterziehen.
- Er muss nicht zum Zweck eines Trinkversuchs Alkohol trinken.
- Er braucht nicht für Röntgenuntersuchungen Kontrastmittel einzunehmen.
- Er muss nicht bei einem Belastungs-EKG mitwirken.
- Er muss sich nicht zur Feststellung des Drehnystagmus herumdrehen.
- Er muss nicht die Knie beugen.

– Er muss nicht die Arme ausstrecken.
– Er muss keine Gehproben vornehmen.

Die Anordnung von *Blutprobenentnahmen* ist in der Regel und z. B. bei Trunkenheit im Verkehr als Anordnung einer körperlichen Untersuchung mit einem umfassenden Untersuchungsauftrag im Sinne des Absatzes I, Satz 1, verbunden.

Unter *anderen körperlichen Eingriffen* werden im Gegensatz zu den einfachen körperlichen Untersuchungen solche verstanden, durch die dem Körper – wenn auch geringe – Verletzungen beigebracht werden. Ein solcher Eingriff liegt z. B. dann vor, wenn natürliche Körperbestandteile, wie Blut, Liquor, Samen, Harn entnommen oder wenn dem Körper Stoffe zugeführt werden oder wenn sonst in das haut- und muskelumschlossene Innere des Körpers eingegriffen wird.

Ein Beschuldigter braucht sich *nicht für Experimente* zur Verfügung zu stellen. Die Anwendung von Hypnose und Narkose und andere Veränderungen des seelischen Zustands sind nach Dreher & Tröndle (1985, S. 248) sowie nach Kleinknecht & Meyer-Goßner (1997, S. 239-240) immer unzulässig. Auf die Zumutbarkeit des Eingriffs komme es daneben nicht mehr an.

Bei solchen körperlichen Eingriffen müssen mit an Sicherheit grenzender Wahrscheinlichkeit gesundheitliche Nachteile ausgeschlossen sein. Darunter sind jedoch nicht schon Schmerzen und andere vorübergehende Unannehmlichkeiten sowie Angstzustände und seelische Belastungen zu verstehen, sondern nur die erheblich über die Untersuchungsdauer hinauswirkende Beeinträchtigung des körperlichen Wohlbefindens.

Blutentnahmen und andere körperliche Eingriffe dürfen nur durch einen approbierten oder zur vorübergehenden Ausübung des Arztberufs berechtigten Arzt vorgenommen werden. Ein noch nicht approbierter Mediziner, ein Pfleger oder eine Krankenschwester dürfen einen Eingriff nur mit dem Einverständnis des Beschuldigten oder unter Anleitung, Aufsicht und Verantwortung eines Arztes vornehmen.

Zulässige Untersuchungen und Eingriffe sind nach Darstellung von Dreher & Tröndle (1985, S. 249):

– Computer-Tomographie,
– Electroencephalographie,
– Elektrokardiographie,
– Magenausheberung,
– Röntgenaufnahmen und Durchleuchtungen.

Unzulässig sind demgegenüber wegen ihrer Gefährlichkeit:

– Angiographie,
– Harnentnahme mittels Katheders und
– „wegen der Unzumutbarkeit der Begleitumstände und des zweifelhaften diagnostischen Werts die zwangsweise ohnehin nicht durchführbare Phallographie".

Nur *zur Aufklärung schwerer Straftaten sind zulässig:*

> – die Entnahme der Gehirn- und Rückenmarksflüssigkeit
> – und die Pneumencephalographie zur Ermöglichung einer Röntgenaufnahme des Gehirns.

Die Veränderung der Bart- oder Haartracht ist demgegenüber kein Eingriff nach § 81a StPO, sondern dient der Vorbereitung einer körperlichen Untersuchung oder einer erkennungsdienstlichen Behandlung.

Die vorübergehende Unterbringung zur Vorbereitung der Untersuchung oder des Eingriffs oder auch zur Klärung der Verhandlungsfähigkeit lässt § 81a StPO aufgrund besonderer richterlicher Anordnung zu. Allerdings darf sie allenfalls 4-5 Tage dauern.

Diese Maßnahmen bedürfen einer ausdrücklichen Anordnung durch einen Richter; er erlässt sie durch einen schriftlichen Beschluss. Bei Gefahr im Verzuge können auch Staatsanwaltschaft oder Polizei Maßnahmen (z. B. Alkoholtest, Blutprobenentnahme) mündlich anordnen. Zu diesem Zweck darf der Beschuldigte auch festgehalten werden.

Die Ergebnisse dürfen nicht verwertet werden, wenn ein körperlicher Eingriff ohne Anordnung und auch ohne Einwilligung des Beschuldigten vorgenommen worden ist oder wenn zur Gewinnung des Untersuchungsergebnisses Methoden angewandt worden sind, die gegen die Grundsätze eines an Gerechtigkeit und Billigkeit orientierten Verfahrens verstoßen.

Der Vollständigkeit wegen ist hier noch zu erwähnen, dass neben einem Beschuldigten auch *andere Personen untersucht* werden können.

Demzufolge heißt es in § 81c StPO:

> „[1] Andere Personen als Beschuldigte dürfen, wenn sie als Zeugen in Betracht kommen, ohne ihre Einwilligung nur untersucht werden, soweit zur Erforschung der Wahrheit festgestellt werden muß, ob sich an ihrem Körper eine bestimmte Spur oder Folge einer Straftat befindet.
> [II] Bei anderen Personen als Beschuldigten sind Untersuchungen zur Feststellung der Abstammung und die Entnahme von Blutproben ohne Einwilligung des zu Untersuchenden zulässig, wenn kein Nachteil für seine Gesundheit zu befürchten und die Maßnahme zur Erforschung der Wahrheit unerläßlich ist. Die Untersuchungen und die Entnahme von Blutproben dürfen stets nur von einem Arzt vorgenommen werden.
> [III] Untersuchungen oder Entnahmen von Blutproben können aus den gleichen Gründen wie das Zeugnis verweigert werden. Haben Minderjährige wegen mangelnder Verstandesreife oder haben Minderjährige oder Betreute wegen einer psychischen Krankheit oder einer geistigen oder seelischen Behinderung von der Bedeutung ihres Weigerungsrechts keine genügende Vorstellung, so entscheidet der gesetzliche Vertreter; § 52 Abs. 2 Satz 2 und Abs. 3 gilt entsprechend. Ist der gesetzliche Vertreter von der Entscheidung ausgeschlossen (§ 52 Abs. 2 Satz 2) oder aus sonstigen Gründen an einer rechtzeitigen Entscheidung gehindert und erscheint die sofortige Untersuchung oder Entnahme von Blutproben zur Beweissicherung erforderlich, so sind diese Maßnahmen nur auf besondere Anordnung des Richters zulässig. Der die Maßnahmen anordnende Beschluß ist unanfechtbar. Die nach Satz 3 erhobenen Beweise dürfen im weiteren Verfahren nur mit Einwilligung des hierzu befugten gesetzlichen Vertreters verwertet werden."
> [IV] Maßnahmen nach den Absätzen 1 und 2 sind unzulässig, wenn sie dem Betroffenen bei Würdigung aller Umstände nicht zugemutet werden können.

> ᵛ Die Anordnung steht dem Richter, bei Gefährdung des Untersuchungserfolges durch Verzögerung, von den Fällen des Absatzes 3 Satz 3 abgesehen, auch der Staatsanwaltschaft und ihren Hilfsbeamten (§ 152 des Gerichtsverfassungsgesetzes) zu. § 81a Abs. 3 gilt entsprechend.
> ᵛᴵ Bei Weigerung des Betroffenen gilt die Vorschrift des § 70 entsprechend. Unmittelbarer Zwang darf nur auf besondere Anordnung des Richters angewandt werden. Die Anordnung setzt voraus, daß der Betroffene trotz Festsetzung eines Ordnungsgeldes bei der Weigerung beharrt oder daß Gefahr im Verzuge ist."

Grundsätzlich gelten also analoge Regeln wie für einen Beschuldigten, so dass sich insbesondere für einen psychologischen Sachverständigen hier kaum wesentliche neue Aspekte ergeben dürften.

Eines besonderen Hinweises bedarf vielleicht noch § 81d StPO, der die *Untersuchung einer Frau* regelt:

> „ᴵ Kann die körperliche Untersuchung einer Frau das Schamgefühl verletzen, so wird sie einer Frau oder einem Arzt übertragen. Auf Verlangen der zu untersuchenden Frau soll eine andere Frau oder ein Angehöriger zugelassen werden.
> ᴵᴵ Diese Vorschrift gilt auch dann, wenn die zu untersuchende Frau in die Untersuchung einwilligt."

Entsprechendes gilt nach Dreher & Tröndle (1985, S. 262) im übrigen auch für die *Untersuchung von Männern.*

Da psychologische und ärztliche Gutachtertätigkeit in mehreren Bereichen – insbesondere in der Neurologie/Psychiatrie – z.T. enge Berührungespunkte haben, kann sich der psychologische Gutachter über wichtige Aspekte der aus der ärztlichen Perspektive betrachteten Gutachtertätigkeit auch mit Gewinn für seine eigene Arbeit in der einschlägigen medizinischen Gutachten-Literatur orientieren (z. B. Suchenwirth1987, Fritze 1989, Dörfler 1991, Gramberg-Danielsen 1991, Hansen 1991, Marx 1992, Izbick et al. o.J., Nedopil 1996).

1.3.9 Schriftliches Gutachten

In Zivilverfahren gilt § 411 ZPO Schriftliches Gutachten:

> „(1) Wird schriftliche Begutachtung angeordnet, so hat der Sachverständige das von ihm unterschriebene Gutachten auf der Geschäftsstelle niederzulegen. Das Gericht kann ihm hierzu eine Frist bestimmen.
> (2) Versäumt ein zur Erstattung des Gutachtens verpflichteter Sachverständiger die Frist, so kann gegen ihn ein Ordnungsgeld festgesetzt werden. Das Ordnungsgeld muß vorher unter Setzung einer Nachfrist angedroht werden. Im Falle wiederholter Fristversäumnis kann das Ordnungsgeld in der gleichen Weise noch einmal festgesetzt werden. § 409 Abs. 2 gilt entsprechend. ...
> (3) Das Gericht kann das Erscheinen des Sachverständigen anordnen, damit er das schriftliche Gutachten erläutere.
> (4) Die Parteien haben dem Gericht innerhalb eines angemessenen Zeitraums ihre Einwendungen gegen das Gutachten, die Begutachtung betreffende Anträge und Ergänzungsfragen zu dem schriftlichen Gutachten mitzuteilen. Das Gericht kann ihnen hierfür eine Frist setzen. § 296 Abs. 1,4 gilt entsprechend."

Im *Strafverfahren* kann über mündliche oder schriftliche „Gutachten im Vorverfahren" nach § 82 StPO entschieden werden:

> *„Im Vorverfahren hängt es von der Anordnung des Richters ab, ob die Sachverständigen ihr Gutachten schriftlich oder mündlich zu erstatten haben. "*

Da im Vorverfahren die Beweisergebnisse zu den Akten gebracht werden, werden in der Regel die Sachverständigen durch die Strafverfolgungsbehörden aufgefordert, das Gutachten schriftlich zu erstatten. Nur in einfachen Fällen wird es mündlich entgegengenommen. Bei mündlicher Gutachtenerstattung muss der Sachverständige das Gutachten mündlich vortragen oder dem Staatsanwalt oder Richter zur Verlesung übergeben, damit der Inhalt protokolliert werden kann.

Nach Anklageerhebung kann das Gericht zur Vorbereitung der Entscheidung nach § 202 StPO („Weitere Aufklärung") oder der Hauptverhandlung schriftliche Gutachtenerstattung anordnen. Auch hier muss das Gutachten in der Hauptverhandlung in der Regel mündlich erstattet werden.

Psychologen haben auch außerhalb von Gerichtsverfahren Gutachten zu erstellen. Auch in solchen Fällen, wo nicht ausdrücklich die Vorlage eines schriftlichen Gutachtens verlangt wird, empfiehlt sich die Schriftform selbst dann, wenn die Stellungnahme des Gutachters nur mündlich erfolgt. Bei eventuell auftretenden Streitfragen wird der Gutachter dann nämlich nicht schon dadurch in Beweisnot geraten, dass die Gegenseite wahrheitswidrig behauptet, er habe eine bestimmte Äußerung getan oder sich in fragwürdiger Weise über einen Sachverhalt geäußert. Denn der Gutachter ist in diesem Fall nicht nur auf sein Erinnerungsvermögen und eventuelle Zeugen angewiesen, die seine Darstellung bestätigen. Er kann sich vielmehr überzeugend und beweiskräftig auf sein schriftlich ausgearbeitetes und auf dieser Grundlage dann mündlich vorgetragenes Gutachten berufen.

1.3.10 Haftung

Die insgesamt sehr komplizierte Haftungsproblematik kann in diesem Rahmen verständlicherweise nicht vollständig dargestellt werden. Deshalb verweisen wir dazu auf die einschlägige Literatur, z. B. auf die ausführliche Darstellung der Sachverständigen-Haftung durch Döbereiner & v. Keyserlingk (1979), Müller (1978, S. 399ff.), Jessnitzer (1992, S. 356ff.), Schlund (1988), Zimmermann (2000).

Weil aber nach unserem Eindruck sehr viele Sachverständige, insbesondere solche, die nicht regelmäßig, sondern nur gelegentlich als Gutachter tätig werden, nicht oder nur ganz unzureichend über die Probleme informiert sind, die sich aus dem Haftungsrecht für sie und ihre Arbeit ergeben können, sollen hier zumindest einige wichtige Aspekte in das Blickfeld des Gutachters gebracht werden. Bei konkreten Problemen wird er sich zweckmäßigerweise rechtzeitig an einen kompetenten Rechtsanwalt wenden.

1.3.10.1 Haftungsbegründende Pflichten des Sachverständigen

Interessanterweise wird dem Gedanken an die Haftung eines Gutachters von manchen Autoren kaum oder gar keine Beachtung geschenkt, wie z. B. die Darstellungen von Hartmann & Haubel (1984) und Arndt & Oberloskamp (1983) zeigen. Auf diesen Sachverhalt weisen auch Pieper et al. (1982, S. 40) zu Recht hin. Sehr ausführlich haben Döbereiner & v. Keyserlingk (1979) die Grundzüge der Sachverständigenhaftung dargestellt; u.a. auch die Möglichkeiten von Haftungsausschluss und Haftungsbegrenzung bei außergerichtlicher Tätigkeit (S. 166 ff.). Wenn sich ihre Ausführungen auch schwerpunktmäßig auf öffentlich bestellte und vereidigte Sachverständige beziehen, so gelten – das betonen sie auch selbst nachdrücklich – diese jedoch auch für andere freie Sachverständige einschließlich Gerichtssachverständige.

Zu den *haftungsbegründenden Pflichten des Sachverständigen* zählen z. B.:

- Unparteilichkeit, Unabhängigkeit und Objektivität
- Pflicht zur Gutachtenerstattung
- Gewissenhaftigkeit und Sorgfalt
- Prüfung des Beweisthemas bezüglich des Bestellungssachgebietes
- Prüfung des Beweisthemas bezüglich des Kenntnisstandes des Sachverständigen
- Pflicht zur erschöpfenden Beantwortung des Beweisthemas
- Beratungspflicht zum Beweisthema
- Überprüfung der Vollständigkeit der Unterlagen
- Berücksichtigung des neuesten Standes von Wissenschaft und Technik
- Berücksichtigung der herrschenden Meinung
- die erforderliche Ausstattung (z. B. der Untersuchungsräume)
- Verständlichkeit und Nachvollziehbarkeit des Gutachtens
- Fortbildungspflicht des Sachverständigen
- Prüfung von Ablehnungsgründen
- Verhältnismäßigkeit der Gutachtenkosten
- Nachträgliche Aufklärungs- und Berichtigungspflicht (bei ursprünglicher Unrichtigkeit des Gutachtens bzw. bei nachträglich geänderten Umständen)
- Pflicht zur persönlichen Gutachtenserstattung (insbesondere bei Hinzuziehung von Hilfskräften)
- Schweigepflicht
- Parteiöffentlichkeit bei Ortsbesichtigungen und Benachrichtigungspflicht

1.3.10.2 Haftung als Privatgutachter

Die *Haftung des Privatgutachters* ist grundsätzlich abhängig vom Verschulden. In dem hier betrachteten Fall muss also der psychologische Gutachter (zumindest) gegen eine seiner Sachverständigen- bzw. Gutachterpflichten verstoßen haben, um zur Haftung herangezogen werden zu können.

a) Vertragliche Haftung
So unterliegt er der *vertraglichen Haftung,* sofern er seine vertraglichen Pflichten nicht erfüllt, die er gemäß Werkvertrag (der Gutachter ist von einem privaten Besteller mit der Erstellung eines Gutachtens beauftragt) oder Dienstvertrag (wenn der Sachverständige laufend von einem Unternehmen mit Begutachtungen beauftragt wird) oder Auskunftsvertrag (als entgeltlicher Auskunfts- oder Beratungsvertrag zwischen dem Auftraggeber und dem Sachverständigen) schuldet.

Bei unerlaubten Handlungen regelt sich die *Schadensersatzpflicht* nach § 823 BGB:

> „(1) Wer vorsätzlich oder fahrlässig das Leben, den Körper, die Gesundheit, die Freiheit, das Eigentum oder ein sonstiges Recht eines anderen widerrechtlich verletzt, ist dem anderen zum Ersatze des daraus entstehenden Schadens verpflichtet.
> (2) Die gleiche Verpflichtung trifft denjenigen, welcher gegen ein den Schutz eines anderen bezweckendes Gesetz verstößt. Ist nach dem Inhalte des Gesetzes ein Verstoß gegen dieses auch ohne Verschulden möglich, so tritt die Ersatzpflicht nur im Falle des Verschuldens ein."

Sachmangelhaftung
Der Sachverständige hat daher im Hinblick auf *Sachmangelhaftung* nach Döbereiner & v. Keyserlingk (1979, S.67) *„das gem. § 631 BGB geschuldete Gutachten so abzufassen, daß es die zugesicherte Eigenschaft besitzt und nicht mit Fehlern behaftet ist, die seinen Wert oder seine Tauglichkeit zu dem gewöhnlichen oder vertraglich vorausgesetzten Gebrauch aufheben oder mindern".*
In § 631 BGB [*Wesen des Werkvertrages*] heißt es nämlich:

> „(1) Durch den Werkvertrag wird der Unternehmer zur Herstellung des versprochenen Werkes, der Besteller zur Entrichtung der vereinbarten Vergütung verpflichtet.
> (2) Gegenstand des Werkvertrags kann sowohl die Herstellung oder Veränderung einer Sache als ein anderer durch Arbeit oder Dienstleistung herbeizuführender Erfolg sein."

Solange das Gutachten nicht mangelfrei hergestellt ist, kann der Auftraggeber die Abnahme verweigern. Dies gilt auch bei nur geringfügigen Mängeln. Der Gutachter muss, sofern dies möglich ist, dem Wunsch des Auftraggebers nach Nachbesserung des Gutachtens nachkommen, da dieser ein mangelfreies Gutachten verlangen kann. Dem Besteller eines Gutachtens steht allerdings dann kein Anspruch auf Behebung des Mangels zu, wenn die Nachbesserung objektiv unmöglich oder für den Sachverständigen unzumutbar ist oder wenn durch den Mangel der Wert oder die Tauglichkeit des Gutachtens im Sinne des § 633 (1) BGB nicht aufgehoben oder gemindert ist.
In § 633 BGB [*Nachbesserung, Mängelbeseitigung*] heißt es:

> „(1) Der Unternehmer ist verpflichtet, das Werk so herzustellen, daß es die zugesicherten Eigenschaften hat und nicht mit Fehlern behaftet ist, die den Wert oder die Tauglichkeit zu dem gewöhnlichen oder dem nach dem Vertrage vorausgesetzten Gebrauch aufheben oder mindern.

(2) Ist das Werk nicht von dieser Beschaffenheit, so kann der Besteller die Beseitigung des Mangels verlangen. § 476a gilt entsprechend. Der Unternehmer ist berechtigt, die Beseitigung zu verweigern, wenn sie einen unverhältnismäßigen Aufwand erfordert.
(3) Ist der Unternehmer mit der Beseitigung des Mangels im Verzuge, so kann der Besteller den Mangel selbst beseitigen und Ersatz der erforderlichen Aufwendungen verlangen."

Schadenersatzforderungen wegen Nichterfüllung kann der Auftraggeber gemäß § 635 BGB geltend machen. Dabei hat jede Partei für ihre Behauptungen und rechtsbegründenden Tatsachen die Beweislast zu tragen.

In § 635 BGB [*Schadenersatz wegen Nichterfüllung*] heißt es:

„Beruht der Mangel des Werkes auf einem Umstande, den der Unternehmer zu vertreten hat, so kann der Besteller statt der Wandlung oder der Minderung Schadenersatz wegen Nichterfüllung verlangen."

Andryk (1988) berichtet über ein Urteil des Amtsgerichts Brühl (vom 26.10.1988: 137 C 628/87), in dem der Klage eines wegen einer Trunkenheitsfahrt mit 2,51 ‰ BAK (Blutalkoholkonzentration) verurteilten Verkehrsteilnehmers gegen den Gutachter stattgegeben wurde, dessen Gutachten er für insgesamt mangelhaft hielt:

> *„Damit ist das Gutachten insgesamt mangelhaft, weil nicht bezogen auf den Kl. Vielmehr erschöpft es sich in allgemeinen Worthülsen, die auf jeden Trunkenheitstäter zutreffen und nicht angeben, warum eine beim Kl. über die statistisch sowieso vorliegende Rückfallgefährdung hinausgehende Rückfallgefährdung gegeben ist. Der Kl. konnte deshalb Nachbesserung verlangen und nach Ablehnung seitens der Bekl. von dieser Schadensersatz verlangen, d. h. die Kosten, die für eine erneute ordnungsgemäße Begutachtung entstehen!"*

Resümee in solchen Fällen:
Wer ein mangelhaftes Gutachten erstellt, kann für daraus entstehende Schäden haftbar gemacht werden. Als angestellter oder beamteter psychologischer Gutachter wird der Sachverständige in der Regel für solche Haftpflichtfälle versichert sein – soweit sie nicht mit dem Vorwurf der groben Fahrlässigkeit oder gar des Vorsatzes verbunden sind.

Um nicht unversehens in Schwierigkeiten zu geraten, sollte deshalb insbesondere der freiberuflich tätige Psychologe neben der Berufs-Rechtsschutzversicherung auch eine angemessene Berufs-Haftpflichtversicherung abschließen. Über die Details wird er sich zweckmäßigerweise durch seinen Berufsverband (z. B. in Deutschland: Berufsverband Deutscher Psychologinnen und Psychologen e.V. (BDP) in Bonn) beraten lassen.

Haftung aus positiver Vertragsverletzung
Nach Döbereiner & v. Keyserlingk (1979, S. 95) umfasst im Rahmen des Werkvertrags zwischen dem Sachverständigen und dem Besteller des Gutachtens die positive Vertragsverletzung den Schaden, der durch Schlechterfüllung (schuld-

hafte objektive Pflichtverletzung) entsteht und über den Schadensumfang des Ersatzanspruchs aus § 635 BGB hinausgeht, also den mittelbaren oder weiteren Schaden (Mangelfolge-, Begleit- oder Kontaktschaden). Dazu zählen z. B. Vermögensschäden und Verdienstausfälle, die der Auftraggeber infolge der Verwendung des mangelhaften Gutachtens erleidet. Ersatz der Vermögensschäden etc. kann verlangt werden. Solche Ansprüche verjähren erst in 30 Jahren.

b) Haftung aus Unmöglichkeit und Verzug
Haftung aus Unmöglichkeit

> *„Wenn es einem Sachverständigen unmöglich ist, die von ihm vertraglich geschuldete Leistung zu erbringen (Herstellung und Übergabe des Gutachtens), kann er seinen Anspruch auf Vergütung verlieren und weiter zum Ersatz des Schadens verpflichtet sein, der dem Besteller dadurch entsteht, daß ihm das Gutachten nicht zur Verfügung steht!"* (Döbereiner & v. Keyserlingk 1979, S. 100).

Unmöglichkeit im Sinne eines bereits anfänglichen Unvermögens liegt z. B. dann vor, wenn ein Sachverständiger einen Gutachtenauftrag übernimmt, obwohl er weiß oder wissen müsste, dass ihm für die Erstellung dieses Gutachtens die notwendigen Fachkenntnisse fehlen.

Nachträgliche Unmöglichkeit tritt z. B. dann ein, wenn das Gutachten vor der Abnahme durch den Auftraggeber verloren geht und dem Sachverständigen eine Neuherstellung unmöglich ist. Das kann etwa der Fall sein, wenn zeitgebundene Untersuchungsbedingungen (das Bestehen einer Sucht, einer Psychose etc.) nicht mehr bestehen oder wenn die seinerzeit geistig gesunde Person inzwischen psychisch erkrankt ist und deshalb für die Fragestellung relevante Leistungsmerkmale nicht mehr sachgerecht untersucht werden können.

Die Beweislast für die Unmöglichkeit trägt nach den allgemeinen Beweisregeln derjenige, der sich darauf beruft.

Haftung aus Verzug
Verzug kann entstehen, wenn das für einen bestimmten Termin bestellte Gutachten nicht rechtzeitig fertig ist. Dann haftet der Gutachter für eventuelle Verzögerungsschäden, die der Auftraggeber durch die verspätete Leistung erleidet. Ohne Vereinbarung eines Termins ist die Leistung sofort fällig. Das heißt, dass der Sachverständige das Gutachten so schnell zu erstellen hat, wie ihm dies nach den Umständen möglich ist. Dieser Zeitraum errechnet sich aus dem Umfang und den objektiven Schwierigkeiten (z. B. Nichtverfügbarkeit des zu untersuchenden Patienten, Nichteingang der erforderlichen Akten). Der Sachverständige gerät jedoch nach § 285 BGB nur dann in Verzug, wenn er die Leistungsverzögerung selbst zu vertreten hat.

In § 285 BGB [*Kein Verzug ohne Verschulden*] heißt es:

> „Der Schuldner kommt nicht in Verzug, solange die Leistung infolge eines Umstandes unterbleibt, den er nicht zu vertreten hat."

Irrtumsanfechtung des Gutachtensvertrages wegen mangelhafter Sachkunde
Der Auftrag zur Erstellung eines Gutachtens kann u. a. dann angefochten werden, wenn ein Diplom-Psychologe fälschlich als fachkompetent für ein bestimmtes Arbeitsgebiet angesehen wurde, für das er objektiv nicht kompetent ist. Keine Anfechtungsberechtigung wegen Irrtums besteht hingegen, wenn sich die mangelhafte Eignung oder Sachkunde des Gutachters erst aus dem Inhalt seines Gutachtens ergibt.

c) Haftung aus unerlaubter Handlung
Nach Döbereiner & v. Keyserlingk (1979, S. 114) haftet der Sachverständige gegenüber dem Auftraggeber oder gegenüber Dritten, wenn er anlässlich der Erstellung eines Gutachtens oder durch das Gutachten vorsätzlich oder fahrlässig eines der in § 823 (1) BGB aufgeführten Rechtsgüter (Leben, Eigentum, Körper, Gesundheit, Freiheit sonstige Rechte) widerrechtlich verletzt und dadurch einen Schaden bewirkt.

Der Schadenersatzanspruch umfasst den unmittelbar und mittelbar verursachten Schaden, der sachlich aus der Verletzung des durch § 823 (1) BGB geschützten Rechtsgutes entstanden ist. Dabei hat der Geschädigte den objektiven Tatbestand der unerlaubten Handlung, das Verschulden sowie die Ursächlichkeit der Handlung für den entstandenen Schaden zu beweisen.

Eine Haftung aus § 839 BGB kann entstehen, wenn ein Sachverständiger für eine Körperschaft des öffentlichen Rechts oder eine juristische Person des Privatrechts tätig ist, deren Angestellte mit hoheitlichen Aufgaben betraut sind (z. B. Vertrauensarzt im Auftrag eines Sozialversicherungsträgers). Der Geschädigte muss die schuldhafte Verletzung, die *„hoheitliche Tätigkeit"* des Sachverständigen sowie den dadurch entstandenen Schaden beweisen.

d) Haftung für Ratschläge, Auskünfte und Empfehlungen
Nach § 676 BGB ist jemand, der einem anderen einen Rat oder eine Empfehlung erteilt, unbeschadet der sich aus einem Vertragsverhältnis oder einer unerlaubten Handlung ergebenden Verantwortlichkeit zum Ersatz des aus der Befolgung des Rates oder der Empfehlung entstehenden Schadens nicht verpflichtet.

In § 676 BGB [*Keine Haftung für Rat oder Empfehlung*] heißt es:

> „Wer einem anderen einen Rat oder eine Empfehlung erteilt, ist, unbeschadet der sich aus einem Vertragsverhältnis oder einer unerlaubten Handlung ergebenden Verantwortlichkeit, zum Ersatz des aus der Befolgung des Rates oder der Empfehlung entstehenden Schadens nicht verpflichtet."

Wird jedoch ein ausdrücklicher *Gutachtensvertrag* (d. h. ein *Werkvertrag*) abgeschlossen, kann sich daraus ein rechtsgeschäftlicher haftungsbegründender Verpflichtungswille des Raterteilenden ergeben. Der Vertrag kann bereits durch die Beratung zustandekommen, ohne dass ein sonstiges Vertragsverhältnis zwischen den Parteien besteht. Wenn die Parteien den Empfehlungen des Sachverständigen auf Grund seiner besonderen Sachkunde ein besonderes Vertrauen entgegenbringen und unter Aufwand erheblicher Mittel diesen Empfehlungen folgen, kann es sich um einen stillschweigend abgeschlossenen, haftungsbegründenden *Beratungsvertrag* handeln.

Beim Gutachtenauftrag erstreckt sich die Beratungspflicht als Nebenpflicht auch auf diejenigen Umstände, die mit dem Hauptvertrag zusammenhängen und die bei objektiv vernünftiger Würdigung für den Auftraggeber von wesentlicher Bedeutung sein müssen.

Döbereiner & v. Keyserlingk (1979, S. 144) betonen, dass der BGH den Sachverständigen nach § 826 BGB gegenüber einem Dritten haften lässt, wenn der Sachverständige sein Gutachten in leichtfertiger oder gewissenloser Weise erstellt und mit der Möglichkeit rechnet, dass sein Auftraggeber das Gutachten an einen Dritten als Grundlage z. B. für dessen Vermögensdispositionen weitergibt und dadurch dieser Dritte (z. B. Kreditgeber, Käufer) einen Schaden erleiden könnte.

e) Haftung aus abgegebener Garantie
Normalerweise übernimmt ein Sachverständiger, auch ohne dies ausdrücklich zu erwähnen, zumindest die generelle *Gewähr für ein sorgfältiges, qualifiziertes und objektiv richtiges Gutachten.*

Für Mängelfolgen haftet er *bei Verschulden* ohnehin 30 Jahre. An der Zeitdauer ändert auch eine Garantiezusage nichts. Sie würde aber darüber hinaus zu einer Haftung *ohne Verschulden* führen. Um dieser Gefahr einer 30jährigen Haftung für Mängelschäden ohne Verschulden zu entgehen, vermeiden Sachverständige im Vertrag oder Gutachten in der Regel den Begriff „*Garantie*" oder inhaltlich gleichbedeutende Zusicherungen (z. B. „*absolute Gewähr*").

1.3.10.3 Haftung des gerichtlichen Sachverständigen

Die folgenden Ausführungen stützen sich ebenfalls im wesentlichen auf Döbereiner & v. Keyserlingk (1979, S. 201 ff.).

Die Autoren erinnern daran, dass durch die Ernennung des Sachverständigen durch das Gericht zwischen dem Sachverständigen und dem Staat als Träger der Gerichtsbarkeit ein öffentlich-rechtliches Verhältnis begründet wird. Der Sachverständige wird zum Helfer des Gerichts. Er soll dem Richter die ihm fehlende spezielle Sachkunde ersetzen (dazu auch Creifelds 1997, S. 581 „*Gutachten*"; hier zitiert in Kap. 1.1).

Andererseits bestehen zwischen den Parteien eines Gerichtsverfahrens und dem vom Gericht zur Begutachtung ernannten Sachverständigen keinerlei vertragliche Beziehungen – und zwar auch dann nicht, wenn die Auswahl und Ernennung des Sachverständigen auf Vorschlag einer Partei oder aufgrund der Einigung beider Parteien erfolgt (§ 404 ZPO; hier zitiert in Kap. 1.3.4).

Folgende Aspekte sind zu unterscheiden:

a) Haftung aus unerlaubter Handlung nach § 823 I BGB
Der Sachverständige kann gegenüber einer Partei mangels vertraglicher Beziehungen nur aus unerlaubter Handlung haften.

– Haftung durch ein fehlerhaftes Gutachten

Haftung nach § 823 (1) BGB setzt voraus, dass der Gutachter ein fehlerhaftes Gutachten erstellt hat und dass dadurch eines der geschützten Rechtsgüter eines Prozessbeteiligten verletzt wird (z. B. Vermögensschaden, Verletzung des Rechts auf Freiheit oder auf Gesundheit).

So kann z. B. ein Angeklagter im Strafverfahren zu einer Freiheitsstrafe verurteilt werden, weil der Sachverständige in einer oberflächlichen und leichtfertigen Untersuchung festgestellt hat, der Angeklagte sei für seine Tat voll verantwortlich und z. B. nicht erkannt hat, dass er aufgrund eines hirnorganisch bedingten Persönlichkeitsabbaues im Sinne des § 20 StGB „unzurechnungsfähig" (d. h. schuldunfähig) war.

Oder wenn z. B. ein Sachverständiger gemäß § 81 StPO *„Unterbringung zur Beobachtung"* (bzw. nach PsychKG) feststellen soll, ob zur Untersuchung des Geisteszustands einer Person die Unterbringung in einer Heilanstalt notwendig sei, kann er haftbar gemacht werden, wenn sich herausstellt, dass sein Gutachten falsch und leichtfertig verfasst ist und deshalb zur unnötigen Unterbringung in der Anstalt geführt hat.

– Haftung anlässlich der Erstattung eines Gutachtens

Verletzt ein Sachverständiger anlässlich des ihm vom Gericht erteilten Gutachtenauftrags ein Rechtsgut eines Prozessbeteiligten, gilt Haftungsbeschränkung nicht, sondern er haftet auch für leichte Fahrlässigkeit.

Verursacht z. B. ein ärztlicher Sachverständiger bei der vom Sozialgericht angeordneten Überprüfung der vom Kläger behaupteten Arbeitsunfähigkeit durch unsachgemäße Röntgenuntersuchung einen Strahlenschaden, haftet der Sachverständige uneingeschränkt für den entstandenen Gesundheitsschaden.

b) Haftung aus unerlaubter Handlung gem. § 823 II BGB

Die mögliche Haftung eines Beamten für Amtspflichtverletzung nach § 839 BGB wird für den gerichtlichen Sachverständigen nach § 823 (2) BGB geregelt. Denn der gerichtliche Sachverständige übt gegenüber dem Prozessbeteiligten keine staatliche Justizgewalt aus, ist demnach auch nicht in Ausübung eines ihm anvertrauten öffentlichen Amtes tätig, weshalb er nur wegen unerlaubter Handlung haftet.

In § 839 BGB [*Haftung bei Amtspflichtverletzung*] heißt es:

„(1) Verletzt ein Beamter vorsätzlich oder fahrlässig die ihm einem Dritten gegenüber obliegende Amtspflicht, so hat er dem Dritten den daraus entstehenden Schaden zu ersetzen. Fällt dem Beamten nur Fahrlässigkeit zur Last, so kann er nur dann in Anspruch genommen werden, wenn der Verletzte nicht auf andere Weise Ersatz erlangen kann.

(2) Verletzt ein Beamter bei dem Urteil in einer Rechtssache seine Amtspflicht, so ist er für den daraus entstehenden Schaden nur dann verantwortlich, wenn die Pflichtverletzung in einer Straftat besteht. Auf eine pflichtwidrige Verweigerung oder Verzögerung der Ausübung des Amtes findet diese Vorschrift keine Anwendung.

(3) Die Ersatzpflicht tritt nicht ein, wenn der Verletzte vorsätzlich oder fahrlässig unterlassen hat, den Schaden durch Gebrauch eines Rechtsmittels abzuwenden."

– Haftung wegen Verstoßes gegen ein Schutzgesetz
Haften muss der Sachverständige bei Verstößen gegen ein Gesetz, das den Schutz des Prozessbeteiligten bezweckt.

– Uneidliche vorsätzliche Falschaussage

> *„Beschwört der Sachverständige vor Gericht, er habe das ihm über-*
> *tragene Gutachten unparteiisch und nach bestem Wissen und Ge-*
> *wissen erstattet, so leistet er dann einen Meineid nach § 154 StGB,*
> *wenn er weiß oder billigend in Kauf nimmt (Vorsatz bzw. bedingter*
> *Vorsatz), daß das von ihm erstattete Gutachten fehlerhaft ist (dabei*
> *kommt es nicht darauf an, ob die festgestellten Tatsachen, die Er-*
> *gebnisse oder die von ihm daraus geschlossenen Schlußfolgerun-*
> *gen fehlerhaft oder unrichtig sind). Ergeht aufgrund dieses fehler-*
> *haften Gutachtens eine Entscheidung des Gerichts zum Nachteil*
> *eines der Prozeßbeteiligten, so haftet der Sachverständige für den*
> *daraus entstehenden Schaden nach § 823 II BGB."* (Döbereiner &
> v. Keyserlingk (1979, S. 210).

In § 154 StGB [*Meineid*] heißt es:

> „I Wer vor Gericht oder vor einer anderen zur Abnahme von Eiden zuständigen Stelle falsch
> schwört, wird mit Freiheitsstrafe nicht unter einem Jahr bestraft.
> II In minder schweren Fällen ist die Strafe Freiheitsstrafe von sechs Monaten bis zu fünf Jah-
> ren."

> *„Beschwört der Sachverständige vor Gericht, er habe das ihm auf-*
> *getragene Gutachten unparteilich und nach bestem Wissen und*
> *Gewissen erstattet, so leistet er dann einen fahrlässigen Falscheid*
> *nach § 163 StGB, wenn das von ihm zu erstattende Gutachten un-*
> *richtig ist und er die Fehlerhaftigkeit aufgrund seiner persönlichen*
> *Fähigkeiten und der sonstigen Umstände hätte erkennen müssen."*
> (op. cit. S. 211)

In § 163 StGB [*Fahrlässiger Falscheid; fahrlässige falsche Versicherung an Eides Statt*] heißt es:

> „I Wenn eine der in den §§ 154 bis 156 [d.h.: Meineid, eidesgleiche Bekräftigung, falsche
> Versicherung an Eides Statt] bezeichneten Handlungen aus Fahrlässigkeit begangen worden
> ist, so tritt Freiheitsstrafe bis zu einem Jahr oder Geldstrafe ein.
> II Straflosigkeit tritt ein, wenn der Täter die falsche Angabe rechtzeitig berichtigt. Die Vor-
> schriften des § 158 Abs. 2 und 3 [d.h.: Berichtigung einer falschen Angabe] gelten entspre-
> chend."

Auch in diesem Falle haftet der Gutachter für den aus der Gerichtsentscheidung entstehenden Schaden.
Wenn der Gutachter in der Gerichtsverhandlung seine Ausführungen für das

Gerichtsprotokoll auf Band spricht, sollte er nach der Erstattung des Gutachtens auf dem Vorspielen des Bandes zur persönlichen Kontrolle bestehen, um eventuelle Fehler noch berichtigen zu können. Denn bei der Beeidigung seiner unberichtigten und somit gegebenenfalls fahrlässig unrichtigen Aussage bestünde sonst die Gefahr eines haftungsbegründenden fahrlässigen Falscheides.

– Uneidliche fahrlässige Falschaussage

> *„Der Sachverständige haftet nicht, wenn er vor Gericht uneidlich fahrlässig falsch aussagt, da das Strafgesetz eine uneidliche fahrlässige Falschaussage nicht unter Strafe stellt."* (Döbereiner & v. Keyserlingk 1979, S. 214).

Während im Strafverfahren das Gericht den Sachverständigen auf Verlangen der Staatsanwaltschaft oder der Verteidigung vereidigen muss, ist die Vereidigung beim Verfahren nach der Zivilprozessordnung in das Ermessen des Gerichts gestellt.

Die Haftung des Sachverständigen nach § 823 (2) BGB umfasst den Wert der Forderung, die dem Prozessbeteiligten durch ein auf das fehlerhafte Gutachten begründetes Urteil aberkannt wurde und außerdem die Verfahrenskosten, die dem Prozessbeteiligten durch das abweisende Urteil entstehen.

– Haftung anlässlich der Gutachtenerstattung
Der gerichtliche Sachverständige haftet nach § 823 (2) BGB, wenn er anlässlich der Begutachtung eine Sache eines Prozessbeteiligten zerstört oder beschädigt.

c) Haftung wegen sittenwidriger vorsätzlicher Schädigung nach § 826 BGB
In § 826 StGB [*Sittenwidrige vorsätzliche Schädigung*] heißt es:

> „Wer in einer gegen die guten Sitten verstoßenden Weise einem anderen vorsätzlich Schaden zufügt, ist dem anderen zum Ersatz des Schadens verpflichtet."

Im Hinblick auf die in § 826 BGB angesprochene sittenwidrige vorsätzliche Schädigung eines anderen haftet auch der gerichtliche Sachverständige, wie jeder andere Bürger, wenn er in einer gegen die guten Sitten verstoßenden Weise ein Gutachten mit dem Vorsatz erstattet, einem Prozessbeteiligten einen Schaden zuzufügen, falls dieses Gutachten zur Grundlage eines Urteils wird, das einen Prozessbeteiligten benachteiligt.

1.3.10.4 *Verlust des Entschädigungsanspruchs des gerichtlichen Sachverständigen*

Ein Sachverständiger, der ein Gutachten nicht im strikten Sinne auftragsgemäß erstellt oder dessen Gutachten wesentliche Anforderungen nicht erfüllt, muss damit rechnen, dass er seinen nach § 413 ZPO und nach Maßgabe des Gesetzes über die Entschädigung von Zeugen und Sachverständigen (ZSEG) bestehenden Entschädigungsanspruch ganz oder teilweise verliert. Dieser Verlust tritt in der Regel jedoch noch nicht ein, wenn die Unverwertbarkeit des Gutachtens durch eine leichte Fahrlässigkeit herbeigeführt wird. Jedoch liegt eine entschädigungswerte Leistung grundsätzlich nur dann vor, wenn das Gutachten dem Beweisbeschluss entspricht.

In § 413 ZPO [*Sachverständigengebühren*] heißt es:

> „Der Sachverständige wird nach dem Gesetz über die Entschädigung von Zeugen und Sachverständigen entschädigt." (s. dazu Kap. 7).

Kein Anspruch auf Entschädigung der Gutachtertätigkeit besteht, wenn:

- das Gutachten dem Gericht nicht ermöglicht, den Gedankengängen des Gutachtens nachzugehen, sie zu prüfen, sich ihnen anzuschließen oder sie abzulehnen;
- es infolge des Verschuldens des Gutachters völlig unverwertbar ist, weil er das Beweisthema und die mit dem Gericht geführte Korrespondenz nicht beachtet hat;
- er trotz entsprechender Hinweise des Gerichts die prozessbeteiligten Parteien nicht vom vorbereiteten Ortstermin unterrichtet hat;
- der gerichtliche Sachverständige den Gutachtenauftrag nur teilweise ausführt und die erbrachte Teilleistung für das Gericht und die Parteien ohne Wert ist.

Nur ein Teilentschädigungsanspruch steht dem Gutachter zu, wenn:

- das Gutachten nur teilweise verwertbar war, weil es neben der Beantwortung des Beweisthemas zusätzliche Ausführungen macht, die das Beweisthema nicht berühren (Entschädigungsanspruch daher nur für die zum Beweisthema gehörenden Ausführungen);
- der gerichtliche Sachverständige den Gutachtenauftrag nur teilweise ausführt, die erbrachte Teilleistung jedoch für das Gericht und die Parteien von Wert ist.

1.4 Fachkompetenz des Gutachters

Nach Creifelds (1997, S. 1081) ist ein Sachverständiger *„eine Person mit besonderer Sachkunde"*.

Ein psychologischer Sachverständiger erwirbt in Deutschland in der Regel die Sachkunde durch Bestehen der Diplomprüfung für das Fach Psychologie an einer Universität.

Da jedoch vom Sachverständigen *„besondere"* Sachkunde erwartet wird, werden üblicherweise als Sachverständige nicht Berufsneulinge, sondern Diplom-Psychologen mit Berufserfahrung, die sich gegebenenfalls sogar auf bestimmte Problembereiche spezialisiert haben (z. B. klinische Psychologie, Verkehrspsychologie, Erziehungsberatung, Drogenberatung, Kinderpsychologie, Familienrecht, Strafrecht) herangezogen. Denn der zum Gutachter berufene Sachverständige soll ja z. B. einem Richter, dem die für die Beurteilung eines Falles erforderliche spezielle Sachkunde fehlt, gerade diese ersetzen. Ein Berufsanfänger könnte dabei noch beträchtliche Schwierigkeiten haben.

Außerdem muss der Gutachter damit rechnen, dass sein Gutachten vor Gericht von anderen erfahrenen Sachverständigen genau unter die Lupe genommen wird und dass er zu kritischen Fragen aus dem Stegreif Stellung nehmen muss, wobei er sich nicht mehr auf vorbereitete Unterlagen, sondern nur noch auf seine fachliche Erfahrung, denkerische Flexibilität und rhetorische Überzeugungskraft verlassen kann.

1.4.1 Fachkompetenz für das relevante Fachgebiet

Für öffentlich bestellte und vereidigte Sachverständige (nach § 36 GewO) knüpft Bleutge (1986, S. 47 f.) an die Forderung an, dass ein Sachverständiger über besondere Sachkunde verfügen muss, und er konkretisiert dies folgendermaßen:

> *„Nach übereinstimmender Auffassung in Rechtsprechung und Literatur ist der Begriff der besonderen Sachkunde dahin auszulegen, daß der Sachverständige auf dem Sachgebiet, für das er öffentlich bestellt werden möchte, überdurchschnittliche Kenntnisse, Fähigkeiten und Erfahrungen besitzen muß. Für den Nachweis besonderer Sachkunde genügt nicht, daß der Bewerber seinen Beruf bisher in fachlicher Hinsicht ordnungsgemäß ausgeübt hat.*
>
> *Zum Inhalt besonderer Sachkunde gehört weiter, daß der Sachverständige sich mündlich und schriftlich so auszudrücken vermag, daß seine gutachtlichen Äußerungen für den jeweiligen Auftraggeber verständlich und in den wesentlichen Teilen des Gutachtens nachvollziehbar sind. Seine Gutachten müssen also so formuliert und begründet sein, daß die Richtigkeit des Ergebnisses nachgeprüft und gleichzeitig festgestellt werden kann, aufgrund welcher Quellen, Belege und Erfahrungssätze der Sachverständige seine Erkenntnisse gewonnen hat!"*

Diese Anforderungen sind Gerichtsurteilen entnommen (z. B. OVG Lüneburg, OVG Münster, OVG Rheinland-Pfalz, BVerwG) und in ihrer grundsätzlichen Bedeutung auch auf die Tätigkeit von psychologischen Sachverständigen anwendbar.

Auch der psychologische Sachverständige muss in der Regel selbst feststellen, ob er über die für die Übernahme eines Gutachtenauftrags erforderliche besondere Sachkunde verfügt. Er darf sich dabei jedoch nicht bloß auf seine

Universitätsausbildung und gegebenenfalls auf seine allgemeine Berufserfahrung als Psychologe stützen. Vielmehr muss er im konkreten Einzelfall zusätzlich prüfen, ob er auch für das in diesem Fall relevante Teilgebiet der Psychologie diese besondere Sachkunde besitzt oder ob er sie sich für die Erstellung dieses speziellen Gutachtens in der verfügbaren Zeit in hinreichendem Maße aneignen kann.

So hat z. B. ein Verkehrspsychologe nicht ohne weiteres die Sachkunde für die Begutachtung der Schuldfähigkeit eines drogenabhängigen jugendlichen Straftäters oder für eine Sorgerechtsbegutachtung. Übernimmt er den Auftrag trotzdem, läuft er Gefahr, als inkompetenter Gutachter entlarvt oder gar zur Haftung wegen eines mangelhaften Gutachtens herangezogen zu werden (s. dazu Kap. 1.3.10 „Haftung").

Er wird in solchem Falle besser die Übernahme des Auftrags unter Hinweis auf seine fachliche Inkompetenz bezüglich dieses speziellen Arbeitsbereiches ablehnen. Andererseits kann ein klinischer Psychologe und Psychotherapeut mit Arbeitsschwerpunkten im Bereich der Psychosomatik sich unter Umständen auch dann, wenn er sich mit dieser Thematik bisher nur am Rande befasst hat, relativ schnell und hinreichend kompetent in die Begutachtung eines Rentenneurotikers einarbeiten. Auch er sollte jedoch rechtzeitig Kontakt mit Fachkollegen aufnehmen, die bereits derartige Begutachtungen vorgenommen haben und ihm sachdienliche Hinweise geben können.

1.4.2 Neuester Wissensstand des Faches

Auf den neuesten Wissensstand ihres Faches werden z. B. *Ärzte* ausdrücklich verpflichtet. So heißt es etwa in § 1 in der Gebührenordnung für Ärzte (GOÄ; 1982):

> „(2) Vergütungen darf der Arzt nur für Leistungen berechnen, die nach den *Regeln der ärztlichen Kunst* für eine medizinisch notwendige ärztliche Versorgung erforderlich sind ..."

Auch für *Diplom-Psychologen* gelten vergleichbare Regeln. So kann z. B. der in einem Medizinisch-Psychologischen Institut eines Technischen Überwachungs-Vereins (neuerdings: „Begutachtungsstelle für Fahreignung – BfF") tätige verkehrspsychologische Gutachter den Geschäftsbedingungen der Institution entnehmen:

> *„Die vom Verein angenommenen Aufträge werden durchgeführt bzw. die Gutachten werden erstattet nach dem Stand der Wissenschaft und den anerkannten Regeln der Technik sowie unter Beachtung der geltenden gesetzlichen und behördlichen Vorschriften zum Zeitpunkt der Auftragsannahme und in der beim Verein üblichen Handhabung."* (TÜV Hannover/Sachsen-Anhalt e.V. 1992, Ziffer 3.1).

Fokussiert wird dieser Anspruch z. B. im Strafverfahren für die körperliche Untersuchung eines Beschuldigten für die ärztliche Tätigkeit, für die sich bekanntlich auch Analogien in der psychologischen Tätigkeit finden, in § 81a StPO:

„I Eine körperliche Untersuchung ... Zu diesem Zweck sind Entnahmen von Blutproben und andere körperliche Eingriffe, die von einem Arzt nach den *Regeln der ärztlichen Kunst* zu Untersuchungszwecken vorgenommen werden, ohne Einwilligung des Beschuldigten zulässig, wenn kein Nachteil für seine Gesundheit zu befürchten ist."

Allerdings ist nicht jede neue Methode ohne weiteres dem neuesten Stand der Wissenschaft zuzuordnen. Manche Verfahren sind zwar weithin bekannt, sie sind aber in der Fachwelt für bestimmte Arbeitsbereiche grundsätzlich nicht akzeptiert. Entscheidend ist in der Regel die Anerkennung des Verfahrens durch kompetente Vertreter des jeweiligen Fachgebietes. Deshalb weisen Kleinknecht & Meyer (1985, S. 248, Ziffer 16) mit Recht auf dieses Problem hin:

> *„Bestehen solche Regeln nicht, wie bei neuartigen Untersuchungsmethoden, so ist der Eingriff unzulässig. Der Beschuldigte braucht sich nicht für Experimente zur Verfügung zu stellen. Die Anwendung von Hypnose und Narkose und andere Veränderungen des seelischen Zustands sind immer unzulässig ... Auf die Zumutbarkeit des Eingriffs kommt es daneben nicht an. "*

Ein Gutachter, der sein Gutachten nicht entsprechend dem aktuellen Wissensstand seines Faches erstellt und erstattet, gerät leicht in Gefahr, dass es von einem Fachmann als mangelhaft entlarvt wird und dass er alle sich daraus ergebenden Konsequenzen zu tragen hat (z. B. Verlust des Honoraranspruchs, Haftung bei Verursachung von Schäden).

Ein weiteres Problem für die Aktualität der sachverständigen Ausführungen kann aus dem Grundsatz der Mündlichkeit der Verhandlung bei Gericht entstehen:

> *„Mündlichkeitsgrundsatz bedeutet, daß vor dem Gericht mündlich verhandelt werden muß und nur das mündlich Verhandelte der Entscheidung zugrundegelegt werden darf. Die meisten Verfahrensordnungen schreiben Mündlichkeit als Grundsatz ausdrücklich vor (§ 128 I ZPO, § 46 II ArbGG, § 101 VwGO, § 90 I FGO, § 124 I SGG), lassen aber in weitem Umfang schriftliches Verfahren, insbes. für Nebenentscheidungen, zu. Am strengsten ist der M. im Strafprozeß in der für den Regelfall vorgeschriebenen Hauptverhandlung gewahrt. "* (Creifelds 1997, S. 859).

So gilt für Strafverfahren, in denen oftmals psychologische Sachverständige hinzugezogen werden, z. B. der Mündlichkeitsgrundsatz für Vernehmungen gemäß § 250 StPO:

„Grundsatz der persönlichen Vernehmung.
Beruht der Beweis einer Tatsache auf der Wahrnehmung einer Person, so ist diese in der Hauptverhandlung zu vernehmen. Die Vernehmung darf nicht durch Verlesung des über eine frühere Vernehmung aufgenommenen Protokolls oder einer schriftlichen Erklärung ersetzt werden."

(Weitere Informationen dazu in StPO: § 251 („Urkundenbeweis mit Protokollen"), § 252 („Verbot der Protokollverlesung nach Zeugnisverweigerung"), § 253

(„Protokollverlesung zur Gedächtnisunterstützung"), § 254 („Verlesung von Gedächtnisprotokollen"), § 255 („Protokollierung"), § 256 („Behördliches Zeugnis oder Gutachten") sowie in Kapitel 1.3.9 „Schriftliches Gutachten".)

Es kann also die Situation entstehen, dass ein Gutachter zu einem bestimmten Zeitpunkt sein Gutachten nach dem zu diesem Zeitpunkt aktuellen wissenschaftlichen Stand des Wissens seines Faches schriftlich erstellt und dem Gericht zugeleitet hat. Bis zum Zeitpunkt einer mehrere Monate später stattfindenden mündlichen Hauptverhandlung könnten jedoch von der Wissenschaft neue Untersuchungsmethoden entwickelt oder aus der Forschung neue Erkenntnisse bekannt geworden sein, die im Gutachten noch nicht berücksichtigt sind – logischerweise noch nicht berücksichtigt sein können. Der Gutachter würde in der Verhandlung beim unkorrigierten Vortrag seines eingereichten schriftlichen Gutachtens dann in diesem Fall wider besseres Wissen nicht dem aktuellen Wissensstand seines Faches entsprechend gutachten, wenn ihm die neuen Erkenntnisse bekannt wären und wenn diese in der Fachwelt bereits Akzeptanz gefunden hätten oder aus Gründen der Logik unbezweifelbar wären.

Er hätte sich zumindest mit den neuen Erkenntnissen sachlich auseinanderzusetzen, selbst dann, wenn er auf Grund der Abwesenheit anderer kompetenter Fachleute bei Gericht annehmen könnte, seine Unterlasssung werde unbemerkt bleiben. Der Gutachter hätte seine nicht sachgerechte Gutachtenerstattung zwar im Augenblick nur vor seinem eigenen fachlichen Gewissen zu verantworten, könnte allerdings keineswegs sicher sein, dass das in der Akte befindliche schriftliche (und insoweit unzureichende) Gutachten nicht doch noch zu einem späteren Zeitpunkt (z. B. in einer Berufungsverhandlung, in einem Revisions- oder Wiederaufnahmeverfahren) Anstoß erregen würde.

Gerade in Streitfällen sowie bei drohenden hohen Haft- oder Geldstrafen für einen Angeklagten muss der Gutachter mit derartigen Komplikationen rechnen, wo sein Gutachten von anderen Sachverständigen durch ein Gegengutachten in Frage gestellt oder sogar durch einen Obergutachter überprüft wird. Wenn ihm dann nachgewiesen wird, dass sein in der Hauptverhandlung mündlich vorgetragenes Gutachten nicht den aktuellen Wissensstand seines Faches berücksichtigt hat, leidet nicht nur sein Ruf als Fachmann, sondern er muss gegebenenfalls auch mit anderen negativen Konsequenzen rechnen (z. B. Haftung, Honorarkürzung).

1.5 Integrität des Gutachters

Wenn jemand einen Sachverständigen als Gutachter beauftragt, möchte er in erster Linie Klarheit schaffen lassen in einer strittigen Frage oder hinsichtlich eines vom Auftraggeber sachlich bzw. fachlich nicht selbst lösbaren Problems. Die Erteilung eines solchen Auftrags durch den Auftraggeber impliziert normalerweise ebenso, wie die Annahme des Auftrags durch den Sachverständigen/ Gutachter, dass das Ergebnis nicht unzulässig durch persönliche Vorurteile des Gutachters oder durch absichtlich tendenziöse Darstellung verfälscht wird. Außerdem muss sich der Auftraggeber darauf verlassen können, dass das Vertrauen, das er dem Gutachter entgegenbringt, von diesem nicht missbraucht wird und dass er sich an seine Schweigepflicht (nach § 203 StGB) gebunden hält.

1.5.1 Neutralität, Objektivität, Unabhängigkeit

Neutralität und Unabhängigkeit von Sachverständigen sind nach Söllner (1979) eigentlich selbstverständliche Postulate, die keiner näheren Begründung bedürfen. Es handelt sich auch nicht um neue oder neu entdeckte Grundsätze - vielmehr sind diese integrale Bestandteile der Sachverständigenfunktion an sich.

Jessnitzer (1992, S. 99-100) sagt daher mit Recht:

„Grundsätzlich ist der Sachverständige unabhängig. Er hat sein Gutachten unparteiisch und nach bestem Wissen zu erstatten. ... Niemand kann und darf ihn in irgendeiner Weise beeinflussen, die geeignet wäre, ihn bei der Erfüllung dieser seiner vornehmsten Pflicht in Konflikt zu bringen ...

Die Unabhängigkeit und damit die Unparteilichkeit des Sachverständigen können jedoch unter Umständen gefährdet werden, wo nach außen nicht sichtbare, aber untergründig vorhandene Beziehungen wirtschaftlicher Art zwischen dem Sachverständigen und einem Prozeßbeteiligten bestehen. Werden solche Beziehungen offenbar, kommt eine Ablehnung des Sachverständigen wegen Besorgnis der Befangenheit in Betracht. ...“

Probleme können sich z. B. daraus ergeben, dass Sachverständige nicht als Selbständige tätig sind, sondern als Angestellte in einer Institution oder als Beamte bei einer Behörde (dazu auch Bayerlein 1990, S. 30 und 467f.). Dann kann die Frage entstehen, wie sich Neutralität und Unabhängigkeit des Sachverständigen mit seinen arbeitsrechtlichen Pflichten gegenüber seinem Arbeitgeber vereinbaren lassen. Ein Arbeitsverhältnis ist ja gerade dadurch gekennzeichnet, dass der Arbeitnehmer „abhängige“ Arbeit leistet und insoweit auch bestimmten organisatorischen und disziplinarischen Weisungen seines Arbeitgebers unterliegt.

Konfliktsituationen können sich z. B. dadurch ergeben, dass der Sachverständige als Arbeitnehmer Weisungen seines Vorgesetzten nachzukommen hat, dass er nicht beliebige Nebentätigkeiten übernehmen darf und dass auch seine Freiheit zu Meinungsäußerungen und zur Wahrnehmung des Demonstrationsrechts arbeitsvertraglichen Einschränkungen unterliegt. Er kann allerdings nur in dem Maße dienstrechtlich und fachlich weisungsgebunden sein, als nicht seine fachliche Unabhängigkeit als Sachverständiger dadurch eingeschränkt oder gar aufgehoben würde.

So findet man etwa vertragliche Formulierungen folgender Art:

„Fachliche Weisungen an den Sachverständigen darf nur der Leiter oder sein Stellvertreter geben.“

Dies kann aber nicht bedeuten, dass einem Sachverständigen eine fachliche „Ergebnisweisung" gegeben werden könnte. Zulässig sind grundsätzlich nur fachliche Weisungen genereller Art.

Der Vorgesetzte könnte also z. B. verlangen, dass bestimmte neue Erkenntnisse beim Gutachten berücksichtigt werden. Wie etwa ein Richter zwar an Gesetz und Recht gebunden, aber in der Urteilsfindung unabhängig und weisungsfrei ist, so ist auch der Sachverständige an die Regeln und Regelwerke seines Faches gebunden. Hinsichtlich der „Subsumtion" der von ihm im Rahmen der Erstellung eines Gutachtens durchgeführten Untersuchungen und der daraus erzielten Tatsachen unter das fachliche Regelwerk ist er aber weisungsfrei. Nur so kann er sein fachmännisches Urteil neutral abgeben.

Welche Bedeutung haben vor diesem Hintergrund die Begriffe „Neutralität", „Objektivität" und „Unabhängigkeit"?

Unter „Neutralität" ist ein unparteiisches Verhalten zu verstehen, das sich nicht mit dem Interesse einer der beteiligten Parteien identifiziert. Das Handeln ist allein an sachlichen, fachspezifischen Maßstäben auszurichten und darf nicht anderen, subjektiven Beweggründen folgen.

Neutralität und *Unabhängigkeit* bedingen einander. Daher sind dort, wo von einer Institution oder einer Person neutrales Handeln gefordert wird, rechtliche Vorkehrungen getroffen, damit die Aufgabe im Spannungsfeld divergierender Interessen erfüllt werden kann (z. B. Konkursverwalter, Testamentsvollstrecker, Betriebs- und Personalräte).

Wo von einer Institution neutrales Handeln gefordert wird, erstreckt sich dieses Gebot auch auf deren einzelne Mitglieder. Diese haben sich jedes Handelns zu enthalten, das in der Öffentlichkeit oder bei Dritten Zweifel an der Neutralität der Institution erwecken könnte. Die Pflicht zu neutralem Handeln ist z. T. in Anstellungsverträgen der Sachverständigen und in Betriebsvereinbarungen dokumentiert und durch Detailregelungen bezüglich Nebentätigkeit, Veröffentlichungen, Annahme von Geschenken, Verschwiegenheitspflichten etc. ergänzt.

Neutralität des Gutachters heißt also konkret, dass er sich bei der Übernahme eines Auftrags – z. B. bei einem Streitfall – nicht auf die Seite der einen oder der anderen Partei stellt. Solche sachfremden Gründe könnten die Bevorzugung von Mitgliedern einer bestimmten politischen Partei, eines Verbandes oder einer anderen Interessengruppe etc. sein. Das Empfinden einer besonderen Sympathie oder Antipathie und deren Umsetzung in positive bzw. negative gutachtliche Aussagen birgt die Gefahr des Neutralitätsverlustes in sich. Solche Probleme können sogar unbewusst bleiben, aber auch durchaus mit bewusster Absicht geschaffen werden.

Probleme können z. B. bei Institutionen entstehen, die mehrere Sachverständige beschäftigen. Bei Begutachtungen liegt es bekanntlich in der Natur der Sache, dass ein Sachverständiger auch zu einem für den Begutachteten negativen Ergebnis kommen kann. Begutachtete Personen sind durchweg mit einem negativen Gutachtenergebnis nicht einverstanden, da sie sich nicht nur in ihrem Selbstwertgefühl beeinträchtigt fühlen, sondern unter Umständen auch gravierende persönliche oder berufliche Konsequenzen fürchten (z. B. nach Einstellungsuntersuchung mit negativem Ergebnis werden sie nicht eingestellt; bei negativer Beurteilung ihrer Zurechnungsfähigkeit können sie die Geschäftsfähigkeit verlieren; bei negativer Beurteilung der Fahreignung verlieren sie ihre Fahrerlaubnis bzw. wird sie nicht wiedererteilt).

Manche Untersuchte probieren es dann mit Bestechung des Gutachters, um doch noch eine positive Beurteilung zu erreichen. Gelingt auch das nicht, versuchen einige, die Qualifikation des Gutachters in Zweifel zu ziehen. Sie verklagen ihn dann unter Umständen wegen eines *„mangelhaften Gutachtens"* auf Schadenersatz, erstatten Strafanzeige mit erfundenen Anschuldigungen oder diskreditieren ihn bei seinem Arbeitgeber, wenn er nicht selbständig, sondern in einer Institution angestellt ist.

Kann eine erforderliche Untersuchung auch von einer anderen Institution bzw. einem dort beschäftigten Gutachter durchgeführt werden, wird bisweilen auch versucht, nicht beeinflussbare Gutachter durch Androhung des Auftragsentzugs oder der Übergabe des Gutachtenauftrags an die Konkurrenz gewogener zu stimmen.

Ahnt der Untersuchte ein negatives Ergebnis schon während der Untersuchung oder zumindest noch vor der Fertigstellung des Gutachtens, versucht er unter Umständen durch gezielte Attacken zu erreichen, dass ein institutionell gebundener Gutachter von diesem Auftrag entbunden und durch einen anderen ersetzt wird, von dem sich der Untersuchte eine mildere oder günstigere Beurteilung oder größere Beeinflussbarkeit erhofft.

Geht ein Gutachter unter psychischem Druck oder durch Annahme von Vorteilen auf die Wünsche des Untersuchten ein oder löst eine Institution auf Veranlassung eines Untersuchten, ohne dass es dafür einen objektiven sachlichen Grund gibt, einen Gutachter ab, erweist sie dem Untersuchten insofern einen Gefallen. Das dann entstehende Gutachten kann deshalb nicht mehr als neutral und objektiv angesehen werden.

Für die öffentlich bestellten und vereidigten Sachverständigen, die gemäß § 36 Gewerbeordnung tätig werden, sind die Pflichten in einer auch auf die Tätigkeit eines psychologischen Sachverständigen übertragbaren Weise in einer Muster-Sachverständigenordnung (DIHT 1986) klar und einprägsam formuliert:

„§ 9 Unparteiische Aufgabenerfüllung

(1) Der Sachverständige hat die Aufgaben ... gewissenhaft zu erfüllen und die von ihm angeforderten Gutachten unparteiisch und nach bestem Wissen und Gewissen zu erstatten.
(2) Insbesondere ist dem Sachverständigen untersagt,
(a) Weisungen entgegenzunehmen, die das Ergebnis des Gutachtens und die hierfür maßgebenden Feststellungen verfälschen können;
(b) ein Vertragsverhältnis einzugehen, das seine Unparteilichkeit und Unabhängigkeit beeinträchtigen kann;
(c) sich oder Dritten für seine Sachverständigentätigkeit außer der gesetzlichen Entschädigung oder angemessenen Vergütung Vorteile versprechen oder gewähren zu lassen;
(d) Gegenstände, die er im Rahmen seiner Sachverständigentätigkeit begutachtet hat, zu erwerben oder zum Erwerb zu vermitteln; das gilt nicht, wenn der spätere Erwerb oder die spätere Vermittlung in keinem Zusammenhang mit dem Gutachten steht und dessen Ergebnis nicht beeinflussen konnte."

Von „*Objektivität*" eines Sachverständigen spricht man in der Regel, wenn er seine Arbeit in dem oben dargestellten Sinn neutral und unabhängig ausübt und wenn er sich dabei ausschließlich und ohne zweifelhafte Nebenabsichten auf die Analyse des Sachproblems und auf die objektive Planung, Durchführung, Auswertung der Untersuchungen und auf die Interpretation der Untersuchungsergebnisse konzentriert.

Neutralität, Objektivität und auch Unabhängigkeit sind in der Praxis in vielerlei Hinsicht gefährdet, wie etwa das folgende Beispiel zeigt:

So schrieb ein Professor aus einer Universitätsklinik für Psychiatrie und Psychotherapie in seinem Gutachten zur Kostenerstattung für Psychotherapie im Rahmen der Beihilferegelung am 20.03.1999:

> „*Aus inhaltlichen wie formalen Gründen kann die Kostenübernahme nicht befürwortet werden. Die Gutachter sind vom Ministerium des Innern ausdrücklich angewiesen, nicht im Vorgriff auf mögliche Zulassung im Rahmen des PTG im Laufe des Jahres 1999 zu entscheiden.*"

Dieser Sachverständige beschränkt sich offenbar nicht auf seine fachlich-fachärztliche Sachverständigenkompetenz als neutraler, objektiver und unabhängiger Gutachter, sondern er nimmt von seinem Auftraggeber (?) auch Weisungen über die Ausgestaltung seines Gutachtenergebnisses entgegen. Dass er sich damit in einen höchst problematischen Konflikt zum Sachverständigenrecht und zur Sachverständigen-Ethik begeben hat, ist ihm offensichtlich nicht einmal bewusst.

Normalerweise haben Sachverständige lediglich die Angemessenheit, die Wirtschaftlichkeit des Vorgehens und die Erfolgsaussichten einer beim Kostenträger beantragten Psychotherapie zu begutachten, eine Empfehlung über Erstattung oder Nichterstattung geht ebenso über den fachlichen Sachverständigenauftrag hinaus, wie die Entgegennahme von Ergebnisweisungen durch Auftraggeber.

Derselbe Sachverständige hatte sich bereits früher zu einem Psychotherapiebericht über einen anderen Psychotherapie-Patienten negativ geäußert, ohne den Patienten je gesehen zu haben. Ich habe ihm die damit verbundene grundsätzliche Problematik in meiner Stellungnahme (hier auszugsweise wiedergegeben) vor Augen geführt und bin gleichzeitig auf seine Forderung „sichtbarer und nachweislicher Therapieeffekte" sowie auf die Begrenzung der Therapiestundenzahl eingegangen:

> „Sehr geehrter Herr Professor,
>
> ...
>
> Es liegt in der Natur der Sache, daß es für Gutachter ohne eigene Kenntnis des Patienten immer sehr schwer ist, sich ein zutreffendes Bild vom Krankheitsgeschehen und den Therapieerfolgen zu machen. Dabei sind Sie unglücklicherweise immer auf das mir offenbar fehlende Geschick des Psychotherapeuten angewiesen, den Sachverhalt für den jeweiligen Gutachter einleuchtend zu beschreiben. ...

Sie erwarten offenbar den Nachweis, daß der Gesundheitszustand des Pt. infolge der Psychotherapie sichtbar und nachweislich in einem von Ihnen verlangten Maße gebessert ist. Die im vorliegenden Fall relevanten Therapie-Effekte habe ich Ihnen deshalb darzulegen versucht.

In diesem speziellen Fall möchte ich jedoch auch die wissenschaftliche Erkenntnis in Erinnerung zu rufen, daß die Wirksamkeit psychotherapeutischer Maßnahmen nicht allein am Grad der „Heilung" einer Gesundheitsstörung zu beurteilen ist, sondern daß auch die Stabilisierung einer Gesundheitsstörung auf dem status quo (d. h. Verhindern einer Verschlechterung des Gesundheitszustandes) sowie die Verlangsamung einer fortschreitenden Verschlechterung wesentliche Wirksamkeitskriterien einer psychotherapeutischen Behandlung sind.

Deshalb wird z. B. im internistischen Bereich kein ernstzunehmender Arzt etwa von einem Diabetiker erwarten, daß er etwa nach 100 Insulinspritzen gesund sein müsse und daß somit eine weitere Insulintherapie nicht mehr erforderlich sei.

Analog verhält es sich bekanntlich bei chronifizierten psychischen Störungen und anderen psychischen Defekten: Psychotherapie ist erforderlich zur Stützung des Patienten und zur Verhinderung von Dekompensationen; aber sie wird – wie leider auch in diesem problematischen Fall – nicht ohne weiteres zur „Heilung" führen. ...

Mit freundlichem Gruß
Zuschlag"

Die Antwort lautete (hier ebenfalls auszugsweise wiedergegeben) folgendermaßen:

Sehr geehrter Herr Dr. Zuschlag,

ich danke Ihnen für die beiden o.a. Stellungnahmen. Ich möchte mit Ihnen hier keine Grundsatzdiskussion führen und Ihnen statt dessen empfehlen, sich mit den Regelungen der Richtlinien-Verhaltenstherapie der gesetzlichen Krankenkassen vertraut zu machen. Danach werden Sie meine Vorgehensweise bei der Begutachtung besser verstehen. Der Gutachter ist der Vermittler zwischen den Wünschen der Patienten und Therapeuten einerseits und den Anforderungen der Krankenversicherungen andererseits. ... oder aber Sie beantragen jetzt die Erstellung eines Obergutachtens über die Krankenversicherung ...

Mit freundlichem Gruß
Prof. Dr. ...

Der Sachverständige offenbart hier sein Verständnis von einer (neutralen, objektiven und unabhängigen) Sachverständigentätigkeit: Demzufolge ist der „Gutachter" ein „Vermittler" oder, modern ausgedrückt, ein „Mediator". Dazu passt auch die „Empfehlung" an den Therapeuten, den der Professor offenbar trotz dessen jahrzehntelanger Berufserfahrung für nachhilfebedürftig hält.

Dem Schriftsatz des Sachverständigen habe ich entnommen, dass er offenbar nicht bereit und vielleicht auch gar nicht in der Lage ist, sein Vorgehen und die diesem zugrundeliegenden höchst problematischen Prämissen auch nur ansatzweise (selbst)kritisch zu überdenken. Dass seine Interpretation seiner Sachverständigenfunktion erheblich vom allgemeinen Sachverständigenrecht abweicht, wird er bei dieser Grundhaltung kaum erkennen können und deshalb voraussichtlich auch in Zukunft weiterhin dieselben Fehler machen.

Andernfalls müsste er sich nämlich zunächst folgende Frage beantworten und daraus für sich und seine Gutachtertätigkeit die notwendigen Konsequenzen ziehen:

Wie kann ein Sachverständiger
- ohne persönliche Kenntnis oder gar Untersuchung des Patienten,
- ohne Kenntnis des Psychotherapeuten,
- ohne persönliche Kenntnis von dessen psychotherapeutischer Fachkompetenz,
- ohne Kenntnis der Patientenakte (das Gutachterverfahren arbeitet bekanntlich nur mit einer Chiffre, um die Schweigepflicht nicht zu verletzen)
allein aufgrund eines kurzen „Deutsch-Aufsatzes" des betreffenden Psychotherapeuten über den Patienten zutreffend beurteilen,
- ob diese Psychotherapie von gerade diesem Psychotherapeuten (bzw. der Psychotherapeutin)
- tatsächlich fachgerecht auf die individuellen Anforderungen gerade dieses konkreten Patienten zugeschnitten ist
- und sachgerecht durchgeführt wird,
- bzw. ob die Psychotherapie unter Berücksichtigung der komplexen Krankheits- und Kontextbedingungen wirtschaftlich und erfolgversprechend ist?

Bei solcher Problemlage sollten sich Sachverständige die Frage stellen, ob sie die Übernahme solcher Aufträge mit ihrem *„Sachverständigen-Wissen und -Gewissen"* vereinbaren können oder ggf. derartige Aufträge ablehnen müssen.

Ein solches Gutachterverfahren ist nach meiner Einschätzung nicht nur fachlich fragwürdig, sondern auch nicht geeignet, die Qualität von Psychotherapien zu verbessern. Es verursacht vor allem unnötige zusätzliche Kosten, verärgert Patienten und Therapeuten, belastet die Psychotherapiesitzungen und die Psychotherapeuten in unverantwortlicher und teilweise schikanöser Weise und führt vielfach entsprechend den wirtschaftlichen oder strategischen Vorgaben der Auftraggeber zu fachlich nicht nachvollziehbaren Genehmigungs- oder Ablehnungsentscheidungen.

Einige „Gutachter" überschreiten ihre Kompetenz sogar in der Weise, dass sie *„den Antrag der Psychotherapeuten ablehnen"*, obwohl dieser gar keinen Antrag gestellt hat (den stellt nämlich jeweils das Krankenkassenmitglied bei seiner Krankenkasse) – und nur diese kann auch einen Therapieantrag ihres Mitgliedes ggf. ablehnen – nicht aber ein „Gutachter".

1.5.2 Unbestechlichkeit

Unbestechlichkeit impliziert die Pflicht des Sachverständigen, keine Geschenke, „Schmiergelder" oder sonstige Vorteile von einem Auftraggeber anzunehmen. Denn dieser könnte damit die Erwartung verbinden, dass er sich dadurch den Sachverständigen in dem Sinne verpflichtet, dass er ihm sachwidrig ein Gutachten zu seinen Gunsten – also nach Ziffer 1.2.1.3 ein *parteiliches* Gutachten – abverlangen könnte. Vor diesem Hintergrund wäre die Annahme derartiger Vorteile für Selbständige wie für Angestellte in gleicher Weise bedenklich. Bei angestellten oder gar beamteten Sachverständigen sind darüber hinaus u.U. noch dienst- und disziplinarrechtliche Vorschriften und Konsequenzen zu beachten.

Auch bestimmte Arten von Nebentätigkeiten können z.B. angestellte oder beamtete Sachverständige in einen Loyalitätskonflikt zu ihrem Arbeitgeber bringen und den Verdacht der Bestechlichkeit erwecken, wenn der Arbeitgeber auf demselben Tätigkeitsgebiet z.B. amtlich tätig ist.

Ein Beispiel soll das Problem verdeutlichen:

Ein Verkehrspsychologe erstellt im Dienst ein Fahreignungsgutachten mit negativem Ergebnis. Im gleichen Fall wird er außerdienstlich als Privatgutachter beauftragt, ein positives Gegengutachten gegen das negative Gutachten des Amtes oder der Institution zu erstellen. Er müsste also ein Gegengutachten gegen sein eigenes Gutachten verfassen oder – in anderen Fällen – gegen die Gutachten seiner dienstlichen Fachkollegen oder Vorgesetzten.

1.5.3 Vertraulichkeit, Datenschutz

Schweigepflicht (s. Kapitel 1.3.3.2), Vertraulichkeit und Datenschutz hängen sachlich eng zusammen.

Es handelt sich grundsätzlich in diesen Fällen darum, dass der Patient/Klient dem Psychotherapeuten/Psychologen oder Arzt so persönliche, vertrauliche, intime Dinge offenbart, dass sich schon von der Sache her jegliche Weitergabe solcher Informationen an unbefugte Dritte verbietet. Das Verbot ergibt sich nicht nur aus ethischen Wertvorstellungen unserer Gesellschaft, es ist vielmehr auch gesetzlich verankert.

Der Hilfsbedürftige muss, um überhaupt Hilfe erlangen zu können, einem fremden Menschen, dem Psychotherapeuten (oder schon seit jeher: dem Arzt), Informationen über sein „Intimleben" geben, die seinem Ruf, seinem Ansehen, seinem beruflichen Fortkommen, seinem Familienleben etc. sehr schaden könnten, wenn sie den „falschen" Leuten bekannt würden. Deshalb die strenge Sanktion von Verstößen von Fachleuten als Vertrauenspersonen gegen Schweigepflicht, Vertraulichkeit und Datenschutz.

Das bedeutet auch für den Psychologen, dass er seine Akten sorgfältig aufbewahren und vor unbefugten Zugriffen (dazu zählen auch Mitglieder der eigenen Familie und am Fall unbeteiligte Fachkollegen!) schützen muss.

Bei Fallbesprechungen im Rahmen der Supervision in Fachteams etc. und bei

Falldarstellungen im Zusammenhang mit dem Erwerb von Fortbildungszerti-
fikaten ist ebenfalls streng darauf zu achten, dass die Unterlagen und Informationen so weit anonymisiert sind, dass kein Unbefugter oder Außenstehender
daraus auf die betroffene Person schließen kann. Besonderes Augenmerk verdienen auch Tonband- und Videoaufzeichnungen von Gesprächen (Explorationen) oder Verhaltensbeobachtungen. Andernfalls sind strafrechtliche Konsequenzen nicht auszuschließen.

1.5.3.1 Vertraulichkeit

Das Strafgesetzbuch behandelt in den §§ 201-205 die „Verletzung des persönlichen Lebens- und Geheimbereichs" und geht unmittelbar in § 201 auf das Thema „Verletzung der Vertraulichkeit des Wortes" ein:

„(1) Mit Freiheitsstrafe bis zu drei Jahren oder mit Geldstrafe wird bestraft, wer unbefugt
1. das nichtöffentlich gesprochene Wort eines anderen auf einen Tonträger aufnimmt oder
2. eine so hergestellte Aufnahme gebraucht oder einem Dritten zugänglich macht.
(2) Ebenso wird bestraft, wer unbefugt
1. das nicht zu seiner Kenntnis bestimmte nichtöffentlich gesprochene Wort eines anderen mit
   einem Abhörgerät abhört oder
2. das nach Absatz 1 Nr. 1 aufgenommene oder nach Absatz 2 Nr. 1 abgehörte nichtöffentlich
   gesprochene Wort eines anderen im Wortlaut oder seinem wesentlichen Inhalt nach öffentlich mitteilt.
Die Tat nach Satz 1 Nr. 2 ist nur strafbar, wenn die öffentliche Mitteilung geeignet ist, berech-
tigte Interessen eines anderen zu beeinträchtigen. Sie ist nicht rechtswidrig, wenn die öffentliche Mitteilung zur Wahrnehmung überragender öffentlicher Interessen gemacht wird.
(3) Mit Freiheitsstrafe bis zu fünf Jahren oder mit Geldstrafe wird bestraft, wer als Amtsträger
oder als für den öffentlichen Dienst besonders Verpflichteter die Vertraulichkeit des Wortes
verletzt (Absätze 1 und 2).
(4) Der Versuch ist strafbar.
(5) Die Tonträger und Abhörgeräte, die der Täter oder Teilnehmer verwendet hat, können ein-
gezogen werden. § 74 a ist anzuwenden."

Psychologen, die es als Psychotherapeuten gewöhnt sind, mit dem Einverständnis des Patienten Gespräche auf Tonband aufzuzeichnen, um sie mit dem Patienten gemeinsam oder im Rahmen der Psychologen-Fortbildung zu analysieren,
sollten sich dieser strafrechtlichen Konsequenzen von Missbrauch jederzeit bewusst sein.

Als Gerichtsgutachter haben Psychologen gegenüber dem Patienten eine andere Rolle als der Psychotherapeut. Sie können nicht darauf vertrauen, dass sich
ein mit negativem Ergebnis Untersuchter in jedem Fall auch noch nachträglich
an die von ihm zur Aufzeichnung des Gesprächs vorher gegebene mündliche
Zustimmung erinnern will. Deshalb lässt sich der Gutachter in jedem Fall zweckmäßigerweise vorher die Zustimmung zur Gesprächsaufzeichnung schriftlich
geben. Darüber hinaus benötigt er die gleiche schriftliche Zustimmung, wenn er
beabsichtigt, die Aufzeichnungen Dritten (z. B. Fachkollegen) zugänglich zu
machen oder zu wissenschaftlichen Zwecken zu publizieren.

1.5.3.2 Datenschutz

Nach Creifelds (1997, S. 277) versteht man unter *Datenschutz*

> *„die Sicherung gespeicherter personenbezogener Daten ... sowie der Unterlagen und Ergebnisse vor Mißbrauch durch Einsichtnahme, Veränderung oder Verwertung unter Beeinträchtigung schutzwürdiger Belange des Betroffenen. Er dient dem Ausgleich zwischen dem Recht des Bürgers, aber auch von Behörden und Unternehmen auf Information (Art. 5 GG) und dem Schutz des Persönlichkeitsrechts (Art. 2 I GG ...).*
>
> *Das Bundesdatenschutzgesetz – BDSG – i. d. F. vom 20.12.1990 (BGBl. I 2954) soll durch Präzisierung der Rechtsgrundlage für die Erhebung und Verarbeitung von personenbezogenen Daten den Anforderungen des Rechts auf informationelle Selbstbestimmung genügen. Es verstärkt die Zweckbindung bei Erhebung, Verarbeitung oder Nutzung von Daten im öffentl. wie im nicht-öffentl. Bereich und bezieht Akten ein. Es verbessert die Stellung des Betroffenen durch erweiterte Auskunftsrechte, Unentgeltlichkeit der Auskunft, Widerspruchsrecht und verschuldensunabhängigen Schadenersatzanspruch. Die bei der Datenverarbeitung beschäftigten Personen dürfen Daten nicht unbefugt bearbeiten oder nutzen (Datengeheimnis, § 5). Datenverarbeitende Stellen müssen die Geheimhaltung sicherstellen (§ 9). Öffentliche Stellen dürfen personenbezogene Daten nur erheben und verarbeiten, wenn es zur rechtmäßigen Erfüllung ihrer Aufgaben erforderlich oder sonst ausdrücklich zugelassen ist (§§ 13-17).*
>
> *Der Betroffene hat ein Recht auf unentgeltliche Auskunft und kann bei Unrichtigkeit gespeicherter Daten Berichtigung, Sperrung oder Löschung verlangen (§ 20). Außerdem kann er unabhängig von einem Verschulden Schadenersatz verlangen, bei einer schweren Verletzung des Persönlichkeitsrechts auch Schmerzensgeld (§ 7). Daneben gelten die Grundsätze der Amtshaftung.*
>
> *Nichtöffentliche Stellen dürfen Daten für eigene Zwecke im Rahmen eines Vertragsverhältnisses oder zur Wahrung berechtigter Interessen speichern oder übermitteln (§§ 27 ff.). ...*
>
> *Der D. bei der Verwendung der Versicherungsnummer in der Sozialversicherung ist in §§ 18f, 18g SGB IV geregelt, für die Krankenversicherung in §§ 284-305 SGB V, für die Rentenversicherung in §§ 147-152 SGB VI, für das SGB im übrigen in §§ 67-85 SGB X. ...“*

Personenbezogene Daten sind (nach Lecher 1988, S. 10) *„Einzelangaben über persönliche oder sachliche Verhältnisse einer bestimmten oder bestimmbaren natürlichen Person (Betroffener)“*.

Demgegenüber unterliegen (ebenfalls nach Lecher) anonymisierte Daten den

Datenschutzbestimmungen nicht. Daher stehen Daten aus Testbefunden, EDV-Dateien, Gesprächs-, Video- oder Interviewprotokollen u.a., die von Anfang an anonym oder nicht deanonymisierbar sind, der psychologischen Verwertung uneingeschränkt zur Verfügung.

Die aus der Perspektive „Datenschutz und psychologische Forschung" von Lecher (1988) im Auftrag der Deutschen Gesellschaft für Psychologie zusammengestellten Rechtsgrundlagen und Informationen haben grundsätzlich auch für die Gutachtertätigkeit Gültigkeit und sollten deshalb beachtet werden.

Hingewiesen wird z.B. darauf, dass Protokolle von Beratungsgesprächen nur zweckgebunden und bei Einverständnis des Klienten mit diesem Zweck aufgenommen werden dürfen.

> *„Sie müssen gelöscht werden, wenn der Zweck oder das vereinbarte Datum erreicht ist. Datenhaltung auf Vorrat (z.B. für unspezifizierte Evaluation der Beratung) ist untersagt. Ebenso ist es illegitim, Daten zu anderen als zu den vereinbarten Zielen zu erheben. Dies verbietet im Prinzip ‚Täuschungsexperimente', denen u.a. die Psychologie sozialer Einstellungen zentrale Erkenntnisse verdankt'."* (S. 7).

Psychologische Gutachter haben die Datenschutz-Vorschriften insbesondere bei der Erfassung, Auswertung, Verwertung, Speicherung, Aufbewahrung und Weitergabe von Patientendaten (z.B. Daten aus der Aktenanalyse, Testergebnisse, Explorations- und Anamnesedaten, Ergebnisse von Verhaltensbeobachtungen) zu beachten.

1.6 Auftraggeber

Ein beträchtlicher Teil der Gutachtenaufträge kommt von Gerichten und Justizbehörden:

- Zivilgericht
- Familien- und Vormundschaftsgericht
- Strafgericht
- Jugendgericht
- Arbeitsgericht
- Sozialgericht
- Verwaltungsgericht

In diesem Zusammenhang gehören grundsätzlich auch Aufträge im Rahmen von:

- Strafvollstreckung
- Justiz- und Maßregelvollzug

Weitere Auftraggeber für psychologische Gutachten können z. B. Behörden sein:

- Schulen
- Bundesanstalt für Arbeit
- Verkehrsbehörden
- Bundeswehr
- Gesundheitsämter

sowie andere Organisationen:

- Versicherungsträger
- Kliniken
- Wirtschafts- und Industrieunternehmen
- Verbände
- Berufsgenossenschaften

und nicht zuletzt auch:

- Privatpersonen

Auf die von den verschiedenen Auftraggebern kommenden unterschiedlichen Fragestellungen gehen wir im Kapitel 2.2 näher ein.

Für die grundsätzlich an ein Gutachten zu stellenden fachlichen Anforderungen kommt es letztlich nicht darauf an, welcher Auftraggeber den Auftrag erteilt hat. Entscheidend ist in jedem Fall, dass der Gutachter fachlich korrekt arbeitet und dass er vor allem die Fragen des Auftraggebers in seinem Gutachten überzeugend und nachprüfbar beantwortet. Sofern sich ein Gutachter dabei an die für Gerichtsgutachten geltenden Regeln hält (s. dazu z. B. Müller 1988, Jessnitzer 1992; §§ 402-414 ZPO, §§ 72-85 StPO), wie wir sie auch in den vorangehenden Kapiteln abgehandelt haben, wird das Gutachten kaum zu berechtigter und schwerwiegender Kritik Anlass geben.

Zu beachten sind jedoch im Einzelfall eventuelle spezielle Wünsche des Auftraggebers bezüglich der Auftragsabwicklung und hinsichtlich der Bezahlung. Der Gutachter sollte in Zweifelsfällen beim Auftraggeber rückfragen, um unnötigen Missverständnissen mit unter Umständen unerfreulichen und nervenbelastenden späteren Auseinandersetzungen zuvorzukommen.

Insbesondere ist stets darauf zu achten, ob ein Auftraggeber (z. B. eine Behörde) bestimmte Formvorschriften für Gutachten selbst vorgegeben hat, ob er Stellungnahmen zu ganz bestimmten Problempunkten regelmäßig erwartet oder ob er irgendwelche besonderen Gepflogenheiten bezüglich der Auftragsabwicklung herausgebildet hat. Darauf kann der Gutachter Rücksicht nehmen, soweit dadurch seine Sachverständigentätigkeit und die Ergebnisse der Begutachtung nicht unzulässig beeinträchtigt oder beeinflusst werden.

Neben der Fragestellung, dem Auftragsumfang, dem Bearbeitungszeitraum und dem Liefertermin sollte der Gutachter von vornherein mit dem Auftraggeber auch den Kostenrahmen möglichst präzise abstimmen oder gegebenenfalls sogar einen Festpreis vereinbaren (s. dazu auch Kapitel 7 „Abrechnung des Gutachtens").

1.7 Qualität von Gutachtenformulierungen

Bevor wir uns mit der Ausarbeitung des Gutachtens im Detail befassen, wollen wir noch kurz darauf eingehen, welche unterschiedliche Qualität die in einem Gutachten getroffenen Ausführungen des Sachverständigen bzw. Gutachters haben können.

Das hat große praktische Bedeutung, weil Gutachter häufig in ihren Gutachten nicht klar trennen zwischen der Darstellung von objektiv feststehenden Tatsachen, zuverlässigen und gesicherten Untersuchungsergebnissen, Beobachtungen und Feststellungen, herrschender wissenschaftlicher Meinung, Annahmen, Behauptungen, Vermutungen, Bewertungen, Interpretationen, Spekulationen. Der Gutachter verunsichert dadurch den Empfänger und Leser seines Gutachtens.

Die folgende Übersicht soll anhand einiger Beispiele die unterschiedlichen Qualitäten von Sachverständigen-Ausführungen im Gutachten verdeutlichen:

Tabelle 13: Unterschiedliche Qualitäten von Gutachtenformulierungen

Gutachtenformulierung	Beispiel
1 Sachverhaltsfeststellungen: Feststehende Tatsachen berichten	
1.1 Beschreibungen	
1.1.1 Beschreibung von Personen	Karl Meyer wiegt 80 kg.
1.1.2 Beschreibung von Sachen	Der Intelligenztest besteht aus 10 Untertests.
1.1.3 Beschreibung von Ereignissen	Karl Meyer wurde am 1.5.1950 geboren.
1.2 Zitate	
1.2.1 Zitate aus Unterlagen (mit Quellenangabe)	... : *„Wegen schlechter Leistungen wurde er nicht in die 4. Klasse versetzt."*
1.2.2 Zitate von Äußerungen anderer (z. B. Zeugenaussagen)	...: *„Dieser Mann hat mich vergewaltigt!"*
1.2.3 Zitierung der herrschenden Meinung der Fachwelt	Nach herrschender Meinung ist dieses Ergebnis folgendermaßen zu bewerten: ...
1.3 Untersuchungen	
1.3.1 Untersuchungsmaterial	Die Intelligenzuntersuchung erfolgte mit dem Intelligenz-Struktur-Test (IST).
1.3.2 Untersuchungsablauf	Die Tests wurden in folgender Reihenfolge gegeben: ...
1.3.3 Ergebnisse	Es ergaben sich folgende Leistungen: ...

Fortsetzung Tabelle 13

2	**Bewertungen**	
2.1	Bewertung von Tatsachen nach vorgegebenen Normen	Der IQ = 100 entspricht einer durchschnittlichen Intelligenz.
2.2	Bewertung von Tatsachen nach Lehrmeinungen	Nach der heute von der Mehrheit der Fachleute vertretenen Lehrmeinung ...
2.3	Bewertung von Tatsachen auf der Grundlage eigener Erfahrungen	Ich habe wiederholt festgestellt, dass ...
2.4	Bewertung von Tatsachen auf der Grundlage von Meinungstraditionen	Unser Haus vertritt (seit jeher) die Auffassung, dass ...

3	**Spekulationen**	
3.1	Extrapolationen auf der Grundlage vorhandener Daten	Aus der bisher überschaubaren Entwicklung des Straftäters lässt sich ableiten, dass er künftig ...
3.2	Behauptungen auf der Grundlage weltanschaulicher, politischer oder religiöser Ideologien	Aids ist eine Strafe Gottes.
3.3	Vermutungen ohne konkrete sachliche Basis	Vermutlich leidet der Straftäter an einer frühkindlichen Hirnschädigung.
3.4	Unbegründete Annahme	Angenommen, er wäre zum Zeitpunkt der Tat unzurechnungsfähig gewesen, dann ...
3.5	Unterstellungen	Der Vater beeinflusst den Sohn so, dass dieser nicht mitgeht, wenn die Mutter ihn abholen will.

Das zuletzt angeführte Beispiel hat uns eine Gutachterin berichtet, die im Rahmen eines Verfahrens über die Verteilung der elterlichen Sorge dazu Stellung nehmen sollte, bei welchem Elternteil die drei Kinder, von denen das älteste seit einigen Monaten beim Vater wohnte und die beiden jüngeren bei der Mutter untergebracht waren, in Zukunft leben sollten.

Die Gutachterin hatte den Eindruck, dass der älteste Sohn bei seinem Vater alle Wünsche durchsetzen konnte, weil dieser sie ihm leicht erfüllte, um ihn an sich zu binden, und dass der Vater den Sohn dabei unterstützte, wenn dieser trotz des angekündigten Besuchs der Mutter sich Freunde zum Spielen einlud oder andere Gründe schuf, um nicht mit der Mutter weggehen zu müssen.

Diesen Verdacht formulierte die Gutachterin, obwohl der Vater ihr mehrfach mitgeteilt hatte, er bereite den Sohn auf den Besuch der Mutter vor, könne ihn aber nicht dazu zwingen, auch mit ihr wegzugehen, so: *„Der Vater beeinflußte den Sohn so, daß er sich beim Eintreffen der Mutter dieser gegenüber ablehnend verhielt und sich weigerte, mit ihr zu gehen."*

Die Gutachterin stellt ihren bloßen – konkret nicht beweisbaren – Verdacht als Tatsache dar. Sie unterstellt dem Vater die Absicht, durch die Art und Weise seines Verhaltens den Sohn vom Kontakt mit der Mutter abhalten zu wollen. Das mag sogar stimmen. Es ist aber nicht beweisbar, zumal der Vater ausdrücklich versichert hatte, er habe den Sohn jedes Mal gründlich auf den bevorstehenden

Besuch der Mutter vorbereitet. Diese Behauptung konnte die Gutachterin nicht widerlegen.

Wie könnte sie also ihren Verdacht im Gutachten trotzdem in angemessener Form zum Ausdruck bringen, ohne sich den Vorwurf der ungerechtfertigten Unterstellung von Absichten zuzuziehen, die ihre neutrale und objektive Position gefährden?

Sie könnte den Sachverhalt z. B. folgendermaßen formulieren: *„Obwohl der Vater nach eigenen Angaben den Sohn jeweils gründlich auf den bevorstehenden Besuch der Mutter vorbereitet hatte, konnte er diesen nicht dazu bewegen, mit ihr entsprechend der zwischen den Eltern vereinbarten Besuchsregelung wegzugehen!"*

Die Gutachterin würde sich hiermit weiterhin auf dem sicheren Boden der Beschreibung von Tatsachen bewegen. Auf die möglicherweise geschickte Manipulation des Sohnes durch den Vater könnte sie den versierten Leser dann z. B. dadurch hinweisen, dass sie der vom Vater für sich in Anspruch genommenen erzieherischen Kompetenz (die ja eine wichtige Voraussetzung für die Übertragung der elterlichen Sorge ist) sein Unvermögen gegenüberstellt, den Sohn zum Besuch bei der Mutter zu bewegen. Daraus ergibt sich nahezu zwangsläufig die Frage, wie der Vater gegebenenfalls sogar alle drei Kinder erziehen können wollte, wenn ihm schon eine solche relativ einfache Motivationsaufgabe bei einem einzigen Kind misslingt.

Es könnte selbstverständlich auch wichtige Gründe für den Sohn geben, die ihn unabhängig von Beeinflussungsmaßnahmen des Vaters zur Ablehnung der Mutter und der zwischen den Erwachsenen vereinbarten Wochenendbesuche bewegen. Diese hätte die Gutachterin dann zu eruieren. Auf jeden Fall müsste sie sich mit dieser Möglichkeit zumindest auseinandersetzen, bevor sie dem Vater böswillige Manipulation des Kindes unterstellt. Hätte sie das getan, wäre es zu der Unterstellung in dieser Form vermutlich gar nicht mehr gekommen.

Schon dieses Beispiel zeigt, dass der Gutachter die in seinem Gutachten getroffenen Feststellungen und die Interpretationen ständig, auf jeden Fall aber im Rahmen der Endkontrolle (s. dazu auch 6.6) noch einmal daraufhin überprüfen sollte,

---

- ob sich darunter solche befinden, die nicht hinreichend begründet sind;
- ob sie beim Leser Zweifel daran wecken können, ob es sich bei einer *„Feststellung"* gar nicht um Tatsachen, sondern nur um unbewiesene Annahmen oder nicht begründete Vermutungen des Gutachters handelt, die nicht überzeugen;
- ob man auch zu beliebigen anderen Schlussfolgerungen kommen könnte;
- ob die Art der Formulierung Zweifel an der Neutralität und Objektivität des Gutachters wecken könnte etc. (s. dazu auch Kap. 1.5.1).

Der Gutachter sollte im Rahmen dieser Endkontrolle auf jeden Fall diejenigen Ausführungen revidieren, die nicht ausreichend durch Fakten fundiert und/oder aus ihnen logisch überzeugend abgeleitet sind.

2 Erarbeitung der Fragestellung

2.1 Erwartungen des Auftraggebers

Erstmals mit der Erstellung eines Gutachtens beauftragte Sachverständige und solche mit wenig Gutachtenerfahrung machen leicht einen gravierenden Fehler:

Sobald sie glauben, die ihnen gestellte Frage verstanden zu haben, beginnen sie, ohne genaue Planung und Vorstrukturierung des Gutachtens mit dem Aktenstudium, der Exploration, der Untersuchung des Klienten bzw. Patienten und der Niederschrift des Gutachtens.

Weitgehend intuitiv und mit den besten Absichten schreibt der Gutachter einen Text, der zwar nach seinem persönlichen Empfinden dem gestellten Auftrag gerecht wird, aber trotzdem meistens bei genauerem Hinsehen kein optimales Ergebnis darstellt.

Dieses „unprofessionelle", unsystematische Vorgehen birgt die Gefahr in sich, dass das Gutachten Lücken aufweist, weil der Gutachter Wesentliches übersieht. Es kann aber auch durch unzulässige Erweiterungen über die eigentliche Fragestellung hinausgehen und deshalb unnötig viel Zeit erfordern oder sogar zu unbedachten und kompetenzüberschreitenden Ausführungen und Schlussfolgerungen verführen.

Dem kann der Gutachter vorbeugen, wenn er die im folgenden Abschnitt gegebenen Hinweise beachtet.

Vielleicht denkt er auch schon jetzt an den späteren Empfänger seines Gutachtens und daran, welche Informationen dieser erwarten wird, wenn er das Gutachten vorgelegt bekommt. Der Gutachter wird deshalb sicherlich schon manchen Fehler bei der Durchführung der Untersuchungen und beim Abfassen des schriftlichen Gutachtens vermeiden können, wenn er sich bereits vorher fragt:

> **Welche Informationen erwartet der Empfänger und Leser meines Gutachtens?**

Wenn der Gutachtenempfänger (das kann der Auftraggeber – z.B. ein Richter oder der Untersuchte selbst –, aber auch ein Fachkollege in der Funktion eines Obergutachters sein) den Briefumschlag öffnet, möchte er sich in der Regel erst einmal ganz allgemein über den darin enthaltenen Vorgang orientieren. Dabei kann er sich eine Reihe von Fragen stellen:

Tabelle 14: Orientierung des Gutachten-Empfängers über den *Vorgang*

Allgemeine Orientierung über den Vorgang:
1. Worum handelt es sich? Um das von mir bestellte *Gutachten?*
2. Welcher Vorgang ist betroffen? *Aktenzeichen?*
3. Von wann ist das Gutachten? *Datum?*

Fortsetzung Tabelle 14

4. Zu welcher Frage/welchen *Fragen* nimmt das Gutachten Stellung?
   Sind das genau die Fragen, die ich dem Gutachter gestellt hatte?
5. Aus welchem *Anlass* ist das Gutachten erstellt worden?
6. Wer ist *Auftraggeber* des Gutachtens? Ich selbst? Ein Kollege?
7. Wie heißt der *Gutachter?* Wie kann ich den Gutachter telefonisch oder postalisch bei Rückfragen erreichen?

Wenn der Gutachter eigene Untersuchungen durchgeführt hat, möchte der Leser ausreichende Informationen über die benutzten *Untersuchungsmethoden*, den *Untersuchungsablauf* und *-umfang* und über die Randbedingungen der Untersuchung haben. Er könnte sich dazu etwa folgende weitere Fragen stellen:

8. Welche *Untersuchungen* hat der Sachverständige durchgeführt (Untersuchung der Intelligenz, Wahrnehmung, Reaktion, neurotischer oder psychotischer Symptomatik etc.)?
9. Welche *Untersuchungsmethoden* (z. B. Tests) hat er angewandt?
10. Hat er die *Untersuchungen selbst durchgeführt* oder von *Assistenten* durchführen lassen?
11. *Wo* hat er die Untersuchungen durchgeführt? In seiner Praxis? In der Schule? Am Arbeitsplatz? ...
12. *Wann* hat er die Untersuchungen durchgeführt und *wie lange* haben sie gedauert?
13. Waren es *Einzel-* oder *Gruppenuntersuchungen?*
14. Waren *Bezugspersonen* oder *andere Sachverständige* etc. bei den Untersuchungen anwesend?
15. Hat es *Probleme* bei der Durchführung gegeben (z. B. Verweigerung der Mitarbeit durch den Patienten, Indisponiertheit)?

Vor allem ist der Leser des Gutachtens aber an den *Ergebnissen* interessiert:

16. Wie hat der Sachverständige seine Untersuchungen *ausgewertet* (Methoden, Genauigkeit, Vollständigkeit)?
17. Welche *Einzelergebnisse* haben die Untersuchungen des Sachverständigen erbracht?
18. Welche *Beurteilungskriterien* hat er seinen Schlussfolgerungen und Bewertungen zugrundegelegt?
19. Welche *Antworten* leitet der Gutachter daraus für die vom Auftraggeber gestellten Fragen ab?
20. Lassen sich die Fragen *eindeutig* und *überzeugend* beantworten, oder ist er auf *angreifbare Vermutungen* angewiesen, oder kann er einzelne Fragen nur *lückenhaft* oder *gar nicht* beantworten?

Außerdem interessiert sich der persönlich betroffene Leser natürlich für die aus den Ergebnissen des Gutachtens für ihn selbst vorhersehbar oder möglicherweise unvermutet entstehenden *Konsequenzen* (z. B. Bestrafung, Entmündigung, Klinikeinweisung, Fahrerlaubnisentzug, Nichteinstellung in einer Firma):

21. Hat der Sachverständige den Sachverhalt *neutral* und *objektiv* untersucht und beurteilt, oder hat er mir gegenüber *Vorurteile,* die sich zu meinem Nachteil auswirken?
22. Werden die von mir *gewünschten positiven* oder die *befürchteten negativen Konsequenzen* eintreten?

Fortsetzung Tabelle 14

23. Was kann oder muss ich gegen das Gutachten unternehmen, wenn mir die *Ergebnisse missfallen?*
Wenn der Auftraggeber/Empfänger das Gutachten lesen, verstehen und schließlich an ein Gericht, eine Behörde, einen Arbeitgeber etc. weitergeben will, wird er möglicherweise auf *weitere Probleme* stoßen:
24. Macht das Gutachten einen professionellen, überzeugenden Eindruck? Ist der Schriftsatz in einem *lesbaren Zustand* (maschinenschriftlich, sachdienlich gegliedert, keine zu blassen und schwer lesbaren Schrifttypen)?   25. Ist das Gutachten (d. h. Text, Abbildungen, Diagramme, Anlagen) *kopierfähig*, damit ich lesbare Kopien fertigen und weitergeben kann?
Und im Hinblick auf die *Honorarforderung*:
26. Was *kostet* das Gutachten? Ist es nach Form und Inhalt sein Geld wert?   27. An welche Personen ist das Gutachten laut *Verteilerangaben* schon verschickt worden? An wen muss ich es noch verschicken?

Wenn der Gutachter nach Fertigstellung seines Gutachtens feststellt, dass er einzelne der hier aufgeführten Fragen des Auftraggebers bzw. Empfängers seines Gutachtens nicht ausreichend beantworten kann oder dass er z. B. die Fragen 24 und 25 verneinen muss, dann enthält sein Gutachten Mängel, deren Beseitigung dringend zu empfehlen ist.

Vielleicht ist Ihnen das beim Durchlesen dieser Fragen gar nicht besonders aufgefallen: Vor allem die Frage 4 ist von zentraler Bedeutung für das ganze Gutachten – die im Gutachten bearbeitete *Fragestellung*. Das folgende Kapitel behandelt deshalb dieses schwierige und doch leider oft vernachlässigte Problem ausführlich.

In den Kapiteln 2.3 („Bedeutung der Fragestellung für das Gutachten") und 3.2.2.2 („Fragestellung") wird die Erarbeitung der Fragestellung für psychologische Gutachten noch ausführlicher dargestellt.

2.2 Fragestellungen

Wir haben an anderer Stelle (1.4 „Fachkompetenz des Gutachters") darauf hingewiesen, dass der Gutachter vor der Übernahme eines Gutachtenauftrages zu prüfen hat, ob er über die für die Beurteilung des Sachverhalts erforderliche Sachkunde verfügt. Das bedeutet trivialerweise für einen Diplom-Psychologen, dass er – sofern er nicht gleichzeitig auch Fachmann auf anderen Gebieten ist (z. B. Arzt, Pädagoge, Biologe) – nur Gutachtenaufträge mit psychologischen Fragestellungen übernehmen und z. B. Aufträge für andere Sachgebiete ablehnen wird.

Wesentliche Fragestellungen aus der gerichtspsychologischen Gutachtertätigkeit von Psychologen hat Undeutsch (1980) dargestellt. Der Berufsverband deutscher Psychologinnen und Psychologen (1996) hat darüber hinaus durch seinen Gutachterausschuss ein Faltblatt erarbeiten lassen und veröffentlicht, in dem die wesentlichen Tätigkeitsbereiche von Diplom-Psychologen als Sachverständige bei Gericht systematisch aufgelistet sind:

Tabelle 15: Einsatzbereiche von Diplom-Psychologen als Sachverständige bei Gericht

Familiengericht	– Sorgerecht – Umgangsregelung
Vormundschaftsgericht	– Pflegschaft – Adoption – Entmündigung – öffentliche Erziehung – Geschäftsfähigkeit – Namensänderung
Strafgericht	– Glaubwürdigkeit von Zeugenaussagen – Beurteilung der (verminderten) Schuldfähigkeit – Tatbestandsdiagnostik
Jugendgericht	– Reifebeurteilung – Beurteilung der (verminderten) Schuldfähigkeit
Zivilgericht	– Prozessfähigkeit – Schadensersatz – Schmerzensgeld – Delikthaftung
Arbeitsgericht	– Arbeitsfähigkeit – Erwerbsfähigkeit – Eignung zur Umschulung
Sozialgericht	– Arbeitsfähigkeit – Erwerbsfähigkeit – Eignung zur Umschulung – Gutachterliche Beurteilung psychoreaktiver Störungen bei Opfern von Gewalttaten
Verwaltungsgericht	– Gutachten zu Schullaufbahnen – Fahreignungsuntersuchungen – Namensänderungen
Strafvollstreckung	– Haftfähigkeit – Straf(rest)aussetzung – Kriminalprognose – Gnadengesuche – Vollzugslockerungen

Diese Gutachten-Richtlinien sind inzwischen von Kühne & Zuschlag (2001) überarbeitet und aktualisiert worden.

Die Gerichtsgutachtertätigkeit umfasst, wie dies die überarbeitete Richtlinien-Fassung zeigt, allerdings nur einen Teil der Fragestellungen, mit denen psychologische Sachverständige als Gutachter konfrontiert werden. Dazu gehören außerdem die Fragestellungen der übrigen Auftraggeber, die im Abschnitt 1.6 („Auftraggeber") aufgeführt sind: Privatpersonen, Bundeswehr, Krankenkassen, Kliniken, Versicherungen etc. Darauf werden wir im Abschnitt 2.4 („Fragestellungen für psychologische Gutachten") anhand einer alle Auftraggeber zusammenfassenden Tabelle noch näher eingehen.

Zunächst aber wollen wir uns – weitgehend unabhängig vom Einzelfall mit seiner konkreten Fragestellung – hier erst einmal dem grundsätzlichen Problem der sachgerechten Bearbeitung bzw. Erarbeitung der Fragestellung zuwenden:

> **Wie analysiere und präzisiere ich die vorgegebene Fragestellung möglichst sachgerecht im Hinblick auf fachlich korrekte und ökonomische Durchführung der erforderlichen Untersuchungen sowie hinsichtlich überzeugender und vollständiger Beantwortung der gestellten Fragen?**

2.3 Bedeutung der Fragestellung für das Gutachten

Manche Autoren geben bei ihren Anleitungen zum Erstellen psychologischer Gutachten mehr oder weniger differenzierte Schemata vor. Oftmals liegt diesen offenbar die Vorstellung von Begutachtungsaufträgen über die *„Gesamtpersönlichkeit des betreffenden Menschen"* zugrunde.

Dies würde bedeuten, dass – und zwar unabhängig von einer konkreten Fragestellung – jeder Gutachter immer eine vollständige Untersuchung, Beschreibung und Bewertung der individuellen Entwicklung der betreffenden Person, ihrer Antriebe und Motive, der Emotionalität und Affektivität, der Intelligenz, der Konzentration, der Einstellungen, der Interessen, der Leistungs– und Verhaltensdispositionen, der sozialen Beziehungen in Familie, Beruf und Freizeit, der Sexualität etc. routinemäßig zu erarbeiten und im Gutachten darzustellen hätte.

Solche umfassenden Darstellungen bleiben zwangsläufig lückenhaft und neigen schon auf Grund der notwendigen Materialauswahl und letztlich auch der Umfangsbeschränkung bei der Ergebnisdarstellung zu schwer überschaubaren Tendenzbildungen oder gar zu Verfälschungen der tatsächlichen Sachverhalte. Dabei würde es sich dann normalerweise gar nicht um absichtliche Falschdarstellungen, sondern lediglich um sich aus der Überforderung des Sachverständigen durch die gestellte Aufgabe ergebende Defizite und Mängel handeln.

Bei dieser Auffassung von einem Gutachten als dem Auftrag zur erschöpfenden Darstellung der Gesamtpersönlichkeit und ihrer Lebensverhältnisse wird übersehen, dass die Frage des Auftraggebers in der Regel einen ganz konkreten Anlass hat und auf ganz bestimmte Antworten als Hilfe für konkrete Entscheidungen abzielt.

Durch das in diesem Punkt in den letzten Jahren veränderte Rechtsverständnis sind z. B. die Verkehrspsychologen von der seit den 50er Jahren üblichen Untersuchung der allgemeinen Fahreignung von auffälligen Verkehrsteilnehmern zu der so genannten *„Anlassbezogenen Untersuchung"* übergegangen. Sie haben damit auch dem berechtigten Interesse des einzelnen Verkehrsteilnehmers Rechnung getragen, der sich dagegen wehrt, dass etwa durch Persönlichkeitsfragebögen Daten über ihn erhoben werden, die ausschließlich klinisch relevant sind und die mit dem konkreten Problem seiner Verkehrsauffälligkeit keinen direkten Zusammenhang haben. Die Beantwortung der Frage: *„ Wie ist die Gesamtpersönlichkeit des Klienten/Patienten X psychologisch zu beschreiben?"* würde nach heutigem Rechtsempfinden für die meisten Untersuchungsanlässe den zulässigen Rahmen überschreiten.

In der Regel ergeben sich im Tätigkeitsbereich der Auftraggeber für psychologische Gutachten viel *konkretere Fragen,* wie z. B.:

- *„Ist Frau X schuldunfähig im Sinne des § 20 StGB?"* oder
- *„Wird Herr Y, dem wegen Trunkenheit am Steuer die Fahrerlaubnis entzogen worden ist, nach der Wiedererteilung der Fahrerlaubnis wieder rückfällig werden?"* oder
- *„Reichen die intellektuellen Fähigkeiten und die Leistungsmotivation dieses 8-jährigen Jungen aus, um die Hauptschule zu bewältigen, oder sollte er jetzt besser in eine Sonderschule für Lernbehinderte umgeschult werden?"* oder
- *„Hätte die Schülerin G. eine bessere Durchschnittsnote im Abitur erreicht, wenn sie nicht wegen einer schweren Erkrankung monatelang den Unterricht versäumt hätte?"*

Solche konkreteren Fragen sind explizit oder implizit Grundlage von Gutachtenaufträgen selbst dann, wenn sie vom Auftraggeber nicht so präzise formuliert werden. Jeder Gutachter ist daher gut beraten (und dazu auch verpflichtet), wenn er die konkrete Fragestellung mit dem Auftraggeber möglichst genau klärt, die diesen tatsächlich letzten Endes interessiert, um sich in seinem Gutachten dann ausschließlich auf die Behandlung eben dieser Fragestellung konzentrieren zu können (s. dazu auch Kap. 2.2 „Fragestellungen").

Es gibt keinen Gutachtenauftrag ohne Fragestellung!

Wann wird überhaupt ein Gutachten benötigt, und wann wird ein Sachverständiger als Gutachter mit der Erstellung eines Gutachtens beauftragt?

Antwort: Wenn dem Auftraggeber selbst (z. B. einem Richter) die einschlägige Sachkunde zur Untersuchung und/ oder Beurteilung eines Sachverhalts fehlt, er aber dessen ungeachtet das Ergebnis zur eigenen Entscheidung oder zur Herbeiführung einer Entscheidung durch Dritte benötigt.

Gutachter sind bisweilen bezüglich des Auftragsumfangs verunsichert, wenn der Auftraggeber z. B. nur eine Akte schickt und dazu schreibt oder am Telefon sagt: *„Bitte erstellen Sie ein Gutachten!"* oder ein bisschen konkreter: *„Bitte machen Sie ein Gutachten über den Herrn X!"*

Hier gibt es vom Auftraggeber zwar einen Auftrag, aber keine explizite Fragestellung.

Gibt es in diesem Fall überhaupt keine Fragestellung, oder wo ist sie?

Sie steckt natürlich im Auftrag. Der Auftraggeber erwartet in solchen Fällen vom beauftragten Gutachter, dass dieser weiß, welche Fragen der Auftraggeber mit dem Auftrag verbindet und dass er ihm diese auch exakt beantwortet. Ein erfahrener Gutachter, der bereits viele vergleichbare Fälle (vielleicht sogar für diesen Auftraggeber) begutachtet hat, wird vielleicht wissen oder zumindest mit einiger Sicherheit erraten können, welche Frage(n) der Auftraggeber hat. Ganz sicher ist auch er jedoch oft nicht, wenn er nicht noch einmal mit dem Auftraggeber Rücksprache gehalten und sich dabei vergewissert hat, dass seine Annahme richtig ist.

Und genau dies empfehlen wir:

> **Vergewissern Sie sich beim Auftraggeber, dass Sie seinen Auftrag und die an Sie gerichtete(n) Frage(n) richtig erfasst und verstanden haben.**

Es gibt immer wieder Fälle, bei denen der Gutachter zunächst die an ihn gerichtete(n) Frage(n) aus dem Auftrag selbst erschließen muss.

Wozu ist dies überhaupt nötig? Wäre es nicht einfacher – wie dies übrigens manche Gutachter zu Lasten der Qualität ihres Gutachtens tun – einfach auftragsgemäß mit der Bearbeitung des Gutachtens zu beginnen, auch dann, wenn sich der Sachverständige mangels konkreter Angaben seitens des Auftraggebers mehr auf seine Intuition bei der Erfassung des von diesem Gemeinten verlassen muss? Erfahrene Sachverständige raten grundsätzlich davon ab!

Unsere Erfahrung beim Abfassen eigener Gutachten wie bei der kritischen Analyse von fremden Gutachten, die bereits in Gerichtsverfahren vorliegen, sowie die Gutachtenanalyse in Gutachten-Seminaren zeigt, dass die Präzisierung und Strukturierung der Fragestellung eine Reihe nicht zu unterschätzender Vorteile bringt:

Tabelle 16: Vorteile der Präzisierung und Strukturierung der Fragestellung

– Sicherheit beim Auftraggeber, *dass genau die ihn interessierenden Fragen durch den Gutachter bearbeitet werden.*
– Sicherheit des Gutachters, *dass er die den Auftraggeber interessierende(n) Frage(n) richtig erfasst und verstanden hat.* Er riskiert nicht, die Beantwortung wichtiger Fragen zu vergessen. Aber er wird andererseits auch vermeiden können, Fragen zu beantworten, die den Auftraggeber gar nicht interessieren und die ihn gegebenenfalls sogar zu einer Kürzung des vom Gutachter berechneten Honorars veranlassen könnten.
– Der Gutachter schafft sich eine *systematische Arbeitsgrundlage* für sein Gutachten. Durch die Erarbeitung eines gut strukturierten Fragensystems kann er bereits zu einem sehr frühen Zeitpunkt Art und Umfang der erforderlichen Untersuchungen

Fortsetzung Tabelle 16

erkennen und auf der Grundlage dieses Aufwands die Kosten des Gutachtens abschätzen. Aus den Fragen ergeben sich schließlich die Antworten. Der Gutachter
wird demnach weder überflüssige – nämlich den Auftrag überschreitende – Antworten geben noch wichtige Antworten vergessen.
– Die Fragen *gliedern das Gutachten.* Dies erleichtert geordnete, logische und lücken-
lose Darstellung der Untersuchungen, Auswertungen und Ergebnisse. Der Gutachter kann jederzeit beliebige Teile des Gutachtens zur Bearbeitung vorziehen, weil
dadurch die Ordnung des Gesamtgutachtens nicht beeinträchtigt wird. Er weiß zu
jedem Zeitpunkt genau, welches „Mosaiksteinchen" des Gutachtens er gerade vor
sich hat, auch wenn sich die Bearbeitung über Wochen oder Monate hinzieht.
– Bei längerer Bearbeitungszeit gewährleistet die schriftliche Fixierung der Frage(n),
dass sich Ziele und Inhalte nicht im Bewusstsein des Gutachters im Laufe der Zeit
verändern und dass er nicht bei späteren Abschnitten des Gutachtens eine ganz
andere Frage oder einen ganz anderen Aspekt des Auftrags im Kopf hat als in den
frühen Bearbeitungsphasen. *Er arbeitet während der ganzen Zeit konsequent an ein
und derselben Fragestellung.* Zu jedem Zeitpunkt kann er die Übereinstimmung zwischen Fragestellung, Untersuchung und Ergebnis zuverlässig kontrollieren und Abweichungen gegebenenfalls noch rechtzeitig korrigieren.

Beispiel:

Auftrag:

„Bitte erstellen Sie ein Gutachten über die *Schuldfähigkeit* von Frau Z."

Daraus lässt sich die *Frage* ableiten:

„Ist Frau X schuldfähig?"

Diese allgemeine Frage impliziert jedoch im Hinblick auf die Rechtsgrundlage nach den einschlägigen Paragraphen des Strafgesetzbuches für den Gutachter die Klärung der konkreteren Frage:

„Ist Frau X. schuldunfähig *wegen seelischer Störungen* (gemäß § 20 StGB)?"

Achtung!
– Die Argumentation für Schuldfähigkeit muss nicht identisch sein mit der für
Schuld*un*fähigkeit (vgl. Diskussion über „Nullhypothese" und „Alternativ-
hypothesen", Urteil des BGH vom 30.7.1999, S. 7).
Die Beurteilung nach *§ 20 StGB* („*wegen seelischer Störungen*") unterscheidet sich z. B. von der Beurteilung nach *§ 827 BGB* (u.a. „*Bewusstlosigkeit*")
oder nach *§ 19 StGB* („*Schuldunfähigkeit des Kindes*") etc. Deshalb ist auch
die Angabe der Rechtsgrundlage in diesem Fall wichtig.
– Außerdem wäre zu klären, ob – wie hier zunächst angenommen – „*Schuldunfähigkeit*" gemäß § 20 StGB oder aber „*Verminderte Schuldfähigkeit*"
gemäß 21 StGB untersucht werden soll.

Schon diese wenigen Überlegungen zeigen, dass der Gutachter sich mit seinem ganzen Gutachten sehr schnell auf Irr- bzw. Abwege begeben kann, wenn er nicht gleich am Anfang die korrekte Fragestellung herausarbeitet und für seine Untersuchung sachgerechte Arbeitshypothesen entwickelt. Er gerät sonst sehr leicht in die Gefahr, einen falschen Ansatz für sein Gutachten zu wählen.

Für das praktische Vorgehen bei der Bearbeitung von Fragestellungen empfiehlt sich die Benutzung oder – wenn sie noch nicht vorhanden ist – Entwicklung einer Check-Liste. Für die Prüfung der Schuldunfähigkeit bzw. der verminderten Schuldfähigkeit könnten wir uns z. B. auf die einschlägigen Ausführungen in Strafrechts-Kommentaren stützen und folgende Check-Liste zusammenstellen:

Tabelle 17: Check-Liste zur Differenzierung zwischen Schuldunfähigkeit (§ 20 StGB) und verminderter Schuldfähigkeit (§ 21 StGB)

Anhaltspunkte für Schuldunfähigkeit nach § 20 StGB bzw. für verminderte Schuldfähigkeit nach § 21 StGB	§ 20 StGB	§ 21 StGB
– krankhafte seelische Störung – (Einzelaspekte) **– tiefgreifende Bewusstseinsstörung** – (Einzelaspekte) **– Schwachsinn** – (Einzelaspekte: z. B. intellektuelle Leistungsfähigkeiten) **– schwere andere seelische Abartigkeit** – (Einzelaspekte) **– Einsicht in das Unrecht der Tat** – (Einzelaspekte)		
Besteht: – grundsätzliche Unfähigkeit? – erhebliche Verminderung?		

Wie arbeitet der Gutachter mit einer solchen Check-Liste?

Er kann die Punkte, die für die ihm vorgelegte Fragestellung relevant sind, in prüfbare Einzelfragen umformulieren und gegebenenfalls im Hinblick auf durchzuführende Untersuchungen noch weiter differenzieren.

Das Kriterium *„intellektuelle Leistungsfähigkeiten"* könnte z. B. im Hinblick auf *„Intelligenzmangel"* als einen wichtigen Aspekt von Schwachsinn in folgender Weise aufbereitet werden:

„Besteht bei Frau X ein Intelligenzmangel?" – Wenn *„ja"*:

1. – *„Ist der Intelligenzmangel angeboren?"* – Wenn *„ja"*:
   – *„Mit welcher Wahrscheinlichkeit ist der Intelligenzmangel auf erbliche familiäre Belastung zurückzuführen?"*
   – *„Mit welcher Wahrscheinlichkeit ist der Intelligenzmangel geburtstraumatisch verursacht?"*

2. – *„Ist der Intelligenzmangel im Laufe der Entwicklung erworben?"* – Wenn *„ja"*:
   – *„Ist der Intelligenzmangel entstanden wegen unzureichender Förderung in der Familie, in der Schule?"*
   – *„Ist der Intelligenzmangel auf hirntraumatische Schäden (Krankheiten, Unfälle) zurückzuführen?"*
   – *„Wie hochgradig ist der Intelligenzmangel bzw. wie hoch ist der IQ?"*
   – *„Welche Stärken und Schwächen weist die Intelligenzstruktur auf?"*
   – *„Welche Relevanz haben die festgestellten Schwächen und Stärken (z. B. im Sinne der Kompensation) für das aktuelle Problem?"*

Diese Aufgliederung kann eine Hilfe für den Gutachter sein, damit er keine wichtigen Einzelaspekte der Gesamtfragestellung übersieht und damit er sich andererseits mit seinen Untersuchungen und Ergebnissen nicht aus dem Rahmen entfernt, der durch diese Fragestellung vorgegeben ist.

Das Ergebnis kann er in Form eines Untersuchungs-Strategieplans aufbewahren und als Rationalisierungsmittel bei künftigen gleichartigen Gutachtenaufträgen wieder verwenden. Er gewinnt damit im Laufe der Zeit eine sich zunehmend vervollständigende Arbeitshilfe.

Ein wichtiger Vorteil dieses Verfahrens der Ausformulierung konkreter Fragen besteht also darin, dass der Gutachter sich selbst eine praxisgerechte Anleitung erarbeitet. Mit dieser kann er für die durch die Systematik überschaubar gewordene Fragestellung seine Untersuchung ökonomisch und zielgenau durchführen und aus den Ergebnissen unmittelbar die Antworten ableiten, die den Auftraggeber ursprünglich zur Beauftragung mit der Erstellung eines Gutachtens veranlasst haben.

Gelingt ihm das nicht, hat er mit großer Wahrscheinlichkeit etwas falsch gemacht:

– Falsche Frage(n)?
– Falsche Untersuchung?
– Falsche Ergebnisbewertung (d. h. Interpretation der Daten)?
– Falsche Antwort(en)?

Hilfreich ist die *Kontrollfrage:*

> **Beantwortet meine Antwort tatsächlich die als Ausgangspunkt vom Auftraggeber gestellte(n) Frage(n)?**

Sie bietet mir die Gewähr dafür, dass ich nicht versehentlich Fragen beantworte, die mir als Sachverständigem/Gutachter gar nicht gestellt worden sind.

Jessnitzer (1992, S. 6) sagt daher mit Recht:

> *„... wenn das Gericht ihm ganz bestimmte Fragen vorlegt, sich streng an den damit für sein Gutachten gegebenen Rahmen halten. ... Verfehlt der Sachverständige das Beweisthema, ist sein mit viel Fleiß angefertigtes Gutachten unnütze Arbeit. Der Sachverständige riskiert in einem solchen Fall, seinen Gebührenanspruch zu verlieren oder doch ohne besondere Honorierung eine Ergänzung seines Gutachtens abgeben zu müssen."*

War die Ausgangsfrage im Hinblick auf die Untersuchungsmöglichkeiten des Sachverständigen richtig gestellt, wird dieser in der Regel auch in der Lage sein, dafür zutreffende Antworten zu finden. Stößt er dabei unerwartet auf unüberwindlich erscheinende Schwierigkeiten, wird er sich zweckmäßigerweise fragen, ob die Frage nicht vielleicht doch in dieser Form falsch gestellt war. Diese Erkenntnis führt ihn u. U. dazu, die falsche Fragestellung in eine richtige (d. h. hier: bearbeitbare) Fragestellung zu überführen – die allerdings dann erneut mit dem Auftraggeber abgestimmt werden sollte.

Die Entwicklung und Aufgliederung der Fragestellung erlaubt – insbesondere als persönliche Arbeitsgrundlage, die nicht unbedingt in allen Einzelheiten im schriftlichen Gutachten wiedergegeben werden muss – nahezu beliebige Grade der Detaillierung des Problems und lässt sich schematisch folgendermaßen darstellen:

Tabelle 18: Aufgliederung der Fragestellung

Ausgangsfrage (1):	1	„. . . . . ?"
1. Untergliederung:	1.1	„. . . . . ?"
	1.2	„. . . . . ?"
	1.3	„. . . . . ?"
2. Untergliederung:	1.3.1	„. . . . . ?"
	1.3.2	„. . . . . ?"
3. Untergliederung:	1.3.2.1	„. . . . . ?"
	1.3.2.2	„. . . . . ?"
usw.		
Ausgangsfrage (2):	2	„. . . . . ?"
1. Untergliederung:	2.1	„. . . . . ?"
	2.2	„. . . . . ?"
usw.		

Der Gutachter macht hier nichts anderes als das, was er ohnehin bei der Bearbeitung eines Gutachtenauftrags im Prinzip auch sonst tut:

Er stellt bzw. formuliert Fragen und beantwortet sie.

Nur macht er sich diesen Denk- und Arbeitsprozess normalerweise nicht in dieser Systematik bewusst. Gerade durch die bloß intuitive Vorgehensweise können jedoch Systemlücken und damit Mängel eines Gutachtens entstehen. Im Gutachten stehen in solchem Falle nur die Antworten. Die Fragen, die durch sie beantwortet werden, müssen also aus dem Text erschlossen werden.

Ein Kritiker könnte demzufolge Mängel des Gutachtens allein schon dadurch aufdecken, dass er aus den Antworten des Gutachters auf die zugrundeliegenden Fragen schlösse und nachwiese, dass diese Fragen gar nicht Gegenstand des Gutachtenauftrags (z. B. eines gerichtlichen Beweisbeschlusses) gewesen sind.

Methodisch lässt sich dieses Fragen-Differenzierungs-Modell auch als Baum (Tree) darstellen:

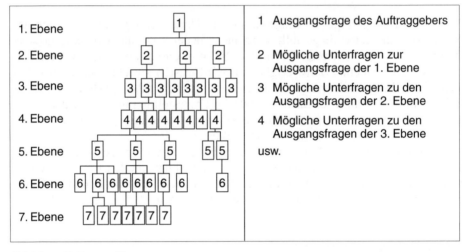

Abbildung 3: Fragen-Baum

Hier wird noch deutlicher, dass der Sachverständige jede denkbare oder ihm wichtig erscheinende Frage in diesem graphisch veranschaulichten Strukturanalyse-System unterbringen kann. Die Aufnahme einer Frage bedeutet indessen noch nicht zwingend, dass sie auch im Gutachten abgehandelt werden muss. Aber darüber entscheidet wieder der Sachverständige im Rahmen seines fachlichen Ermessensspielraums.

Tabelle 19: Gesamtstruktur für eine systematische Gutachtenbearbeitung

(1) Frage(n) des Auftraggebers	(2) Arbeitshypothesen (Nullhypothese, Alternativhypothesen)	(3) Untersuchungen des Sachverständigen	(4) Zeitaufwand (in Stunden)	(5) Kosten (in DM)*)	(6) Ergebnisse der Untersuchungen	(7) Antworten auf die vom Auftraggeber gestellten Fragen
Ausgangsfrage (1): 1	Arbeitshypothese zu 1	Untersuchung zu 1	Zeitaufwand zu 1	Kosten zu 1	Ergebnis 1	Antwort 1
Unterfrage 1.1	Arbeitshypothese zu 1.1	Untersuchung zu 1.1	Zeitaufwand zu 1.1	Kosten zu 1.1	Ergebnis 1.1	Antwort 1.1
Unterfrage 1.2	Arbeitshypothese zu 1.2	Untersuchung zu 1.2	Zeitaufwand zu 1.2	Kosten zu 1.2	Ergebnis 1.2	Antwort 1.2
Unterfrage 1.3	Arbeitshypothese zu 1.3	Untersuchung zu 1.3	Zeitaufwand zu 1.3	Kosten zu 1.3	Ergebnis 1.3	Antwort 1.3
Unterfrage 1.3.1	Arbeitshypothese zu 1.3.1	Untersuchung zu 1.3.1	Zeitaufwand zu 1.3.1	Kosten zu 1.3.1	Ergebnis 1.3.1	Antwort 1.3.1
Unterfrage 1.3.2	Arbeitshypothese zu 1.3.2	Untersuchung zu 1.3.2	Zeitaufwand zu 1.3.2	Kosten zu 1.3.2	Ergebnis 1.3.2	Antwort 1.3.2
Unterfrage 1.3.2.1	Arbeitshypothese zu 1.3.2.1	Untersuchung zu 1.3.2.1	Zeitaufwand zu 1.3.2.1	Kosten zu 1.3.2.1	Ergebnis 1.3.2.1	Antwort 1.3.2.1
Unterfrage 1.3.2.2	Arbeitshypothese zu 1.3.2.2	Untersuchung zu 1.3.2.2	Zeitaufwand zu 1.3.2.2	Kosten zu 1.3.2.2	Ergebnis 1.3.2.2	Antwort 1.3.2.2
Ausgangsfrage (2): 2	Arbeitshypothese zu 2	Untersuchung zu 2	Zeitaufwand zu 2	Kosten zu 2	Ergebnis 2	Antwort 2
Unterfrage 2.1	Arbeitshypothese zu 2.1	Untersuchung zu 2.1	Zeitaufwand zu 2.1	Kosten zu 2.1	Ergebnis 2.1	Antwort 2.1
Unterfrage 2.2	Arbeitshypothese zu 2.2	Untersuchung zu 2.2	Zeitaufwand zu 2.2	Kosten zu 2.2	Ergebnis 2.2	Antwort 2.2
usw.	usw.	usw.	usw.	usw.	usw.	

*) bzw. ab 1.1.2002 in EURO

Dabei bedeutet:

(4) Zeitaufwand für die einzelnen Untersuchungen

(5) Kosten der einzelnen Untersuchungen (z. B.: Test-Materialkosten, Personalkosten für Assistenzkräfte, Honorarkosten nach Stundensätzen, Reisezeiten und Reisekosten für Hausbesuche, Kosten einer stationären Unterbringung von Patienten etc.).

Eine solche Erfassung von Zeitaufwand und Kosten kann die Erstellung von Kostenvoranschlägen erleichtern. Zu den in den Spalten (4) und (5) erfassten Untersuchungszeiten bzw. -kosten sind dann noch die gemäß ZSEG (s. dazu Kap. 7 und Tab. 89 „Abrechnung von Gerichtsgutachten") abzurechnenden Kosten für Ausarbeitung, Reinschrift, Kopien und Gutachtenversand etc. zu addieren.

Aus den in Abbildung 18 bzw. 19 aufgelisteten Fragen (1) folgt systematisch und logisch der Anschluss der entsprechenden Arbeitshypothesen („Nullhypothese", „Alternativhypothese(n)") (gemäß Urteil des BGH vom 30.7.1999, S. 7) (2), dann die dazu erforderlichen Untersuchungen, nach Bedarf auch die Schätzung des Zeitaufwands (4) und der Untersuchungskosten (5); dann folgen die Ergebnisse (6) und schließlich die Antworten auf die Fragen des Auftraggebers (7).

Zur Erstellung des Gutachtens brauchen die in einer solchen Übersicht zusammengestellten Informationen dann nur noch zeilen- oder spaltenweise als fortlaufender Text geschrieben zu werden – und das Gutachten ist fertig.

Grundsätzlich handelt es sich demzufolge bei derart komplexen Fragestellungen eigentlich gar nicht nur um *ein* Gutachten, sondern vielmehr um mehrere Einzelgutachten. Die Anzahl dieser Einzelgutachten entspricht dabei der Anzahl der Unterfragen, die bei sachgerechter Strukturierung der Ausgangsfrage (Haupt– bzw. Globalfrage) entstehen.

Jedes Einzelgutachten hätte jeweils genau die eine relevante Unterfrage zu beantworten. Zu diesem Zweck wäre jeweils (entsprechend der hier in Tabelle 28 vorgeschlagenen Gutachten-Gliederung) ein vollständiges Gutachten mit Darstellung der durchgeführten Untersuchungen, der Untersuchungsergebnisse und vor allem der Antwort auf die gestellte (Unter-)Frage zu erstellen.

Wenn man diese Struktur erkannt hat, kann man natürlich dieses aufwändige und teilweise unnötig redundante Vorgehen erfolgreich rationalisieren, indem man nämlich die zahlreichen Einzelgutachten geordnet zu einem Gesamtgutachten zusammenfasst.

Dabei können selbstverständlich weitere, dann redundante Informationen entfallen. So braucht z. B. die untersuchte Person mit ihrem Lebenslauf nur ein einziges Mal dargestellt bzw. beschrieben zu werden. Vergleichbare Rationalisierungseffekte ergeben sich bei der Darstellung der Untersuchungsverfahren, der Auswertungsmethoden und der Ergebnisse.

Die Generalstrategie der Gutachtenerstellung sollte daher nicht ausschließlich deduktiv sein, d. h. der Untersuchungsgang sollte nicht allein aus einer globalen Ausgangsfrage heraus intuitiv und ohne angemessene Strukturierung entwickelt werden.

Erfolgreicher ist nach meiner Erfahrung zunächst die Beschränkung des deduktiven Vorgehens auf die Ableitung der Unterfragen aus der globalen Ausgangsfrage. Wenn dann diese Unterfragen nach dem Prinzip der Erstellung von Einzelgutachten bearbeitet worden sind, kann der Gutachter am Ende die Einzelergebnisse wieder induktiv zur abschließenden Beantwortung der komplexen Ausgangsfrage zusammenführen.

Damit erreicht er weitgehend problemlos die Erstellung eines systematisch und lückenlos logisch nachvollziehbaren und nachprüfbaren Gutachtens, das zumindest von daher wenig Angriffspunkte bietet.

Hat der Sachverständige aus Tabelle 19 (1. Spalte) die aus seiner Sicht im vorliegenden Fall relevante Fragenstruktur erarbeitet, kann er zunächst die vom Auftraggeber gestellte Frage als wörtliches Zitat in sein Gutachten übernehmen.

Die aus seiner fachlichen Sicht zweckmäßige Strukturierung dieser globalen Ausgangsfrage (z. B. eines gerichtlichen Beweisbeschlusses) kann er daran z. B. mit folgender Formulierung unmittelbar anschließen:

> *„Dieser Beweisbeschluss impliziert aus fachpsychologischer Sicht die Klärung folgender Einzelfragen:*
> *1. ....*
> *2. ....*
> *3. ...."*

Dabei ist zu beachten, dass der von der Ausgangsfrage vorgegebene inhaltliche Rahmen einerseits voll erfasst, andererseits aber nicht unzulässigerweise überschritten wird (s. Abb. 4 nach Zuschlag 1996, S. 8):

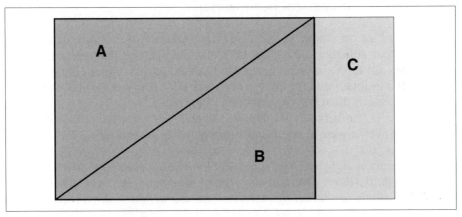

A   Teil A des Gutachtens   (50 % der Fragestellung)
B   Teil B des Gutachtens   (50 % der Fragestellung)
A + B Gesamtgutachten   (100 % der Fragestellung)
C   Nicht durch die Fragestellung gedeckter zusätzlicher Gutachtenteil C

Abbildung 4: Der Gutachtenumfang

In der Abbildung 4 repräsentiert das fett umrahmte und grau unterlegte Rechteck den durch die Fragestellung des Auftraggebers definierten Bereich des zu behandelnden Fragenkomplexes (AB). Dadurch ist zugleich der inhaltlich notwendige bzw. zulässige Umfang des Gutachtens bestimmt. Der Gutachter kann sich dann überflüssige Erläuterungen darüber sparen, weshalb er z.B. bestimmte andere Fragen nicht behandelt hat.

Beantwortet der Sachverständige nur den durch den Flächenanteil A repräsentierten Teilkomplex der insgesamt gestellten Fragen, ist das Gutachten unvollständig. Dasselbe würde für den Teilkomplex B gelten.

Würde er den durch die Flächenanteile A+B+C repräsentierten Fragenkomplex beantworten, würde er im Bereich C über die vom Auftraggeber gestellten Fragen unzulässigerweise hinausgehen. Das Gutachten wäre dann insoweit mängelbehaftet und könnte zu einer dem Anteil C am Gesamtgutachten entsprechenden Kürzung des in Rechnung gestellten Gutachterhonorars (einschließlich der Aufwandsentschädigung) führen.

Würde der Gutachter allerdings nur die durch den Flächenanteil C repräsentierten Fragen beantworten, hätte er überhaupt keine der vom Auftraggeber gestellten Fragen beantwortet. Folglich hätte er auch diesem gegenüber grundsätzlich keinen Honoraranspruch, sondern sähe sich möglicherweise sogar dessen Regressforderungen ausgesetzt.

> **Das Gutachten des Sachverständigen erfüllt demnach nur dann im vollen Umfang den ihm zugedachten Zweck, wenn es ausschließlich und sachgerecht die durch die Flächenanteile A+B repräsentierten Fragen des Auftraggebers beantwortet.**

Wir wollen hier an einem *Beispiel* aus der verkehrspsychologischen Begutachtungspraxis aufzeigen, in welche Probleme ein Sachverständiger leicht geraten kann, wenn er die ausschlaggebende Bedeutung der Fragestellung für den Untersuchungsablauf und für die Antworten bei der Konzeption und Abfassung seines Gutachtens nicht konsequent berücksichtigt:

So führt z.B. ein Verkehrspsychologe folgende *Fragestellung* des Auftraggebers (Straßenverkehrsamt) als Grundlage seines Gutachtens auf:

> *„Ist zu erwarten, daß der Untersuchte auch zukünftig ein Kraftfahrzeug unter Alkoholeinfluß führen wird und/oder liegen als Folge eines unkontrollierten Alkoholkonsums Beeinträchtigungen vor, die das sichere Führen eines Kraftfahrzeuges der Klassen 1 und 2 in Frage stellen? Ist zu erwarten, daß der Untersuchte auch zukünftig erheblich gegen verkehrsrechtliche Bestimmungen verstoßen wird?"*
> (Frage 1a, 1b und 2 (S. 1 des Gutachtens))

Wenn dies tatsächlich Auftrag und Fragestellung der Verwaltungsbehörde ist (im Gutachten übrigens nicht durch Anführungszeichen als wörtliches Zitat gekennzeichnet), dann wundert sich der Leser zu Recht, wenn der Gutachter unerwartet unter der Überschrift „Zusammenfassende Beurteilung" auf Seite 7 des Gutachtens auf weitere Fragen Bezug nimmt, die vor der Zusammenfassung noch gar nicht erwähnt wurden:

Frage 3 und 4a bis 4e (S. 7):

„Der Schwerpunkt der Beurteilung der Fahreignung liegt bei der Frage, ob nach den individuellen Einstellungen und Verhaltensbereitschaften zu erwarten ist, daß der Untersuchte risiko- und verantwortungsbewußt die sozialen Anpassungserfordernisse des motorisierten Straßenverkehrs hinreichend erfüllen kann.

Im Untersuchungsgespräch zur Vorgeschichte und zu den jetzt vorherrschenden Einstellungen und Verhaltensbereitschaften (Exploration) wurden vor allem die Fragen der Selbstbeobachtung und Selbstkontrolle bei Trinkanlässen, die Ausprägung von Trinkgewohnheiten, der Kenntnisstand zum Problem der Alkoholwirkung beim Führen eines Kraftfahrzeuges sowie die eigenen Vorstellungen über die Vermeidung einer erneuten Trunkenheitsfahrt angesprochen!"

Sind diese weiteren Fragen überhaupt noch durch den Auftrag mit den beiden eingangs formulierten Fragen 1 und 2 gedeckt? Oder sind es zulässige Unterfragen dieser Hauptfragen?

Auf Seite 9 dieses Gutachtens folgt dann eine weitere Frage, bei der ebenfalls nicht leicht erkennbar ist, in welcher Beziehung sie zu den Ausgangsfragen steht:

Frage 5 (S. 9):

„Bei der Untersuchung wurde die Frage beachtet, ob bei der Art der Eignungsmängel die begründete Aussicht besteht, diese Mängel durch Teilnahme an einem Kurs für alkoholauffällige Kraftfahrer zu beheben."

Interessant sind dann die Antworten, durch die der Gutachter glaubt, diese Fragen beantworten zu können und den Auftrag der Verwaltungsbehörde zu erfüllen. Wir werden als praktisches Beispiel für den von uns oben gegebenen methodischen Hinweis nun aus den Antworten die Fragen zu erschließen versuchen, die ihnen zugrunde gelegen haben könnten.

Damit Sie den weiteren Ausführungen leichter folgen können, sind die Fragen und Antworten am Ende dieses Abschnitts noch einmal übersichtlich in einer Tabelle zusammengestellt.

Die vom Gutachter selbst auf die Fragen 1 und 2 gegebenen Antworten lauten:

Antwort 1 und 2 (S. 9):

„Es ist nicht anzunehmen, daß sich der Untersuchte im Hinblick auf die Verkehrsteilnahme dann anders verhalten würde als bisher.

... Mit hoher Wahrscheinlichkeit wird der Untersuchte auch zukünftig dann noch ein Kraftfahrzeug fahren, wenn Alkoholwirkung vorliegt."

Aus diesen beiden Antworten könnten z. B. die folgenden zugrundeliegenden Ausgangsfragen erschlossen werden:

Beantwortete Fragen:

1) *„Ist anzunehmen, daß sich der Untersuchte dann (d. h. „beim Eintreten entsprechend ungünstiger situativer Bedingungen") anders* (gemeint ist wohl: dass er nicht mehr mit unerlaubt hoher BAK ein Kraftfahrzeug führt) *verhalten würde als bisher?"*

2.1) *„Mit welcher Wahrscheinlichkeit wird der Untersuchte auch zukünftig dann noch ein Kraftfahrzeug fahren, wenn Alkoholwirkung vorliegt?"* sowie

2.2) *„Wird der Untersuchte auch zukünftig noch ein Kraftfahrzeug fahren, wenn Alkoholwirkung vorliegt?"*

Die Antworten 1 und 2 können ebenso wie die Antworten 5 bis 9 als Antworten aus der Sicht des Sachverständigen auf die Fragen 1a, 1b und 2 (S. 1 des Gutachtens) angesehen werden. Von den daraus rückerschlossenen Fragen scheint zumindest die mögliche Frage 1 in dieser Form nicht in den Ausgangsfragen enthalten zu sein. Die vom Sachverständigen gegebene Antwort 1 wäre demnach überflüssig. Denn gefragt ist nicht, ob anzunehmen sei, der Untersuchte werde sich künftig anders verhalten, sondern, ob der Untersuchte auch *künftig ein Kraftfahrzeug unter Alkoholeinfluss führen werde.*

Auch die mögliche Frage 2.1 nach der Wahrscheinlichkeit des Fehlverhaltens ist vom Auftraggeber so zumindest explizit nicht gestellt.

Die Frage 2.1 kann als Antwort auf Teil 1a der ersten Frage akzeptiert werden, wenngleich die Umsetzung von *„ist zu erwarten, daß er ... führen wird"* in *„der Untersuchte wird ... fahren"* höhergradig *apodiktisch* klingt. Und der Leser wird sich vielleicht fragen, inwieweit diese Prognose durch Tatsachen begründet ist oder vorwiegend auf einer nicht beweiskräftigen Vermutung des Gutachters beruht.

Wenngleich der Leser des Gutachtens nun nach der Antwort auf die Frage 1a eine Antwort auf die Frage 1b des Auftraggebers erwarten würde, folgt zunächst eine Antwort auf die vom Gutachter erst später formulierte Frage 5:

Antwort 3 (S. 9):
„Die Voraussetzungen für eine Kursteilnahme sind aus folgenden Gründen nicht gegeben:
- *auch unter Berücksichtigung einer intensiven Hilfestellung bei Kursteilnahme sind bei dem Untersuchten die Voraussetzungen für eine angemessene Selbstbeobachtung und Selbstbeurteilung mit der Bereitschaft und Fähigkeit, Verhaltensalternativen zu entwickeln und zu stabilisieren, nicht gegeben.*
- *Der Untersuchte zeigt in seinen Schilderungen und Stellungnahmen weit über übliche Abwehrhaltungen hinaus Unstimmigkeiten und Widersprüchlichkeiten. Unter diesen Voraussetzungen ist eine erfolgversprechende Mitarbeit in einem Kurs nicht zu erwarten."*

Beantwortete Fragen:

3.1) *„Sind die Voraussetzungen für eine Kursteilnahme gegeben?"*

3.2) *„Aus welchen Gründen sind die Voraussetzungen für eine Kursteilnahme nicht gegeben?"*

3.3) *„Wären die Voraussetzungen der Kursteilnahme bei intensiver Hilfestellung gegeben?"*

3.4) *„Sind bei dem Untersuchten die Voraussetzungen für eine angemessene Selbstbeurteilung mit der Bereitschaft und Fähigkeit, Verhaltensalternativen zu entwickeln, aufzubauen und zu stabilisieren gegeben?"*

3.5) *„Was zeigt der Untersuchte in seinen Schilderungen und Stellungnahmen?"*

3.6) *„Wie sind die vom Untersuchten gezeigten Unstimmigkeiten und Widersprüchlichkeiten im Vergleich mit üblichen Abwehrhaltungen zu bewerten?"*

3.7) *„Ist unter den gegebenen Voraussetzungen eine erfolgversprechende Mitarbeit in einem Kurs zu erwarten?"*

Mit Antwort 3 weicht der Gutachter, wie die rückerschlossenen Fragen 3.1-3.7 zeigen, zunächst seiner eigenen konkreten Ausgangsfrage 5 aus, wo gefragt wird, ob die Mängel durch Teilnahme an einem Kurs behoben werden können, indem er behauptet, die *Voraussetzungen* für eine Kursteilnahme seien nicht gegeben. Er könnte die Aspekte 3.1-3.3 daher ohne Bedenken weglassen. Allenfalls die beantwortete Frage 3.4 geht auf die inhaltlichen Aspekte der Frage 5 hinreichend nachvollziehbar ein.

Die Antwort zeigt in Verbindung mit den rückerschlossenen Fragen, dass dem Gutachter ein systematisches Konzept für die Beantwortung der Frage 5 fehlt. Daher könnte man nahezu beliebige Teile seiner Antwort weglassen oder neue dazuerfinden. Die Frage 5 könnte nach unserem Verständnis z. B. in folgender Weise systematisch aufgeschlüsselt werden:

5a) *„Kann Eignungsmangel 1 durch Teilnahme am Kurs ... behoben werden?"*

5b) *„Kann Eignungsmangel 2 durch Teilnahme am Kurs ... behoben werden?"*

5c) etc.

(Eignungsmangel 1 könnte z. B. heißen: *„Mangelhafte Fähigkeit zur kritischen Beurteilung des eigenen Verhaltens".)* Voraussetzung dafür wäre selbstverständlich die systematische Erfassung der Eignungsmängel im Rahmen der Untersuchung selbst oder bereits in einer für alle Untersuchungen gleicher Art grundlegenden Check-Liste. Als Ergebnis erhält der Gutachter dann eine Liste von behebbaren bzw. nicht behebbaren Eignungsmängeln. Erst als Folge der Bewertung der Schwere und unter Umständen auch der Anzahl der nicht behebbaren Eignungsmängel würde er dann zu dem Resultat kommen, dass die Voraussetzungen zur Teilnahme an einem Kursus nicht erfüllt sind oder dass aus anderen Gründen ein ausreichender Kurserfolg nicht zu erwarten wäre.

Im vorliegenden Fall scheint jedoch der Gutachter den umgekehrten Weg gegangen zu sein: Aus einer im einzelnen nicht belegten Einschätzung heraus fällt er die für ihn institutionell wichtige Entscheidung, ob er die Teilnahme am Kurs empfehlen will oder nicht. Erst danach fundiert er diese Entscheidung durch ihm dazu passend erscheinende Begründungen.

Antwort 4 (S. 9):
„Ausreichend nachvollziehbare Einstellungskorrekturen bzw. Veränderungen der Verhaltensbereitschaften, die wesentlich zum aktenkundigen Fehlverhalten beigetragen haben, lassen sich aus den jetzigen Untersuchungsergebnissen nicht ableiten."

Beantwortete Frage:
4) *„Lassen sich aus den jetzigen Untersuchungsergebnissen ausreichend nachvollziehbare Einstellungskorrekturen bzw. Veränderungen der Verhaltenseigenschaften, die wesentlich zum aktenkundigen Fehlverhalten beigetragen haben, ableiten?"*

Antwort 4 lässt sich in Zusammenhang bringen mit den Fragen 3 und 4a-e (von Seite 7 des Gutachtens). Wenn wir allerdings diese in ihre Einzelteile zerlegen, wird besonders deutlich, dass der Gutachter auf wesentliche Fragen keine Antworten gibt:

Frage 3 (aufgegliedert):
3) *„Ist nach den individuellen Einstellungen und Verhaltensbereitschaften des Untersuchten zu erwarten, dass er*
a) risikobewusst und
b) verantwortungsbewusst die sozialen Anpassungserfordernisse des motorisierten Straßenverkehrs hinreichend erfüllen kann?"

Der Gutachter geht auf diese Aspekte der von ihm selbst formulierten Frage in seinem Gutachten nicht explizit ein, sondern begnügt sich (auch mit Antwort 4) mit eher allgemeinen Feststellungen.

Frage 4 (aufgegliedert):
4a) *„Verfügt der Untersuchte über Selbstbeobachtung bei Trinkanlässen?"*
4b) *„Verfügt der Untersuchte über Selbstkontrolle bei Trinkanlässen?"*
4c) *„Wie ausgeprägt sind seine Trinkgewohnheiten?"*
4d) *„Wie ist sein Kenntnisstand zum Problem der Alkoholwirkung beim Führen eines Kraftfahrzeugs?"*
4e) *„Welche eigenen Vorstellungen hat der Untersuchte über die Vermeidung einer erneuten Trunkenheitsfahrt?"*

Eine weitere Kommentierung der hier sichtbar werdenden Antwortlücken erübrigt sich. Wir können allenfalls zu Gunsten des Gutachters annehmen, dass er diesen Fragen nachgegangen ist; dargestellt und damit nachvollziehbar oder nachprüfbar sind die Ergebnisse jedoch nicht.

Die folgenden Antworten können zumindest zum Teil in Verbindung gebracht werden mit den Hauptfragen 1 und 2. Der Grad der Inkompatibilität zwischen Fragen und Antworten kann leicht aus der Übersichtstabelle am Ende dieses Abschnitts erschlossen werden.

Antwort 5 (S. 9):
„Somit sind die Voraussetzungen für eine günstige Verkehrsprognose bei Herrn ... zur Zeit nicht gegeben."

Beantwortete Frage:
„Sind zur Zeit die Voraussetzungen für eine günstige Verkehrsprognose bei Herrn ... gegeben?"

Antwort 6 (S. 9):
„Es ist zu erwarten, daß der Untersuchte auch zukünftig ein Kraftfahrzeug unter Alkoholeinfluß führen und erheblich gegen verkehrsrechtliche Bestimmungen verstoßen wird."

Beantwortete Fragen:
6.1) *„Was ist von dem Untersuchten zu erwarten?"*
6.2) *„Wird der Untersuchte auch zukünftig ein Kraftfahrzeug unter Alkoholeinfluss führen?"*
6.3) *„Wird der Untersuchte auch zukünftig erheblich gegen verkehrsrechtliche Bestimmungen verstoßen?"*

Antwort 7 (S. 10):
„Eine evtl. positive Änderung der Eignungsvoraussetzungen ist nicht kurzfristig zu erwarten. Vor Ablauf von 1 bis 1 1/2 Jahren halten wir eine erneute Überprüfung der Eignungsvoraussetzungen nicht für zweckmäßig!"

Beantwortete Fragen:
7.1) *„Ist kurzfristig eine eventuelle positive Änderung der Eignungsvoraussetzungen zu erwarten?"*
7.2) *„Bis wann halten Sie eine erneute Überprüfung der Eignungsvoraussetzungen nicht für zweckmäßig?"*

Antwort 8 (S. 10):
„Eine wesentliche Verbesserung der individuellen Voraussetzungen wird jedoch nur durch eine grundlegend kritischere Auseinandersetzung mit der eigenen Person und dem eigenen Verhalten, insbesondere im Hinblick auf den Umgang mit Alkohol, sowie durch entsprechende Verhaltenskonsequenzen zu erreichen sein."

Beantwortete Frage:
„Wodurch wird eine wesentliche Verbesserung der individuellen Vorausset-zungen zu erreichen sein?"

Antwort 9 (S. 10):
„Ein erster Schritt hierzu wäre ein wesentlich selbstkritischeres und offeneres Eingeständnis der eigenen Alkoholtrinkgewohnheiten, als Herr ... in der jetzi-gen Situation zu zeigen bereit war."

Beantwortete Frage:
„Welches wäre ein erster Schritt hierzu (d. h. wohl: zur „Verbesserung der individuellen Voraussetzungen")*?"*

Die folgende Tabelle fasst noch einmal übersichtlich die detaillierte Analyse der im Gutachten vorgefundenen Fragen und Antworten zusammen; und zwar im Zusammenhang mit den möglichen Fragen, die aus den vom Sachverständigen gegebenen Antworten erschlossen werden können:

Tabelle 20: Zusammenstellung der Fragen und Antworten

Fragen des Auftragge-bers bzw. des Gutachters	Antworten des Gutachters	Aus den Antworten erschließbare Fragen
Frage 1a *„Ist zu erwarten, daß der Untersuchte auch zukünftig ein Kraftfahrzeug unter Alkoholeinfluß führen wird?"*	**Antwort 1** *„Es ist nicht anzuneh-men, daß sich der Untersuchte im Hinblick auf die Verkehrs-teilnahme anders verhalten würde als bisher. ..."*	**Beantwortete Frage 1** *„Ist anzunehmen, dass sich der Untersuchte dann (d. h. beim Eintreten entsprechend ungünstiger situativer Bedingungen) anders* (gemeint ist wohl: dass er nicht mehr mit unerlaubt hoher BAK, ein Kraftfahrzeug führt) *verhalten würde als bisher?"*
	Antwort 2 *„Mit hoher Wahrschein-lichkeit wird der Unter-suchte auch zukünftig dann noch ein Kraftfahr-zeug fahren, wenn Alkoholwirkung vor-liegt."*	**Beantwortete Frage 2.1** *„Mit welcher Wahrschein-lichkeit wird der Unter-suchte auch zukünftig dann noch ein Kraftfahr-zeug fahren, wenn Alkoholwirkung vorliegt?"*
		Beantwortete Frage 2.2 *„Wird der Untersuchte auch zukünftig noch ein Kraftfahrzeug fahren, wenn Alkoholwirkung vorliegt?"*

Fortsetzung Tabelle 20

Fragen des Auftraggebers bzw. des Gutachters	Antworten des Gutachters	Aus den Antworten erschließbare Fragen
(Eine konkrete Frage dazu fehlt.)	**Antwort 5** *„Somit sind die Voraussetzungen für eine günstige Verkehrsprognose bei Herrn ... nicht gegeben!"*	**Beantwortete Frage 5** *„Sind zur Zeit die Voraussetzungen für eine günstige Verkehrsprognose bei Herrn ... gegeben?"*
Frage 1b *„... und/oder liegen als Folge eines unkontrollierten Alkoholkonsums Beeinträchtigungen vor, die das sichere Führen eines Kraftfahrzeuges der Klassen 1 und 2 in Frage stellen?"*	**Antwort 8** *„Eine wesentliche Verbesserung der individuellen Voraussetzungen wird jedoch nur durch eine grundlegend kritischere Auseinandersetzung mit der eigenen Person und dem eigenen Verhalten, insbesondere im Hinblick auf den Umgang mit Alkohol, sowie durch entsprechende Verhaltenskonsequenzen zu erreichen sein."*	**Beantwortete Frage 8** *„Wodurch wird eine wesentliche Verbesserung der individuellen Voraussetzungen zu erreichen sein?"*
	Antwort 9 *„Ein erster Schritt hierzu wäre ein wesentlich selbstkritischeres und offeneres Eingeständnis der eigenen Alkoholtrinkgewohnheiten, als Herr ... in der jetzigen Situation zu zeigen bereit war!"*	**Beantwortete Frage 9** *„Welches wäre ein erster Schritt hierzu (d. h. wohl: zur Verbesserung der individuellen Voraussetzungen)?"*
Frage 2 *„Ist zu erwarten, daß der Untersuchte auch zukünftig erheblich gegen verkehrsrechtliche Bestimmungen verstoßen wird?"*	**Antwort 6** *„Es ist zu erwarten, daß der Untersuchte auch zukünftig ein Kraftfahrzeug unter Alkoholeinfluß führen und erheblich gegen verkehrsrechtliche Bestimmungen verstoßen wird."*	**Beantwortete Frage 6.1** *„Was ist von dem Untersuchten zu erwarten?"* **Beantwortete Frage 6.2** *„Wird der Untersuchte auch zukünftig ein Kraftfahrzeug unter Alkoholeinfluss führen?"*

Fortsetzung Tabelle 20

Fragen des Auftragge-bers bzw. des Gutachters	Antworten des Gutachters	Aus den Antworten erschließbare Fragen
		Beantwortete Frage 6.3 *„Wird der Untersuchte auch zukünftig erheblich gegen verkehrsrechtliche Bestimmungen versto-ßen?"*
Frage 3 *„Der Schwerpunkt der Beurteilung der Fahr-eignung liegt bei der Frage, ob nach den individuellen Einstellungen und Verhaltensbereitschaften zu erwarten ist, daß der Untersuchte risiko- und verantwortungsbewußt die sozialen Anpassungser-fordernisse des motorisier-ten Straßenverkehrs hinreichend erfüllen kann!"*	**Antwort 4** *„Ausreichend nachvoll-ziehbare Einstellungs-korrekturen bzw. Veränderungen der Verhaltensbereit-schaften, die wesent-lich zum aktenkundigen Fehlverhalten beigetra-gen haben, lassen sich aus den jetzigen Untersuchungs-ergebnissen nicht ableiten."* (Die Antworten auf die konkreten Einzelfragen in Frage 3, z. B. nach Risiko- und Verantwor-tungsbewusstsein etc., fehlen hier.)	**Beantwortete Frage 4** *„Lassen sich aus den jetzigen Untersuchungs-ergebnissen ausreichend nachvollziehbare Ein-stellungskorrekturen bzw. Veränderungen der Verhaltenseigenschaften, die wesentlich zum aktenkundigen Fehlverhal-ten beigetragen haben, ableiten?"*
Frage 4a-4e *„Im Untersuchungs-gespräch zur Vorgeschich-te und zu den jetzt vorherr-schenden Einstellungen und Verhaltensbereit-schaften (Exploration) wurden vor allem die Fragen* a) der Selbstbeobachtung b) und Selbstkontrolle bei Trinkanlässen, c) die Ausprägung von Trinkgewohnheiten, d) der Kenntnisstand zum Problem der Alkohol-wirkung beim Führen eines Kraftfahrzeuges e) sowie die eigenen Vorstellungen über die	**Antwort** (Konkrete Antworten auf diese vom Gutach-ter formulierten Fragen fehlen im Gutachten.)	**Beantwortete Fragen 4.1 ff** (Sind mangels Antworten hier nicht zu formulieren.)

Fortsetzung Tabelle 20

Fragen des Auftragge- bers bzw. des Gutachters	Antworten des Gutachters	Aus den Antworten erschließbare Fragen
Vermeidung einer erneuten Trunkenheits- fahrt angesprochen. "		
Frage 5 *„Bei der Untersuchung wurde die Frage beachtet, ob bei der Art der Eignungsmängel die begründete Aussicht besteht, diese Mängel durch Teilnahme an einem Kurs für alkoholauffällige Kraftfahrer zu beheben."*	**Antwort 3** *„Die Voraussetzungen für eine Kursteilnahme sind aus folgenden Gründen nicht gegeben: auch unter Berücksichti- gung einer intensiven Hilfestellung bei Kursteilnahme sind bei dem Untersuchten die Voraussetzungen für eine angemessene Selbstbeobachtung und Selbstbeurteilung mit der Bereitschaft und Fähigkeit, Verhaltens- alternativen zu entwik- keln, und zu stabilisie- ren, nicht gegeben.* *Der Untersuchte zeigt in seinen Schilderungen und Stellungnahmen weit über übliche Abwehrhaltungen hinaus Unstimmigkeiten und Widersprüchlich- keiten. Unter diesen Voraussetzungen ist eine erfolgversprechen- de Mitarbeit in einem Kurs nicht zu erwarten."*	**Beantwortete Frage 3.1** *„Sind die Voraussetzungen für eine Kursteilnahme gegeben?"* **Beantwortete Frage 3.2** *„Aus welchen Gründen sind die Voraussetzungen für eine Kursteilnahme nicht gegeben?"* **Beantwortete Frage 3.3** *„Wären die Voraussetzun- gen der Kursteilnahme bei intensiver Hilfestellung gegeben?"* **Beantwortete Frage 3.4** *„Sind bei dem Untersuch- ten die Voraussetzungen für eine angemessene Selbstbeurteilung mit der Bereitschaft und Fähigkeit, Verhaltensalternativen zu entwickeln, aufzubauen und zu stabilisieren, gegeben?"* **Beantwortete Frage 3.5** *„Was zeigt der Untersuch- te in seinen Schilderungen und Stellungnahmen?"* **Beantwortete Frage 3.6** *„Wie sind die vom Unter- suchten gezeigten Unstim- migkeiten und Wider- sprüchlichkeiten im Vergleich mit üblichen Abwehrhaltungen zu bewerten?"*

Fortsetzung Tabelle 20

Fragen des Auftragge-bers bzw. des Gutachters	Antworten des Gutachters	Aus den Antworten erschließbare Fragen
		Beantwortete Frage 3.7 *„Ist unter den gegebenen Voraussetzungen eine erfolgversprechende Mitarbeit in einem Kurs zu erwarten?"*
(Eine konkrete Frage dazu fehlt.)	**Antwort 7** *„Eine evtl. positive Änderung der Eig-nungs-Voraussetzun-gen ist nicht kurzfristig zu erwarten. Vor Ablauf von 1 bis 1 1/2 Jahren halten wir eine erneute Überprüfung der Eignungsvorausset-zungen nicht für zweckmäßig!"*	**Beantwortete Frage 7.1** *„Ist kurzfristig eine eventu-elle positive Änderung der Eignungsvoraussetzungen zu erwarten?"* **Beantwortete Frage 7.2** *„Bis wann halten Sie eine erneute Überprüfung der Eignungsvoraussetzungen nicht für zweckmäßig?"*

Die in der Tabelle 20 zusammengefasste Analyse zeigt, dass dem Gutachten einerseits keine systematische Fragenstruktur zugrundeliegt und dass andererseits auch eine exakte Zuordnung der in verschiedenen Gutachtenkapiteln verstreuten Fragen und Antworten nur schwer oder gar nicht möglich ist. Dem Leser wird damit die Möglichkeit genommen, im einzelnen nachzuprüfen, ob alle relevanten Fragen überhaupt gestellt und schließlich auch bearbeitet und beantwortet worden sind.

So heißt z. B. Teil 2 der Frage 1:

> *„Liegen als Folge eines unkontrollierten Alkoholkonsums Beeinträchtigungen vor, die das sichere Führen eines Kraftfahrzeuges der Klassen 1 und 2 in Frage stellen?"*

Diese Frage wird nirgends explizit beantwortet.

Wir wollen die Analyse an dieser Stelle abbrechen. In unseren Gutachtenseminaren stoßen wir regelmäßig auf derartige oder vergleichbare Abhandlungsprobleme. Sie sind nach unserer Erfahrung keineswegs auf verkehrspsychologische Gutachten beschränkt – oder auch nur auf psychologische. Wir haben sie auch bei medizinischen Gutachten und bei Gutachten von Ingenieuren etc. gefunden. Dabei geht es oftmals nicht nur um Verständnisprobleme beim Leser. Vielmehr liefern solchermaßen erstellte Gutachten auch zahlreiche unnötige Angriffspunkte.

Aus den Ergebnissen unserer Analyse sollte allerdings jetzt nicht unkritisch geschlossen werden, dass jedes Gutachten, das die von uns hier exemplarisch aufgezeigten Probleme aufweist, deshalb auch sachlich falsch sein müsste. Wenn man Gutachten aus anderen Bereichen der Psychologie, aber auch der Medizin oder der naturwissenschaftlichen Disziplinen etc. vergleichbaren Analysen unterzieht, wird man durchweg zu ähnlichen Ergebnissen kommen. Zumindest zeigt dies unsere langjährige Erfahrung bei der Durchführung von Gutachten-Seminaren und die kritische Analyse von Gerichtsgutachten.

Die Gründe dafür sind vielfältig. Oftmals führt einfach die langjährige fachliche Erfahrung von Sachverständigen aus wirtschaftlichen und arbeitsökonomischen Überlegungen dazu, dass diese die Untersuchungen und die Darstellung von allem ihnen entbehrlich erscheinenden Ballast befreien und das gesamte Verfahren der Erstellung des Gutachtens stark komprimieren. Insbesondere bei der Darstellung der einzelnen Gedankenschritte und der Ergebnisse werden dann Details übergangen, weil die Sachverständigen – zu Recht oder zu Unrecht – annehmen, der Leser (insbesondere der Fachmann) werde der Logik ihrer Ausführungen auch in dieser abgekürzten Form folgen und die Schlussfolgerungen verstehen und nachvollziehen können.

Dieses Verfahren kann jedoch im Einzelfall leicht zu Problemen führen. Zumindest erschwert es manchem Leser unnötigerweise die Nachvollziehbarkeit und Nachprüfbarkeit der Logik des Gutachtens. Immerhin sollte der Sachverständige im Regelfall davon ausgehen, dass er einem Richter oder anderen Auftraggeber die diesen fehlende spezifische Sachkunde ersetzen soll. Dies erfordert meistens etwas mehr Ausführlichkeit als bei der Informationsübermittlung an einen Fachkollegen, wo sie bisweilen auch ausreichend kurz und dennoch erfolgreich im Fachjargon erfolgen kann.

Wenn der Gutachter sich systematisch und konsequent an dem von uns hier vorgeschlagenen Vorgehen orientiert, kann er manche unnötigen Missverständnisse und Fehlinterpretationen seiner Ausführungen vermeiden.

Der Gutachter, der für sich die Fragestellung in der beschriebenen Weise systematisch analysiert, vermeidet jedoch nicht nur Angriffspunkte, er erleichtert sich auch die Arbeit am Gutachten ganz beträchtlich.

Der Fragenkatalog zeigt ihm den Weg zu den erforderlichen Untersuchungen und damit zugleich zu den sich daraus systematisch ergebenden Antworten auf die eingangs vom Auftraggeber gestellten Fragen. Die Folge ist, dass er nahezu „automatisch" lückenlos zur Beantwortung aller gestellten Fragen kommt und dass er außerdem keine Antworten auf Fragen gibt, die nicht zum Gutachtenauftrag gehören (s. Abb. 4 „Der Gutachtenumfang").

In unseren Gutachtenseminaren haben wir durchweg festgestellt, dass den meisten Teilnehmern diese Art und Weise des Herangehens an ein Gutachten ungewohnt ist. Die „Erleuchtung" kommt aber meistens schnell, wenn wir gemeinsam schon von anderen erstellte Gutachten kritisch daraufhin analysieren, ob und gegebenenfalls welche Fragestellung den jeweiligen Ausführungen zu Grunde liegt.

Wir wollen diesen Erkenntnisprozess an einem *Beispiel* verdeutlichen:

Bei einem Auftrag der Verwaltungsbehörde oder des Gerichts könnte z. B. die Ausgangsfrage lauten:

> *„Untersuchen Sie die Fahreignung des Herrn Schlichte."*

Mancher Gutachter hält dies für einen klaren Gutachtenauftrag und beginnt mehr oder weniger intuitiv bzw. nach den von seinen Gutachtervorbildern gelernten Regeln mit der Erstellung des Gutachtens. Wenn er diesen umfassenden Auftrag richtig ernst nimmt, hat er sehr viel Arbeit. Er müsste eigentlich schon bald überlegen, ob dieser Aufwand überhaupt noch in einem realistischen Verhältnis zu den Einnahmen steht, die er mit dem Gutachten erzielen kann.

Würde er jedoch nach der hier skizzierten und empfohlenen Methode in analytischer Weise das einem solchen Auftrag implizite Fragensystem ermitteln, könnte er mit dieser Arbeitshilfe z. B. das Problem angehen mit einer Ausgangsfrage entsprechend der seit 1999 neu herausgegebenen Fahrerlaubnisverordnung (§ 11 FeV: Eignung).

> *Will die Behörde wissen,*
> *(1) ob Herr Schlichte generell geeignet ist zum Führen von Kraftfahrzeugen aller Klassen (d. h. Pkw, Lkw, Busse, Taxi, Krafträder); oder*
> *(2) ob Herr Schlichte geeignet ist zum Führen ausschließlich von Kraftfahrzeugen der Fahrerlaubnisklasse B (d. h. Pkw); oder*
> *(3) ob Herr Schlichte geeignet ist zum Führen von Kraftfahrzeugen der Klassen A (d. h. Krafträder) und B (d. h. Pkw, früher Klasse 3) etc.; oder*
> *(4) ob Herr Schlichte nach der Wiedererteilung der Fahrerlaubnis erneut ein Kraftfahrzeug unter Alkoholeinfluss führen wird; oder*
> *(5) ob Herr Schlichte sich nach der Wiedererteilung der Fahrerlaubnis erneut verkehrswidrig verhalten wird (z. B. mit überhöhter Geschwindigkeit fährt, Vorfahrt oder Ampelsignale missachtet); oder*
> *(6) ob Herr Schlichte trotz seiner Behinderung als Gehörloser über hinreichende intellektuelle und persönliche Qualitäten (z. B. Verantwortungsbewusstsein) verfügt, dass er den körperlichen Mangel ausreichend kompensieren kann und von daher geeignet ist zum Führen eines Pkw; oder*
> *(7) ob der 78jährige Herr Schlichte noch über ausreichende Leistungsfähigkeit (z. B. hinsichtlich Wahrnehmung, Orientierung, Konzentration, Reaktionsvermögen) verfügt, dass er den Anforderungen des Straßenverkehrs gewachsen ist? etc. etc*

Diese Liste von konkreten Einzelfragen, die noch weiter fortgesetzt werden könnte, zeigt, dass die Ausgangsfrage viel zu unspezifisch formuliert ist um zu gewährleisten, dass der Gutachter daraus mit Sicherheit die „richtige" Frage als Grundlage für sein Gutachten ableitet.

Er würde jedoch nach gründlichem Aktenstudium in den meisten Fällen einige verwertbare Hinweise finden (z. B. Anlass für die Untersuchung waren

Trunkenheitsfahrten, 18 Punkte im Verkehrszentralregister, Unfälle), so dass er nicht völlig im Dunkeln tappt. Aber letztlich ist er doch darauf angewiesen, mit etwas Intuition und fachlicher Erfahrung die den Auftraggeber als Grundlage für seine Entscheidung interessierende Sachfrage aus dem Kontext zu erschließen und dann zu hoffen, dass er richtig „geraten" hat.

Deshalb an dieser Stelle noch einmal der nachdrückliche Hinweis, dass es für den Gutachter besonders wichtig ist, keine Fragestellung frei zu erfinden, sondern exakt diejenige des Auftraggebers zu übernehmen oder eine aus seiner fachlichen Einschätzung notwendige Abweichung, Differenzierung oder Spezifikation mit diesem rechtzeitig abzustimmen.

Anzumerken ist in diesem Zusammenhang, dass der oben als Beispiel aufgeführte allgemein formulierte Auftrag: *„Untersuchen Sie die Fahreignung des Herrn Schlichte."* in dieser Form in der Praxis der Fahreignungsbegutachtung eigentlich nicht mehr vorkommen sollte. Denn in § 11 FeV ist ausdrücklich festgelegt:

> *„(6) Die Fahrerlaubnisbehörde legt unter Berücksichtigung der Besonderheiten des Einzelfalls und unter Beachtung der Anlagen 4 und 5 in der Anordnung zur Beibringung des Gutachtens fest, welche Fragen im Hinblick auf die Eignung des Betroffenen zum Führen von Kraftfahrzeugen zu klären sind. ...*
> *Die Fahrerlaubnisbehörde teilt der untersuchenden Stelle mit, welche Fragen im Hinblick auf die Eignung des Betroffenen zum Führen von Kraftfahrzeugen zu klären sind und übersendet ihr die vollständigen Unterlagen, ..."*

Die inhaltliche Konkretisierung der Fragestellung ergibt sich in solchen Fällen in der Regel aus den aktenkundigen Verkehrsauffälligkeiten des betreffenden Verkehrsteilnehmers oder aus gesundheitlichen Beeinträchtigungen (s. dazu z. B. Anlage 4 zu den §§ 11, 13 und 14 FeV: *„Eignung und bedingte Eignung zum Führen von Kraftfahrzeugen"* sowie die Begutachtungs-Leitlinien des Bundesministers für Verkehr „Krankheit und Kraftverkehr", 1996).

Die diffizile Problematik der Fahreignung wird ausführlich dargestellt von Zuschlag (2001a).

Normalerweise wird z. B. auch der durch ein Gericht erteilte Gutachtenauftrag in Form des Beweisbeschlusses in vergleichbarer Weise konkretisiert. Zur Vermeidung von Missverständnissen empfehlen wir, diesen **Beweisbeschluss** – dasselbe gilt analog für Gutachtenaufträge anderer Auftraggeber – im Gutachten **wörtlich** zu **zitieren**. Das Gutachten könnte dann z. B. folgendermaßen beginnen:

> Das Amtsgericht X hat uns am -.-.2001 mit folgendem Beweisbeschluss vom -.-.2001 mit der Erstellung eines Gutachtens beauftragt:
> „ .... *(Beweisbeschluss wörtlich)* ...."

Wesentlich sind die Anführungszeichen beim wörtlichen Zitat. Jeder Leser, aber auch Sie selbst wissen noch nach Monaten oder Jahren, dass die in Ihrem Gutachten aufgeführte Fragestellung das wörtliche Zitat des Beweisbeschlusses des Gerichts ist. Dieses ist somit auch verantwortlich für eventuelle sprachliche, logische und inhaltliche Absonderlichkeiten. Ohne Anführungszeichen könnte man auch annehmen, eine (vielleicht fragwürdige) Formulierung sei vom Gutachter erfunden worden.

Da es für Juristen oft auf den exakten Bedeutungsgehalt eines bestimmten Wortes ankommt, können sich schon Fehler oder Missverständnisse einschleichen, wenn ein Beweisbeschluss oder eine Fragestellung eines solchen Auftraggebers als indirekte Rede wiedergegeben wird. Ein Beispiel soll dies verdeutlichen:

Wörtliches Zitat:
„Durch das Gutachten soll Beweis erhoben werden hinsichtlich der Schuldunfähigkeit bzw. verminderten Schuldfähigkeit des Angeklagten nach § 20 bzw. § 21 StGB."

Indirekte Rede:
Das Gericht hat uns beauftragt, ein Gutachten über die Schuldfähigkeit des Angeklagten zu erstellen.

Das wäre – genau genommen – falsch. Der Auftrag bezog sich nämlich nicht allgemein auf die *Schuldfähigkeit*, sondern auf *verminderte Schuldfähigkeit* (nach § 21 StGB) bzw. auf Schuld*un*fähigkeit (nach § 20 StGB). Das erfordert nämlich unterschiedliche Arbeitshypothesen (d. h. „Nullhypothese" und „Alternativhypothese(n)" nach Vorgaben des BGH vom 30.7.1999, S. 7).

Der Sachverständige kann sich schon am Anfang seines Gutachtens durch derartige großzügige Formulierungen bzw. Umformulierungen auf Ab- oder Irrwege begeben und schließlich das vom Auftraggeber gesteckte Ziel mehr oder weniger verfehlen.

Mancher Gutachter greift in bester Absicht zu einer eigenen Formulierung der Frage, nämlich sogar zu Recht dann, wenn der Auftraggeber die Frage (gemessen an seiner Absicht!) auf Grund seiner mangelnden Sachkenntnis oder aus sprachlichem Ungeschick schlecht oder gar falsch formuliert hat. Es gehört ja gerade zu den Aufgaben des Sachverständigen, dem Auftraggeber bei der Bewältigung seines Problems zu helfen, zu dessen Lösung diesem die erforderliche Sachkunde fehlt.

Deshalb sollte der Sachverständige, wenn dazu Anlass besteht, auch bereits bei der Formulierung einer zutreffenden Ausgangsfrage behilflich sein, damit diese sachlich dem Anliegen des Auftraggebers gerecht wird. Sie sollten sich also nicht scheuen, wenn Sie Fehler oder missverständliche Formulierungen feststellen, den Richter oder auch jeden anderen Auftraggeber taktvoll darauf aufmerksam zu machen und gegebenenfalls eine aus Ihrer Sicht sachlich besser zutreffende Formulierung vorschlagen oder mit dem Auftraggeber erarbeiten. Da dieser Sie ja gerade wegen der ihm fehlenden Sachkunde mit der Begutachtung beauftragt hat, wird er Ihnen einen solchen Hinweis in der Regel nicht übel nehmen, sondern eher dankbar sein.

Aber selbst dann, wenn Sie bei Ihrer kritischen Anmerkung nicht auf das

Wohlwollen des Auftraggebers stoßen sollten, wären sie schlecht beraten, wenn Sie aus Angst vor dieser Klärung darauf verzichteten und dabei riskierten, ein an der eigentlichen Frage vorbeigehendes Gutachten zu erstellen. Den Ärger hätten Sie hinterher – und wahrscheinlich mehr, als sie bei der Klarstellung gleich zu Beginn hätten fürchten müssen.

Sollten Sie jedoch beim Auftragseingang oder bei der genaueren Klärung der Fragestellung feststellen, dass Sie für das relevante Fachgebiet gar nicht oder nicht hinreichend sachverständig sind, dann sollten Sie rechtzeitig die Übernahme des Auftrags ablehnen (s. Abschnitt 1.3.3.1 „Gutachtenweigerungsrecht").

Wenn der Auftrag schriftlich eingeht, sind Unklarheiten bezüglich der genauen Aufgabenstellung oder Missverständnisse leichter festzustellen als z. B. bei mündlicher oder telefonischer Beauftragung. In solchen Fällen hat es sich bewährt, dem Auftraggeber eine *schriftliche Auftragsbestätigung* zu schicken, in der nach eigenem Verständnis der Auftrag und die Fragestellung fixiert werden. Das kann z. B. in folgender Weise geschehen:

Auftragsbestätigung
für den telefonischen Gutachtenauftrag vom -.-.2001

Sehr geehrter Herr (Auftraggeber),

gern bestätige ich Ihnen die Übernahme des mir am -.-.2001 übertragenen Gutachtenauftrags. Wie von Ihnen gewünscht, werde ich folgende Fragen behandeln:
1. ....
2. ....
3. ....
(Ggf. Angaben über den voraussichtlichen Termin der Fertigstellung des Gutachtens bzw. Bestätigung des vom Auftraggeber dafür gesetzten Termins.)

Mit bestem Dank für Ihren Auftrag
und mit freundlichem Gruß

(Unterschrift)

Wenn der Auftraggeber dem Inhalt Ihrer Auftragsbestätigung nicht in angemessener Frist widerspricht, gilt er als akzeptiert. Sie können dann den Auftrag in dieser Form zur Grundlage Ihres Gutachtens machen.

Ist der Auftraggeber jedoch nicht einverstanden, wird er Sie möglichst unverzüglich darüber in Kenntnis setzen – schriftlich oder mündlich/telefonisch. Sie haben dann noch rechtzeitig vor der Aufnahme umfangreicher Arbeiten Gelegenheit, eventuelle Missverständnisse zu beseitigen oder Einzelheiten zu konkretisieren, um sich unnötige Arbeiten und Kosten zu ersparen.

2.4 Fragestellungen für psychologische Gutachten

Auf das vom Berufsverband deutscher Psychologen (1989) erarbeitete Faltblatt zu den Gerichts-Gutachter-Tätigkeiten haben wir im Abschnitt 2.2 schon hingewiesen (s. auch Huber 1987). Hier legen wir diese Aufstellung in Anlehnung an die von Kühne & Zuschlag (2001) überarbeitete und im Hinblick auf andere Auftraggeber ergänzte Form zugrunde:

Tabelle 21: Fragestellungen für psychologische Gutachten (Übersicht)

Gutachten für Gerichte und Justizbehörden, andere Rechtsgebiete und Organisationen

1 Fragestellungen durch Gerichte und Justizbehörden

1.1 Zivilrecht

1.1.1 Allgemeine zivilrechtliche Fragestellungen

- *Geschäftsunfähigkeit (§ 104 BGB)*
- Prozessfähigkeit (§ 52 ZPO)
- *Testierunfähigkeit (§ 2229 Abs. 4 BGB)*
- *Namensänderung (§ 12 BGB); Namensänderung infolge von Änderungen im Sorgerecht (§ 1617 b BGB)*
- Ausschluss und Minderung der Verantwortlichkeit (§ 827 BGB)

1.1.2 Familien- und Vormundschaftsrecht

- *Annahme als Kind (§§ 1741 – 1766 BGB)*
- *Pflegschaft (§ 1773 BGB)*
- *Personensorge bei Pflegschaft (§ 1800 BGB)*
- *Bestellung eines Pflegers (§ 1630 BGB)*
- *Inhalt der Personensorge; Verbot entwürdigender Erziehungsmaßnahmen (§ 1631 BGB)*
- Gefährdung des Kindeswohls (§ 1666 BGB)
- *Trennung des Kindes von der elterlichen Familie; Entziehung der Personensorge insgesamt (§ 1666 a BGB)*
- *Übertragung der Alleinsorge nach bisheriger gemeinsamer elterlicher Sorge bei Getrenntleben der Eltern (§ 1671 BGB)*
- *Übertragung der Alleinsorge auf den Vater; Begründung gemeinsamer Sorge (§ 1672 BGB)*
- Umgangsrecht von Kind und Eltern (§ 1684 BGB)
- Begleiteter Umgang (§ 1684 Abs. 4 BGB)
- Umgangsrecht anderer Bezugspersonen (§ 1685 BGB)
- Ergänzungspflegschaft (§ 1909 BGB)

1.1.3 Betreuungsrecht

- Rechtliche Betreuung (§ 1896 BGB)
- Aufhebung oder Änderung von Betreuung und Einwilligungsvorbehalt (§ 1908 d BGB)

1.2 Strafrecht

1.2.1 Spezielle Probleme bei der Begutachtung von Zeugen und Tatverdächtigen

- Glaubhaftigkeit von Zeugenaussagen
- Psychophysiologische Aussagebeurteilung

Fortsetzung Tabelle 21

1.2.2 Begutachtung von Jugendlichen und Heranwachsenden nach Jugendstrafrecht

- Strafrechtliche Verantwortlichkeit jugendlicher Täter (§ 3 JGG)
- Anwendung des Jugendstrafrechts auf Heranwachsende (§ 105 JGG)
- Hilfe zur Erziehung (§ 12 JGG)

1.2.3 Begutachtung von Erwachsenen nach Erwachsenenstrafrecht

- Schuldunfähigkeit und verminderte Schuldfähigkeit (§§ 20, 21 StGB)
- Strafaussetzung zur Bewährung (§§ 56 ff StGB)
- Verbotsirrtum (§ 17 StGB)
- Unterbringung in einem psychiatrischen Krankenhaus (§ 63 StGB)
- Unterbringung in einer Entziehungsanstalt (§ 64 StGB)

1.2.4 Justizvollzug

- Eignung für Vollzugslockerung(en)
- Prognose zur bedingten Entlassung (§ 57 StGB)
- Voraussetzung von Führungsaufsicht bei Straftätern
- Gnadengesuche

1.2.5 Maßregelvollzug

- Entlassung aus dem Maßregelvollzug
- Beurlaubung aus dem Maßregelvollzug
- Einschätzung des Behandlungserfolges bei Vollzugslockerungen und Entlassung
- Einschätzung der Gefährlichkeit bei Vollzugslockerungen und Entlassung

2 Fragestellungen aus anderen Rechtsgebieten

2.1 Arbeitsrecht

- Berufseignung
- Umschulung

2.2 Sozialrecht

- Erwerbsfähigkeit
- Berufs(un)fähigkeit

2.3 Verwaltungsrecht

2.3.1 Schullaufbahn und Bildungsberatung

- Diagnose von Lern- und Leistungsstörungen
- Diagnose von Verhaltensauffälligkeiten
- Schullaufbahnberatung
- Zulassung zum Studium (sog. Härtefall)
- Wechsel des Studienortes/-faches

2.3.2 Fahreignung

- Begutachtungen der Fahreignung hinsichtlich geistiger und körperlicher Eignung:
  - Ausbildung von Bewerbern unter 18 Jahren zum Berufskraftfahrer (§ 10 Abs. 2 FeV)
  - Klärung von Eignungszweifeln der Behörde (§ 11 Abs. 3 FeV)
  - Klärung von Eignungszweifeln bei Alkoholproblematik (§ 13 FeV)
  - Klärung von Eignungszweifeln im Hinblick auf Betäubungs- und Arzneimittel (§ 14 FeV)

Fortsetzung Tabelle 21

- Körperliche oder geistige Mängel
- Verstöße gegen verkehrsrechtliche oder strafrechtliche Vorschriften (§ 2 Abs. 4, 5 STVG)
- Neuerteilung der Fahrerlaubnis oder Wiederherstellung der Fahreignung nach Entzug der Fahrerlaubnis (§ 4 Abs. 10 Satz 3 STVG)

3 Fragestellungen anderer Behörden und Organisationen

3.1 Bundesanstalt für Arbeit
- Berufseignung
- Berufswahlreife
- Berufsberatung und Berufslaufbahnberatung
- Umschulung
- Rehabilitation

3.2 Bundeswehr
- Personalauswahl
- Platzierung
- Laufbahnberatung

3.3 Versicherungsträger
- Berufs(un)fähigkeit
- Arbeits- und Erwerbsunfähigkeit
- Möglichkeiten der Weiterbildung/Umschulung zum Wiedereinstieg in den Beruf
- Berufliche Rehabilitation
- Begründung psychotherapeutischer Interventionen bei psychischen Störungen und/oder körperlichen Erkrankungen

3.4 Gesundheitswesen
- Psychotherapeutische Interventionen
- psychologische Zusatzgutachten zu psychiatrischen Gutachten (z.B. bei Geschlechtsumwandlung)
- Begutachtung der Psychotherapie-Qualität (für Krankenkassen)

3.5 Wirtschafts- und Industrieunternehmen
- Einstellung, Platzierung, Personalentwicklung
- Eignung für Fahr-, Steuer- und Überwachungstätigkeit (G 25 [Berufsgenossenschaftliche Grundsätze für arbeitsmedizinische Vorsorgeuntersuchungen bei Fahr-, Steuer- und Überwachungstätigkeit])

Verständlicherweise können wir hier keine vollständige Übersicht über alle denkbaren Fragestellungen geben; außerdem verändern sich Fragestellungen im Laufe der Zeit.

Zur Verdeutlichung der Fragestellungen, die sich in den einzelnen Gutachten-Gruppen verbergen können (s. dazu z. B. Zuschlag & Winkler 1980; Kühne 1988; Klenner 1989, Risser 2001), geben wir hier exemplarisch einige Beispiele für den Bereich des Familienrechts mit den Schwerpunkten *„Sorgerecht und Umgangsregelung für das Kind"* sowie *„Namensänderungen"*:

2.4.1 Familienrecht

Unter Familienrecht (vornehmlich in §§ 1297-1921 BGB) versteht man die Gesamtheit der Rechtsnormen, die die rechtlichen Beziehungen der Familienmitglieder zueinander und zu Dritten regeln. Für den psychologischen Gutachter spielt vor allem die elterliche Sorge (§§ 1626 ff. BGB) einschließlich der Umgangsregelung für Kinder und Eltern eine wichtige Rolle.

Literatur
Arntzen (1994), Balloff (1993), Carre-Jersch (1995), Coester (1991), Fegert & Geiken (1996), Finger (1998), Fthenakis (1995), Gutschmied (1997), Kühne (1996), Luthin (1987), Maccoby & Mnookin (1995), Oelkers (1995), Oelkers, Kasten & Oelkers (1994), Roggendorf (1997), Schade & Friedrich (1998), Walter (1999).

2.4.1.1 Elterliche Sorge und Umgangsrecht von Kindern und Eltern

Rechtsgrundlagen
Grundlage sind insbesondere die Vorschriften der §§ 1626 ff. BGB (hier mit Stand vom 15.10.1999) u.a. über die elterliche Sorge und das Umgangsrecht von Kindern und miteinander verheirateten bzw. nicht miteinander verheirateten Eltern:

§ 11 BGB	Wohnsitz des Kindes
§ 1626 BGB	Elterliche Sorge, Grundsätze
§ 1626a BGB	Gemeinsame elterliche Sorge durch Sorgeerklärung
§ 1627 BGB	Ausübung der elterlichen Sorge
§ 1628 BGB	Meinungsverschiedenheiten
§ 1629 BGB	Gesetzliche Vertretung
§ 1630 BGB	Bestellung eines Pflegers; Familienpflege
§ 1631 BGB	Inhalt der Personensorge; Verbot entwürdigender Maßnahmen; Unterstützung der Eltern
§ 1631a BGB	Ausbildung und Beruf
§ 1631b BGB	Unterbringung des Kindes
§ 1632 BGB	Anspruch auf Herausgabe des Kindes; Bestimmung des Umgangs; Wegnahme von der Pflegeperson
§ 1666 BGB	Gefährdung des Kindeswohls
§ 1666a BGB	Trennung des Kindes von der elterlichen Familie; Entziehung der Personensorge insgesamt
§ 1671 BGB	Übertragung der Alleinsorge nach bisheriger gemeinsamer elterlicher Sorge bei Getrenntleben der Eltern
§ 1672 BGB	Übertragung der Alleinsorge auf den Vater; Begründung gemeinsamer Sorge

§ 1673 BGB	Ruhen der elterlichen Sorge bei Einschränkungen der Geschäftsfähigkeit
§ 1678 BGB	Alleinige Ausübung bei tatsächlicher Verhinderung oder Ruhen
§ 1680 BGB	Tod eines Elternteils; Entziehung der elterlichen Sorge
§ 1682 BGB	Verbleibensanordnungen zugunsten von Bezugspersonen
§ 1684 BGB	Umgangsrecht von Kind und Eltern
§ 1685 BGB	Umgangsrecht anderer Bezugspersonen
§ 1686 BGB	Auskunftsanspruch
§ 1687 BGB	Entscheidungsrecht bei gemeinsamer elterlicher Sorge getrennt lebender Eltern
§ 1687a BGB	Alleinentscheidungsrecht des nicht sorgeberechtigten Elternteils
§ 1688 BGB	Entscheidungsrecht der Pflegeperson
§ 1693 BGB	Eingreifen des Familiengerichts bei Verhinderung der Eltern
§ 1696 BGB	Änderung und Prüfung von Anordnungen des Vormundschafts- und des Familiengerichts
§ 17 KJHG	Beratung in Fragen der Partnerschaft, Trennung und Scheidung
§ 50 KJHG	Mitwirkung in Verfahren vor den Vormundschafts- und Familiengerichten

Beispiele für Fragestellungen:
Gutachtern sind vom Gericht (vor dem neuen Kindschaftsrechtsreformgesetz) z. B. Fragen folgender Art gestellt worden:

„a) Ist die Mutter zur Erziehung des am 5.8.1981 geborenen Kindes A. nicht geeignet?
b) Ist es zum Wohl des Kindes A. erforderlich, das Sorgerecht dem Vater zu übertragen?"

Oder:
„Das Gutachten soll die Frage behandeln, zu welchem Elternteil die Kinder die stärkeren Bindungen haben. Zugleich soll das Gutachten zu der Frage Stellung nehmen, wo das Wohl der Kinder am ehesten gewahrt ist."

Oder:
„Es soll ein Gutachten zur Klärung der Frage eingeholt werden, ob es dem Wohle des am 1. April 1986 geborenen Kindes R. am besten dient, wenn es in der verantwortlichen Obhut der Mutter bleibt, oder ob es im Kindesinteresse erforderlich ist, dem Vater das Sorgerecht zu übertragen."

Oder:
„Das Gutachten soll die Frage beantworten, ob unter Berücksichtigung der

persönlichen Bindungen der Kinder der Parteien S., geb. am 5.5.1981, K.,
geb. am 5.5.1983, und B., geb. am 23.6.1986, der Erziehungsfähigkeit der
Eltern und ihrer Betreuungsmöglichkeiten der Antragsteller oder die Antrags-
gegnerin besser geeignet wären, die künftige Betreuung ihrer Kinder zu über-
nehmen, wobei auch Erkenntnisse aufgrund einer Beobachtung der Kinder im
häuslichen Bereich des Antragstellers im Zusammenleben mit diesem einzu-
beziehen sind. "

Oder:

„Gemäß Beweisbeschluß des Amtsgerichts H. soll dieses Gutachten Beweis
erheben über folgende Fragen:
‚Auf welche Weise kann der Umgang des Vaters mit seinen Kindern M., geb.
am 11.11.1980, und S., geb. am 14.12.1981, zum Wohl der Kinder durchge-
führt werden?‘ "

Oder:

„‚Welcher Teil ist unter Berücksichtigung des Kindeswohls am ehesten geeig-
net, die elterliche Sorge für J. und M. auszuüben?‘ Außerdem soll der Gutach-
ter zur Frage des Umgangsrechts Stellung nehmen. "

In diesem letzten Fall zitiert der Gutachter Teil 1 seines Auftrags („elterliche
Sorge") wörtlich, Teil 2 („Umgangsrecht") formuliert er demgegenüber mit
eigenen Worten.

**Strukturierung von Gutachten über die Verteilung der elterlichen Sorge auf
Antrag:**
Einige exemplarische Hinweise sollen hier nur den Gutachter-„Einsteiger" auf
die komplexe Problematik und die Beachtung der jeweiligen rechtlichen Rahmenbedingungen aufmerksam machen. Weitere Einzelheiten und Hinweise zu
speziellen Fragestellungen sowie auf die einschlägige Fachliteratur finden sich
bei Zuschlag & Kühne (in Vorbereitung).

Aus den Rechtsgrundlagen – insbesondere z. B. aus den oben erwähnten
§§ 1626ff. BGB – ergeben sich die wesentlichen Kriterien, die der Sachverständige seiner Untersuchung zugrunde legen kann, wenn er prüft, welche Empfehlung er gegebenenfalls geben kann bezüglich der Verteilung der elterlichen Sorge für ein bestimmtes Kind – und zwar insbesondere unter Berücksichtigung des
Kindeswohls.

Welche Leistungen verlangt der Gesetzgeber von demjenigen, der die elterliche Sorge ausübt hinsichtlich *„Personensorge"* (die ebenfalls Thema eines psychologischen Gutachtens sein kann, das sich an Kriterien des Kindeswohls orientiert) und *„Vermögenssorge"*?

Hier kann auf einige einschlägige Paragrafen des BGB verwiesen werden, aus
denen der Sachverständige die jeweils gutachtenrelevanten Untersuchungsaspekte
ableiten kann. Diese gesetzlichen Vorschriften können verdeutlichen, welche hohen Anforderungen durch die Komplexität der Problematik an die jeweiligen
Sachverständigen gestellt werden:

Wer die elterliche Sorge ausübt, hat:
– als Eltern die elterliche Sorge in eigener Verantwortung
  und in gegenseitigem Einvernehmen zum Wohle des
  Kindes auszuüben;
	§ 1626 BGB

– dem Kind angemessenen Unterhalt zu gewähren	§ 1627 BGB
– das Kind (ggf. gemeinschaftlich) zu vertreten	§ 1629 BGB
– das Kind zu pflegen,	§ 1631 BGB
– zu erziehen,	§ 1631 BGB
– zu beaufsichtigen;	§ 1631 BGB
– entwürdigende Erziehungsmaßnahmen, insbesondere körperliche und seelische Misshandlungen zu unterlassen	§ 1631 BGB
– seinen Aufenthalt zu bestimmen	§ 1631 BGB
– in geeigneten Fällen bei der Ausübung der Personensorge das Familiengericht um Unterstützung zu bitten	§ 1631 BGB

– die wachsende Fähigkeit und das wachsende Bedürfnis
  des Kindes zu selbstständigem verantwortungsbewusstem
  Handeln zu berücksichtigen
	§ 1626 BGB

– soweit es seinem Entwicklungsstand angezeigt ist, die
  Fragen der elterlichen Sorge mit dem Kind zu besprechen
  und Einvernehmen anzustreben
	§ 1626 BGB

– bei Ausbildung und Beruf insbesondere auf Eignung
  und Neigung des Kindes Rücksicht zu nehmen; bestehen
  Zweifel, so soll der Rat eines Lehrers oder einer anderen
  geeigneten Person eingeholt werden
	§ 1631 a BGB

– nicht das Recht, in die Sterilisation des Kindes einzuwilligen	§ 1631 c BGB

– den Umgang zu ermöglichen mit beiden Elternteilen
  und mit anderen Personen, zu denen das Kind Bindungen
  besitzt
	§ 1626 BGB

– den Umgang des Kindes auch mit Wirkung für und gegen Dritte zu bestimmen	§ 1632 BGB

– hat sich bei einem verheirateten oder geschiedenen
  Minderjährigen auf die Vertretung in den persönlichen
  Angelegenheiten zu beschränken
	§ 1633 BGB

– gegebenenfalls das Vermögen des Kindes zu verwalten	§ 1626 BGB

– zu beachten, dass sich die Vermögenssorge nicht auf
  das Vermögen erstreckt, welches das Kind von Todes
  wegen erwirbt
	§ 1638 BGB

– nicht in Vertretung des Kindes Schenkungen zu machen	§ 1641 BGB

– das ihrer Verwaltung unterliegende Geld des Kindes
  nach den Grundsätzen einer wirtschaftlichen Vermögens-
  verwaltung anzulegen, soweit es nicht zur Bestreitung
  von Ausgaben bereitzuhalten ist
	§ 1642 BGB

– das Kind nicht zu vernachlässigen	§ 1666 BGB
– die gemeinsame elterliche Sorge aufzugeben und auf den Antragsteller (in der Regel wohl: den anderen Elternteil) zu übertragen, wenn dies dem Wohl des Kindes am besten entspricht	§ 1671 BGB
– die elterliche Sorge ruhen zu lassen, wenn er geschäftsunfähig ist	§ 1673 BGB
– zu akzeptieren, dass das Kind ein Recht auf Umgang mit jedem Elternteil hat	§ 1684 BGB
– zu akzeptieren, dass auch Großeltern und Geschwister ein Recht auf Umgang mit dem Kind haben, wenn dieser dem Wohl des Kindes dient; dabei sind die psychologischen Kriterien zu beachten: Geschwistertrennung, Kontinuität und Förderungsaspekt.	§ 1685 BGB

Lassen sich die Eltern des Kindes scheiden oder wollen sie getrennt voneinander leben und können sie sich nicht auf die gemeinsame elterliche Sorge verständigen, kann ein Elternteil die alleinige elterliche Sorge beantragen. Im Konfliktfall kann das Familiengericht ein psychologisches Gutachten als Entscheidungshilfe beantragen. Der Sachverständige hat in diesem Fall die Qualifikation der Mutter und des Vaters im Hinblick auf sachgerechte Ausübung der elterlichen Sorge (speziell: die Erziehungsfähigkeit) zu überprüfen. Dabei ist der Sachverständige grundsätzlich verpflichtet, alle das Kindeswohl und die Eignung der Eltern zur Ausübung der elterlichen Sorge betreffenden Sachverhalte bei seiner Empfehlung zu berücksichtigen.

Für die Verteilung der elterlichen Sorge kommen auf der Basis der Gesetzgebung, der Rechtsprechung und der fachwissenschaftlichen Diskussion bei einer Familie mit einem Kind grundsätzlich mehrere Empfehlungs-Alternativen in Betracht:

> Abweichend vom Regelfall der gemeinsamen elterlichen Sorge kommt in Betracht:
> – Übertragung der elterlichen Sorge auf Antrag auf einen Elternteil (Mutter oder Vater des Kindes)
> – Fremdplatzierung bei Gefährdung des Kindes
>   d. h. in der Regel: Unterbringung in einer Pflegefamilie;
>   in besonderen Fällen: in einem Kinderheim
>
> – In der Regel werden mehrere Kinder gemeinsam untergebracht. Geschwistertrennung ist unter Beachtung bestehender Bindungen zu prüfen, wenn die Kinder bereits alt genug sind, einen diesbezüglichen Wunsch geltend zu machen.

Dieses Beispiel der Begutachtung der elterlichen Sorgeproblematik im Einzelfall soll vor allem den noch weniger berufserfahrenen Gutachtern verdeutlichen, dass die Annahme und Bearbeitung von Gutachtenaufträgen durchweg ausreichende Kenntnis der einschlägigen Rechtsgrundlagen voraussetzt. Dadurch und durch hypothesengeleitete Arbeitsplanung wird der Sachverständige in die Lage versetzt, die Sachlage im Hinblick auf die Fragestellung zutreffend zu analysieren und daraus die Grundstruktur für ein fachlich einwandfreies Gutachten mit angemessenem wirtschaftlichen Aufwand herzuleiten, wie dies schon im Kapitel 2.3 („Bedeutung der Fragestellung für das Gutachten") ausführlich dargestellt worden ist.

2.4.1.2 Namensänderungen

Ein weiteres Beispiel soll noch einmal die Verbindung zwischen Ausgangsproblem bzw. Anlass für das Gutachten, den zu beachtenden Rechtsgrundlagen und der daraus entwickelten Fragestellung zeigen:

Namensänderungen können z. B. für ein Kind bei Wiederheirat des sorgeberechtigten Elternteils oder im Rahmen der Adoption beantragt werden.

Gründe für Namensänderungen sind z. B.:

> – wenn das Kind mit seinem Namen im Zusammenhang mit einem an ihm verübten Verbrechen bekanntgeworden ist;
> – wenn aus dem Namen des Kindes sofort erkennbar ist, dass es – und zwar im Vergleich mit leiblichen Kindern der Eltern, die den Namen der Eltern tragen – kein leibliches Kind der Adoptiveltern ist;
> – wenn der Name in der Adoptivfamilie bereits vorhanden ist.

Rechtsgrundlagen

> – § 12 BGB (Namensrecht)
> – § 1757 BGB (Name des Kindes)
> (– ggf. auch noch das Gesetz über die Änderung von Familiennamen und Vornamen vom 5.1.1938)

Beispiel für eine Fragestellung

> *„Gibt es schwerwiegende Gründe, die eine Änderung des Vornamens (bzw. Familiennamens) zum Wohle des Kindes erforderlich machen?"*

Auch diese Fragestellung kann anhand der in Tab. 28 bzw. 29 abgedruckten Gliederung überzeugend bearbeitet werden, wenn der Sachverständige sie entsprechend dem Vorschlag (Tab. 19 „Gesamtstruktur für eine systematische Gutachtenbearbeitung") systematisch im Rahmen seiner Arbeitshypothesen strukturiert und nicht nur intuitiv und ohne ausreichend nachvollziehbare Beurteilungskriterien abhandelt.

3 Gutachten-Gliederung

3.1 Beispiele für Gutachten-Gliederungen

Einige Anhaltspunkte für eine sachgerechte Gutachten-Gliederung haben sich bereits in der Tabelle 1 ergeben.

Hier folgt dazu ergänzend noch eine Übersicht über klärende Fragen, die sich Gutachter/innen stellen sollten, bevor sie einen Gutachtenauftrag annehmen und insbesondere vor Beginn der Arbeit am Gutachten und der Erarbeitung einer Gutachten-Gliederung:

Tabelle 22: Klärende Fragen der psychologischen Sachverständigen

Nr.	Fragen der Sachverständigen	Antworten
01	Wer hat ein Problem?	Der Auftraggeber hat ein Problem.
02	Weshalb hat der Auftraggeber dieses Problem?	Aus einem bestimmten Anlass ist das Problem entstanden.
03	Welches Problem hat der Auftraggeber? Was will er wissen?	Bestimmte Fragen an den Sachverständigen, die er mangels einschlägigen eigenen Sachverstandes nicht selbst klären kann.
04	Kann ich die Fragen des Auftraggebers sachkompetent beantworten?	Sofern ich als Sachverständiger den dafür benötigten einschlägigen Sachverstand habe, kann ich den Auftrag annehmen und die Fragen beantworten.
05	Von welchen Tatsachen habe ich als Sachverständiger auszugehen?	– Aktenlage – Biographische Rahmenbedingungen – Rechtsrahmen – Untersuchungsmöglichkeiten – Fachwissenschaftlicher Erkenntnisstand
06	Welche Untersuchungen muss bzw. darf ich durchführen?	Planung der Untersuchungen im Hinblick auf die Fragestellung(en) des Auftraggebers. Entwicklung angemessener Arbeitshypothesen. Vermeidung von sachlichen Fehlern und von Befangenheitsgründen.
07	Wie, wo und wann sind die Untersuchungen durchzuführen?	– Auswahl der geeigneten Untersuchungsmethoden

Fortsetzung Tabelle 22

Nr.	Fragen der Sachverständigen	Antworten
		– Auswahl der geeigneten Tests bzw. Untersuchungsgeräte – Feststellung der im Rahmen der Untersuchung(en) relevanten Personen – Festlegung des Untersuchungsablaufs – Festlegung des Zeitplans – Ggf. Disponieren von Assistenz
08	Wie werte ich die Daten aus?	– Auswahl geeigneter Auswertungsmethoden – Beachtung möglicher Auswertungsprobleme
09	Welche Untersuchungsergebnisse liegen nach Abschluss der Untersuchung(en) vor?	– Ergebnisse der Aktenanalyse – Verbale Ergebnisse (z. B. Exploration) – Testergebnisse – Graphische Daten (Bilder, Diagramme)
10	Wie sind die Daten sachlich korrekt und überzeugend zu interpretieren?	Die verbalen, numerischen und graphischen Daten sind im Gesamtzusammenhang und im Hinblick auf die Arbeitshypothesen zu interpretieren.
11	Welche Antworten lassen sich aus den Untersuchungsergebnissen für die Fragen des Auftraggebers ableiten?	Beantwortung aller Fragen des Auftraggebers.
12	Wie kann ich die Ergebnisse für den Empfänger meines Gutachtens sachlich korrekt, nachvollziehbar und überzeugend darstellen?	Das erfordert insbesondere: – Übersichtliche Gutachten-Gliederung – Widerspruchsfreiheit der Darstellungen – Nachvollziehbare Begründungen der vom Sachverständigen getroffenen Feststellungen – Klare und sprachlich korrekte Formulierung der Sachverhalte – Professionelle Gutachtengestaltung

Eine übersichtliche Gliederung erleichtert dem Gutachter das Abfassen und dem Leser die Lektüre und das Verständnis des Gutachtens. Allgemeine, bindende Vorschriften für eine solche Gliederung gibt es nicht (Jessnitzer 1992). Die Erfahrung und die Durchsicht von Gutachten zeigt allerdings, dass es sich in der Praxis bewährt hat, zumindest folgende Hauptpunkte zu berücksichtigen:

Tabelle 23: Hauptpunkte einer Gutachten-Gliederung

1 Formale Angaben
(z. B. Auftraggeber, Aktenzeichen, Klient) Diese Angaben sind erforderlich zur eindeutigen Zuordnung des Gutachtens im Geschäftsgang des Auftraggebers wie des Gutachters.
2 Anlass und Auftrag bzw. Fragestellung
Aus dem Anlass der Begutachtung ergibt sich der Auftrag bzw. – noch konkreter – die Fragestellung des Auftraggebers an den Gutachter. Das ist die Arbeitsgrundlage für den zum Gutachter bestellten Sachverständigen.
3 Eigene Untersuchung
Die Untersuchung des Problems, das durch die Fragestellung definiert ist, ist die eigentliche Aufgabe des Gutachters. Ziel ist die Beantwortung der vom Auftraggeber gestellten Fragen. Hier sind die Einzelheiten der Untersuchung darzustellen (z. B. Untersuchungsverfahren, Ablauf der Untersuchung, Auswertungsmethoden, Ergebnisse).
4 Beantwortung der Fragen
Mit der Beantwortung der vom Auftraggeber gestellten Fragen ist der Gutachtenauftrag erfüllt.

Diese Grundstruktur einer Gliederung kann nach fachlichen Erfordernissen und persönlicher Einstellung des Gutachters weiter differenziert und strukturiert werden (z. B. für Gutachten in der sozialen Arbeit: Arndt & Oberloskamp 1983, S. 64-65).

Eine übersichtliche, wenn auch sehr *knappe Gliederung psychologischer Gutachten* schlägt Boerner (1982, S. 9) vor:

Tabelle 24: Gutachten-Gliederung nach Boerner (1982)

Überschrift und Adresse
I. Der bisherige Sachverhalt

II. Die psychologische Untersuchung
    1. Entwicklungsgang und derzeitige Lebensumstände
    2. Stellungnahme des Probanden zur Fragestellung und seinem bisherigen Verhalten
    3. Allgemeine Leistungsaspekte
    4. Persönlichkeitsaspekte

III. Stellungnahme zur Fragestellung
Zusammenfassung

Diese Gliederung nimmt erst unter Punkt III – und zwar im Zusammenhang mit der Beantwortung der Fragen – Bezug auf die Fragestellung. Dieses Vorgehen birgt nach unserer Erfahrung die Gefahr in sich, dass der Gutachter zwar noch vollständigkeitshalber die Fragestellung des Auftraggebers erwähnt (wie bei Boerner 1982, S. 13), dass er sich aber nicht in der von uns vorgeschlagenen Weise rechtzeitig systematisch mit der Komplexität dieser Fragestellung und den impliziten Detailfragen auseinandersetzt.

Fisseni (1997, S. 442 ff.) schlägt folgende (von mir redaktionell komplettierte) *Gutachten-Gliederung für psychologische Gutachten* vor:

Tabelle 25: Gutachten-Gliederung nach Fisseni (1997)

(1) Übersicht
– Absender – Empfängeranschrift – Betreff – Bezug – Gutachten-Auftrag – Untersuchungsinstrumente – Untersuchungstermine
(2) Vorgeschichte
– Informationsquellen – Aktenauswertung
(3) Untersuchungsbericht
– Testbeschreibung – Verhaltensbeobachtung – Ergebnisbericht oder Ergebnisteil – Interpretation
(4) Befund
– Integration von Aussagen – Beschreibung von relativ stabilem Verhalten – Deskription von Verhalten (nicht Explikation) – Darstellung aus der Perspektive des Probanden
(5) Stellungnahme
– Welche Probleme liegen vor? – Worauf gehen die Probleme zurück? – Was kann geschehen, um die Probleme zu lösen?

Ein *„Gutachtenschema" aus der Perspektive des Psychiaters* empfiehlt z. B. Konrad (1997):

Tabelle 26: Gutachtenschema aus psychiatrischer Sicht (Konrad 1997, S. 10)

An ... (**Auftraggeber**)

Aktenzeichen: ...
Betr.: **Strafsache gegen** ...

Auf Ihr Ersuchen
vom ... erstatte ich über o. g. Probanden nachfolgendes ... (z. B. psychiatrisches)
Gutachten.
(Fragestellung)
Das Gutachten stützt sich auf ... (Quellen wie z. B. Akten/ Krankengeschichten, Datum
und Ort der Untersuchung(en), Hilfsuntersuchungen und Zusatzgutachten etc.)

Aktenlage

- *Angaben des Untersuchten*
  – Familienanamnese
  – eigene Anamnese
  – allgemeine Anamnese
  – Angaben zum Lebenslauf
  – Angaben zu den Tatvorwürfen
  – Selbstbild
  – Zukunftsaussichten

- *Untersuchungsergebnisse*
  – körperliche Untersuchung
  – neurologische Untersuchung
  – psychischer Befund
  – (psychologische Untersuchungsbefunde)
  – (apparative Zusatzuntersuchungen).

- *Beurteilung und Zusammenfassung*
  (Name und [Facharzt-]Bezeichnung des Gutachters)

Und hier noch eine etwas ausführlichere Strukturierung von *Gutachten im Bereich der forensischen Psychiatrie* (von Nedopil 1996, S. 203):

Tabelle 27: Strukturierung von Gutachten im Bereich der forensischen Psychiatrie
(von Nedopil 1996, S. 203):

An ... (Auftraggeber)   Signatur

Betr.: Strafsache, zivile Streitsache, Disziplinarverfahren etc.
Aktenzeichen: ...

Auf Ersuchen des ...<Auftraggeber> ... vom ... <Datum> erstatten wir das folgende,
wissenschaftlich begründete
    Psychiatrische Gutachten
über
    Herrn/Frau <Personalien, so daß der Proband identifizierbar bleibt>

Das Gutachten stützt sich in der Beurteilung auf Kenntnis der übersandten Aktenunterlagen sowie auf eine

Fortsetzung Tabelle 27

a) ambulante Untersuchung in der ...<Ort> ... am ...<Datum> ...
b) stationäre Untersuchung in der ...<Klinik> ... vom ...<Datum> ... bis ... <Datum> ...

Fragestellung: Kurz das Delikt bzw. die Zusammenhangfrage bzw. die einzelnen im Gutachtenauftrag gestellten Fragen wiedergeben. Dabei Kernfrage wörtlich wiedergeben. Frau/Herr ...<Name> ... wurde bei der Untersuchung darauf hinge- wiesen, daß ihre/seine Angaben nicht der ärztlichen Schweigepflicht unterliegen. (Bei strafrechtlichen Gutachten:
Herrn/Frau ... <Name> ... wurde erklärt, daß der Gutachter in öffentlicher Verhand- lung als Zeuge vernommen werden kann und kein Schweigerecht hat, daß ihm als Beschuldigtem dafür aber auch gegenüber dem Gutachter ein Schweigerecht zusteht, ohne daß ihm/ihr aus seinem Schweigen ein rechtlicher Nachteil erwach- sen darf.) Sie /er erklärte sich mit der Begutachtung einverstanden.

A. Aus den Akten:

B. Eigene Angaben: (Angaben des Probanden)
1. Biographische Anamnese einschl. Skizzierung von Primär- und Sekundär- familie, derzeitige soziale Situation und Zukunftserwartungen
2. Somatische Anamnese
Biologische Entwicklung
körperliche und neurologische Erkrankungen
Medikamenteneinnahme und Konsumverhalten hinsichtlich legaler und illegaler Suchtmittel
3. Psychiatrische Anamnese
Familienanamnese
Psychiatrische Entwicklungsauffälligkeiten
Psychiatrische Vorerkrankungen und evtl. Therapien
Drogenanamnese
4. Sexualanamnese (nur ausführlich, wenn für Gutachten relevant)
5. Angaben des Probanden zum Delikt bzw. zu dem für das Gutachten maßge- benden Fragenkomplex

C Befunde
1. Orientierender körperlicher Befund
2. Neurologischer Befund
3. Psychischer Befund

D Zusatzuntersuchungen
1. Testpsychologische Zusatzuntersuchungen
2. Neuroradiologische Zusatzuntersuchungen
3. Elektroencephalographische Zusatzuntersuchungen
4. Evtl. weitere Zusatzuntersuchungen wie laborchemische Untersuchungen oder fachärztliche Zusatzgutachten

E Zusätzliche Informationen:
z. B. fremdanamnestische Angaben, Berichte aus einem anderen Krankenhaus

F Zusammenfassung und Beurteilung:

Unterschrift

Wo die Probleme und Gefahren solcher z. T. nur grob strukturierten Gutachten liegen, werden Sie leicht bei der Betrachtung der in Tab. 13 und 13 a vorgeschlagenen differenzierten Gliederungen und der dazu im Einzelnen angestellten Betrachtungen erkennen.

In den hier abgedruckten Strukturierungs-Beispielen sind die unterschiedlichen inhaltlichen Schwerpunkte, aber auch Unterschiede in der Formalisierung von psychologischen und psychiatrischen Gutachten zu erkennen.

Im übrigen sollten solche Gliederungen nicht den falschen Eindruck vermitteln, *jedes* Gutachten müsse genau in dieser Weise abgehandelt werden. Letztlich sollte sich die Gliederung eines Gutachtens erst aus den durch die konkrete Fragestellung gestellten sachlichen und inhaltlichen Anforderungen ergeben. Wenn beispielsweise die Fragestellung im Einzelfall nicht auf „Allgemeine Leistungsaspekte" abhebt, dann sind diese selbstverständlich auch weder zu untersuchen noch im Gutachten zu erörtern.

Wir haben schon zahlreiche Gutachten gesehen, in denen der Gutachter an unpassender Stelle zunächst vergessene Informationen nachgetragen hat oder überraschend sogar in der Zusammenfassung auf Fragen eingegangen ist und Inhalte dargestellt hat, über die bis dahin noch gar nichts ausgeführt worden war.

Die folgende „Standard-Gliederung" kann deshalb – als Check-Liste benutzt – eine Hilfe für Sachverständige sein, ihr Gutachten von vornherein systematisch zu planen, keine wesentlichen Aspekte zu vergessen, das Gutachten auch systematisch, rationell und vollständig zu erarbeiten und in eine übersichtliche schriftliche Textfassung zu bringen:

Tabelle 28: Standard-Gliederung eines psychologischen Gutachtens (Check-Liste)

0	**Information über den Auftrag (Titelblatt)**
0.1	Art der Darstellung (Gutachten, Stellungnahme, Bericht ...)
0.2	Thema
0.3	Erstellungsdatum
0.4	Auftraggeber, Auftragsdatum, Aktenzeichen des Auftraggebers; Adressat und ggf. Verteiler
0.5	Personaldaten des Klienten bzw. Patienten (wenn er nicht mit dem Auftraggeber identisch ist)
0.6	Sachverständiger/Gutachter (mit Anschrift und Telefon-Nr.)
0.7	Umfang von Text und Anhang
0.8	Inhaltsübersicht
1	**Beauftragung**
2	**Anlass für die Begutachtung**
2.1	Ereignis (z. B. Unfall, Krankheit, Bewerbung um eine Stelle, Verlust der Fahrerlaubnis, Ehescheidung)
2.2	Aktueller Stand des Verfahrens (z. B. bei Verwaltungsverfahren und Instanzen bei gerichtlichen Auseinandersetzungen)
2.3	Beweisbeschluss des Gerichts oder Verfügung der Verwaltungsbehörde

Fortsetzung Tabelle 28

3   **Fragestellung** (Antworten unter Punkt 6)
Exakte Wiedergabe der Fragestellung des Auftraggebers und sachgerechte
Strukturierung im Rahmen der Arbeitshypothesen des Sachverständigen

4   **Informationquellen**
4.1   Gerichtsakten, Verwaltungsakten
4.2   Untersuchungsberichte und Gutachten von Voruntersuchern
4.3   Augenzeugenberichte, mündliche Mitteilungen Beteiligter
4.4   Vorliegender Schriftverkehr
4.5   Rechtsgrundlagen
4.6   Fallrelevante Fachliteratur
4.7   Untersuchungen des/der Sachverständigen (Dokumentation: unter Punkt 5)

5   **Untersuchung(en) des/der Sachverständigen**

5.1   **Untersuchungssituation(en)**
5.1.1   Ort(e), Raum bzw Räume, Service
5.1.2   Termin(e), Zeitpunkt(e), Zeitrahmen
5.1.3   Untersucher, Assistenz
5.1.4   Einzel– bzw. Gruppenuntersuchungen

5.2   **Untersuchungsmethoden**
5.2.1   Auswahl der Untersuchungsmethoden
5.2.2   Aktenanalyse(n)
5.2.3   Exploration(en)
5.2.4   Verhaltensbeobachtung
5.2.5   Tests und apparative Verfahren
5.2.6   Weitere Untersuchungen
(z. B. fachärztliche Untersuchungen; Fahrprobe, Hausbesuche)

5.3   **Durchführung der Untersuchung(en)**
5.3.1   Beteiligte Personen
(Untersucher, Mituntersucher, Hilfskräfte; weitere Beobachter, wie z. B.
Angehörige)
5.3.2   Ablauf der Untersuchung(en)
5.3.3   Besondere Untersuchungs-Bedingungen
(z. B. Zeitdruck, Störungen, Unterbrechungen)
5.3.4   Ggf. Unteraufträge für spezielle Einzelaspekte der Gesamtthematik

5.4   **Untersuchungs-Befunde**
5.4.1   Dokumentation der Befunde (Fakten)
5.4.1.1   Ergebnisse von Voruntersuchungen und Vorgutachten
5.4.1.2   Lebensgeschichtliche Daten des Klienten bzw. Patienten
5.4.1.2.1   Herkunftsfamilie und ggf. Familiengeschichte
5.4.1.2.2   Geburt und gesundheitliche Entwicklung
5.4.1.2.3   Schulische Entwicklung
5.4.1.2.4   Berufliche Entwicklung
5.4.1.2.5   Eigene Familie
5.4.1.2.6   Sozialisation
5.4.1.2.7   Wohnsituation
5.4.1.2.8   Finanzielle Lage (Einkommen, Schulden)

Fortsetzung Tabelle 28

5.4.1.3   Problementwicklung
5.4.1.3.1   Entstehung des Problems
5.4.1.3.2   Entwicklung des Problems
5.4.1.3.3   Frühere Lösungs– bzw. Behandlungsversuche
5.4.1.3.4   Aktueller Zustand
5.4.1.3.5   Ziele der Beteiligten
5.4.1.3.6   Befürchtungen und Widerstände der Beteiligten
5.4.1.3.7   Objektive Hindernisse bei der Problembewältigung

5.4.2   Auswertung der Untersuchungen
5.4.2.1   Auswertungsmethoden (und ggf. mögliche Alternativen)
5.4.2.2   Beurteilungskriterien

5.4.3   Bewertung der Untersuchungs-Befunde anhand der Beurteilungskriterien
            sowie Diskussion im Hinblick auf die Fragestellung und auf mögliche
            kritische Einwände unter Berücksichtigung der Arbeitshypothesen des
            Sachverständigen

6   Beantwortung der vom Auftraggeber gestellten Frag(en)
            (s. dazu Punkt 3)

7   Zusammenfassung

8   Gutachtenabschluss
            Unterzeichnung des Gutachtens durch die Sachverständige/den Sachver-
            ständigen

9   Anhang
9.1   Tabellen   (z. B. Messergebnisse von Dauerbelastungs-
                                  untersuchungen)
9.2   Bilder   (z. B. Dokumentation von Verletzungen oder
                                  Wohnsituation durch Fotos)
9.3   Diagramme   (z. B. Entwicklungsverläufe)
9.4   Schemazeichnungen   (z. B. Lageskizzen)
9.5   Testergebnisse   (z. B. Zeichnungen von untersuchten Kindern)

Eine detaillierte Gliederung ist deshalb hilfreich als Check-Liste, weil sie die Vollständigkeit der Abarbeitung aller relevanten Aspekte jeder Aufgabenstellung gewährleistet. Welche inhaltlichen Schwerpunkte der Gutachter dabei im konkreten Einzelfall setzt und bis zu welchem Detailliertheitsgrad er diese Arbeitsgliederung in die Endfassung seines Gutachtentextes übernimmt, bleibt ihm überlassen. In der Praxis findet man oft gröbere Gliederungen bei kurzen Gutachten und detailliertere bei längeren.

Tab. 28 enthält deshalb den Vorschlag einer *Standard-Gliederung,* die je nach Fragestellung für den Einzelfall konkretisiert und adaptiert werden sollte (s. dazu Beispiele bei Zuschlag & Kühne, in Vorbereitung).

Die Gliederung in Tab. 28 ist eine neuere Variante der in der ersten Auflage des Buches abgedruckten Standard-Gliederung (hier: Tab. 29). Darin habe ich der Erkenntnis Rechnung getragen, dass auch der aus dem Aktenstudium resul-

tierende „Sachverhalt", genau genommen, bereits ein Ergebnis der vom Sachverständigen durchgeführten „Untersuchungen der Sachlage" ist. Deshalb ist das
weithin übliche Kapitel „Sachverhalt" (im wesentlichen aus Aktenauszügen be-
stehend) in dieser Form verzichtbar, weil das Ergebnis der Aktenanalyse unter
systematischen Gesichtspunkten besser im Kapitel 5 der neuen Gliederung „Untersuchungen des Sachverständigen" bereits als Untersuchungsergebnis referiert
werden kann.

Hier (Tab. 29) wird jedoch ergänzend noch einmal die in der ersten Auflage
dieses Buches veröffentlichte Fassung der *Standard-Gliederung* abgedruckt, weil
manche Sachverständige es nach wie vor gewohnt sind, unmittelbar nach den
formalen Angaben und der Darstellung des Auftrages zunächst erst einmal allgemein über den „Sachverhalt" zu berichten – und zwar im wesentlichen nach
Aktenlage. Deshalb finden Sie bei solchen Gutachten an dieser Stelle unter
Umständen umfangreiche Aktenauszüge.

Tabelle 29: Standard-Gliederung eines Gutachtens (Version von Zuschlag 1992, S. 85)

1	**Formale Angaben**
1.1	Absender des Gutachtens
1.2	Datum
1.3	Empfängeranschrift
1.4	Gutachten-Überschrift
1.5	Auftraggeber, Aktenzeichen
1.6	Klient/Patient
2	**Auftrag**
2.1	Begutachtungssanlaß
2.2	Fragestellung
3	**Sachverhalt**
3.1	Verfügbare Informationsquellen
3.2	Ergebnisse von Voruntersuchungen und Vorgutachten
3.3	Aktueller Stand des Verfahrens
3.4	Lebensgeschichtliche Daten
3.4.1	Herkunftsfamilie
3.4.2	Geburt und gesundheitliche Entwicklung
3.4.3	Schule und Beruf
3.4.4	Eigene Familie
3.4.5	Sozialisation
3.5	Problementwicklung
3.5.1	Entstehung des Problems
3.5.2	Entwicklung des Problems
3.5.3	Frühere Lösungs-/Behandlungsversuche
3.5.4	Aktueller Zustand
3.6	Ziele der Beteiligten
4	**Eigene Untersuchungen**
4.1	Untersuchungssituation
4.1.1	Ort, Raum, Service
4.1.2	Termin, Zeit

Fortsetzung Tabelle 29

4.1.3	Untersucher
4.1.4	Einzel-/Gruppenuntersuchung
4.2	Untersuchungsmethoden
4.2.1	Auswahl der Untersuchungsmethoden
4.2.2	Exploration
4.2.3	Verhaltensbeobachtung
4.2.4	Tests
4.3	Untersuchungsergebnisse
4.3.1	Darstellung der Fakten
4.3.2	Auswertungsverfahren
4.3.3	Beurteilungskriterien
4.3.4	Bewertung der Untersuchungsergebnisse
4.3.5	Diskussion der Untersuchungsergebnisse
5	**Fremde Untersuchungsergebnisse**
6	**Beantwortung der gestellten Fragen**
7	**Zusammenfassung**
8	**Literaturverzeichnis**
9	**Anhang**
10	**Datum, Unterschrift, Schlußformel, Verteiler**

In den folgenden Kapiteln werden die einzelnen Gliederungspunkte zum besseren Verständnis ausführlich erörtert:

3.2 Hinweise zur Umsetzung der Standard-Gliederung in ein Gutachten

3.2.1 Formale Angaben

Auf dem Titelblatt des Gutachtens sollten zur schnellen Orientierung des Lesers einige wesentliche Informationen über das Gutachten, den Auftraggeber und den Gutachter vorab gegeben werden. Dazu gehören insbesondere:

3.2.1.1 Absender des Gutachtens

Aus dem Briefkopf sollten alle wesentlichen Daten über den Absender (d. h. den Gutachter bzw. die Institution, in der er angestellt ist) zu entnehmen sein. Dazu zählen vor allem:

- Bezeichnung der Institution, Praxis, Gemeinschaftspraxis, Klinik etc., in der der Gutachter tätig ist.
- Name, Vorname und akademische Grade bzw. Titel des Leiters, Geschäftsführers der Institution bzw. des Inhabers und ggf. der Mitglieder einer Gemeinschaftspraxis, die gegebenenfalls die institutionelle Verantwortung für die korrekte Auftragsabwicklung tragen.
- Vollständige Postanschrift der Institution bzw. des Gutachters; ggf. die davon abweichende Praxisanschrift mit Telefon-Nummer; ggf. Telefax-Anschluss und E-Mail-Adresse.
- Der Name des Gutachters/der Gutachterin, insbesondere wenn er nicht mit dem des Inhabers, Leiters etc. der Institution, Praxis etc. identisch ist.

Diese Angaben erleichtern dem Auftraggeber eventuelle Rückfragen und sind gleichzeitig ein wettbewerbsrechtlich zulässiges Werbemittel.

3.2.1.2 Erstellungsdatum

Wie jeder Brief, so wird auch ein Gutachten datiert. Zu notieren ist der Termin, an dem die Reinschrift des Gutachtens angefertigt und vom Gutachter unterzeichnet wird. Lässt der Gutachter wegen notwendiger Korrekturen, Änderungen oder Ergänzungen mehrere Versionen desselben Gutachtens schreiben, sollte immer das aktuelle Datum eingesetzt werden. So lassen sich die verschiedenen Textversionen auf einen Blick zuverlässig unterscheiden. Es wird nicht versehentlich ein älteres, in seiner Textfassung bereits überholtes Gutachten abgeschickt.

Außerdem gilt das Erstellungsdatum – ggf. in Verbindung mit einem Beleg über die Einlieferung bei der Post – als Nachweis für die fristgemäße Erstellung und Ablieferung des Gutachtens an den Auftraggeber.

Das Datum der Gutachtenerstellung ist in der Regel nicht identisch mit den Daten von Untersuchungsterminen, die nach 3.3.2.2 separat auszuweisen sind.

3.2.1.3 Empfängeranschrift

Die *Anschrift des Gutachtenempfängers* kann in der bei Briefen üblichen Form im Anschriftenfeld eingetragen werden. Werden spezielle Deckblätter für das Gutachten benutzt, kann der Empfänger auch an einer geeigneten anderen Stelle des Gutachtens dokumentiert werden. Unter Umständen sind sogar mehrere Empfänger aufzuführen, wenn etwa vom Auftraggeber die Verschickung von Kopien an mehrere Beteiligte vereinbart worden ist oder mehrere Auftraggeber als Empfänger benannt sind. Dieser gegebenenfalls mit dem Auftraggeber geklärte „Verteiler" sollte ebenfalls im Gutachten aufgeführt werden, um Unstimmigkeiten vorzubeugen.

Da der Gutachter nach *§ 203 StGB* die im Gutachten dokumentierten Privat-
geheimnisse des begutachteten Klienten nicht unbefugt einem Dritten offenbaren darf, ist er gut beraten, wenn er den Empfänger des Gutachtens bzw. von
Gutachten-Kopien nicht nur auf der vielleicht beigefügten Rechnung nennt, sondern explizit im Gutachten selbst. Außerdem muss er sicherstellen, dass das Gutachten nicht durch sein Verschulden einem anderen als dem dazu *berechtigten
Empfänger* zugestellt wird. Zu diesem Zweck kann er das Gutachten z. B. selbst
überreichen, einen zuverlässigen Boten schicken oder es per Einschreiben mit
der Post versenden.

3.2.1.4 Gutachten-Überschrift

Dazu gehört zunächst die Information, dass es sich bei der vorliegenden Unter-
lage z. B. um ein „Gutachten" handelt (bzw. je nach Sachlage um eine „Psychologische Stellungnahme", einen „Untersuchungs-Bericht" etc.).

Deshalb sollte dies dem Leser in der (graphisch hervorgehobenen) Überschrift
deutlich mitgeteilt werden. Darüber hinaus soll er wissen, wovon dieses Gutachten handelt. Dies erfordert eine Kurzinformation über den Klienten und das vom
Gutachter untersuchte Problem (Thema).

Das sollte gut sichtbar in großen Schrifttypen in der Mitte des Titelblattes
stehen.

Also z. B.:

GUTACHTEN

über

Schuldunfähigkeit von Hans Meyer gemäß § 20 StGB

3.2.1.5 Auftraggeber, Aktenzeichen

Auf das Titelblatt gehören ebenfalls die Angaben über:

- Auftraggeber
  (d. h. Name des Sachbearbeiters in Verbindung mit seiner Institution)
- Name des Klienten bzw. Patienten
- Datum der Erteilung des Auftrags
- Aktenzeichen des Auftraggebers
- Empfänger des Gutachtens (sofern dieser nicht mit dem Auftraggeber iden-
  tisch ist)
- ggf. „Verteiler"; wenn der Auftraggeber bereits vorab die Verteilung von
  Gutachtenkopien an mehrere andere Empfänger mit dem Gutachter verein-
  bart hat

Der *Auftraggeber* ist nicht immer mit dem *Klienten/Patienten bzw. Empfänger* des Gutachtens identisch. Insbesondere im Hinblick auf die Pflicht zur Bezahlung des Gutachtens sollte der Auftraggeber von vornherein eindeutig festgestellt und auch im Gutachten selbst als solcher aufgeführt werden.

So kann z. B. der Klient eines Rechtsanwalts Auftraggeber – und damit zur Bezahlung des Gutachtens verpflichtet – sein, während der Anwalt als Empfänger des Gutachtens vereinbart ist.

Bei Gerichtsgutachten, aber auch bei Gutachten für andere Auftraggeber ist die Angabe des *Aktenzeichens* (Az) empfehlenswert. Unter diesem Aktenzeichen kann auch der Gutachter das Gutachten in seinem Geschäftsbetrieb eindeutig zuordnen. Zweckmäßig ist die Wiederholung des Aktenzeichens auf allen Folgeseiten des Gutachtens, damit auch diese, wenn das Gutachten – z. B. bei der Anfertigung von Kopien – auseinandergenommen wird und eine Seite versehentlich irgendwo liegenbleibt, dem Gutachten später wieder zuverlässig zugeordnet werden kann.

Der Auftraggeber sollte schon beim Empfang des Gutachtens auf dem Titelblatt einige wesentliche Informationen über Auftrag, Inhalt und Absender vorfinden, die ihm die schnelle Einordnung in seinem eigenen Geschäftsgang erleichtern.

Voraussetzung für einen durchsetzbaren Anspruch auf Bezahlung des Gutachtens ist der Nachweis, dass der Auftrag erteilt worden ist. Deshalb ist es zweckmäßig, die Auftragserteilung klar und eindeutig vor allem mit folgenden Angaben auch im Gutachten selbst zu dokumentieren (s. dazu auch Kap. 3.2.2 „Auftrag"):

Az:	xxxxxxxxxxxxxxx.
Auftraggeber:	Landgericht XY
Richter:	XXX
	(Anschrift)
Auftrag:	Mit Schreiben vom xx.yy.1988
	Oder:
	Telefonisch am xx.yy.1988 durch Herrn AAA.

Im Hinblick auf Rechtssicherheit empfiehlt sich eine schriftliche Bestätigung des Auftrags und der damit verbundenen Fragestellung (s. dort). Die Auftragsbestätigung eröffnet dem Gutachter zugleich zwanglos die Möglichkeit, sich beim Auftraggeber für den erteilten Auftrag zu bedanken. Vielleicht unterstützt diese freundliche Geste die Bereitschaft dieses Auftraggebers für die Erteilung weiterer Aufträge.

3.2.1.6 Klient/Patient

Normalerweise wird ein psychologisches Gutachten über einen Klienten/Patienten/Probanden bzw. über dessen Persönlichkeitseigenschaften, Leistungsfähigkeit, Verhaltensgewohnheiten oder -abnormitäten etc. erstellt. Selbstverständlich gehört daher in das Gutachten die Nennung genau dieser Person – und zwar mit den relevanten Personaldaten.

Dazu zählen insbesondere:

– Name, Vorname (ggf. Titel); bei Verheirateten ggf. auch der Geburtsname
– Geburtsdatum (ggf. Geburtsort)
– Anschrift
– ggf. Beruf
– ggf. Familienstand

Durch die Mitteilung dieser Personaldaten erhält der Leser des Gutachtens – neben dem Aktenzeichen – weitere wesentliche Informationen für die Einordnung in seinen Geschäftsablauf. Solche Angaben sind für den Verfasser des Gutachtens ebenso wie für den Empfänger wichtige inhaltliche Identifikationsdaten, deren Überprüfung Irrtümer und Missverständnisse vermeiden hilft, die etwa bei Akten von mehreren gleichnamigen Personen auftreten könnten.

Zu beachten sind bei der Verwendung und Weitergabe persönlicher Daten grundsätzlich die Vorgaben bzw. Einschränkungen, die vom Bundesdatenschutzgesetz (bzw. den relevanten Landesdatenschutzgesetzen) gemacht werden.

3.2.1.7 Umfang von Text und Anhang

Dieser Punkt und der folgende („*Inhaltsübersicht*") findet sich in der alten Gliederung noch nicht; sie sollen hier aber trotzdem erwähnt werden:

Die Angabe des Umfanges von Textteil des Gutachtens und Anhang (Seitenzahl) erleichtert die Kontrolle der Vollständigkeit des Gutachtens.

Das hat vor allem folgende Vorteile:

– Kontrolle der Vollständigkeit des Gutachtens
  (z. B. nach Kopieren des ganzen Gutachtens oder von Gutachtenteilen)
– Erschweren des gezielten Weglassens nachteiliger Ausführungen bzw. der Hinzufügung eigener Ergänzungen durch den Auftraggeber bzw. Patienten
– Kontrolle der Abrechnung von Schreibgebühren durch den Kostenbeamten beim Gericht

3.2.1.8 Inhaltsübersicht

Eine Inhaltsübersicht erleichtert die Lektüre vor allem umfangreicher Gutachten; dann kann es sogar nützlich sein, zusätzlich die Seitenzahlen anzugeben, wo die betreffenden Kapitel anfangen.

Der Empfänger und Leser eines Gutachtens könnte z. B. gar nicht an der vollständigen Gutachtenlektüre interessiert sein, sondern vor allem an der Fragestellung und den Antworten auf die gestellte(n) Frage(n). Er möchte das für ihn Wesentliche möglichst schnell finden und nicht wertvolle Arbeitszeit mit unnötigem Suchen vergeuden. Seitenzahlen in der Inhaltsübersicht erleichtern ihm das.

3.2.2 Auftrag

Der Auftraggeber sollte schon beim Empfang des Gutachtens auf dem Titelblatt einige wesentliche Informationen über Auftrag, Inhalt und Absender vorfinden, die ihm die schnelle Einordnung in seinem eigenen Geschäftsgang erleichtern.

3.2.2.1 Begutachtungsanlass

Beispielsweise könnte die *Information über die Beauftragung* (übereinstimmend mit den Angaben in Kap. 3.2.1.5 „Auftraggeber, Aktenzeichen") folgendermaßen formuliert werden:

> *„Richter Meyer vom Amtsgericht in X-stadt beauftragte mich am yy.yy.2000 aufgrund des Beweisbeschlusses vom xx.xx.2000 im Strafverfahren Müller mit der Erstellung eines psychologischen Gutachtens. "*

Wichtig ist vor allem bei Auftraggebern aus Behörden, Unternehmen und anderen Institutionen, den betreffenden Sachbearbeiter namentlich als Auftraggeber zu nennen, damit nach Fertigstellung des Gutachtens auch ein verantwortlicher Rechnungsempfänger zur Zahlung des Gutachterhonorars herangezogen werden kann.

Im Übrigen muss der Auftraggeber auch für eventuelle Rückfragen persönlich angesprochen werden können.

Die Dokumentation des Auftragsdatums kann Bedeutung bekommen, wenn Streit darüber entsteht, ob ein mit dem Auftraggeber vereinbarter Bearbeitungszeitraum vom Gutachter überschritten worden ist.

Damit keine Unklarheiten darüber entstehen, ob ein beauftragter Sachverständiger einen bestimmten Gutachtenauftrag tatsächlich auch (fristgerecht) erhalten und übernommen hat, kann eine dementsprechende Auftragsbestätigung an den Auftraggeber hilfreich sein.

In einer derartigen Auftragsbestätigung kann zwanglos auch der Honorarrahmen (noch einmal) schriftlich bestätigt werden. Außerdem kann der Sachverständige sich auf diesem Wege auch die Zustimmung zu einer gegebenenfalls mit dem Auftraggeber telefonisch präzisierten Fragestellung und zu deren differenzierterer Strukturierung unter Berücksichtigung der Arbeitshypothesen des Sachverständigen einholen (s. dazu auch Kapitel 2.2 bzw. 2.3 sowie 3.2.2.2).

Auch wenn es bereits eine umfangreiche Gerichtsakte gibt, in der z. B. der streitige Sachverhalt und der sich daraus ergebende *Anlass für die Beauftragung eines Gutachters* (Kap. 3.2.2.1) schon ausführlich dargestellt sind, empfiehlt sich doch noch einmal eine kurze Beschreibung des Anlasses, aus dem der Gutachtenauftrag entstanden ist. Der Gutachter kann davon ausgehen, dass nicht jeder Leser seines Gutachtens alle Details der Gerichtsakte oder den Ablauf des Geschehens, das einen Auftraggeber zur Bestellung eines Gutachtens veranlasst, im Kopf hat. Gerade weil der Gutachter ihm die Logik und die Entwicklung seiner Gedanken verständlich machen will, wird er gut daran tun, dem Leser auch den Ausgangspunkt bzw. den Anlass mit den Ausgangstatsachen in Erinnerung zu rufen bzw. darzulegen.

Unter „Anlass" verstehen wir z. B.:

- die Ehescheidung der Eltern, wenn in diesem Zusammenhang die Frage nach der elterlichen Sorge zu klären ist;
- den Antrag eines Verkehrsteilnehmers auf Wiedererteilung der Fahrerlaubnis nach Entzug infolge von Trunkenheit am Steuer, wenn die Bedenken der Behörde gegen die Fahreignung des Antragstellers durch ein Gutachten ausgeräumt werden sollen;
- ein Strafverfahren wegen fortgesetzter Diebstähle, wenn ein Gutachten zur Klärung der Schuldfähigkeit beitragen soll;
- die Umschulungsverfügung eines Schulamtes (z. B. Umschulung eines Kindes von der Grundschule in eine Sonderschule für Lernbehinderte), wobei durch ein Gutachten auf Veranlassung der Eltern die Notwendigkeit der Sonderschuleinweisung überprüft werden soll.

Zu beachten ist, dass der *Anlass* für ein Gutachten nicht identisch ist mit der *Fragestellung* des Auftraggebers, die im folgenden Abschnitt ausführlich behandelt wird.

Die Dokumentation des Gutachten-Anlasses aus der Perspektive des Auftraggebers bzw. nach Aktenlage kann unter Umständen verhindern, dass ein unter einem ganz anderen Vorwand in Auftrag gegebenes Gutachten unkontrollierbar für zweifelhafte andere Zwecke verwandt wird.

So könnte z. B. ein „allgemeines Persönlichkeitsgutachten" beim Gutachter in Auftrag gegeben und dann der Straßenverkehrsbehörde als „Fahreignungsgutachten" vorgelegt werden, obwohl der Gutachter seine Untersuchungen gar nicht auf Fragestellungen ausgerichtet hatte, die im Zusammenhang mit der Beurteilung der Fahreignung stehen. Bei Dritten könnte so unberechtigterweise der falsche Eindruck von fachlicher Inkompetenz des Gutachters entstehen.

3.2.2.2 Fragestellung

Wir haben bereits festgestellt, dass der exakten und nach Möglichkeit differenzierten Fragestellung bei der Bearbeitung eines Gutachtenauftrags entscheidende Bedeutung zukommt.

Zur Erinnerung:

> ## Es gibt grundsätzlich keinen Gutachtenauftrag ohne Fragestellung!

Ist, wie z. B. bei einem Gerichtsgutachten, durch einen gerichtlichen Beweisbeschluss, die Frage bzw. die Aufgabe klar formuliert, kann und sollte sie etwa in folgender Form wörtlich zitiert werden:

> *Fragestellung:* Dem Gutachten liegt der Beweisbeschluss (der xten Kammer) des ... gerichts vom xx.yy.2000 zugrunde:
> „...... (wörtlich zitieren) ......"
> (Auch bei telefonischer Beauftragung den Wortlaut möglichst exakt aufnehmen.)

Ist aber – wie dies oft bei mündlicher oder telefonischer Beauftragung vorkommt – keine klare oder keine schriftlich fixierte Fragestellung vorhanden, tut jeder Gutachter gut daran, aus seinem Verständnis des Auftrags bzw. aus seinem Sachverstand heraus eine konkrete Fragestellung zu formulieren und diese – wie unter 2.3 bereits dargestellt – mit dem Auftraggeber abzustimmen. Dies kann z. B. in folgender Form geschehen:

Tabelle 30: Auftragsbestätigung

> Sehr geehrter Herr X,
>
> als Ergebnis unseres Telefongesprächs vom xx.yy.2000 habe ich festgehalten, dass ich in dem von Ihnen in Auftrag gegebenen Gutachten folgende Frage(n) beantworten soll:
>
> > 1. ......?
> > 2. ......?
> > 3. ......?
> > ...
>
> Mit freundlichem Gruß
>
> (Unterschrift des Gutachters)

In dieser Auftragsbestätigung können auch andere Vereinbarungen festgehalten werden – z. B. solche über das vereinbarte Honorar, die Abrechnungsmodalitäten oder Pflichten des Auftraggebers (z. B. Bereitstellung weiterer Unterlagen innerhalb einer bestimmten Frist).

Wenn der Auftraggeber nicht in angemessener Frist (je nach Auftrag ca. 1-4 Wochen) nach Eingang dieser Auftragsbestätigung eventuell von ihm für erforderlich gehaltene Änderungen vornimmt und Sie darüber informiert, können Sie davon ausgehen, dass Ihr Vorschlag akzeptiert ist und dass der Auftrag in der von Ihnen gewählten Formulierung bearbeitet werden soll.

Das kann dann Bedeutung gewinnen, wenn ein Auftraggeber z. B. nach Fertigstellung des Gutachtens weitere Untersuchungen ohne Berechnung verlangt, die nicht rechtzeitige Fertigstellung des Gutachtens moniert (obwohl er selbst durch verspätete Bereitstellung der von ihm zu beschaffenden Unterlagen die Verzögerung verursacht hat) oder wenn er den Auftragsumfang und die sich daraus ergebende Honorarforderung nachträglich bestreitet, um Ihr Honorar zu kürzen.

Dann ist ein justiziabler Schriftwechsel beweiskräftiger als die bloße „Erinnerung" an das, was „damals" angeblich mündlich vereinbart worden ist und wo jetzt Aussage gegen Aussage steht. Dabei kommt es auch bei der schriftlichen Vereinbarung auf die exakte und eindeutige Formulierung an, da sonst Missverständnissen Vorschub geleistet wird und daraus unnötigerweise unterschiedliche Interpretationen des Auftrages entstehen können.

3.2.3   Sachverhalt

3.2.3.1 Informationsquellen

Für die Nachvollziehbarkeit, Nachprüfbarkeit und Überzeugungskraft von Gutachten ist die Angabe der Informationsquellen wichtig, aus denen der Sachverständige seine Informationen, Daten und Ausgangstatsachen bezogen hat.

Es handelt sich an dieser Stelle um alle Informationen, die dem Sachverständigen bereits vor bzw. bei Beginn der Arbeit am Gutachten zur Verfügung stehen.

Deshalb schlage ich vor, auch die Literaturangaben mit als Informationsquellen in diesem Zusammenhang zu dokumentieren (s. Tab. 28, Kap. 4), da sie nach meiner Erfahrung am Ende des Gutachtens (d. h. nach der Beantwortung der Fragen im Kapitel 6, der Zusammenfassung im Kapitel 7) oder gar nach der Unterschrift des Sachverständigen (das kann den Eindruck erwecken, die Angaben über benutzte Literatur gehörten nicht mehr zu dem vom Sachverständigen verantworteten Gutachtentext) noch weniger überzeugend unterzubringen sind.

Der Sachverständige gewinnt natürlich vor allem aus seinen eigenen Untersuchungen wichtige Informationen für die Beantwortung der Auftraggeber-Fragen. Diese folgen jedoch wegen ihrer besonders herausragenden Bedeutung (s. Tab. 28) in einem mehr oder weniger umfangreichen eigenen Kapitel 5 „Untersuchung(en) des/der Sachverständigen".

Informationen, die der Gutachter zusammenträgt und in seinem Gutachten verwertet, haben oft ganz unterschiedliche Qualität und von daher auch sehr unterschiedliches Gewicht bei der Fundierung der Argumentation. Die folgende Auflistung von möglichen *Informationsquellen* gibt für die Beschaffung der erforderlichen Informationen und für deren gezielte Auswahl in Bezug auf einen konkreten Gutachtenauftrag einige Anhaltspunkte:

Tabelle 31: Check-Liste zur Darstellung der Informationsquellen

1. Gerichtsakten
  1 Ermittlungsakten von Polizei, Staatsanwaltschaft
  2 Verfügungen von Behörden
  3 Gerichtsurteile und -beschlüsse
  4 Stellungnahmen der Betroffenen und der Anwälte
  5 Dokumente (Fahrerlaubnis, Lichtbild, Geburtsurkunde, Zeugnisse etc.)
  6 Berichte aus Erziehungsheimen, Justizvollzugsanstalten etc.
2. Gesetze, Verordnungen, Kommentare
3. Fachliteratur
4. Vorgutachten
  1 Aktenauszüge
  2 Untersuchungsberichte
  3 Anamnese– und Explorationsergebnisse
  4 Stellungnahmen des/der Betroffenen
  5 Ärztliche Untersuchungsergebnisse
  6 Ergebnisse von Untersuchungen mit psychologischen Tests etc.
5. Aussagen
  1 Aussagen von (Tat-)Zeugen
  2 Aussagen von Eltern bzw. Erziehungsberechtigten
  3 Aussagen von Kindern
  4 Aussagen von nicht oder vermindert Zurechnungsfähigen
  5 Aussagen von Experten
  6 Aussagen von Ermittlungsbeamten
  7 Aussagen von Verwandten, Ehepartnern etc.

Bei den unterschiedlichen – insbesondere bereits aktenkundigen – Informationsquellen handelt es sich sowohl um Fakten, an denen ein Gericht bei der Urteilsfindung nicht vorbeigehen kann, als auch um Tatsachen, die gerade für den psychologischen Gutachter besonders interessant sind, weil sie die Einstellungen, Handlungsmotive und Bewertungsprinzipien von Betroffenem und Beteiligten z.T. deutlich hervortreten lassen. Sie geben damit dem Gutachter bereits wichtige Anhaltspunkte für den Untersuchungsansatz mit Arbeitshypothesen, Aufbau und Durchführung der eigenen Untersuchungen und enthalten unter Umständen sogar schon das Fundament für die sachverständige Beantwortung der vom Auftraggeber gestellten Frage(n).

Der Wert dieser Informationsquellen sollte nicht unterschätzt werden. Denn in den hier bereits vor einer psychologischen Untersuchung verfügbaren Daten und Informationen zeigt sich schon z. T. ein sehr ausführliches Bild der lebensgeschichtlichen Entwicklung des zu Begutachtenden und der damit verbundenen Probleme.

a) Vorliegender Schriftverkehr
Auch der in der Akte dokumentierte sonstige Schriftverkehr (z. B. Krankschreibungen, Strafanträge, Urteile, Berufungen, Stellungnahmen von Ämtern) kann wichtige Informationen über Hintergründe, Ziele oder Ängste von Verfahrensbeteiligten liefern, die der Sachverständige bei seinen Untersuchungen und Beurteilungen berücksichtigen sollte, um sich nicht unbewusst von der

einen oder anderen Seite für deren zweifelhafte subjektive Ziele sachfremd funktionalisieren zu lassen.

b) Rechtsgrundlagen (Gesetze, Verordnungen, Kommentare)

Der Sachverständige sollte sich mit den jeweiligen (aktuellen) Rechtsgrundlagen vertraut machen, die für die von ihm zu bearbeitende Fragestellung relevant sind, sofern er damit nicht ohnehin bereits ausreichend vertraut ist.

Aus Gesetzen, Durchführungsverordnungen, Kommentaren etc. ergeben sich oft entscheidend wichtige Hinweise für die Beurteilungskriterien, von denen der Sachverständige bei seinen Untersuchungen auszugehen hat. Diese Rechtsgrundlagen sollte er auch angemessen in seinem Gutachten im Hinblick auf Nachvollziehbarkeit und Nachprüfbarkeit seiner Gutachter-Ergebnisse durch Fachkollegen dokumentieren.

c) Fallrelevante Fachliteratur

Bisweilen beziehen sich Sachverständige auf die in Fachkreisen bekannte und geläufige Fachliteratur. Bei selteneren Fallkonstellationen und besonders schwierigen Fragen kann es auch erforderlich sein, Spezialliteratur und neueste wissenschaftliche Forschungsergebnisse mit heranzuziehen.

Abzuraten ist von allgemeinen Literaturübersichten in Gutachten; wesentlich sind hier nur unmittelbar fallrelevante Publikationen, deren Ergebnisse der Gutachter in seinem Gutachten verarbeitet.

Diese Quellennachweise sollten in der üblichen bibliographischen Form im Gutachten mitgeteilt werden.

d) Augenzeugenberichte, mündliche Mitteilungen Beteiligter

Da der Sachverständige in der Regel nicht selbst Augenzeuge der zu untersuchenden Geschehnisse ist und – z. B. bei Gerichtsgutachten – Zeugen nicht selbst vernehmen darf, können in den Akten dokumentierte Augenzeugenberichte und mündliche Mitteilungen Beteiligter wichtige Informationen für die zu begutachtenden Sachverhalte liefern.

Dadurch können einerseits subjektive Tatsachenschilderungen von selbst betroffenen Klienten (z. B. Straftäter) hinsichtlich ihres Wahrheitsgehaltes validiert werden. Andererseits erhält der Sachverständige dadurch auch Anhaltspunkte aus einer anderen Perspektive zur Feststellung bzw. Überprüfung von Übereinstimmungen oder Diskrepanzen mit seinen eigenen Annahmen und Beobachtungen.

Möglicherweise ergeben sich aus den Akten auch Hinweise auf die Notwendigkeit, die vorhandenen Informationen durch weitere gezielte Befragungen von Zeugen durch den Richter im Rahmen der vorliegenden Fragestellung ergänzen zu lassen.

e) Untersuchungen des Sachverständigen

(Dokumentation unter Punkt 5 der Tab. 28 bzw. Punkt 4 in Tab. 29 „Eigene Untersuchungen")

Die eigenen Untersuchungen des Sachverständigen sind – was in diesem Zusammenhang sicher nicht überrascht – ebenfalls Informationsquellen für die Beantwortung der ihm vom Auftraggeber gestellten Frage(n).

Wegen ihrer besonderen Bedeutung werden diese Untersuchungen und die daraus erarbeiteten Ergebnisse deshalb hier zusammenhängend in dem umfangreichen Kapitel 3.3 „Untersuchungen der/des Sachverständigen" dargestellt.

3.2.3.2 Aktenanalyse

Wie in Tab. 29 (Kap. 3) aufgeführt, kann der Sachverständige den Leser seines Gutachtens zum leichteren Verständnis der weiteren Ausführungen kurz über den Sachverhalt informieren, von dem er bei seinem Gutachten nach *Aktenlage* ausgeht.

Insbesondere bei Gerichtsgutachten (d. h. nach Abschnitt 1.2.1.2: „Gerichtsgutachten") ist der Sachverhalt häufig bereits sehr ausführlich in umfangreichen Gerichtsakten enthalten und dokumentiert. Allerdings sehen es Gerichte nicht gern, wenn ein Sachverständiger, um Gutachtenseiten und damit Schreibgebühren „herauszuschinden" oder um ein im übrigen dürftiges Gutachten etwas aufzuwerten, seitenweise Gerichtsakten abschreibt und durch diesen überflüssigen Text die Übersichtlichkeit und Lesbarkeit des Gutachtens unter Umständen erheblich beeinträchtigt. Außerdem kostet das Lesen dieser überflüssigen Texte den Leser unnötig viel Zeit und verärgert ihn deshalb möglicherweise.

Wenn auch unnötige, seitenlange Aktenauszüge unerwünscht sind, so können doch auf die konkrete Fragestellung, die im Gutachten bearbeitet werden soll, bezogene Zitate aus den Aktenunterlagen für den Leser eine wertvolle Gedächtnisstütze und Lesehilfe sein. Er muss dann nicht raten, auf welchen Sachverhalt sich der Gutachter bezieht. Und er muss auch nicht dauernd nachblättern, um bestimmte Stellen – nach Angaben, wie z. B.: „Gerichtsakte, Bl. 97" – aufzufinden und dort die relevante Information aus dem Text herauszusuchen.

Solche Hilfen haben aber noch eine andere Wirkung: Schon aus Bequemlichkeit wird sich der Leser vielfach mit dem von Ihnen angeführten Zitat begnügen und sein Augenmerk ohne weitere Ablenkung auf Ihre folgenden Ausführungen konzentrieren. Sind diese überzeugend, wird er meistens keinen Anlass sehen, besonders kritische Überprüfungen anzuschließen und dabei auf vermeintliche oder tatsächliche Schwächen Ihres Gutachtens zu stoßen. Sie ersparen sich dadurch oftmals Klarstellungen von Missverständnissen oder Fehldeutungen, die bei einem flüssig lesbaren Text und einer klaren Kurzinformation über das Wesentliche gar nicht erst entstanden wären.

Ganz anders kann das ausgehen, wenn er genötigt ist, einen von Ihnen nur kurz erwähnten Sachverhalt selbst auf Grund der Zitatstellenangabe zu suchen und in einem umfangreicheren Kontext nachzulesen: Leicht stolpert er dann über von Ihnen vielleicht übersehene oder für nicht so wichtig gehaltene Details. Vielleicht findet er keine hinreichende Übereinstimmung zwischen den dort gefundenen Detailangaben mit der von Ihnen vorgetragenen Argumentation und unterzieht diese

erst daraufhin einer eingehenden Analyse und Überprüfung. Vielleicht ist er auch
nur irritiert durch eine nicht ganz geglückte Formulierung und vermutet dahinter
verborgene Informationen, die Sie gar nicht beabsichtigt hatten.

Ob es sich dabei um bloße Missverständnisse oder tatsächlich um Ungereimtheiten handelt, ist hierbei nachrangig. Tatsache ist in diesem Augenblick und für
Sie als Sachverständigen von Nachteil, wenn die Stichhaltigkeit und Überzeugungskraft Ihrer Argumentation vom Leser in Zweifel gezogen wird und wenn
Sie sich nun mit den daraus entstehenden Einwänden zusätzlich auseinandersetzen müssen.

Werden Gutachten nicht auf Grund amtlicher Veranlassung für ein Gericht,
die Staatsanwaltschaft oder die Polizei erstellt, sondern für einen privaten Auftraggeber (Einzelperson, Organisation, Unternehmen etc.), kann der Gutachter
unter Umständen nicht auf bereits vorhandene, ausführliche Akten zurückgrei-
fen. In diesem Fall wird er selbst Unterlagen vom Auftraggeber (z. B. von Eltern, die ein Gutachten auf Grund einer Verfügung zur Umschulung ihres Kindes
in eine Sonderschule für Lernbehinderte benötigen) anfordern, zusammenstellen und auswerten.

Damit der Gutachter keine wesentlichen Aspekte der Darstellung des Sachverhalts bei der Auswertung der ihm vorliegenden und er der von ihm anzufor-
dernden Fallakten vergisst, kann er sich an einer Check-Liste orientieren, die er
je nach Bedarf für seine Gutachtenaufträge modifizieren und gegebenenfalls ergänzen kann. Folgende Schwerpunkte sollte er berücksichtigen:

Tabelle 32: Checkliste zur Sachverhaltsdarstellung

1. Verfügbare Informationsquellen
2. Ergebnisse von Voruntersuchungen und Vorgutachten
3. Aktueller Stand des Verfahrens
4. Lebensgeschichtliche Daten
   1 Herkunftsfamilie
   2 Geburt und gesundheitliche Entwicklung
   3 Schule und Beruf
   4 Eigene Familie
   5 Sozialisation
5. Problementwicklung
   1 Entstehung des Problems
   2 Entwicklung des Problems
   3 Frühere Lösungs-/Behandlungsversuche
   4 Aktueller Zustand
6. Ziele der Beteiligten
   1 Ziele des Auftraggebers
   2 Ziele des Klienten/Patienten
   3 Ziele Dritter

Anzumerken ist abschließend noch einmal, dass es sich bei der Sachverhaltsdarstellung aufgrund einer mehr oder weniger umfangreichen Aktenanalyse bereits um eine „Untersuchungstätigkeit" des Sachverständigen handelt und dass
diese demzufolge auch im systematischen Zusammenhang, wie er in Tab. 28

(Abschnitt 5.2.2) konzipiert ist, in dem dortigen Hauptkapitel 5 („Untersuchung(en) des/der Sachverständigen") abgehandelt werden kann.

3.2.3.3 Ergebnisse von Voruntersuchungen und Vorgutachten

In vielen Fällen erhält der Gutachter Akten, in denen bereits Vorgutachten mit Ergebnissen von Voruntersuchungen enthalten sind. In Vorgutachten können u.a. Untersuchungen dokumentiert sein, die in psychiatrischen Kliniken, in Erziehungsheimen, in Begutachtungsstellen für Fahreignung etc. zu einem früheren Zeitpunkt oder wiederholt durchgeführt worden sind.

Die aktenkundigen Untersuchungsberichte und Gutachten von Voruntersuchern erfordern die besondere Aufmerksamkeit des Sachverständigen, da sie meistens wichtige Informationen enthalten, die auch für die Planung, Durchführung und Auswertung der derzeitigen Untersuchungen im Hinblick auf die Fragestellung von Bedeutung sind.

Aus arbeitsökonomischen Gründen werte ich Untersuchungsberichte und Gutachten von Vorgutachtern in einer möglichst frühen Phase der Gutachtenerstellung aus, damit ich unnötige Doppelarbeiten (z. B. Testuntersuchungen, bestimmte Explorationsthemen) vermeide und gegebenenfalls bereits von Vorgutachtern getroffene Feststellungen (hinsichtlich Reliabilität und Validität) sachlich überprüfen oder gegebenenfalls durch geeignete eigene Untersuchungen sinnvoll ergänzen kann. Das erspart unnötige Arbeit und erleichtert die Konzentration auf das Wesentliche.

In jedem Fall ist ein Gutachter gut beraten, wenn er diese Vorgutachten gründlich studiert, um z. B. zu erkennen, welche positiven und negativen Aspekte eventuell aufzugreifen und bei dem jetzt zur Bearbeitung anstehenden Gutachten zu beachten sind.

Allerdings sollte er auf Gutachten-Fehler und -Mängel der Voruntersuchungen und Vorgutachten achten, damit er sich falschen Prämissen und Schlussfolgerungen der Voruntersucher nicht unkritisch anschließt und dadurch sein Gutachten von vornherein mit denselben Fehlern und Mängeln belastet und gegebenenfalls insoweit für den Auftraggeber unverwertbar macht.

Ich weise gerade auf diese Probematik mit Nachdruck hin, weil mir sehr häufig z. T. grob fehlerhafte Gutachten zur kritischen Analyse vorgelegt werden, die von psychologischen, aber auch von ärztlichen (speziell psychiatrischen) und anderen Gutachtern erstellt worden sind. In zahlreichen Fällen mussten die Vorgutachter daher aufgrund meiner Feststellungen ihr Gutachten nachträglich korrigieren, soweit das überhaupt noch möglich war und nicht eine komplette Neubegutachtung durch einen anderen Gutachter angeordnet wurde. In manchen Fällen drängte sich der Verdacht auf, dass es sich (nicht nur bei so genannten „privaten Auftraggebern") um „*bestellte*" Gutachten handelte, wo der Gutachter gewissermaßen dem bereits vom Auftraggeber vorgegebenen Gutachtenergebnis „*auftragsgemäß*" nur noch ein wissenschaftliches Mäntelchen umhängen sollte, das jedoch von den Untersuchungsbefunden in wesentlichen Punkten nicht getragen wurde.

Tabelle 33: Erfassung negativer/positiver Aspekte in Vorgutachten

Negative Aspekte in Vorgutachten:

1. Sind im Vorgutachten Fragen des Auftraggebers unvollständig oder falsch beantwortet worden?
2. Sind Ergebnisse mit fragwürdigen Untersuchungsmethoden erzielt worden?
3. Welche Fehler enthält das Vorgutachten (falsche Ausgangstatsachen, Widersprüche, fragwürdige Hypothesen, Lücken, logische Brüche, falsche Schlussfolgerungen, Behauptungen ohne ausreichende und nachvollziehbare Begründungen)?
4. Ist es nicht nach dem aktuellen Wissensstand des Faches erarbeitet worden (veraltete Testverfahren, nicht aktuelle/unzutreffende Testnormen, einschlägige Fachliteratur nicht berücksichtigt)?
5. Sind alle für die Sachfrage relevanten positiven und negativen Befunde angemessen erfasst und mit sachgerechter Gewichtung in die Schlussfolgerungen des Gutachters eingegangen oder werden (z. B. bei Fahreignungsgutachten) wesentliche Entlastungsbefunde übergangen?
6. Tragen die Befunde die Schlussfolgerungen des Sachverständigen, oder gibt es Verdachtsmomente derart, dass sie nach irgendwelchen sachfremden Vorgaben Dritter bzw. aufgrund von Eigeninteressen vom Sachverständigen *„zielorientiert manipuliert"* worden sind?
7. Zitiert der Gutachter z. B. Diagnose-Kriterien der IDC-10 oder des DSM-IV, ohne diese konkret auf der Grundlage einschlägiger Befunde jeweils zu verifizieren bzw. zu falsifizieren?

Positive Aspekte in Vorgutachten:

1. Aus welchen Anlässen sind bereits Vorgutachten erstellt worden?
2. Welche wichtigen Ergebnisse sind aus der Voruntersuchung festzuhalten und im neuen Gutachten zu verarbeiten?
3. Welche Entwicklungsverläufe sind aus dem Vergleich der Untersuchungsergebnisse mehrerer Vorgutachten sowie zwischen jenen Ergebnissen und denen der jetzigen Untersuchung abzulesen (Querschnitts– und Längsschnittanalyse)?
4. Welche Fragen sind bereits überzeugend beantwortet, welche müssen neu angegangen werden?
5. Sind im Vorgutachten wichtige Informationen enthalten (z. B. inzwischen getilgte Straftaten), die zwar juristisch nicht mehr verwertet werden dürfen, die aber dessen ungeachtet dem psychologischen Gutachter beim Verständnis der Handlungen oder der Fehlhaltungen des zu Begutachtenden hilfreich sein können (zumindest wenn sie von diesbezüglich geschickten Sachverständigen in der Exploration des Betroffenen aktuell verifiziert werden)?

Aus der Analyse der **negativen Aspekte** kann der Gutachter u. a. folgenden Nutzen für sein eigenes Gutachten ziehen:

1. Möglicherweise ist Ihnen die Aufgabe übertragen worden, die unvollständigen Ausführungen eines Vorgutachters zu ergänzen oder bezweifelbare Ergebnisse zu überprüfen. Dann kann es zu dieser Aufgabe gehören herauszufinden, was an gesicherten Ergebnissen übernommen werden kann und was gegebenenfalls erneut oder erstmals zu untersuchen ist. Falsch gestellte oder falsch aufgefasste Fragen des Auftraggebers sollten Sie zu erkennen versuchen und in Ihrem Gutachten die *vom Vorgutachter bereits bekannten Fehler* tunlichst vermeiden.

2. Entscheidend für die Beurteilung des Wertes von *Test- und Untersuchungs-ergebnissen* und damit zugleich für die Bewertung des gesamten Gutachtens sind die dabei benutzten Verfahren. Wer fachlich fragwürdige Tests, d. h. Verfahren mit geringer Zuverlässigkeit und Gültigkeit benutzt (hat), setzt sein Gutachten leicht dem Verdacht aus, es sei fachlich nicht ausreichend fundiert und die Ergebnisse mitsamt den daraus gezogenen Schlussfolgerungen seien fragwürdig. Solche Ergebnisse eines Vorgutachtens wird der neue Gutachter bzw. „Obergutachter" zweckmäßigerweise nicht als gesicherte Fakten für sein zu erstellendes Gutachten übernehmen, sondern zunächst hinsichtlich der Verwertbarkeit einzelner Ergebnisse kritisch durchleuchten.

   Andererseits kann sich der Gutachter bisweilen auch aufwändige eigene Untersuchungen ersparen, wenn bereits ein Vorgutachter den relevanten Sachverhalt überzeugend abgeklärt und dokumentiert hat. Wenn der Klient z. B. in einem in Fachkreisen anerkannten Intelligenztest einen ausreichenden Intelligenzquotienten (z. B. $IQ \geq 100$) erreicht hat und keine Anhaltspunkte für schweren Intelligenzabbau oder eine die Intelligenz beeinträchtigende Gehirnerkrankung vorliegen, kann er auf die erneute Bestimmung des IQ verzichten, sofern nicht andere Überlegungen dies trotzdem geraten erscheinen lassen (z. B. die Erfassung positiver oder negativer IQ-Veränderungen als Folge von Schulungsmaßnahmen oder von Milieueinflüssen).

3. Sinn und Zweck der Einbeziehung von *Voruntersuchungen und Vorgutachten* bestehen vor allem darin, die Fragen des Auftraggebers zutreffend zu erfassen, dazu sachgerecht relevante Befunde zu erheben, diese im Rahmen der zielführenden Arbeitshypothesen des Sachverständigen zu interpretieren und schließlich die Frage(n) des Auftraggebers verständlich, logisch und überzeugend zu beantworten. Fehler im Gutachten beeinträchtigen den Erfolg gravierend.

   Vorgutachten erfüllen ebenso wie zweite oder „Obergutachten" ihren Zweck daher unter anderem dann nicht, wenn:

   – Fragen des Auftraggebers ganz oder teilweise nicht beantwortet worden sind;
   – das Gutachten auf unzutreffenden Ausgangstatsachen und falschen Prämissen basiert;
   – Text– und/oder Zahlenfehler zu falschen Aussagen oder zu Missverständnissen führen;
   – die Darstellung der Sachverhalte unlogisch ist;
   – das Gutachten widersprüchlich ist, weil in einem Abschnitt das Gegenteil von dem gesagt wird, was in einem anderen steht;
   – Tatsachen falsch wiedergegeben oder wichtige Befunde weggelassen werden, weil sie nicht in das Konzept des Sachverständigen passen;
   – der Gutachter fragwürdige Hypothesen formuliert (z. B. Verhaltensprognosen);
   – Schlussfolgerungen auf einseitigen Interpretationen basieren und mögliche Alternativen nicht in Betracht gezogen werden.

> – die Schlussfolgerungen und Antworten des Sachverständigen durch die im Gutachten dokumentierten Befunde nicht (ausreichend) fundiert sind.

4. Gutachten sind leicht angreifbar, wenn sie nicht nach dem *aktuellen Wissensstand des Faches* angefertigt werden. Dazu gehört, dass keine veralteten Tests oder Testversionen und schon gar nicht *überholte Testnormen* bei der Auswertung benutzt werden. Das ist oft nicht ganz leicht, weil die Normen mancher Tests schon 10 Jahre und älter sind und neuere entweder noch gar nicht zur Verfügung stehen oder lediglich für Spezialpopulationen neu erstellt worden sind. Außerdem sind sie oftmals in der Fachliteratur weit verstreut und daher schwer auffindbar. Wenn der Gutachter keine ausreichenden Angaben über die von ihm benutzte Testversion und die Normen macht, kann dies zu Zweifeln an der Gültigkeit der Ergebnisse führen.

In manchen Fällen ist die Verwertung von – wissenschaftlich betrachtet – veralteten Testnormen jedoch zu verantworten, wenn beispielsweise keine anderen Verfahren zur Verfügung stehen und es nicht auf absolute Feststellungen ankommt, sondern nur auf Vergleiche zwischen Personen, die nach denselben Normen beurteilt werden oder bei wiederholten Untersuchungen (z. B. bei Längsschnittuntersuchungen), um über einen bestimmten Zeitraum hin Veränderungen bei derselben Person festzustellen.

Manche Gutachter verzichten auf die korrekte Zitierung der von ihnen benutzten Fachliteratur. Das erweckt den Eindruck des „geistigen Diebstahls". Vielleicht handelt es sich auch um Literatur von zweifelhaftem Wert, vor deren Zitierung sich der Gutachter geniert, obgleich er aus irgendwelchen Gründen auf die Inhalte oder Formulierungen doch nicht verzichten möchte. Wörtliche Zitate oder sinngemäße Zitierung mit (dann allerdings exakter) Quellenangabe machen demgegenüber beim Leser des Gutachtens in der Regel einen überzeugenden und guten Eindruck.

Wenn es auch bisweilen sinnvoll sein kann, gerade die ältere Literatur anzuführen und nach wie vor gültige Tatsachen oder Erkenntnisse in Erinnerung zu bringen, so sollte doch auf den Bezug zur neuesten Fachliteratur nicht verzichtet werden, wo dies von der Sache her nahe liegt. Dann entsteht zumindest nicht so leicht der Verdacht, der Gutachter befinde sich mit seinen Untersuchungsmethoden und Fachkenntnissen nicht auf dem neuesten, sondern auf einem bereits etwas antiquierten Stand.

5. Auch Vorgutachter haben in der Regel vor der schwierigen Aufgabe gestanden, die für die Fragestellung *relevanten Befunde* möglichst vorurteilsfrei aus vorhandenen Akten zu erschließen und durch eigene Untersuchungen zu erheben. Dabei kann es erfahrungsgemäß passieren, dass gerade bei häufig hochkomplexer Problematik nicht zuletzt auch unter Berücksichtigung von Wirtschaftlichkeitsüberlegungen (d. h. Abwägen von „Aufwand und Effekt") der Untersuchungsaufwand auf eine begrenzte Anzahl wesentlicher Befunderhebungen beschränkt wird bzw. angesichts eines vorgegebenen Kostenrahmens sogar beschränkt werden muss. Durch einen entsprechenden Hinweis auf solche Rahmenbedingungen wird das Vorgehen des Sachverständi-

gen jedoch insoweit nachvollziehbar und gibt nicht von vornherein Anlass zur Kritik wegen möglicherweise mangelnder Neutralität, Objektivität oder Unabhängigkeit.

Solche Vorwürfe werden durchweg erst dann provoziert, wenn der Vorgutachter wichtige Tatsachen im Gutachten verschweigt (z. B. erhobene Befunde nicht dokumentiert) oder wenn er dokumentierte Befunde einseitig positiv oder negativ gewichtet, indem er die jeweils entgegenstehenden Befunde weglässt.

6. Besonders gravierend ist ein Verdacht auf *„absichtliche Befund- oder Ergebnismanipulation"* durch den Sachverständigen. In solchen Fällen handelt es sich definitionsgemäß um „Gefälligkeitsgutachten", bei deren Erstellung der Vorgutachter nicht in erster Linie die fachliche Korrektheit des Gutachtens im Auge hatte, sondern seine persönlichen Vorteile (z. B. ein überhöhtes Gefälligkeitshonorar zu kassieren, seinen Arbeitgeber aus Karriererücksichten günstig zu stimmen, vom Auftraggeber weitere Aufträge zu erhalten und dadurch ein höheres Einkommen zu erzielen – weil dieser annehmen darf, dass die Gutachten dieses Gutachters für ihn vorhersehbar immer zu seinem Vor– und nicht Nachteil geschrieben werden).

Demgegenüber sollte der Gutachter auch die **positiven Aspekte** von Vorgutachten für sein eigenes Gutachten nutzbar machen:

1. Die aus den Vorgutachten ersichtlichen *Gutachtenanlässe* sowie die konkreten *Fragestellungen* können dem Gutachter wichtige Einblicke verschaffen in lebensgeschichtliche Problemphasen des Klienten (z. B. Erkrankung mit Aufenthalt in einer psychiatrischen Klinik, Entzug der Fahrerlaubnis infolge wiederholter Trunkenheit am Steuer – gegebenenfalls mit Verdacht auf Alkoholismus, Umschulung in eine Sonderschule, Inhaftierung, Untersuchung der Glaubwürdigkeit oder der Schuldunfähigkeit).

Solche Informationen können die erforderliche Exploration des zu Untersuchenden entlasten oder auch gezielt auf die besonders intensive Bearbeitung bestimmter Anamnese-Schwerpunkte lenken – um etwa den Grad von Persönlichkeits- bzw. Einstellungs- und Verhaltensänderungen während eines bestimmten Zeitraums (z. B. einer langjährigen Haftstrafe) festzustellen.

2. Die Existenz von Vorgutachten und von einschlägigen Untersuchungsergebnissen hat für den späteren Gutachter in der Regel den Vorteil, dass dort bereits mehr oder weniger systematisch *wesentliche Daten und Fakten* – für den Fall insgesamt wichtige Grundlagen – zusammengestellt sind. Der neue Gutachter kann diese Zusammenstellung, wenn sie hinreichend sorgfältig und systematisch erarbeitet worden ist, ohne weiteres verwenden. Er kann aber auch wenigstens die wichtigsten Daten und Fakten – gegebenenfalls mit Auffüllung von Lücken und durch Ergänzung mit neueren Daten – in die eigenen Ausführungen übernehmen.

Allerdings sollte er – wie schon erwähnt – darauf achten, nicht unkritisch falsche Prämissen, fehlerhafte Befunde oder fragwürdige Schlussfolgerungen zum Nachteil seines eigenen Gutachtens einfach ungeprüft zu übernehmen.

Auf jeden Fall kann ihm ein ordentliches Vorgutachten in vielen Fällen die Mühsal ersparen, sich aus umfangreichen (Gerichts-)Akten überhaupt erst einmal eine Übersicht über den gesamten Fall zu erarbeiten. Er kann – mit etwas Glück – in diesen Fällen auf der schon von Vorgutachtern erarbeiteten Grundlage weiter aufbauen.

3. *Entwicklungsverläufe* lassen sich unter Umständen gut aus dem Vergleich der Ergebnisse mehrerer Gutachten ablesen, die zu verschiedenen Zeitpunkten über denselben Klienten erstellt worden sind. Aber auch die Unterschiede zwischen Testergebnissen, die in einem einzigen Vorgutachten erhoben wurden, und der jetzigen Testuntersuchung können darüber bedeutsame Aufschlüsse geben.

   Auch Veränderungen der beruflichen, familiären oder gesundheitlichen Situation können oft ohne besonderen Aufwand umfangreicher eigener Explorationen einfach abgelesen werden. Sie bieten gute Ansatzpunkte für die Erforschung der Ursachen von Veränderungen und für die Bewertung aktueller Zustände – oder auch für ergänzende explorative Klärungen.

4. Wenn *Fragen*, die der Auftraggeber erneut stellt, bereits in einem Vorgutachten zutreffend und überzeugend beantwortet sind, können die Antworten unter Umständen unter Hinweis auf dieses Vorgutachten (mit Begründung dieses Vorgehens) übernommen werden, ohne dass es einer aufwändigen erneuten Analyse desselben Sachverhalts bedürfte. Mit um so größerer Intensität kann sich der Gutachter dann den neuen Fragen oder den neuen Aspekten von früher schon grundsätzlich beantworteten Fragen widmen.

5. In älteren Vorgutachten können noch Informationen enthalten sein über inzwischen nach den gesetzlichen Vorschriften längst *getilgte Straftaten* und *Verurteilungen*, die in der aktuellen Gerichtsakte nicht mehr enthalten sind. In solchen Fällen muss auch der Gutachter die Verwertungsbeschränkungen oder -verbote beachten, um sich keine berechtigten Vorwürfe des Klienten und der Juristen zuzuziehen.

   Aber schon die bloße Kenntnis vergangener Ereignisse kann für ihn eine große Hilfe sein, um z. B. bestimmte Entwicklungsprozesse, die beim zu Untersuchenden im Laufe der Jahre abgelaufen sind, besser verstehen und derzeitige Einstellungen und Verhaltensweisen, die für die Fragestellung relevant sind, zuverlässiger bewerten zu können. Das Ausschöpfen von – insoweit rechtlich unzulässigen – Erkenntnisquellen kann aber problematisch sein, wenn der Begutachtete daraus Nachteiliges für sich erwartet. Weniger empfindlich wird er meistens dann reagieren, wenn die vom Gutachter dadurch gewonnenen Erkenntnisse vom Klienten eher als Vorteile gesehen werden, weil sie z. B. zu einer Strafmilderung führen könnten.

   Korrekterweise müssten Sachverständige in solchen Fällen die Betroffenen darauf hinweisen, wenn sie z. B. Informationen über inzwischen nach den Tilgungsvorschriften getilgte, aber noch nicht aus der Akte entfernte Straftaten haben. Ein Sachverständiger darf meines Erachtens solche Kenntnisse nicht verschweigen, weil er grundsätzlich alle Informationen in seinem Gutachten verwerten muss, die er erhält. Deshalb sollen die untersuchten Probanden auch bereits vor Beginn der Untersuchung darauf hingewiesen werden, dass der Gutachter alles, was sie sagen, in seinem Gutachten verwerten muss. Der Untersuchte kann dann entscheiden, ob er – durchaus in Einklang mit unserem Rechtssystem – in solchem Falle für ihn möglicherweise negative Tatsachen nicht berichtet (d.h. verschweigt).

3.2.3.4 Aktueller Stand des Verfahrens

Gerade bei Gerichtsgutachten ist es wichtig festzuhalten, in welchem Stadium sich ein Verfahren zu dem Zeitpunkt befindet, zu dem der Sachverständige um ein Gutachten gebeten wird. Handelt es sich noch um ein Ermittlungsverfahren, schon um die erste Instanz oder gar um das Berufungs- bzw. Revisionsverfahren? Wichtig ist auch, ob der Gutachter als Erstgutachter, als Gutachter in einem Gutachterteam, als einer von mehreren berufenen Gutachtern, als Haupt- oder Nebengutachter, aber vielleicht auch als Obergutachter bestellt worden ist. Eine kurze Übersicht über den bisherigen Ablauf (vom Anlass über die rechtlichen Schritte der Beteiligten, der Ermittler, der Anwälte, der vorinstanzlichen Gerichte einschließlich der dort schon ergangenen Entscheidungen etc.) ist für den Leser des Gutachtens hilfreich, um sich ein Bild davon machen zu können, in welchen Rahmen das ihm jetzt vorliegende Gutachten einzuordnen ist.

3.2.3.5 Lebensgeschichtliche Daten des Klienten bzw. Patienten

In einem psychologischen Gutachten reicht in der Regel die bloße Angabe von Name, Vorname, Geburtstag und Geburtsort des/der zu Untersuchenden und zu Begutachtenden nicht aus. Damit ist zwar im juristischen Sinn die Identifizierung möglich. Für die Darstellung einer Persönlichkeit, ihrer Handlungsmotive oder auch einer Prognose über ihre weitere Entwicklung und über wahrscheinliches künftiges Verhalten sind indessen differenziertere lebensgeschichtliche Informationen erforderlich.

Oftmals kann der Gutachter zahlreiche aus dieser Perspektive wichtige Daten schon im Rahmen der Aktenanalyse festhalten und für die Planung und Durchführung der anstehenden Begutachtung verwerten.

Auf folgende Bereiche sollte er dabei sein besonderes Augenmerk richten:

1. Herkunftsfamilie
2. Geburt und gesundheitliche Entwicklung
3. Schulausbildung (ggf. Studium)
4. Berufsausbildung und Berufstätigkeit
5. Eigene Familie
6. Sozialisation
7. Wohnsituation
8. Finanzielle Lage (z. B. Einkommen, Schulden)

3.2.3.5.1 Herkunftsfamilie

Die Herkunftsfamilie ist die Keimzelle der Entwicklung dieses Menschen, der begutachtet werden soll. Verwertbar sind u.a. Angaben über:

Tabelle 34: Die Herkunftsfamilie

– Geschwister, Eltern und Großeltern (Alter, Beruf, Familienstand)
– Familiengröße und -struktur
– Vermögenssituation
– Erbkrankheiten, Nervenkrankheiten, psychische Auffälligkeiten (auch: Abhängigkeit von Alkohol, Drogen, Medikamenten), Selbstmordversuche
– Sozialisation und Konflikte (Freundeskreis; Straffälligkeiten)
– Hobbies, Freizeitaktivitäten
– Weltanschauliche, religiöse, politische Einstellungen und Werthaltungen

Mancher Sachverständige wird sich im Einzelfall fragen, ob und gegebenenfalls welche von diesen Details überhaupt in sein Gutachten hineingehören. Er wird zu prüfen haben, ob und welche Angaben im Hinblick auf die Fragestellung des Auftraggebers relevant sind, und nur diese wird er – sowohl aus sachlichen als auch aus Gründen der Arbeitsökonomie – erfassen und darstellen. Er verfügt aber mit derartigen Checklisten über eine praktische Arbeitshilfe bei der Durchsicht der Akten und gerät nicht so leicht in Gefahr, für sein Gutachten wichtige Informationen versehentlich nicht einzuholen bzw. zu übersehen.

Angaben über die Familie, aus der der/die zu Untersuchende stammt, können dem Gutachter oft wichtige Hinweise geben, um lebensgeschichtliche Auffälligkeiten und Handlungen (z.B. Straftaten, Beziehungsprobleme, Lernstörungen), aber auch psychische Störungen oder Erkrankungen (psychische Störungen nach ICD-10 bzw. DSM-IV) besser zu verstehen, wenn sich dafür z.B. schon Anhaltspunkte in den Lebensgeschichten der Eltern, Großeltern oder anderer Familienmitglieder (z.B. Geschwister, Onkel, Tanten, Neffen, Nichten) ergeben.

Methodische Hinweise für die Erhebung der Anamnese finden sich z.B. bei Schneider & Schubert (1967), Rosemeier (1978), Boerner (1980, 1994), Kessler (1982), Heckl (1983), Westhoff & Kluck (1999).

3.2.3.5.2 Geburt und gesundheitliche Entwicklung

Psychische Störungen und Verhaltensauffälligkeiten haben, auch wenn sie erst im Erwachsenenalter manifest werden, durchweg eine bis in die frühe Kindheit zurückreichende Entwicklungsgeschichte. Dieser muss der Gutachter in der Regel sehr sorgfältig nachgehen, wenn er die aktuellen Probleme verstehen, gutachtlich bewerten oder sogar Therapievorschläge machen oder Verhaltensprognosen für die Zukunft stellen will.

Damit er keine wichtigen Einzelheiten übersieht, kann er sich auch in diesem Fall einer Check-Liste als Hilfsmittel bei der zielgerichteten Aktenanalyse und als Explorationsleitfaden bedienen:

Tabelle 35: Geburt und gesundheitliche Entwicklung

01. Genetisch bedingte Erkrankungen

z. B. genetisch bedingte Stoffwechselstörungen, Hämophilie, hereditäre Oligophrenie.

02. Während der Schwangerschaft der Mutter entstandene Schäden

z. B. durch Chromosomen-Aberrationen, durch Röteln-Infektion; infolge Alkoholismus von Mutter und/oder Vater; infolge starken Rauchens der Mutter; Schädigung durch Medikamente (Contergan).

03. Geburtstraumatische Schädigungen

z. B. infolge Anoxie bei verzögerter Geburt; durch Komplikationen bei Kaiserschnitt-Geburt; mechanische oder medikamentöse Schädigung.

04. Kinderkrankheiten

z. B. lange Krankenhausaufenthalte: Hospitalismus; Hirnschädigungen durch Infektionskrankheiten: Masern, Meningitis, Enzephalitis.

05. Unfälle

z. B. Unfälle im Haushalt, beim Sport, beim Spielen; Verkehrsunfälle als Fußgänger, mit Fahrrad, mit Kraftfahrzeug; Unfälle bei der Berufstätigkeit.

06. Hirnorganische Erkrankungen

z. B. Hirnoperationen, Epilepsie, Hirnarteriosklerose, degenerative Hirnerkrankungen, Hirnverletzungen.

07. Alkohol-, Medikamenten-, Drogenabhängigkeit, andere Abhängigkeiten

auch: abhängige Raucher, Esssucht, Arbeitssucht, „Workaholics", Spielsucht.

08. Andere psychische Störungen (nach ICD-10 bzw. DSM-IV)

z. B. („endogene") Depression, Schizophrenie; Zwangsneurosen; Anorexie, Bulimie; Fettleibigkeit; Sexualstörungen; Phobien, Tics, Hypochondrie, psychosomatische Störungen, andere Verhaltensauffälligkeiten.

09. Körperbehinderungen

z. B. Seh- oder Hörbehinderung; Extremitäten-Anomalien; Amputationen, Bewegungsstörungen, Lähmungen.

10. Sonstige Erkrankungen und Operationen

z. B. Diabetes; Herz- und Kreislauferkrankungen, Herzinfarkt, Herzoperation; Krebs; Aids; Operation von Lippen- oder Gaumenspalte; kosmetische Operationen: Nase, abstehende Ohren, Hautstraffungen (Liften).

Fortsetzung Tabelle 35

11. Selbstmordversuche
z. B. mit Schlaftabletten, Pulsadern öffnen, Strangulieren, aus dem Fenster springen, vorsätzlicher Autounfall, „goldener Schuss".
12. Besondere Maßnahmen der Gesundheitspflege
z. B. Dauermedikation, homöopathische Medikation, körperliche Übungen, spezielle Gesundheitsnahrung, Kuren, Enthaltsamkeit, Psychotherapien.

Es würde in diesem Zusammenhang zu weit führen, wenn wir die Bedeutung aller hier nur exemplarisch genannten Krankheiten und der vielen denkbaren weiteren Erkrankungen bzw. therapeutischen Maßnahmen, die bei einer psychologischen Begutachtung eine Rolle spielen können, darstellen wollten. Dazu verweisen wir auf die einschlägige Fachliteratur (und bezüglich der Diagnostik psychischer Störungen speziell auf ICD-10 und DSM-IV).

Entscheidend für ein psychologisches Gutachten ist, dass der Gutachter keine für die Fragestellung relevanten Details in der individuellen Entwicklung des zu Untersuchenden übersieht. Das ist nicht nur wichtig, weil der Gutachter aus berufsethischen Gründen (s. dazu: „Ethische Richtlinien der Deutschen Gesellschaft für Psychologie e. V. (DGPs) und des Berufsverbandes Deutscher Psychologinnen und Psychologen e. V. (BDP)"; Fassung 1999) ein möglichst gut zutreffendes Gutachten erstellen möchte bzw. sollte. Vielmehr beugt er durch sorgfältige und der Fragestellung angemessene ausführliche Bearbeitung auch darauf bezogener möglicher Kritik von Gegengutachtern, Obergutachtern oder Rechtsanwälten und Richtern etc. vor.

So liegt uns z. B. das Gutachten eines bekannten Psychiaters vor, der im Gutachten zwar berichtet, die Eltern der Patientin seien Alkoholiker gewesen, aber bei seiner Feststellung *„eine kindliche Hirnschädigung ist ausgeschlossen"* keinen einzigen differentialdiagnostischen Gedanken an die Möglichkeit einer Alkoholembryopathie der Klientin verschwendet. Und dies, obwohl bei dieser der „Kleptomanie" bezichtigten Klientin für das Krankheitsbild charakteristische Auffälligkeiten der Gesichtsbildung, des Körperbaues und des Verhaltens eindrucksvoll in demselben Gutachten beschrieben werden. Dieser Mangel des Gutachtens führt dann fast zwangsläufig zur Hinzuziehung eines weiteren Gutachters, um die Bedeutung dieses wichtigen Sachverhalts für die Beurteilung der Schuldfähigkeit noch abzuklären.

3.2.3.5.3 Schulausbildung

Als Vorstufe der Schule kann der Besuch eines *Kindergartens* oder einer *Vorschule* für die Entwicklung eines Kindes eine wichtige Rolle spielen. Hier fehlen der unmittelbare Schutz und die Rücksichtnahme des Elternhauses. Neue Arten

der Sozialisation und des Lernens, aber auch Frustrationstoleranz werden –
zwangsläufig – geübt.

Im daran anschließenden *Schulbesuch* werden noch ernsthaftere Leistungsan-
forderungen an das Kind gestellt. Wettbewerb und Konkurrenzverhalten bestimmen in hohem Maße die Interaktion. Diskrepanzen zwischen Leistungswillen,
persönlichem Anspruchsniveau, Anforderungen der Schule und den eigenen
Leistungsschwächen – teils als Folge unzureichender intellektueller Anlagen und
teils als Auswirkung von mangelhafter Lern- bzw. Arbeitsmotivation – wirken
oftmals neurotisierend und bilden bereits zu diesem Zeitpunkt Grundlagen für
spätere psychische Fehlentwicklungen, Verhaltensstörungen und psychosomatische Erkrankungen.

Das Selbstwertgefühl des Kindes kann stark beeinträchtigt werden, wenn es
den gestellten schulischen Anforderungen nicht gerecht wird, wenn es als Folge
davon nicht in die nächste Klasse versetzt wird oder nach mehrfachem „Hängen-
bleiben" in eine Sonderschule für Lernbehinderte umgeschult wird.

Viele Kinder kommen in eine *Berufsschule* in Verbindung mit der Vorbereitung auf einen Beruf oder wechseln in eine weiterführende Schule, um anschließend zu studieren. Derart unterschiedliche Ausbildungen und Qualifikationser-
folge bestimmen in hohem Maße den weiteren Lebensweg mit.

Insbesondere die Berufswahl, die Umstände der Aufnahme oder des Wechsels
von Berufstätigkeiten, eventuelle Perioden der Arbeitslosigkeit ergeben wichtige Anhaltspunkte für die Beurteilung der Interessen, der Arbeits- und Leistungsmotivation, des Sozialverhaltens und der Zielorientiertheit des/der zu Begutachtenden.

Der Gutachter wird auch bei der Exploration der schulischen und beruflichen
Entwicklung gut tun, wenn er sich nicht nur auf die Schilderungen des Untersuchten verlässt, die unbewusst oder bewusst stark geschönt sein können. Er
sollte sich auch die vorhandenen bzw. zugänglichen amtlichen Unterlagen (Schul-
zeugnisse, Hochschulzeugnisse und Diplome, Arbeitsbescheinigungen etc.) zeigen lassen oder beschaffen, um seine gutachtlichen Ausführungen zumindest
auch auf einige dieser objektiven Fakten stützen zu können.

Tabelle 36: Schule und Beruf

---

1. Kindergartenbesuch/ Vorschulbesuch

– Anlass: Mutter/Vater alleinerziehend und/oder berufstätig; Entlastung der Eltern;
  Förderung der Sozialisation (z. B. von Einzelkindern)
– Probleme: Weigerung des Kindes; Konflikte mit anderen Kindern; Zeitrahmen;
  Frustrationen; Unfälle, Erkrankungen etc.
– Erfolge: neue Freunde/Freundinnen; lernt neue Spiele (Selbstbehauptung) etc.

---

2. Besuch der Grund-, Orientierungs-, Hauptschule

– Schulauswahlaspekte (z. B. Regelschule, Privatschule, Sonderschule)
– Schulschwierigkeiten (schwache Fächer, Wiederholungen), Unterforderung/
  Überforderung

Fortsetzung Tabelle 36

- Schulerfolge (Leistungsstärken)
- Umschulungen (Schulwechsel, Schulortswechsel, Umschulung in Sonderschule oder in weiterführende Schule)
- Schwierigkeiten mit Lehrern
- Schwierigkeiten mit Mitschülern
- Sonstige Auffälligkeiten (Randalieren, Alkohol- oder Drogenmissbrauch, Straftaten, Schulschwänzen, Disziplinarmaßnahmen der Schule)
- Lehrer als positive Vorbilder oder Feindbilder

3. Besuch der Berufsschule

- Verbindung von Schule und Arbeitswelt (s. Kapitel 3.2.3.5.4)

4. Besuch weiterführender Schulen

- Realschule, Gymnasium (ggf. fachliche Ausrichtung), Integrierte Gesamtschule etc.
- Fachschule (Fachrichtung)
- Schwierigkeiten und Erfolge (Abschlüsse)

5. Studium

- Studienfächer (ggf. Gründe für Fächerwechsel)
- Studienorte (ggf. Gründe für Orts- und Hochschulwechsel)
- Schwierigkeiten und Erfolge (Zwischen- und Abschlussprüfungen)
- Studienfinanzierung (durch Eltern, Stipendium, Jobben)

3.2.3.5.4 Berufstätigkeit

Für die Beurteilung einer Persönlichkeit kann die Analyse der beruflichen Entwicklung unter besonderer Beachtung von Erfolgen und Misserfolgen, beginnend bei der beruflichen Ausbildung über die verschiedenen Berufstätigkeiten und Positionen innerhalb der Organisationshierarchien (Auf- und Abstiege) bis zum Ausscheiden wichtige Hinweise geben.

Nützlich sind in diesem Zusammenhang Kenntnisse des Gutachters über die Grundsätze der Ausstellung von Arbeitszeugnissen unter arbeitsrechtlichen Gesichtspunkten. Denn einfache wie qualifizierte Arbeitszeugnisse sollen einerseits „wahr" sein, andererseits aber auch „wohlwollend" und nicht die weitere berufliche Entwicklung von Arbeitnehmern durch negative Formulierungen behindern. Das führt bekanntlich zu z. T. abenteuerlichen Formulierungen, wie z. B. *„stets zu unserer vollsten Zufriedenheit"*, einer grammatischen Absurdität, die aber Arbeitnehmer sogar einklagen können, wenn sie eine sehr gute Beurteilung zu Recht beanspruchen.

Tabelle 37: Berufsausbildung und Berufstätigkeiten

1 Berufsausbildung
– Lehre (Lehrfach nach Wunsch oder „notgedrungen"), Lehrabschluss – Lehrstellenwechsel – Berufsschule
2 Berufstätigkeiten
– Zeiten und Ursachen von Arbeitslosigkeit (Beschäftigungslücken infolge von Kündigung, Krankheiten, Inhaftierung etc.) – Arbeitsstellen, Gründe für Stellenwechsel – Tätigkeitsgebiete – Art und Umfang von Fort- und Weiterbildung – Erfolge und Schwierigkeiten im Beruf (z. B. beruflicher Aufstieg/Abstieg)

3.2.3.5.5 Eigene Familie

Neben der Herkunftsfamilie, d. h. der Familie, aus der ein Mensch stammt, sollte der Gutachter gegebenenfalls auch über diejenige Familie einige Informationen einholen, die der/die zu Begutachtende selbst gegründet hat. Diese bildet in hohem Maße einen besonders bedeutsamen aktuellen biografischen Rahmen, in dem sich gewissermaßen „Freud und Leid" abspielt.

Tabelle 38: Eigene Familie

1. Lebensform
– alleinstehend (Gründe: ledig, geschieden, getrennt lebend) – Lebensgemeinschaft (Ehe, Wohngemeinschaft, wechselnde Partner/innen)
2. Lebensgefährte/-gefährtin
– erste Verbindung (ggf. frühere Verbindungen, Trennungen und Scheidungen) – Alter – Herkunft – Beruf – Hobbies, Interessen – besondere Begabungen und Fähigkeiten (kulturell, handwerklich, sportlich, sozial) – Gesundheitszustand, Krankheiten
3. Sexualität
– Partnerbezogene Sexualität, Selbstbefriedigung (Art, Häufigkeit), Gruppensexualität – Sexualität außerhalb einer festen Partnerschaft – Sexuelle Wünsche und Zufriedenheit, „Abartigkeiten" – Ängste (z. B. vor Verletzung, venerischen Infektionen, Schwangerschaft) – Heterosexualität, Homosexualität

Fortsetzung Tabelle 38

4. Kinder
– Wie viele Kinder sind aus dieser bzw. aus früheren Partnerschaften hervorgegangen (ehelich, außerehelich, unehelich)? – Alter, Geschlecht, Schulbildung, Beruf der Kinder – Auffälligkeiten (Krankheiten, Straffälligkeiten, Verhaltensstörungen) – herausragende Begabungen (Schule, Sport, kulturell, sozial)
5. Wohnsituation der Familie
– Eigenes Haus, Eigentumswohnung, Mietwohnung (Lage, Wohnraum, Kosten) – Wohnungswechsel (Anzahl, Zeitraum, Gründe) – Zufriedenheit, Probleme, offene Wünsche – Nachbarschaft (Kontakte, Freundschaften, Konflikte)
6. Interessen, Hobbies, Freizeitaktivitäten
– Urlaubsplanung und -gestaltung (Häufigkeit, Dauer, Ziele, Komfortanspruch) – Interessen und Hobbies des/der Untersuchten (Kultur, Sport, Reisen, Fortbildung etc.) – Interessen und Hobbies des Partners/der Partnerin – Interessen und Hobbies der Kinder – Probleme und Konflikte durch gemeinsame oder unterschiedliche Interessen – Erfolge/Misserfolge bei der Bewältigung von Interessenunterschieden und Konflikten – Positive Seiten der gemeinsamen oder unterschiedlichen Interessen – Weltanschauliche, religiöse, politische Werthaltungen und Verhaltensnormen
7. Finanzielle Situation der Familie
– Einkommensverhältnisse der Familienmitglieder – Vermögen, Erbschaften – Belastungen, Schulden

Die Familiensituation kann, wie auch die beruflichen Rahmenbedingungen etc. im Rahmen einer Systembetrachtung wichtige Aufschlüsse über Ursache-/ Wirkungsbeziehungen geben. In Denkkategorien einer verhaltenstherapeutischen Verhaltensanalyse ergeben sich hier erfahrungsgemäß wichtige Erkenntnisse über Determinanten des aktuellen Verhaltens, das vor allem aus genetischen Dispositionen, bisherigen Erfahrungen des Betroffenen, dessen aktuellem psycho-somatischen Status sowie aus seinen Grundeinstellungen, Werthaltungen und Erwartungen (d. h. Ängsten und Zielen) erklärt werden kann.

3.2.3.5.6 Sozialisation

Die Sozialisation ist für jeden Menschen ein lebenslanger Entwicklungsprozess. Sie besteht aus einem *aktiven* Teil, d. h. dem Bemühen, beliebt und anerkannt zu sein, Freunde zu haben, Partnerschaften einzugehen, sich in der Gemeinschaft, in der man lebt, wohlzufühlen.

Neben diesen *aktiven positiven* Aspekten der Sozialisation kommt es häufig auch zu *negativen* Aktivitäten – meistens vor dem Hintergrund von Ängsten. Kontakte werden dann abgelehnt oder einfach bloß vermieden, bisweilen auch in Aggressionen gesucht. Als Gegenpol zu Kameradschaft, Kollegialität und Freundschaft kann hier leicht auch Abneigung, Ablehnung, Feindschaft und Hass entstehen und soziale Beziehungen jeder Art belasten.

Aber auch *passiv* vollzieht sich Sozialisation – weil man sich dem Sozialisationsdruck unserer Gesellschaft kaum entziehen kann. Das Kind wird in eine bestimmte Familie hineingeboren (in Armut oder Wohlstand, in ein intaktes oder zerrüttetes Elternhaus), und dann lebt es in dieser Familie oder in einer Pflegefamilie oder in einem Säuglingsheim und später vielleicht in Erziehungsheimen und Internaten oder in Justizvollzugsanstalten.

Die Familie, der Kindergarten, die Schule, der Beruf und die Arbeitsstellen, die Freizeitclubs etc. – sie alle üben Sozialisationsdruck aus. Wir werden, ob wir das wollen oder nicht, auch passiv sozialisiert. Wer sich dagegen wehrt, kann leicht in Konflikte geraten, deren Bewältigung oder Nichtbewältigung allerdings ebenfalls zum Sozialisationsprozess gehört.

Dabei stellen Sympathie, Belohnung und Förderung positive Anteile von Sozialisationsprozessen dar, während Vernachlässigung, Ablehnung, Nichtbeachtung, Bestrafung etc. negative Aspekte beinhalten, die der Sachverständige gegebenenfalls zu erkennen, zu untersuchen und im Rahmen der Gutachten-Fragestellung sachlich zu bewerten hat.

Tabelle 39: Aktive und passive Sozialisation

– in der Geburtsklinik (durch Mutter, Ärzte, Pflegepersonal, Besucher)
– in der Herkunftsfamilie (durch Eltern, Geschwister, andere Verwandte; Berufs-
  kollegen der Eltern, Freunde der Familie, Nachbarn, andere Kinder)
– in Kindergarten/Vorschule (durch Kinder, Erzieher/innen, Lehrer/innen)
– in der Schule/im Studium (durch Mitschüler/innen, Lehrer/innen, Professoren,
  Dozenten, Tutoren, Kommilitonen)
– im Beruf (durch andere Auszubildende, Kollegen/Kolleginnen, Chefs, Mitarbeiter
  („Untergebene"), Kunden, Konkurrenten)
– bei Freizeitaktivitäten (durch Kirche, Sportverein, politische Parteien etc.)
– in der selbst gegründeten Familie (durch Partner/in, Kinder, Enkel, Haustiere)
– im Altersheim/Pflegeheim (durch andere Mitbewohner, Pflegepersonal, Besucher,
  Verwaltungspersonal)
– im Straßenverkehr (durch Verkehrsregeln, andere Verkehrsteilnehmer, Polizei,
  Verkehrsmittel)
– beim Einkaufen, beim Verreisen etc. (durch die jeweiligen Umstände und die
  beteiligten Personen)
– durch die Methoden des Geldverdienens sowie durch die Möglichkeiten und
  Gewohnheiten des Geldausgebens (z.B. auch: Schwarzarbeit)

3.2.2.5.7 Wohnsituation der Familie

Die Wohnsituation einer Familie gibt in der Regel wichtige Anhaltspunkte für das von der Familie angestrebte Sozialprestige (z.B. Top-Lage, Arbeiterviertel,

Stadt- oder Dorflage) und über die finanzielle Situation. Dazu gehört auch die Art der Wohnung (z. B. kleine oder große Mietwohnung, Eigenheim einzelstehend oder als Reihenhaus, einfache oder Luxusausstattung). Die Anzahl der Wohnräume (z. B. ein eigenes Zimmer für jedes Kind; ausreichende Sanitärräume) und die Raumgrößen können das Zusammenleben erleichtern oder zu ständigen Reibereien führen.

Die Nachbarschaft kann angemessene Sozialkontakte erleichtern oder z. B. Kinder mit unerwünschten „Freunden" in Kontakt bringen und bürgerliche Erziehungsbemühungen von Eltern gefährden.

Wohnlage und Infrastruktur wirken sich auch auf die Lebensgestaltung der Familie aus (z. B. Erreichbarkeit von Schule, Arbeitsplatz, Freizeitmöglichkeiten, Geschäften) zu Fuß, mit dem Fahrrad, mit öffentlichen Verkehrsmitteln oder nur mit dem Kraftfahrzeug. Das kann personelle, zeitliche und finanzielle Abhängigkeiten fördern oder Freiräume schaffen.

Eine ungünstige Wohnlage kann das Wohlbefinden der Bewohner beeinträchtigen und den Wunsch nach Wohnungswechseln nähren. Häufiger Wohnungswechsel hat jedoch z. T. unerfreuliche Rückwirkungen auf gewohnte Freundes– und Bekanntenkreise von Eltern und Kindern, kann daher zu zusätzlichem Konfliktpotential und letztlich sogar zur „Entwurzelung" führen.

Angesichts der „Ausländerproblematik" ist auch an Integrationsprobleme, an aggressive Übergriffe einerseits und Verängstigung der Betroffenen andererseits zu denken.

Nicht zuletzt verursacht das Wohnverhalten z. T. erhebliche Kosten und zehrt einen beträchtlichen Teil des Familieneinkommens auf, der dann zur Befriedigung anderer Bedürfnisse (z. B. Reisen, Anschaffungen) nicht mehr zur Verfügung steht.

3.2.3.5.8 Finanzielle Situation der Familie

Die finanziellen Implikationen der Wohnsituation sind gerade angesprochen worden.

Dabei ist es nicht unwesentlich, aus welchen Einkommensbestandteilen sich das Gesamteinkommen der Familie ergibt (z. B. Alleinverdiener, beide Eltern arbeiten; Kinder tragen zusätzlich durch eigene Arbeit zum Familieneinkommen bei).

Darüber hinaus können die Einnahmen aus aktueller Berufstätigkeit jedoch auch noch durch bereits erarbeitetes oder geerbtes Vermögen etc. aufgestockt werden und den finanziellen Aktionsrahmen der Familie erweitern.

Psychodiagnostisch relevant können auch Bemühungen von Menschen im arbeitsfähigen Alter sein, die sich um eine Rente wegen Erwerbsunfähigkeit bemühen, die längerfristig ihren Lebensunterhalt aus der Arbeitslosenversicherung oder durch Sozialhilfe finanzieren. Auch die Notwendigkeit (z. B. infolge Kündigung aus betrieblichen Gründen) oder der Wunsch nach Inanspruchnahme des Vorruhestands oder der Reduktion der Vollzeitarbeit auf eine Teilzeittätigkeit können die Motivation zur Gesundung oder zur Weiterarbeit beeinflussen und sind daher vom Gutachter gegebenenfalls angemessen zu berücksichtigen.

Manche Familien haben sich teilweise bis an die Grenzen des Erträglichen durch Kredite (z. B. für Haus- oder Autokauf) belastet. Manche haben Schulden abzutragen (z. B. aus Konkursen, Bürgschaften) und werden dadurch ihres Lebens nicht mehr froh oder sie haben sogar schon wiederholte Offenbarungseide wegen absoluter Zahlungsunfähigkeit geleistet oder ein Insolvenzverfahren eingeleitet.

Insbesondere in Scheidungsfamilien entstehen oft langjährige finanzielle Belastungen durch Unterhaltsverpflichtungen gegenüber Ehegatten und/oder Kindern.

Vielfach wird das Einkommen auch durch „Schwarzarbeit" aufgestockt. Dadurch können Ängste vor Entdeckung durch die Steuerbehörden, vor Nachzahlung und Geldstrafen entstehen.

Gerade Geldsorgen und Geldprobleme sind nicht selten Anlass für verschiedenartige kriminelle Entgleisungen der Betroffenen.

3.2.3.6 Problementwicklung

Psychische Gesundheit im Sinne der psychischen Unauffälligkeit ist ein Idealzustand, der vielleicht nie erreicht, aber dessen ungeachtet von vielen Menschen immer wieder angestrebt oder beim Umgang mit anderen Menschen erwartet wird. Vergleichbares gilt für das „normale Verhalten".

Tatsache ist jedenfalls, dass die reale Lebenssituation der meisten Menschen von diesem Idealzustand mehr oder weniger weit und auch in verschiedenen Lebensabschnitten in unterschiedlicher Weise abweicht. Strittig ist dabei allenfalls, von welchem Grade an bei der subjektiv empfundenen bzw. objektiv – d. h. hier: von Außenstehenden – festgestellten Auffälligkeit man dies noch für normal hält und von welchem Moment an man darin etwas Krankhaftes sieht. In der Regel kommen Menschen erst dann, wenn sie subjektiv unter ihrem Zustand leiden oder von Bezugspersonen oder Außenstehenden auf die Abnormität ihres Verhaltens (z. B. bei Straffälligkeit) aufmerksam gemacht werden, zur psychotherapeutischen Behandlung. Spätestens zu diesem Zeitpunkt wird das Bestehen des Problems konstatiert, und der Therapeut kann versuchen, gemeinsam mit dem Patienten die Ursachen dafür herauszufinden und gegebenenfalls ein Konzept mit realisierbaren Zielen für eine sachgerechte Behandlung zu entwickeln.

Der Leser eines Gutachtens möchte deshalb nicht nur wissen, um was für ein Problem es sich bei dem begutachteten Klienten handelt, sondern auch, wie das Problem entstanden ist und wie es sich bis zum derzeitigen Zustandsbild weiterentwickelt hat. Dadurch erhält er wichtige Informationen zum Verständnis der vom Sachverständigen durchgeführten Untersuchungen und der daraus resultierenden Bewertung und Beurteilung des Sachverhalts sowie der gegebenenfalls gestellten Prognose für die weitere Entwicklung.

3.2.3.6.1 Entstehung des Problems

Bisweilen können den Akten (Vorgutachten, Klinikberichten, Gerichtsurteilen etc.) bereits wichtige Informationen entnommen werden (z. B. Geburtstraumen,

Krankheiten, erstmalige Einnahme oder ggf. Missbrauch von Medikamenten bzw. Drogen sowie Entziehungskuren, Verhaltensauffälligkeiten zu Hause/im Kindergarten/in der Schule, in Ausbildung und Umschulungen, berufliche Erfolge und Schwierigkeiten, Intelligenzmängel, Hospitalisierungsschäden, Straftaten).

Da gerade die Entstehung eines Problems (z. B. einer Verhaltensauffälligkeit bzw. einer psychischen Störung im Sinne der ICD-10) in vielen Fällen nur sehr schwer oder gar nicht einwandfrei geklärt werden kann, sollte der Gutachter alle vorhandenen oder mit vertretbarem Aufwand zugänglichen Informationen und Informationsquellen nutzen. Er erhält hierdurch eine gute Basis für gezielte weitere eigene Ursachenforschung (z. B. durch Exploration des Klienten bzw. Patienten und seiner Bezugspersonen oder durch Testuntersuchungen).

Ein Modell für die Erfassung und Auswertung biographischer Daten hat Kunkel (1977) für die Begutachtung der Fahreignung zur Diskussion gestellt. Daran wird nicht nur der mögliche Nutzen solcher Systeme deutlich, sondern auch die Problematik der sachgerechten Auswahl und Gewichtung von Informationen sowie der für die Bearbeitung benötigte erhöhte Zeitaufwand.

Derartige umfangreiche und auf eine gewisse Vollständigkeit der Erhebung abzielende Check-Listen-Verfahren haben zwar den Vorteil, dass zumindest alle relevanten Aspekte erfasst werden. Weil aber gleichzeitig auch sehr viele nebensächliche oder gar im konkreten Einzelfall irrelevante Aspekte mit überprüft werden müssen, ist der dafür benötigte Zeitaufwand oft unverhältnismäßig groß. Das ist meines Erachtens ein wesentlicher Grund dafür, dass Sachverständige vielfach auf derartige systematische Erfassungen aus zeit- und kostenökonomischen Gründen von vornherein verzichten (sofern solche Erfassungsverfahren im Einzelfall überhaupt zur Verfügung stehen) und sich lieber auf ihre Berufserfahrung verlassen und dabei in erster Linie ihrer fachlichen Intuition folgen. Das kann dann wieder zu anderen Fehlern führen (z. B. Übersehen wichtiger Details; routinemäßiges Einschlagen eines im konkreten Einzelfall falschen Analyseweges).

3.2.3.6.2 Entwicklung des Problems (Verhaltensanalyse)

Für die Analyse der Problementwicklung ist neben der Feststellung der Problementstehung auch die Erfassung und Darstellung des aktuellen Zustandsbildes – gewissermaßen der Eckpunkte der zur Zeit überschaubaren Entwicklung – erforderlich.

Ursachen $\rightarrow$	Entstehung $\rightarrow$ des Problems	Entwicklung $\rightarrow$ des Problems	Aktuelles $\rightarrow$ Zustandsbild	Künftiges Zustandsbild
	T_0	$T_1 ... T_i ... T_n$	T_n	$T_n + T_i$

T_0 = Zeitpunkt o (Problementstehung);
T_1 = Zeitpunkt 1 (Beginn der Entwicklung);
T_i = Verschiedene Zeitpunkte während der Problementwicklung;
T_n = Zeitpunkt der Begutachtung;
$T_n + T_i$ = Zeitpunkte nach der Begutachtung.

Abbildung 5: Analyse der Problementwicklung

Wichtig sind hier erfahrungsgemäß vor allem lebensgeschichtliche Daten, die die Problementwicklung positiv oder negativ beeinflusst haben könnten (s. dazu 3.2.3.5 „Lebensgeschichtliche Daten des Klienten bzw. Patienten").

Aus der Differenz zwischen den Zustandsbildern zu den Zeitpunkten T_o-T_n ergeben sich Anhaltspunkte für Problem-Entwicklungstendenzen:

Tabelle 40: Anhaltspunkte für Problem-Entwicklungstendenzen

- Ist das Problem (in den in Betracht kommenden Tagen, Monaten, Jahren) gleich-geblieben, hat es sich verstärkt oder abgeschwächt? Wie?
- Hat es sich vielleicht verlagert („Symptomverschiebung")?
- Ist es das Problem des Patienten allein gewesen und geblieben, oder sind andere Menschen (z. B. Bezugspersonen in der Familie, Freunde und Bekannte, Arbeits-kollegen) tangiert oder mit hineingezogen worden?
- Hat sich das Problem vom Betroffenen auf andere Personen verlagert oder haben andere Personen ihr(e) Problem(e) auf den Betroffenen abgeladen?
- Hat das Problem belastende weitere Wirkungen entfaltet (z. B. eine Ehescheidung bewirkt, Suizidversuche veranlasst, zu Straftaten und Bestrafungen geführt, zur Verschuldung getrieben)?
- Welche Zukunftswirkungen des Problems (z. B. Ehescheidung, Berufsunfähigkeit, Inhaftierung, Sterben infolge tödlicher Erkrankung) zeichnen sich bereits ab?
- Durch welche Maßnahmen können gegebenenfalls positive Veränderungen und eine günstige Zukunftsprognose erreicht werden?

Die systematische Analyse der Problementwicklung wird dem Gutachter nicht nur Daten und Fakten für sein Gutachten liefern, sondern ihm auch Erkenntnis-lücken offenbaren, die er zu füllen versuchen kann, jedoch in den meisten Fällen zumindest darstellen und gegebenenfalls diskutieren sollte.

Die Analyse der Problementwicklung kann sich der psychologische oder psychi-atrische Sachverständige z. B. mit Hilfe des System-Modells des menschlichen Verhaltens aus der Perspektive der Verhaltenstherapie (S-O-R-K-C) erleichtern (nach Reinecker 1999, S. 108 ff.):

Tabelle 41: Prinzip des System-Modells menschlichen Verhaltens
(Reinecker 1999, S. 108-109)

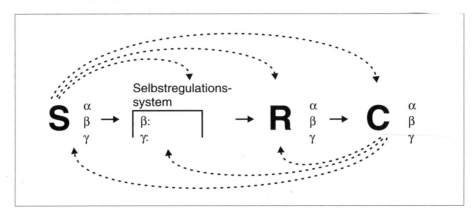

Dabei bedeutet (Reinecker 1999, S. 89-90, 108 ff.):

S Situationen komplexer Natur, oder auch Stimuli, als einer Reaktion zeitlich vorgelagerte Elemente (*auslösende Bedingungen*).

O Variablen des *Organismus*, als relativ konstante Moderatoren des Verhaltens; in neuerer Zeit werden darunter oft auch kognitive Verarbeitungsmechanismen, Standards, Erwartungen, biographische Ereignisse etc. subsumiert, die das Verhalten mit determinieren; aus diesem Grunde wird diese Variable als Selbstregulierungssystem bezeichnet. (Situationen lösen Reaktionen nicht unmittelbar aus, sondern es erfolgt eine Vermittlung zumindest über sogenannte Organismus-Variable.)

R *Verhaltensweisen*, oder auch *Reaktionen*.

C Situationen, die einem Verhalten zeitlich nachfolgen (positive bzw. negative *Konsequenzen*; das menschliche Verhalten aufrechterhaltende Bedingungen).

Verschiedene Analyse-Ebenen:

α-**Variable**: *Externe situative Bedingungen*, aber auch beobachtbare Merkmale des Verhaltens selbst, wenn sie (z. B. als Auslöser oder als Konsequenzen) ein Element der Verhaltenskette darstellen.

β-**Variable**: Umfassen verdeckte, *gedankliche Prozesse (Kognitionen)*, die ebenfalls als Auslöser, als Merkmale oder als Konsequenzen des menschlichen Verhaltensablaufes gesehen werden können.

γ-**Variable**: Umfassen sowohl die *überdauernde biologische und physiologische Ausstattung* des Menschen (z. B. Alter, Geschlecht etc.) als auch aktuelle somatische und *physiologische Aspekte* (z. B. Medikation, Alkohol etc.).

Das verhaltenstherapeutische System-Modell sieht im Rahmen der Eingangsdiagnostik eine Reihe systematischer Daten- bzw. Informationserhebungen vor, um aus den Ergebnissen Schlussfolgerungen für die Prognose künftigen Verhaltens bzw. für angemessene psychotherapeutische Maßnahmen zum Erreichen definierter Therapieziele herzuleiten. Durch Information über die einzelnen Arbeitsschritte im Gutachten kann das Vorgehen eines Sachverständigen zumindest für Fachleute besser nachvollziehbar und gegebenenfalls auch leichter nachprüfbar werden und von daher höhere Akzeptanz erreichen.

Einige Anhaltspunkte für die Strukturierung einer sachgerechten Problemanalyse enthält die folgende Tabelle:

Tabelle 42: Gliederungspunkte für die Problemanalyse im Rahmen der Eingangsdiagnostik (nach Reinecker 1999, S. 71-72)

1.   Allgemeine Informationen
1.1   Daten zur Person 1.2   Schwierigkeiten und Auffälligkeiten 1.3   Genese und Vorbehandlungen 1.4   Auftreten und Interaktionsverhalten

Fortsetzung Tabelle 42

2. Problemstrukturierung
2.1 Zustandsanalyse: Diagnosen und Ressourcen 2.2 Zielanalyse: Therapieziele 2.3 Beschreibung der Teilprobleme (A bis Z) 2.4 Verhaltensdiagnostik
3. Bedingungsanalysen

Störungsanalysen:
   I   Analyse äußerer Rahmenbedingungen
  II Analyse körperlicher Rahmenbedingungen
 III Störungsspezifische Analyse alternativ zu III:
 IV Verhaltensanalyse
  V Kognitionsanalyse
Prozeßanalysen I: Motivationsanalysen
 VI Analyse des subjektiven Störungsmodells
 VII Analyse äußerer Folgen
VIII Analyse psychologischer Folgen
Prozeßanalysen II: Beziehungsanalysen
 IX Analyse des Interaktiven Therapeutenverhalten (hier: Sachverständigen-
     verhaltens)
  X Analyse des interaktiven Patientenverhaltens (hier: Klientenverhaltens)

Für das Vorgehen bei den einzelnen Schritten wird auf die detaillierte Beschreibung bei Reinecker (1999, S. 73 ff.) verwiesen. An dieser Stelle sollen lediglich einige Hinweise auf die Variablen bzw. Variablengruppen gegeben werden, die der Sachverständige bei seiner Bedingungsanalyse im Rahmen einer Verhaltensanalyse beachten sollte:

Tabelle 43: Liste von Variablen oder Variablengruppen, die für die Bedingungsanalyse im Rahmen einer Verhaltensanalyse von verschiedenen Autoren vorgeschlagen wurden (aus: Reinecker 1999, S. 55-56)

Organismus:
– Krankheiten, biologische Bedingungen (Kanfer & Saslow, 1969) – Medikamente (Lazarus, 1973) – Behinderungen, vorübergehende körperliche Zustände (Schulte, 1974) – Attraktivität (Goldstein & Stein, 1976) – Aktivierungsmuster (Krauß, 1993)
Umwelt:
– Verstärkungsmöglichkeiten (Lanyon & Lanyon, 1976) – Einschränkungen (Kanfer & Grim, 1977) – Stressoren (Schulte, 1981) – Kontext-Variablen (Dumas, 1989)

Fortsetzung Tabelle 43

Soziale Bedingungen:

- Soziale Schicht, Milieu, Rasse, Geschlecht, Alter (als implizite Kriterien; Goldstein & Stein, 1976)
- Modelle (Bandura, 1969)
- Normen (Kanfer & Saslow, 1969)
- Soziale Beziehungen (Lazarus, 1973)
- Verhaltensspielraum anderer (Schulte, 1974)
- System-Regeln (Bartling et al., 1980)

Defizite:

- Kognitive Defizite (Kanfer & Grim, 1977)
- Soziale Defizite (Kanfer & Saslow, 1969)
- Mangelnde Vorstellungsfähigkeit (Lanyon & Lanyon, 1976)

Persönlichkeit:

- Persönlichkeit (Eifert, Evans & McKendrick, 1990)

Emotionen:

- Affekte (Lazarus, 1973)
- Konditionierte emotionale Reaktionen (Kanfer & Grim, 1977)
- Autonome Reaktionen (Meyer & Turkat, 1979)

Selbstregulation:

- des speziellen Verhaltens (Kanfer & Saslow 1969)
- Allgemeine Kompetenz (Lanyon & Lanyon, 1976)
- Selbstbeobachtung, Selbstverstärkung, Selbstkontrolle bei Konflikten, selbsterzeugte Stimuli, Selbstregulation, (Kanfer & Grim, 1977)
- Standards (Bartling et al., 1980)
- Selbstbewertung (Schulte, 1981)

Kognitionen:

- Einsicht (Bandura, 1969)
- Vorstellungen (Lazarus, 1973)
- Wahrnehmung, Interpretation, Bewertung (Bartling et al., 1980)
- Selbstverbalisierungen (Meichenbaum, 1976)
- Automatische Gedanken (Beck et al., 1981)
- Irrationale Überzeugungen (Ellis, 1977)
- Verdeckte/symbolische Aktivitäten, unangemessene Selbstbeschreibungen, Wissensmängel (Kanfer & Grim, 1977)
- Attribuierungen (Sachse, 1979)
- Erwartungen, Bewertungen (Fiedler, 1979)
- Regeln, Pläne (Grawe & Dziwas, 1978)
- Verhaltensziele (Schulte, 1981)

Therapiemotivation:

- „Willingness to permit control" (Lanyon & Lanyon, 1976)
- Veränderungsbereitschaft (Fiedler, 1979)

Die Übersicht über die problem-, bedingungs- und verhaltensanalytischen etc. Aspekte der Verursachung, des Verlaufs, der Persistenz bzw. der Veränderungsmöglichkeiten von Verhalten können meines Erachtens einen guten Eindruck von der Komplexität von Verhaltensprognosen geben. Im Normalfall einer Begutachtung wird kaum ein Sachverständiger in der Lage sein, unter den jeweils gegebenen zeitlichen und ökonomischen Rahmenbedingungen sowie im Hinblick auf die Grenzen der Kooperationsbereitschaft und -fähigkeit der zu begutachtenden Personen in allen relevanten Punkten immer unangreifbar „objektiv richtige" Feststellungen zu treffen.

Zwangsläufig bleiben in der Regel manche Einflussvariablen ungeklärt, und der Sachverständige muss dann Prognosen auf der Basis lückenhafter Informationen abgeben und – gestützt auf seine meist langjährige einschlägige Berufserfahrung – entsprechende Schätzungen vornehmen. Dabei sollte er sich jedoch immer selbstkritisch der möglichen Beeinflussung durch Schätz- und Beurteilungsfehler bewusst sein, wie z. B.:

Tabelle 44: Wahrnehmungs- und Beurteilungsfehler

---

(1) *Persönlichkeitsbedingte Beurteilungsfehler:*
Projektionsfehler, Vorurteile, Sympathie bzw. Antipathie, Ersteindrucksurteile, Bezugspersonen-Effekt, charaktertypische Beurteilungstendenzen, Subjektivität.

(2) *Absichtliche Beurteilungsverfälschungen.*

(3) *Wahrnehmungsverzerrungen:*
Halo-Effekt (Überstrahlungs-Effekt), Recency-Effekt und Nikolaus-Effekt, Kleber-Effekt, Hierarchie-Effekt, Einzelvorfall-Effekt, Maßstabsfehler (Tendenzen zur Strenge, zur Milde, zur Mitte), Missverständnisse und Irrtümer.

(4) *Situative Einflüsse des sozialen Umfeldes:*
Gruppenegoismus und Gruppendruck in der Arbeitswelt, familiäre Vorgaben, politische, weltanschauliche etc. Voreinstellungen.

Wer solche möglichen Verfälschungstendenzen kennt und selbstkritisch berücksichtigt, kann mit Aussicht auf Erfolg versuchen, sie angemessen zu neutralisieren. Er kann damit den Wert seines Gutachtens spürbar verbessern und auch dadurch einer möglichen Ablehnung wegen Befangenheit vorbeugen.

3.2.3.6.3 Frühere Lösungs-/Behandlungsversuche

Die Problementwicklung wird oft mehr oder weniger stark dadurch beeinflusst, dass der/die Betroffene das Problem selbst zu lösen versucht oder dafür fachkundige Hilfe in Anspruch genommen hat bzw. nimmt. Gerade aus dem Bereich psychischer Störungen und Erkrankungen (nach ICD-10) ist bekannt, dass die Patienten wiederholt Selbstbehandlungsversuche unternehmen und häufig erst dann einen Facharzt oder Psychotherapeuten aufsuchen, wenn ihre eigenen Behandlungsversuche über längere Zeit erfolglos geblieben sind.

Art und Umfang eigener Bemühungen, der Hilfe von Bezugspersonen oder von Fachleuten können wichtige Hinweise geben über die Schwere und Persistenz der Störung und somit auch für vielleicht vom Gutachter erwartete Lösungs-/Behandlungsvorschläge oder auch für die prognostische Einschätzung der weiteren Entwicklung.

3.2.3.6.4 Aktueller Zustand

„Aktueller Zustand" bedeutet an dieser Stelle vor allem den Zustand des Problems zum Zeitpunkt der Erteilung des Gutachtenauftrags. Das kann z. B. der Termin einer Hauptverhandlung sein, an dem sich das Gericht entschließt, im Rahmen der Vernehmung eines Angeklagten bzw. bei der Beweiserhebung dessen Begutachtung zu veranlassen (z. B. bezüglich der „Glaubwürdigkeit des Zeugen" oder der „Schuldfähigkeit des Angeklagten").

Der Anlass zur Begutachtung kann in Verbindung mit dem Beweisbeschluss des Gerichts dem Sachverständigen wichtige Informationen über den zu diesem Zeitpunkt aktuellen Zustand eines unter Umständen schon seit Jahren bestehenden Problems (z. B. Beschaffungskriminalität eines Drogenabhängigen) geben. Er wird diese Tatsachen für sein Gutachten festhalten, auswerten und eigene Untersuchungen darauf sinnvoll abstimmen.

Wenn der Gutachter Informationen über den aktuellen Zustand des Problems aus den Akten entnimmt, wird er sich in der Regel darüber im klaren sein müssen, dass die Darstellung durch einen Angeklagten (z. B. wenn dieser unter dem Verdacht steht, einen Diebstahl oder einen Mord begangen zu haben), durch Kläger (eine geschädigte Partei oder die im öffentlichen Interesse ermittelnde Staatsanwaltschaft) oder durch Zeugen (z. B. Verwandte des Opfers), deren jeweiliger Interessenlage entsprechend, tendenziös sein kann. Dabei braucht der Sachverständige nicht einmal immer von absichtlicher Täuschung und Falschaussage auszugehen, er muss vielmehr auch mit realitätsverzerrenden Wahrnehmungsfehlern, mit wunsch- oder gewohnheitsorientierter (Fehl-) Interpretation von Wahrnehmungsinhalten rechnen (s. dazu Tab. 44 „Wahrnehmungs- und Beurteilungsfehler").

3.2.3.7 Ziele der Beteiligten

Für einen Sachverständigen und das von ihm zu erstattende Gutachten ist es nicht belanglos, welche Ziele die Beteiligten bei der Abwicklung des Gutachtenverfahrens verfolgen. Denn von den Interessen der Beteiligten hängt es zu einem guten Teil ab, welche Informationen dem Sachverständigen zugänglich gemacht oder gegeben werden und wie sachlich der Klient bei eventuell erforderlichen Untersuchungen (z. B. Exploration, Testuntersuchungen, Verhaltensbeobachtungen) mitmacht.

Dabei spielt auch die Frage eine wichtige Rolle, wer *Auftraggeber* für das Gutachten ist (s. Kapitel 1.6):

- Ein *Gericht* könnte von der Sache her neutral sein und lediglich Interesse an einschlägigen fachlichen Informationen haben, über die das Gericht zur Beurteilung der Sache mangels eigener spezieller Sachkunde nicht verfügt. Jedoch können schon je nach Besetzung des Gerichts (z. B. Schöffengericht) oder nach der Instanz (1. Instanz, Berufungsgericht, Revisionsgericht) und nach der Bedeutung eines Falles für die Öffentlichkeit (z. B. emotionsgeladene Mordsache; Grundsatzentscheidung) oder nach der politischen oder weltanschaulichen Überzeugung eines Richters der Sache nicht dienliche Tendenzen in die Fragestellung einfließen. Derartige Tendenzen sind z. B. für die Rechtsprechungspraxis des deutschen Dritten Reichs und der ehemaligen DDR, aber auch für andere Staatswesen eindrucksvoll dokumentiert (Amnesty International 1989a, 1989 b).

  Dadurch kann der Sachverständige bei der Erstellung seines Gutachtens aus einer neutralen und objektiven Position in eine bestimmte Richtung gelenkt werden, wenn er nicht aufpasst. Desgleichen muss er bei der Erstattung des Gutachtens in der Verhandlung wachsam sein, wenn er mündlich vorträgt und die verschiedenen Verfahrensbeteiligten aus unterschiedlichen Interessenrichtungen ihn zu Feststellungen zu provozieren versuchen, die mehr ihren persönlichen Zielen dienen als der Sache oder – wie es so schön heißt – der Wahrheitsfindung.

- Auftraggeber kann auch die im öffentlichen Interesse ermittelnde *Staatsanwaltschaft* sein oder die *Polizeibehörde*. Die Aufklärung einer Straftat durch Polizeibeamte hat einen anderen Rahmen als die Untersuchung durch einen Volljuristen, einen Staatsanwalt, oder gar die Urteilsfindung durch einen *Richter*.

- Ist ein *Klient/Patient* Auftraggeber eines Gutachtens, kann die parteigebundene (oft sogar: parteiliche) Interessenausrichtung noch klarer hervortreten. Er möchte durch ein Gutachten in der Regel seine Argumentation stützen, die ihm Nachteile (z. B. Bestrafung, Schadensregulierung, Entzug der elterlichen Sorge, Entzug der Fahrerlaubnis) ersparen oder Vorteile verschaffen soll (z. B. Auszahlung einer Versicherungsprämie; Zuteilung der elterlichen Sorge für die Kinder bei Ehescheidung). Er ist vielfach gar nicht an einer objektiven und neutralen Klärung des Sachverhalts interessiert, sondern ihm ist es letztlich auch recht, wenn er durch ein parteiliches Gutachten in seinem Streit(verfahren) obsiegt. Manche Menschen verfolgen dabei ihre (auch z. T. rechtswidrigen) Ziele bis zum finanziellen Ruin und zur Selbstvernichtung bzw. zur Vernichtung des Gegners.

- Sind *Dritte* die Auftraggeber für das Gutachten (z. B. Angehörige in einem Entmündigungsverfahren), muss der Sachverständige ebenfalls damit rechnen, dass es nicht nur um die objektive Klärung der Sache geht, sondern dass unter Umständen ganz handfeste finanzielle oder Macht-Interessen hinter dem Auftrag stehen. In diesem Zusammenhang ist auch an Zwangseinweisungen von psychisch gestörten Personen nach dem PsychKG in eine Fachklinik (z. B. Psychiatrisches Landeskrankenhaus) zu denken, wenn ein Sachverständiger für die Durchsetzung unrechtmäßiger Interessen Dritter funktionalisiert werden soll. Ein Sachverständiger wird also auch hier auf der Hut sein müssen, damit er sich nicht unbedacht in fragwürdige Interessenkämpfe hineinziehen lässt und dadurch seine Neutralität, Objektivität und damit auch seine fachliche Reputation aufs Spiel setzt.

Am Prozess der Gutachtenerstattung sind jedoch außer den Auftraggebern verständlicherweise auch noch die Gutachtenersteller, nämlich Institutionen und Sachverständige beteiligt, deren Interessenlage ebenfalls zu berücksichtigen ist. Sie wollen (oder müssen) mit den Gutachten Geld verdienen:

– *Für manche gutachtende Institutionen* (z. B. Gerichtspsychologisches Institut in Bochum, Begutachtungsstellen für Fahreignung z. B. der Technischen Überwachungs-Vereine (TÜV) bzw. DEKRA, Psychologische Institute und Psychiatrische Kliniken von Universitäten) gehört das Erstellen von Gutachten zu den Haupttätigkeitsgebieten, oder die Sachverständigen werden doch zumindest mehr oder weniger regelmäßig als Gutachter herangezogen.

Solche Institutionen sind in erster Linie der Sache verpflichtet, d. h. sie sollten neutrale und fachlich korrekte Gutachten erstellen. Sie müssen aber z. B. im Hinblick auf die Wirtschaftlichkeit ihres Unternehmens (z. B. einer GmbH) ihren Begutachtungsaufwand, dessen Bedeutung für das Ergebnis unbestritten ist, danach richten, welche Honorarbeträge sie für ein Gutachten liquidieren können. Daher können sie – auch wenn dies der Sache dienlich wäre – auch mit dem Ziel optimaler Qualität nicht unbegrenzt lange an einem Auftrag arbeiten.

Für eine medizinisch-psychologische Fahreignungsuntersuchung darf z. B. nach der „Gebührenordnung für Maßnahmen im Straßenverkehr GebOSt" nur ein dort festgelegter Betrag abgerechnet werden (s. dazu 7.2 „Gutachten für andere Auftraggeber").

Die Abrechnung von Gerichtsgutachten ist durch das Gesetz über die Entschädigung von Zeugen und Sachverständigen (ZSEG) beschränkt. Danach erhält z. B. ein Sachverständiger für jede Stunde der erforderlichen Zeit 50-100 DM, wobei dieser Betrag unter besonderen Umständen um bis zu 50% überschritten werden kann (§ 3 ZSEG) (s. dazu 7.1). Gutachter in Institutionen haben üblicherweise auch auf deren Selbstverständnis und Geschäftsgrundlage (z. B. Vereinssatzung; Allgemeine Geschäftsbedingungen; Hochschulgesetze; Arbeitsvertrag) Rücksicht zu nehmen. Dabei ist zu beachten, dass der Sachverständige keinen fachlichen Weisungen der Institution unterliegen darf, durch die Einfluss auf das Ergebnis der Sachverhaltsbeurteilung und -bewertung durch den Sachverständigen genommen würde. Er ist insofern fachlich unabhängig, hat sich jedoch organisatorischen und disziplinarischen Anordnungen seines Arbeitgebers zu fügen.

– *Selbstständige Sachverständige* haben als Gutachter keine Rücksichten auf eine institutionelle Einbindung zu nehmen. Sie sind allerdings in noch stärkerem Maße direkt betroffen von der Vergabe oder dem Ausschluss von Gutachtenaufträgen durch bestimmte Auftraggeber, wenn diese mit dem Gutachter aus irgendwelchen Gründen nicht zufrieden sind oder andere bevorzugen. Die Unabhängigkeit und Neutralität eines Einzelgutachters ist daher aus der Perspektive unmittelbarer finanzieller Abhängigkeit von den Gutachtenaufträgen noch leichter gefährdet.

Während der institutionell eingebundene Sachverständige sich als Angestellter oder Beamter infolge der Absicherung seiner Tätigkeit im Arbeitsvertrag, im Betriebsverfassungs- und Arbeitsrecht relativ gelassen seiner Gutachtertätigkeit widmen kann, muss der Freiberufler seine Aufträge selbst akquirieren und läuft daher unter Umständen leichter Gefahr, dem Auftraggeber in geschäftsfördernder Weise entgegenzukommen. Unbedenklich ist solches Entgegenkommen, wenn es Terminflexibilität, Arbeitstempo und freundlichen Umgangston anbelangt. Bedenklich wird es beim Übergang zum Gefälligkeitsgutachten im Sinne eines parteilichen Gutachtens, wo ein Gutachter im Hinblick auf die Zuteilung dieses Auftrags und eventueller weiterer Aufträge gegen seine fachliche Erkenntnis oder Überzeugung sein Gutachten zugunsten des Auftraggebers schönt (s. Kap. 1.2.1.3 „Parteiengutachten", 1.2.1.4 „Privatgutachten").

In diesem Zusammenhang kann demnach die Qualität eines Gutachtens auch beeinträchtigt werden durch *Befürchtungen des Begutachteten* (z. B. Angst, sich selbst zu belasten) und *Widerstände der Beteiligten* (z. B. Weigerung, über eine Straftat zu berichten, die dem Beschuldigten oder Angeklagten zu Unrecht vorgeworfen wird), aber auch durch *objektive Hindernisse* bei der Problembewältigung (z. B. psychische Störung des Begutachteten, die ihn an selbstkritischer Erkenntnis eines schuldhaften Verhaltens hindert).

3.3 Untersuchungen des/der Sachverständigen

3.3.1 Vorbereitungen und Einladung zur Untersuchung

Auf der Grundlage der Fragestellung (s. Kap. 2.2 „Fragestellungen") und der Aktenanalyse (s. Kap. 3.2.3.2 „Aktenanalyse") wird der Sachverständige die erforderlichen eigenen Untersuchungen planen. Er sollte dabei nicht nur intuitiv vorgehen oder nach einem in allen Fällen benutzten Standardverfahren („Aktenbericht"). Er würde dann möglicherweise viel unnötigen Ballast übernehmen oder sogar selbst produzieren (z. B. überflüssige Testuntersuchungen), dadurch seine wertvolle Zeit vergeuden und unter Umständen sogar die Qualität eines ansonsten überzeugenden Gutachtens durch Überladung mit unwesentlichen und nicht zur Fragestellung gehörenden Ausführungen beeinträchtigen.

Im Hinblick auf Ökonomie, rationelle Abwicklung und größtmögliche fachliche Effizienz sollte er die Standardgliederung (s. Kap. 3.1 „Beispiele für Gutachten-Gliederungen") für die Planung und Durchführung seiner fallspezifischen Untersuchungen auch als Check-Liste nutzen und die einzelnen Punkte dieser Liste für jeden seiner Gutachtenfälle bzw. für bestimmte Arten von Gutachten (z. B. über elterliche Sorge, Fahreignung, Schuldfähigkeit, Eignung zur Umschulung) konkretisieren.

Dazu einige *Hinweise:*

Schon bei der Einladung zur Untersuchung sollte der Klient das Angebot zur persönlichen Information oder zumindest ein Informationsblatt erhalten, das ihn über die Rahmenbedingungen und den Ablauf der Untersuchung in Kenntnis setzt und dadurch hilft, seine Ängste abzubauen und ihn optimal für die Kooperation mit dem Sachverständigen zu motivieren.

Tabelle 45: Klienteninformation: Rahmenbedingungen und Ablauf der Untersuchung

– Handelt es sich um eine (ein- oder mehrstündige) ambulante oder um eine (mehrere Tage oder Wochen dauernde) stationäre Untersuchung? Wie lange wird die Untersuchung voraussichtlich dauern?
– Wie findet der Klient die Untersuchungsstelle (Anfahrtplan für Autofahrer, Information über Erreichbarkeit mit öffentlichen Verkehrsmitteln)?
– Soll sich der Klient nur auf ein Gespräch und die Bearbeitung von Testaufgaben oder auch auf eine körperliche Untersuchung vorbereiten (z. B. vorher gründliche körperliche Reinigung)?
– Wann, wo und bei wem soll er sich zur Untersuchung einfinden?
– Was soll der Klient gegebenenfalls zur Untersuchung mitbringen (z. B. Schul-, Arbeitszeugnisse, Schriftverkehr mit Behörden, ärztliche Bescheinigungen, Lesebrille, Frühstücksbrot)?
– Wie teuer wird die Untersuchung/das Gutachten sein? Wann und wie ist zu bezahlen?
– Sind bestimmte Anforderungen an die körperliche/geistige Befindlichkeit des Klienten gestellt (z. B. ausgeruht, nüchtern, nicht unter Alkohol-, Drogen- oder Medikamenteneinfluss)?
– Soll/darf ein Ausländer mit Sprachschwierigkeiten einen Dolmetscher mitbringen?
– Wie lange dauert es bis zur Fertigstellung des Gutachtens?
– Wann, von wem und in welcher Form wird der Klient über die Ergebnisse der Untersuchung informiert werden?
– Wird ihm das Gutachten persönlich zur Einsichtnahme ausgehändigt werden, bevor es unter Umständen an Dritte weitergegeben wird?

Der Sachverständige/Gutachter benötigt in der Regel für eine erfolgreiche Untersuchung einen kooperationsbereiten Klienten und keinen, der verunsichert oder verängstigt ist, sich dadurch in eine Abwehrhaltung begibt und sich als Folge davon mehr oder weniger untypisch verhält. Wenn der Sachverständige dem Klienten durch ausreichende Vorabinformationen Gelegenheit gibt, sich angemessen auf die Untersuchung einzustellen und gegebenenfalls darauf vorzubereiten, können manche Probleme vermieden werden. Solche grundsätzlich vermeidbaren Beanstandungen könnten sonst die Untersuchten bzw. ihre Rechtsanwälte nachträglich (d. h. speziell bei Gutachten, die für den Untersuchten ungünstig ausgefallen sind) zum Widerspruch reizen oder aus objektiven Gründen die Verwertbarkeit des Gutachtens durch den Auftraggeber einschränken oder sogar aufheben.

3.3.2   Untersuchungssituation

Der Gutachter hat zu entscheiden, wo er seinen Klienten untersuchen will. Die einfachste Lösung, ihn in sein Arbeitszimmer, d. h. das Untersuchungszimmer der Klinik, des Instituts oder der Praxis zu bestellen, ist nicht immer auch zugleich die beste, insbesondere dann nicht, wenn er dort nicht ungestört arbeiten kann.

Mitentscheidend für den Erfolg der Untersuchung ist eine angenehme und sachgerechte Gestaltung der Untersuchungssituation während des gesamten Verlaufs der Untersuchung – einschließlich eines der Situation angemessenen Service. Einige sachdienliche Hinweise und Anregungen zu diesem leider bisweilen vernachlässigten Bedingungskomplex können Ihnen möglicherweise unnötigen Ärger und Beeinträchtigungen Ihrer fachlichen Arbeit ersparen:

3.3.2.1 Ort, Raum, Service

Bestimmte institutionelle Untersuchungszimmer muss der Sachverständige vor allem dann in Anspruch nehmen, wenn sich dort im konkreten Untersuchungsfall benötigte Untersuchungseinrichtungen befinden (z. B. ärztliche Untersuchungsgeräte oder bei Psychodiagnostik: Simulator, Video-Anlage, Matschraum für Kinder, bestimmte Test- oder Spielgeräte), die nicht oder nur mit unvertretbar großem Aufwand in eine besser passende Umgebung gebracht werden könnten. Dazu zählen auch Untersuchungen in Krankenzimmern von bettlägerigen Patienten, wenn diese ihr Krankenzimmer nicht verlassen können. Dabei sollte allerdings besonders darauf geachtet werden, dass nicht unbeteiligte Dritte die vertrauliche Untersuchungsatmosphäre stören.

Das kann z. B. ein Problem werden, wenn Untersuchungen in Justizvollzugsanstalten mit Strafgefangenen durchgeführt werden müssen und wenn außer den Anwaltssprechzimmern keine geeigneten Untersuchungsräume zur Verfügung stehen.

Bei Fahreignungsuntersuchungen kann es sogar erforderlich sein, mit dem zu untersuchenden Verkehrsteilnehmer in einem eigens dafür ausgestatteten Fahrschulfahrzeug eine Fahrprüfung im öffentlichen Straßenverkehr (im Beisein eines Fahrlehrers und eventuell sogar eines Kraftfahrsachverständigen) durchzuführen.

In Abhängigkeit vom Klienten, der Fragestellung und dem Untersuchungsziel kann sich ein Gutachter z. B. für sehr unterschiedliche Untersuchungsorte bzw. „Settings" entscheiden:

Tabelle 46: Auswahl eines geeigneten Untersuchungsortes

> – die Stadt, in der der Klient wohnt, oder in der der Gutachter bzw. die Institution ihren Sitz hat
> – ein Untersuchungszimmer in der Praxis, Klinik, Institution des Gutachters
> – das Sprechzimmer des Gutachters
> – das Krankenzimmer
> – die Wohnung des Klienten (z. B. der Familie eines Kindes)
> – den Kindergarten, den Spielplatz (bei Kinderuntersuchungen)
> – das Gefängnis (bei Strafgefangenen z. B. das Anwaltssprechzimmer)

Fortsetzung Tabelle 46

– den Arbeitsplatz (bei Einstellungs- oder Umschulungsuntersuchungen) – einen Park, um beim Spazierengehen zu explorieren – ein Kraftfahrzeug, das (z. B. während einer einstündigen Fahrprobe) eine bestimmte Strecke im öffentlichen Straßenverkehr gefahren werden muss

Zu beachten sind gegebenenfalls bestehende *Beschränkungen* bezüglich der *Auswahl eines bestimmten Ortes:*

Tabelle 47: Beschränkungen bezüglich der Auswahl eines Untersuchungsortes

– Es dürfen keine institutionellen, gesetzlichen Hindernisse gegen die Wahl dieses Ortes bestehen (z. B. Ausgangsbeschränkung bei Gefängnisinsassen ohne Vollzugslockerungen). – Er sollte in einer angemessenen Zeit erreichbar sein. – Er darf keine den Kostenrahmen übersteigenden Geldmittel erfordern (z. B. Flug nach Japan). – Der Klient/Patient muss den Ort akzeptieren, weil er sonst nicht zur Untersuchung erscheint oder nicht optimal mit dem Untersucher kooperiert. – Die Untersuchung (oder ggf. Exploration) sollte dort ungestört möglich sein (d. h. keine Störungen durch Telefon, durch Dritte oder durch sonstigen Lärm). – Der Ort muss zu der gewünschten Zeit zugänglich bzw. reservierbar sein und gegebenenfalls auch bei Überziehung der ursprünglich geplanten Untersuchungszeit noch problemlos verlassen werden können.

Noch konkreter gilt das bisher für den Ort Gesagte auch für den *Untersuchungsraum:*

Tabelle 48: Auswahl eines geeigneten Untersuchungsraumes

– Er sollte sachdienlich und zweckmäßig ausgestattet sein (bequeme Stühle/Sessel; ggf. Liege; Untersuchungstisch; ausreichende Beleuchtung, angenehme Raumtemperatur; der Situation angemessene Dekoration (Blumen, Bilder)). – Geeignetes Untersuchungsmaterial (z. B. Tests) sollte ausreichend vorhanden und für die Untersuchung vorbereitet sein. – Der Raum sollte gut erreichbar sein (Wegweisung; ggf. Aufzug für ältere Menschen oder Gehbehinderte, Rollstuhlfahrer). – Gegebenenfalls Warteraum für Angehörige und andere Begleitpersonen vorsehen. – Telefonanschluss für Notfälle. Bisweilen wollen auch die Klienten telefonieren (nach Taxis, um sich von Verwandten abholen zu lassen, um bei längerer Untersuchungsdauer gefährdete private Termine abzusagen). – Erste-Hilfe-Ausstattung für Notfälle. – In der Nähe des Untersuchungszimmers sollte eine saubere und nach modernen hygienischen Standards ausgestattete Toilette erreichbar sein.

Insbesondere bei längerdauernden Untersuchungen ist auch an das körperliche Wohl der Untersuchten (und der Untersucher) zu denken. Der zu Begutachtende sollte daher schon bei der Einladung zur Untersuchung auf die *Möglichkeiten* oder *Unmöglichkeiten der Verpflegung* während des Untersuchungszeitraums hingewiesen werden. Soweit möglich, sollte der Gutachter bzw. die Institution für einen angemessenen Service Sorge tragen:

Tabelle 49: Service bei Untersuchungen

– Gegebenenfalls alkoholfreie (!) Erfrischungsgetränke (z. B. Kaffee, Tee, Mineral-
wasser, Cola, Säfte) bereitstellen.
– Frühstück, Mittagessen (z. B. bei Vorhandensein einer Hauskantine) anbieten oder
zumindest ausreichende Pausen vorsehen, in denen die Klienten mitgebrachte
Nahrungsmittel und Getränke verzehren können.
– Für Kinder: Spielsachen und gegebenenfalls weitere Motivationsmittel (z. B.
Süßigkeiten) bereithalten.

3.3.2.2 Termin(e), Zeitpunkt(e), Zeitrahmen

Der Untersuchungstermin bzw. die Untersuchungstermine sollten rechtzeitig und
eindeutig mit den Betroffenen (und bei Gerichtsgutachten ggf. sogar mit dem
Gericht) abgesprochen werden. Gerade der psychologische Gutachter braucht
einen Klienten/Patienten, der sich auf die Untersuchung eingestellt hat. Er soll in
einer dafür geeigneten körperlichen und psychischen Verfassung sein (also in
der Regel: nicht übermüdet nicht angetrunken) und nicht unter Zeitdruck stehen,
weil er wegen einer Zugverbindung erst verspätet eintreffen kann oder weil er
sich aus beruflichen/privaten Gründen im Hinblick auf die Wahrnehmung eines
noch anschließenden Termins nicht ausreichend auf die Untersuchung selbst
konzentrieren kann.

Für den Klienten/Patienten sollten, wie bereits erwähnt, während der Untersuchung ausreichende Pausen (Frühstück, Trinkpause, Rauchpause, Telefonier-
pause, Bewegungspause, Toilettenpause, Mittagessen) eingeplant werden.
Andernfalls wird er unruhig, nervös, aggressiv, unkonzentriert werden und
dadurch das Untersuchungsergebnis gefährden. Wenn der Untersucher auf derartige Bedürfnisse seines Klienten nicht schon bei der Ablaufplanung ausreichend Rücksicht nimmt, wird dieser unter Umständen ganz unerwartet durch
Verlangen oder Selbstverordnung von Pausen den vom Sachverständigen sorgfältig erarbeiteten Zeitplan durcheinander bringen.

Was für den Klienten/Patienten zu beachten ist, gilt analog für den/die Untersucher. Auch sie sollten pünktlich zu dem vereinbarten Untersuchungstermin
erscheinen und nicht Wartezeiten verursachen, die den Klienten nervös oder ärgerlich werden lassen. Auch der Untersucher sollte ausgeruht sein und sich auf
die Untersuchung konzentrieren können (d. h. auf die korrekte und planmäßige
Durchführung, die Aktionen und Reaktionen des Klienten). Auch ihm werden
die für den Klienten eingeplanten Pausen nicht schaden.

Sind wesentliche Termin- und Zeit-Bedingungen nicht erfüllt, sollte der Untersucher notfalls die Untersuchung verschieben, um optimale, zumindest aber günstigere Bedingungen zu schaffen.

Im übrigen können ungünstige Untersuchungsbedingungen vom Klienten zum
Anlass genommen werden, die Ergebnisse in Frage zu stellen und dem Gutachter dadurch eine Menge Unannehmlichkeiten zu bereiten.

3.3.2.3 Untersucher

Für den Leser des Gutachtens ist es wichtig zu wissen, welche Sachverständigen und/oder Hilfskräfte die Untersuchung(en) durchgeführt haben. Insbesondere soll der Auftraggeber erkennen können, ob tatsächlich der von ihm beauftragte Gutachter die fachliche Verantwortung für die Untersuchungen trägt und ob eventuell vom Gutachter herangezogene weitere Sachverständige oder Hilfskräfte über die notwendige Qualifikation verfügen. Deshalb empfiehlt es sich in solchen Fällen, die Qualifikation dieser an der Erarbeitung des Gutachtens beteiligten Personen ausreichend zu dokumentieren (s. dazu auch 1.3.4 „Auswahl der Sachverständigen").

Für psychologische Gutachter bedeutet dies, dass sie zumindest die Qualifikation als Diplom-Psychologe (Dipl.-Psych.) angeben; gegebenenfalls auch die Qualifizierung als nach dem Psychotherapeutengesetz approbierter „Psychotherapeut", als „Verhaltenstherapeut (DGVT)", als „Fachpsychologe für Verkehrspsychologie (BDP)" etc. Spezielle Qualifikationen kann der Sachverständige auch durch Hinweis auf von ihm publizierte Fachaufsätze oder Fachbücher belegen oder durch Informationen über seine einschlägige Berufserfahrung in bestimmten Arbeitsstellen bzw. über seine derzeitige berufliche Stellung.

3.3.2.4 Einzel-/Gruppenuntersuchung

Zur Beschreibung der Untersuchung(en) gehören auch Informationen darüber, welche als Einzel- und welche als Gruppenuntersuchungen durchgeführt worden sind und welche Gründe die Entscheidung für die eine oder die andere Untersuchungsform bestimmt haben.

Bei Gruppenuntersuchungen möchte der Leser Informationen über die Gruppengröße und -zusammensetzung haben. Spielt auch die Gruppeninteraktion eine Rolle (z. B. beim Assessment-Center, bei Rollenspielen), ist eine ausführlichere Beschreibung der Gruppe erforderlich als z. B. bei der Durchführung eines Intelligenztests als Gruppentest. Von Interesse ist auch, ob es sich um eine bereits bestehende oder im Laufe der Zeit gewachsene Gruppe (z. B. im Kindergarten) handelt, oder ob die Gruppe zufällig oder nach bestimmten Gesichtspunkten speziell für diese Untersuchung zusammengestellt worden ist.

Treten bei Gruppentests z. B. schlechte Leistungsergebnisse bei einzelnen Untersuchten auf, sollten diese gegebenenfalls in anschließenden Einzeluntersuchungen überprüft werden. So habe ich beispielsweise bei Nachkontrollen von Fahreignungsuntersuchungen mit Ausländern feststellen können, dass ein in der Gruppenuntersuchung erzielter Prozentrang PR = 0 für „Konzentrationsfähigkeit" nach hinreichend individueller Anleitung des Untersuchten beim 3. Versuch bereits einen PR = 45 ergab. Die vom Sachverständigen getroffene Feststellung mangelnder Konzentrationsfähigkeit war demnach falsch. Die schlechte Testleistung war in diesem Fall nämlich vor allem auf unzureichende Instruktion im Gruppentest und auf fehlende Testübung des Untersuchten zurückzuführen und keineswegs auf grundsätzlich mangelnde Konzentrationsfähigkeit.

3.3.3 Untersuchungsmethoden

Die Untersuchungen sollen mit *Untersuchungsmethoden* durchgeführt werden, die dem *aktuellen Wissensstand des Faches* entsprechen. Im Bereich der Medizin spricht man von „Schulmedizin", wodurch zumindest der jeweilige Stand der Lehrmeinung (an medizinischen Fakultäten der Hochschulen) angesprochen ist. Was nicht zur „Schulmedizin" gehört, ist in gewisser Weise erst einmal suspekt und muss bei Anwendung ausführlich begründet werden. Dies gilt analog auch für die Psychologie.

Der Untersucher wird sich daher beim Erstellen eines Gutachtens sehr genau zu überlegen haben, wie er den Einsatz von außerhalb der Lehrmeinung angesiedelten oder durch deren Vertreter sogar speziell kritisierten Verfahren begründen will. Er würde sein Gutachten bereits durch die Anwendung solcher Verfahren und bei fehlender Begründung ihres Einsatzes in der Regel der fachlichen Kritik durch eine Gegenpartei oder gar durch einen Gegen- oder Obergutachter aussetzen. Die Überzeugungskraft seines Gutachtens wäre dadurch beeinträchtigt, und er müsste sie durch systematisches Ausräumen der teils fachlichen Gegenargumente und teils emotionalen Widerstände erst wieder neu aufzubauen versuchen.

Der Gutachter sollte im übrigen darüber informiert sein, welche kritischen Einwände von ernstzunehmenden Fachpsychologen gegen von ihm benutzte oder zur Anwendung vorgesehene Verfahren häufig vorgebracht werden. Dabei sollte er auch mehr auf die Breitenwirkung in der Öffentlichkeit abzielende Publikationen nicht unbeachtet lassen (wie z.B. Paszensky 1974, Sieber 1978, Brenner & Dilger 1987), weil er damit rechnen muss, dass die zu Untersuchenden, aber auch an einem Gerichtsverfahren beteiligte Ärzte, Juristen oder andere Fachleute möglicherweise ihre kritische Einstellung aus solchen Veröffentlichungen beziehen.

Auch die wissenschaftliche Kritik von Vertretern des eigenen Faches (z.B. Sixtl 1967, Grubitzsch & Rexilius 1978) oder fachspezifische Auseinandersetzungen von Fachfremden oder Fachvertretern mit der psychologischen Begutachtung (z.B. Schneider & Schubert 1967, Himmelreich 1976,1979, Klein 1982, Markowsky 1982, Jäger 1986, Wottawa & Hossier 1987, Gaul 1990, Himmelreich & Hentschel 1990) sollte der Gutachter im Blickfeld haben.

Dabei ist es nicht ausschlaggebend, ob solche Kritik sachlich berechtigt ist. Entscheidend ist vielmehr, dass der Gutachter mit derartigen kritischen, polemischen oder bloß taktischen Argumenten jederzeit – z.B. in der mündlichen Verhandlung bei Gericht – konfrontiert werden kann. Er wird erfahrungsgemäß leichter damit fertig werden, wenn er durch die Argumentation nicht überrascht wird, sondern durch Kenntnis der Quellen schon darauf vorbereitet ist und routiniert replizieren kann.

3.3.3.1 Auswahl der Untersuchungsmethoden

Die Auswahl der Untersuchungsmethoden hat sich jeweils nach den durch den konkreten Fall gestellten fachlichen Anforderungen zu richten. Da wir hier vorwiegend psychologische Gutachten betrachten wollen, bleiben Aspekte von medizinischen – auch psychiatrischen Gutachten – in diesem Zusammenhang weitgehend unberücksichtigt (s. dazu auch 1.3.8 „Körperliche/psychologische Untersuchung des Klienten/Patienten").

Interessierte finden einschlägige psychiatrische Untersuchungsanleitungen z. B. bei Dilling & Reimer (1995, S. 9 ff. „Anamnesemosaik" (s. Anhang 9.5), „Biographische Leiter", „Stammbaum", „Befund"); Kind (1997), Remschmidt (1997), Freyberger & Stieglitz (1997). Die medizinischen Untersuchungsverfahren sind hier nur insoweit von Bedeutung, als die Ergebnisse gemeinsam mit psychologischen Resultaten in demselben Gutachten verarbeitet werden, für das entweder der Psychiater oder der Psychologe die Federführung hat. Der gutachtende Psychologe sollte bei einem gemeinsam erstellten Gutachten zumindest verstehen, was der ärztliche Gutachter schreibt und umgekehrt.

Grundsätzlich ist bei der Untersuchungsplanung im Hinblick auf die zu beantwortenden Fragen des Auftraggebers darüber zu entscheiden, welche Untersuchungen der Psychologe durchführen kann und welche ein Mediziner (z. B. Neurologe, Psychiater, Internist, Kinderarzt, Frauenarzt) durchführen sollte.

Hier nun einige Aspekte der *Auswahl geeigneter psychologischer Untersuchungsverfahren:*

Tabelle 50: Auswahl geeigneter psychologischer Untersuchungsverfahren

- Verfahren anwenden, durch deren Ergebnisse konkrete Fragen des Sachverständigen beantwortet werden können.
- Keine überflüssigen Verfahren einsetzen, die den Untersucher lediglich Zeit kosten und den Klienten unnötig beanspruchen, ohne substantielle Ergebnisse zu liefern.
- Verfahren einsetzen, die für die Population entwickelt und normiert worden sind, der der Klient zuzurechnen ist.
- Die neueste Version des Verfahrens mit den aktuellen Normen benutzen.
- Keine zeitaufwändigen Verfahren benutzen, wenn für den gleichen Zweck ökonomischere Verfahren oder auch für den Zweck ausreichende Kurzversionen verfügbar sind.
- Verfahren einsetzen, die hinreichende Reliabilität und für die spezielle Fragestellung genügend große Validität haben.
- Bei Klienten, deren Muttersprache nicht deutsch ist, gegebenenfalls sprachfreie bzw. „kulturfreie" Verfahren bevorzugen oder übersetzte Verfahren mit entsprechenden neuen Normen.

Bei der Auswahl der Untersuchungsverfahren sollte auch die Motivationslage des Untersuchten mitbedacht werden. Wir hatten früher bei Fahreignungsuntersuchungen wiederholt die Frage zu beantworten, was das Zusammenstellen von Mustern mit Bauklötzchen (gemeint ist der Mosaiktest im HAWIE) mit der Fahreignung zu tun habe. Die Klienten wussten auch nicht, warum sie einen Baum zeichnen oder die Bilder des SZONDI-Tests sortieren sollten, um dadurch ihre Fahreignung nachzuweisen. Während ein selbstständiger Gutachter sich in solchen Situationen einfach dafür entscheiden kann, solche wissenschaftlich oder zumindest hinsichtlich ihrer jeweiligen psychologischen Gültigkeit fragwürdigen Verfahren wegzulassen, muss der angestellte Gutachter unter Umständen erst seine fachliche Überzeugung gegen abweichende Auffassungen von Fachkollegen oder des Leiters der betreffenden Institution bzw. Klinik oder Begutachtungsstelle begründen und sich gegen institutionelle Widerstände mit einem gewissen Maß an „Zivilcourage" zur Wehr setzen.

Günstiger ist es durchweg, wenn der Sachverständige Verfahren auswählt, bei denen der Untersuchte einen Zusammenhang mit dem zu untersuchenden Problem erkennen zu können glaubt (psychologische Validität). Das ist besonders wichtig, wenn der Klient nicht aus Eigenmotivation zur Untersuchung kommt, sondern z. B. von einem Amt oder Gericht geschickt wird und von der Untersuchung negative Auswirkungen für sich erwarten muss (z. B. Entzug der Fahrerlaubnis; Entzug der elterlichen Sorge; Entmündigung, Verweigerung einer Rente wegen Erwerbsunfähigkeit).

Normalerweise werden Gutachter vor allem diejenigen Untersuchungsverfahren benutzen, die in der Institution, in der sie arbeiten, gebräuchlich und vorhanden sind. Diese Routine entbindet sie aber fachlich nicht von der Verpflichtung, sich als Sachverständige und Gutachter regelmäßig auch selbst über neuere Untersuchungsverfahren sowie über deren Reliabilitäten und Validitäten zu informieren. Dafür gibt es z. B. die regelmäßig aktualisierten Informationsbroschüren der Testzentrale des Hogrefe-Verlags sowie die Verzeichnisse der Test- und Gerätehersteller, die Verzeichnisse der bekannten Verlage für psychologische Fachliteratur sowie Fachzeitschriften (z. B. Diagnostica) und Sammelbände, wie z. B. die von Brickenkamp (1986, 1997).

Grundsätzlich können zur Frage nach den *erforderlichen Untersuchungsverfahren* zumindest folgende Feststellungen getroffen werden:

Tabelle 51: Erforderliche Untersuchungsverfahren

1. Wir kennen kein psychologisches Allround-Verfahren, das routinemäßig und allein für alle Fragestellungen eingesetzt werden könnte, wie dies mit manchen Verfahren bisweilen unzulässigerweise versucht wird (z. B. Graphologie, Rorschach-Test).
2. Für die Untersuchungsroutine zusammengestellte Test-Batterien können zwar für definierte Aufgabenstellungen rationell und effizient sein, insbesondere beim Einsatz in Gruppen. Für die konkrete Frage des Einzelfalls wird aber möglicherweise mit dieser Routine-Test-Batterie ein viel zu großer Aufwand getrieben. Es besteht leicht die Gefahr, dass Fragen bearbeitet und Informationen eingeholt werden, die der Auftrag gar nicht impliziert. Für wichtige Detailfragen müssen häufig noch zusätzliche Einzeluntersuchungen durchgeführt werden.
3. Deshalb sollte sich gerade der weniger erfahrene Gutachter dem Gutachtenproblem nicht mit der Frage nähern: „Welche Testverfahren muss ich in meinem Gutachten einsetzen?" Er sollte vielmehr fragen: „Welche konkreten Fragen sind mir als Sachverständigem/Gutachter vom Auftraggeber gestellt? Welche Untersuchungsverfahren können mir zuverlässig und ökonomisch die für die Beantwortung dieser gestellten Fragen notwendigen Informationen liefern?"

Die Beachtung dieser Hinweise wird den Gutachter vor manchem Um-, Ab- und Irrweg bewahren.

3.3.3.2 Aktenanalyse

Die Notwendigkeit, die Nützlichkeit und die Problematik der Heranziehung und Auswertung der jeweiligen Fall-Akten – soweit existent und verfügbar – ist schon (im Kapitel 3.2.3.2 „Aktenanalyse") ausführlich dargestellt worden, so dass an dieser Stelle darauf verwiesen werden kann.

Das Thema greife ich hier nur noch einmal kurz im systematischen Zusammenhang der Darstellung von Untersuchungsmethoden auf, weil nach meinem Eindruck leider vielen Fachkollegen nicht immer bewusst ist, dass auch eine Akte nicht unbedingt nur „objektive Tatsachen" enthält, sondern unter Umständen die Interessen der unterschiedlichen Beteiligten widerspiegelt, deren Unterlagen sich in der Akte befinden (z. B. eine Gefangenen-Personalakte der Justizvollzugsanstalt, eine Führerscheinakte des Straßenverkehrsamtes, eine Personalakte eines mobbenden Unternehmens bzw. einer Verwaltungsbehörde, die Gerichtsakte eines Familiengerichts, eine Versicherungsakte im Haftungsfall).

Die sachgerechte Analyse solcher Akten erfordert vom Sachverständigen grundlegende Kenntnisse über rechtliche Rahmendingungen der Aktenführung und über die möglichen Manipulationsinteressen der Beteiligten und vor allem eine sehr kritische Haltung bei der Auswertung der einzelnen Unterlagen im Hinblick auf die jeweilige Fragestellung des Auftraggebers und auf die eigenen Arbeitshypothesen des Sachverständigen bei der Erstellung des Gutachtens.

3.3.3.3 Exploration

Nach der Aktenanalyse setzt der Sachverständige seine Untersuchung häufig mit der Exploration des Klienten/Patienten und gegebenenfalls der Bezugspersonen fort.

Bei der Exploration kann der Sachverständige auf unterschiedliche Weise vorgehen. Vielleicht benutzt er einen selbst erarbeiteten oder einen publizierten Gesprächsleitfaden, vielleicht überlässt er den Gesprächsverlauf weitgehend dem Zufall, vielleicht konzentriert er sich auch auf den einen oder anderen Problempunkt oder arbeitet systematisch die vom Auftraggeber gestellten Fragen ab.

Wer wenig Erfahrung mit Explorationen hat, droht leicht in eine Vernehmung oder ein Verhör abzudriften. Nach einem BGH-Urteil (BGH 3 StR 385/51; zit. nach Hartmann & Haubl 1984, S. 213) ist Exploration „keine Vernehmung im verfahrensrechtlichen Sinn ..., sondern eine Anhörung des Beschuldigten, die der Beschaffung von tatsächlichen Unterlagen für die Erstattung des Gutachtens dient" (dazu auch Creifelds 1986, S. 52-53 (Anhörung), S. 1123 (Vernehmung)). Nach Dorsch (1987, S. 198) stammt der Begriff aus der Fachsprache der Medizin und bezeichnet die Befragung des Patienten zum Eruieren psychopathologischer Erscheinungen. Dieser Begriff wurde für die Ermittlung normaler psychischer Vorgänge durch Befragung des Probanden in die Psychologie übertragen.

Die Exploration wird vom psychologischen Sachverständigen vor allem eingesetzt als diagnostische Methode zur Untersuchung von Persönlichkeitseigenschaften, Interessen, Werthaltungen, Einstellungen, Problemen und Denkweisen des Klienten. Darüber hinaus kann sie auch dazu benutzt werden, um Unklarheiten und Widersprüche sowie Lücken einer diagnostischen Untersuchung zu beseitigen oder um weitere Hinweise zur Interpretation von Testergebnissen zu erhalten (Dorsch 1976, S.174).

Außerdem hat der Sachverständige unter Umständen damit zu rechnen, dass der Untersuchte gar nicht die Wahrheit sagt, sondern dass er lügt und den Gutachter täuschen will, um dadurch ein sachlich unzutreffendes Gutachten zu erhalten, das seinen Interessen am besten entspricht. Der Untersucher wird also in diesen Fällen versuchen, Unwahrheiten und vorsätzliche Falschdarstellungen explorierend zu erkennen, um nicht infolge allzu großer Naivität zu völlig falschen Resultaten und Schlussfolgerungen in seinem Gutachten zu kommen.

Gutachter mit wenig Explorationserfahrung sollten sich in diese Technik der Sammlung von Informationen und des Erkenntnisgewinns zumindest anhand der einschlägigen Literatur intensiver einarbeiten, um die Möglichkeiten einer sachgerecht durchgeführten Exploration optimal nutzen zu können (z. B. Tent 1957, Friedrichs 1967, Bauer et al. 1973, Schaller & Schmidtke 1983, Huber 1987, Dilling & Reimer 1995, S. 10-11: „Anamnesemosaik"; Kind 1997, S. 5 ff.: „Das psychiatrische Untersuchungsgespräch"; Westhoff & Kluck 1999: „Entscheidungsorientierte Gesprächsführung").

Die inhaltlichen Schwerpunkte von Fragen in der Exploration bzw. zur Anamnese ergeben sich grundsätzlich aus den im Kapitel 3.1 abgedruckten Beispielen von „*Gutachtengliederungen*" sowohl für psychologische als auch psychiatrische Gutachten. Inhaltliche Differenzierungen psychologischer Gutachten aus den Bereichen des Familienrechts, des Verkehrsrechts, des Strafrechts, des Verwaltungsrechts etc. sind darüber hinaus auf der Grundlage der jeweiligen Fragestellungen der Auftraggeber ausführlich bei Zuschlag & Kühne (in Vorbereitung) dargestellt und können dementsprechend praxisnahe Ansatzpunkte für gezielte Explorationen geben.

Juristen fordern bisweilen im Hinblick auf die Nachprüfbarkeit der Ausführungen die wörtliche Protokollierung der Exploration im Gutachten. Weil Untersuchte gelegentlich bei der Lektüre des über sie erstellten Gutachtens behaupten, die Zitate seien falsch („Das habe ich (so) nicht gesagt!"), werden Explorationen von manchen Sachverständigen auch auf Tonband aufgezeichnet. Dies eröffnet neben der Verbesserung der Beweiskraft auch die Möglichkeit, das Gespräch wiederholt abzuspielen und dabei gründlicher zu analysieren. Allerdings ist dabei strikt zu beachten, dass solche Aufzeichnungen nur mit Genehmigung des Betroffenen gemacht werden dürfen (s. dazu 1.5.3 „Vertraulichkeit, Datenschutz"). Zweckmäßigerweise wird der Gutachter deshalb die vom Betroffenen unterschriebene Genehmigung der Tonband- oder Video-Aufzeichnung zu den Akten nehmen, um nicht später in diesem Punkt in Beweisnot zu geraten oder sich gar einen Strafantrag einzuhandeln, wenn von Verfahrensbeteiligten die Zulässigkeit der Aufzeichnung bestritten wird.

In der Regel werden in einem Gutachten jedoch nur Gesprächsausschnitte oder einzelne, besonders prägnante Zitate dokumentiert. Dabei kann es wichtig sein, sie als wörtliches Zitat in Anführungszeichen herauszustellen, um die nur in indirekter Rede vom Gutachter wiedergegebenen Äußerungen des Klienten davon klar abzuheben. Denn es macht schon einen Unterschied, ob ich als Untersucher berichte:

„Herr X sagte: ‚Wenn ich die Frau während der Autofahrt vergewaltigt hätte, wäre ich in den Graben gefahren.'"

oder:

„Herr X sagte aus, bei der Vergewaltigung der Frau während der Fahrt wäre er in den Graben gefahren."

Bei der ersten Formulierung handelt es sich nämlich um die bloße *Annahme* eines Sachverhalts, die zweite hingegen kann als eine festgestellte *Tatsache* fehlinterpretiert werden.

Gutachtern unterlaufen Fehldeutungen und Falschdarstellungen besonders leicht, wenn sie sich während des Gesprächs keine oder nur stichwortartige Notizen gemacht haben und dann erst Stunden, Tage oder Monate nach dem Gespräch anhand ihrer lückenhaften Aufzeichnungen die Gesprächsinhalte noch nachträglich für die Darstellung im Gutachten (weitgehend aus dem Gedächtnis) rekonstruieren wollen.

Für den Sachverständigen ist daraus vor allem die Lehre zu ziehen, dass er wichtige Mitteilungen des Untersuchten möglichst wörtlich aufzeichnen sollte auf Tonband, im Stenogramm oder in normaler Langschrift und dass er seinen eigenen Aufzeichnungen (bei Wiedergabe von Äußerungen des Untersuchten in indirekter Rede) im Hinblick auf möglicherweise eingeflossene Missverständnisse oder unzutreffende Bewertungen stets ein gesundes selbstkritisches Misstrauen entgegenbringen sollte. Besonders wichtige Mitteilungen des Untersuchten wird der Sachverständige daher – wenn möglich – mehrfach absichern, indem er direkt nachfragt, das Thema vertieft oder zu einem späteren Zeitpunkt noch einmal darauf zurückkommt.

3.3.3.4 Verhaltensbeobachtung

Im Abschnitt über die Exploration (3.3.3.3) sind wir vor allem auf die Sprachinhalte eingegangen. Aber auch bei der Exploration kann der Untersucher laufend Verhaltensbeobachtungen bei dem zu untersuchenden Klienten/Patienten machen, die für die Untersuchung wichtig sein können und deshalb protokolliert werden sollten.

Einige *Beispiele:*

- Pünktlichkeit beim Erscheinen zur Untersuchung
- Kommt allein oder in Begleitung (mit wem?)
- Händedruck (z. B. lasch, fest, schmerzhaft, normal)
- Garderobe, Schmuck und körperlicher Pflegezustand (z. B. Frisur, Fingernägel, Piercings)

- Sicherheit des Auftretens (selbstsicher, unsicher, nervös, angespannt)
- Stimmung (Verdacht auf Einnahme von Medikamenten, Drogen, Alkohol)
- Emotionen (z. B. unbewegt, „cool", Lachen, Weinen, Seufzen, Stöhnen)
- Raucher, Nichtraucher
- Sprechweise (leise – laut, ruhig – hektisch)
- Mimik, Gestik (verhalten, ausladend, exaltiert, verkrampft)
- Körperhaltung (z. B. straff, aufrecht, gebeugt, schlaff)
- Körperbewegung (z. B. normal, „eckig", „linkisch", steif, elastisch, elegant, dynamisch)
- Gang (z. B. normal, dynamisch, hektisch, schlurfend, schleppend, verlangsamt)
- Bringt Unterlagen (als „Beweismittel") mit
- Sprachverhalten (z. B. normal, Sprachfehler, arrogant, geziert, weitschweifig, konzentriert, Sprachniveau, Dialekt)
- Blickverhalten (z. B. normal offen, verschämt, Blick gesenkt)
- Kontaktverhalten (z. B. problemlos, kooperativ, offen, misstrauisch, ablehnend, zurückhaltend, aggressiv oder unterwürfig)
- Tics, Manierismen, Zwänge

Während bei der Exploration Verhaltensbeobachtungen nahezu beiläufig mit anfallen, erfasst und verwertet werden, erfordern bestimmte Fragestellungen von der Sache her bereits die Planung und zielgerichtete Durchführung von Verhaltensbeobachtungen.

Dazu zählen z. B. *Fahrproben* (vor dem 01.01.1999 nach § 11 StVZO; seither §§ 15, 17, 18 FeV „Zweifel über die körperliche oder geistige Eignung des Bewerbers"), bei denen die Befähigung und die Eignung zum Führen von Kraftfahrzeugen durch Beobachtung und Bewertung des Fahrverhaltens im öffentlichen Straßenverkehr festgestellt werden sollen. Während solcher Untersuchungen können neben Altersabbauerscheinungen, Funktionseinbußen der Gliedmaßen, jugendlich-riskantes Fahrverhalten, insbesondere auch Verhaltensauffälligkeiten infolge von Alkohol-, Drogen- oder Medikamentenmissbrauch beobachtet werden.

Bei *Gutachten über die Verteilung der elterlichen Sorge* begibt sich der Gutachter in die Wohnung der Familie und beobachtet das Verhalten der Familienangehörigen untereinander, insbesondere das zwischen den Kindern und den beiden Elternteilen, um daraus u.a. Schlüsse zu ziehen für die im Hinblick auf die Entwicklung der Kinder optimale Verteilung der elterlichen Sorge bzw. der Regelung des Umgangs zwischen Kindern und getrennt lebenden oder geschiedenen Eltern.

Bei der *Begutachtung der rechtlichen Betreuung* (früher: *Entmündigung*) können Sachverständigengutachten im Hinblick auf die in den §§ 1896 („Voraussetzungen der Betreuung"), 1906 („Unterbringung"), 1908 d („Aufhebung oder Änderung von Betreuung und Einwilligungsvorbehalt") BGB aufgeführten Kriterien für die Bestellung eines Betreuers bzw. für die Unterbringung erforderlich werden.

Insbesondere die „Unterbringung" eines Betreuten nach § 1906 BGB, die mit Freiheitsentziehung verbunden ist,

> „ist nur zulässig, solange sie zum Wohl des Betreuten erforderlich ist, weil
> 1. Auf Grund einer psychischen Krankheit oder geistigen oder seelischen Behinderung des Betreuten die Gefahr besteht, daß er sich selbst tötet oder erheblichen gesundheitlichen Schaden zufügt, oder
> 2. eine Untersuchung des Gesundheitszustandes, eine Heilbehandlung oder ein ärztlicher Eingriff notwendig ist, ohne die Unterbringung des Betreuten nicht durchgeführt werden kann und der Betreute auf Grund einer psychischen Krankheit oder geistigen oder seelischen Behinderung die Notwendigkeit der Unterbringung nicht erkennen oder nicht nach dieser Einsicht handeln kann."

Die früheren Begriffe „Geisteskrankheit, Geistesschwäche, Verschwendung, Trunksucht oder Rauschgiftsucht" werden nach Creifelds (1997, S. 208) nicht mehr verwendet; entscheidend ist allein die Hilfs- (Pflege-)bedürftigkeit des Betroffenen.

Bei *psychisch und/oder körperlich Behinderten* sind Verhaltensbeobachtungen angezeigt, wenn zu beurteilen ist, ob der Behinderte trotz der Behinderung bestimmte Tätigkeiten sachgerecht und ohne sich selbst oder andere zu gefährden ausführen kann oder ob wegen *Erwerbsunfähigkeit* Rente zu gewähren ist.

Diese wenigen Beispiele mögen verdeutlichen, dass *Verhaltensbeobachtungen* eine sehr wichtige Rolle zukommt und dass der Gutachter dafür ein geschultes Auge und einige Erfahrung braucht. Dabei geht es nicht nur um die korrekte Beobachtung der unverfälschten Wirklichkeit, sondern auch darum, gegebenenfalls Täuschungen (z. B. *Simulation, Dissimulation*) zu erkennen und richtig zu bewerten.

Eine wichtige Aufgabe des Gutachters besteht im Einzelfall darin, Situationen zur effizienten Verhaltensbeobachtung zu schaffen und Kategorien der Verhaltensbeobachtung zu entwickeln (oder aus der Fachliteratur zu übernehmen), die ihm die sachgerechte Beantwortung der Fragen gestatten, die der ihm vorliegende Gutachtenauftrag impliziert. Dabei sollten die verhaltensspezifischen Fragen, die Verhaltensaufgaben und die Antworten nicht zu allgemein gefasst sein, sondern zu möglichst konkreten und eindeutigen Antworten führen. Hilfreich können bei Verhaltensbeobachtungen und der Interpretation der Beobachtungsergebnisse die Modellvorstellungen der Verhaltensanalyse sein (s. dazu 3.2.3.6.2 „Entwicklung des Problems (Verhaltensanalyse)").

Beispielsweise bei einer Fahrprobe:	
Statt:	**besser:**
Fragen	
Kann Herr X autofahren?	– Kann Herr X seine Fahrgeschwindigkeit dem Verkehrsfluss richtig anpassen? – Hält er genügend Abstand zum vorausfahrenden Fahrzeug? – Blinkt er rechtzeitig vor dem Abbiegen? – etc.

Aufgaben	
Fahrzeug einparken.	– Passt das Fahrzeug überhaupt in die ausgewählte Parklücke? – Welche Ausgangsposition nimmt der Fahrer beim Einparken ein? – Wie orientiert sich der Fahrer beim Einparken nach hinten? – etc.
Antworten	
Der Fahrer fährt richtig im Verkehrsfluss mit.	– Der Fahrer fährt statt der zulässigen 50 km/h „regelwidrig" 65 km/h. Das entspricht etwa der Fahrgeschwindigkeit der anderen Fahrzeuge. – Der Fahrer fragt, ob er schneller als 50 km/h fahren solle, um den Verkehr nicht zu behindern. – Der Fahrer fährt konsequent 120 km/h und passt sich damit dem Verkehrsfluss an. Da dichter Nebel herrscht, gefährdet er dadurch sich und andere erheblich.

Ergänzend können und sollten Verhaltensbeobachtungen auch bei der Durchführung von Tests und Arbeitsproben gemacht und dokumentiert werden. Die Klienten sind dabei oft so sehr auf die Aufgabe konzentriert, dass sie dabei viel von ihren *„natürlichen"* Verhaltensgewohnheiten zeigen, weil ihnen die konzentrative Beanspruchung durch die Arbeitsaufgabe die absichtliche Verstellung und Täuschung meistens erheblich erschwert.

3.3.3.5 Tests und apparative Untersuchungsverfahren

Für viele Menschen ist eine psychologische Untersuchung nahezu gleichbedeutend mit einer Testuntersuchung. Sie machen sich daher möglichst schon vorher mit den zu erwartenden Tests mehr oder weniger vertraut und versuchen auch, wenn ihnen die Verfahren zugänglich sind, mit Testaufgaben zu üben. Der Gutachter muss also damit rechnen, dass er Klienten mit und ohne einschlägige Testerfahrung zur Untersuchung bekommt und wird dies gegebenenfalls abklären und bei der Bewertung der Ergebnisse zu berücksichtigen haben.

Auf Testverfahren im Rahmen von Begutachtungen geht u. a. Boerner (1980 bzw. aktualisierte Neuausgabe 1999) ausführlich ein. Eine umfangreiche Testübersicht findet sich im Handbuch psychologischer und pädagogischer Tests von Brickenkamp (1997) sowie in den aktuellen Testkatalogen der Testzentrale Göttingen (2000/01).

Ein Gutachter kann normalerweise davon ausgehen, dass der fachliche Laie, wenn er ein psychologisches Gutachten liest, die darin erwähnten Tests nicht oder nur sehr oberflächlich kennt. Will der Gutachter also erreichen, dass der

Leser die Ergebnisse der Untersuchungen und die daraus gezogenen Schlussfolgerungen versteht und akzeptiert, wird er ihn über die Testaufgaben und die dadurch erfassten Fähigkeiten, Fertigkeiten, Einstellungen etc. zweckmäßigerweise ausreichend informieren. Völliger Verzicht auf einschlägige Informationen ist dabei nicht weniger riskant als eine zu ausführliche Darstellung von Details, die den Leser langweilt, überfordert oder zum Einsatz verfälschender Test-Bearbeitungsstrategien provozieren kann.

Auf jeden Fall sollten für die bei psychologischen Untersuchungen benutzten Tests die üblichen bibliographischen Angaben im Gutachten zu finden sein (z. B. im Literaturverzeichnis oder an einer anderen geeigneten Stelle im Gutachten – s. dazu Kapitel 3.1, Tab. 28, Kapitel 4 „Informationsquellen"). Selbst für den Fachmann sind Angaben, wie Intelligenzuntersuchung mit HAWIE, I-S-T oder RAVEN nur eine sehr grobe Orientierungshilfe, denn er weiß nicht, welche Testversion benutzt worden ist, ob der Test vollständig durchgeführt wurde, ob veraltete Testnormen der Erstveröffentlichung oder später publizierte, eventuell sogar von einer Institution selbst intern entwickelte Normen für die Auswertung benutzt worden sind.

So steht etwa abgekürzt:

HAWIE für: Wechsler, D.:

- Bellevue Intelligence Scale (1939-66).
- Bellevue Intelligence Scale II (1939-46).
- Hamburg-Wechsler-Intelligenz-Test für Erwachsene, Testform A oder B;
  1. Auflage 1956, 2. Auflage 1962, 3. Auflage 1964, 4. Auflage 1982
- Hamburg-Wechsler-Intelligenztest für Erwachsene – Revision 1991
  (HAWIE-R);
  2., korrigierte Auflage (Hrsg.: U. Tewes).

I-S-T für: Amthauer, R.:

- Intelligenz-Struktur-Test (I-S-T); Testform A oder B;
  1. Auflage 1953, 2. Auflage 1955
- I-S-T 70; Testform A oder B
  1. Auflage 1970, 2. Auflage 1973, 4. Aufl. unverändert).
- Intelligenz-Struktur-Test 2000 (I-S-T 2000)
  (In Anwendung seit 1998)

RAVEN für: Raven, J.C.:

- Progressive Matrices
- Coloured Progressive Matrices (1947, 1956; dt. 1978, 1980, 2. Aufl.)
- Standard Progressive Matrices (SPM; 1938, 1956; dt. 1979, 1988)
- Advanced Progressive Matrices (APM; 1980)

Der Leser ist ohne eindeutige bibliographische Angaben auf Raten angewiesen. Er kann dem Gutachten keine eindeutige Information entnehmen und wird möglicherweise, obwohl er zur Überprüfung einer Entwicklungstendenz eine früher durchgeführte Intelligenzuntersuchung exakt wiederholen möchte, eine hinsichtlich Reliabilität, Validität und Normen nicht vergleichbare Testvariante einsetzen und damit zu unvergleichbaren und insoweit fragwürdigen Ergebnissen kommen.

Wenn Institutionen für bestimmte Auftraggeber regelmäßig Gutachten erstellen (z. B. Medizinisch-Psychologische Institute der TÜV, nach der neuen FeV: „amtlich anerkannte Begutachtungsstellen für Fahreignung") bzw. des DEKRA etc. zur Vorlage bei Straßenverkehrsämtern oder Gerichten), können sie sich die sich ständig wiederholende Darstellung der von ihnen benutzten Testverfahren erleichtern. Sie händigen z. B. den Empfängern ihrer Gutachten eine Broschüre aus, in der alle relevanten Daten und inhaltlichen Informationen über die Testverfahren übersichtlich zusammengestellt sind. Das erspart ihnen die ausführliche Darstellung in jedem Einzelgutachten. Da die Fahreignungsgutachten nach der Gebührenordnung abgerechnet werden müssen, lohnt sich die Einsparung von unnötigen Schreibarbeiten und Korrekturlesungen auch finanziell, zumal die Gutachten nicht nach Umfang (Anzahl der Seiten) honoriert werden.

Allerdings dürften diese Übersichten über die angewandten Untersuchungsverfahren nicht nur der zuständigen Behörde ausgehändigt werden, sondern auch der jeweils betroffene Verkehrsteilnehmer müsste sie als Gutachten-Auftraggeber erhalten. Auch er (bzw. sein Rechtsvertreter) hat schließlich das Recht, sein Gutachten zu verstehen.

Besonders problematisch sind nach meiner Erfahrung psychiatrische Gutachten in dieser Hinsicht. Dort finden sich bisweilen überhaupt keine Angaben über die Untersuchungsverfahren. Der Grund liegt häufig darin, dass die diagnostischen Informationen, die ein Diplom-Psychologe durch nachvollziehbare und nachprüfbare Testuntersuchungen erarbeitet, vom Psychiater einfach mit „klinischem Blick" nach dem persönlichen Eindruck geschätzt werden (z. B. die Intelligenz).

3.3.4 Untersuchungs-Befunde

Ist der Leser allgemein über das oder die *Testverfahren* und *Untersuchungsmethoden* orientiert worden, interessieren ihn vor allem die *Test- bzw. Untersuchungs-Befunde*. Der Gutachter hat deshalb in Abhängigkeit von der jeweiligen Fragestellung des Gutachtens zu entscheiden, wie differenziert er neben der Exploration die Ergebnisse der Testuntersuchungen und weiterer Untersuchungsverfahren (z. B. Verhaltensbeobachtungen) im Gutachten selbst dokumentieren will. Dabei wird er die medizinischen Untersuchungen und Ergebnisse, soweit sie auftragsgemäß Bestandteil des Gutachtens sind, von dem zuständigen ärztlichen Sachverständigen darstellen lassen. Ist ein Arzt verantwortlicher Gutachter, wird der Psychologe dafür sorgen, dass seine Untersuchungsergebnisse in angemessener Form im ärztlichen Gesamtgutachten dargestellt oder als ergänzendes Gutachten über einen Teilaspekt des Gesamtproblems dem Hauptgutachten beigefügt werden.

3.3.4.1 Dokumentation der Befunde (Fakten)

Wenn Untersuchungen sachgerecht durchgeführt worden sind, besitzt der Sachverständige eine Menge von Unterlagen, Testblättern mit Testdaten, Gesprächs– und ggf. Beobachtungsprotokollen etc., aus denen er nun Ergebnisse für die vom Auftraggeber gestellten Fragen abzuleiten hat. Er wird daher zunächst einmal alle Befunde (Fakten) in einer sinnvollen und logischen Reihenfolge dokumentieren. Dieser Ergebnisteil des Gutachtens enthält somit *Befunde* (im Sinne von *Fakten* – im Gegensatz zu den später zu besprechenden *Bewertungen*).

Befunde (Fakten) heißt beispielsweise in diesem Zusammenhang:

Tabelle 52: Befunde (Fakten)

– objektiv vorhandene Inhalte von Gerichts- bzw. Behördenakten
– Feststellungen und Bewertungen von Vorgutachtern
– Ergebnisse von ärztlichen Untersuchungen
– schriftliche und/oder protokollierte mündliche Mitteilungen des Untersuchten
– Fragen des Sachverständigen und Antworten des Untersuchten in einer Exploration
– protokollierte Beobachtungen von Verhalten des Klienten
– Testscores von standardisierten Tests und apparativen Untersuchungsverfahren
– Antworten auf Fragebögen-Fragen
– Reaktionen des Klienten auf projektive Testaufgaben

Diese Fakten werden erst einmal rein deskriptiv und unkommentiert im Gutachten festgehalten. Das hat den Vorteil, dass sie, sofern nicht die ordnungsgemäße Datenerhebung oder die korrekte Dokumentation in Zweifel gezogen wird, für den weiteren Verlauf als unstreitig betrachtet werden können.

Diese Tatsachen bleiben auch dann unstreitig, wenn sich später Zweifel an der Logik oder an der Überzeugungskraft der durch den Sachverständigen vorgenommenen Bewertungen bzw. an den daran angeschlossenen Schlussfolgerungen ergeben sollten (s. Kap. 2.2 „Fragestellungen"). Auch wenn sich nach Vorlage eines schriftlichen Gutachtens während einer mündlichen Gerichtsverhandlung neue Tatsachen ergeben, die die Schlussfolgerungen des Sachverständigen in Frage stellen, so bleiben doch die von ihm fachlich einwandfrei erarbeiteten Tatsachen weiterhin als solche relevant. Er kann dann die neuen Erkenntnisse in Beziehung zu diesen Tatsachen setzen und daraus die den veränderten Umständen angepassten neuen Schlussfolgerungen ziehen, ohne sein Ansehen als Sachverständiger durch diesen Prozess der sachlich begründeten Neuorientierung zu gefährden.

Wesentlich ist dabei also, dass der Sachverständige sich bei der Befund (Fakten)-Darstellung zunächst jeglicher Wertung enthält.

Bei der Darstellung der Befunde (d. h. dieser neuen Tatsachen) sollte der Sachverständige eine gewisse Ordnung walten lassen. Anhaltspunkte dafür geben die

Unterpunkte (5) „Untersuchung(en) des/der Sachverständigen" in der Gutachten-Gliederung bzw. Check-Liste (Tab. 28 im Kapitel 3.1 „Beispiele für Gutachten-Gliederungen").

Auch für die Dokumentation der körperlichen (ärztlichen) Untersuchungsergebnisse und der Testuntersuchungen sollte sich der Gutachter eine klare und von der Sache her begründete Ordnung selbst vorgeben. Er sollte also nicht alle Ergebnisse hintereinanderweg notieren, wie er sie vielleicht aus motivationspsychologischen oder arbeitsorganisatorischen Gründen in zeitlicher Reihenfolge erarbeitet hat.

Er könnte z. B. – je nach Fragestellung modifiziert – folgende Anordnung wählen:

Tabelle 53: Dokumentation von Untersuchungsergebnissen

Ergebnisse der *psychologischen* Untersuchungen (durch den Psychologen erhoben)
– Intelligenz – Konzentrationsverhalten – Wahrnehmungs- und Reaktionsverhalten – Einstellungen und Werthaltungen – Emotionalität, Affektivität – Sozialverhalten – etc.
Ergebnisse der *körperlichen* Untersuchungen (durch den Arzt erhoben)
– Allgemeinzustand – internistische Befunde – neurologische Befunde – psychiatrische Befunde – etc.

Wichtig ist dabei nicht *diese* Reihenfolge, sondern dass nicht Ergebnisse aus der Intelligenzuntersuchung vermischt werden mit solchen der Affektivität oder des Reaktionsverhaltens etc. Eine klare Ordnung vermittelt dem Leser des Gutachtens leichter den Eindruck, dass der Sachverständige nicht bloß intuitiv und ohne klares Konzept mal dies und mal das untersucht hat, sondern dass er mit einem fundierten Konzept systematisch die sorgfältig geplanten Untersuchungen durchführt und dann auf der Grundlage dieser Untersuchungsbefunde die vom Auftraggeber gestellte(n) Frage(n) vollständig und überzeugend beantwortet.

3.3.4.2 Auswertungsverfahren

Im Hinblick auf die Nachprüfbarkeit der Untersuchungsergebnisse und auf die Nachvollziehbarkeit der vom Gutachter aus den Ergebnissen gezogenen Schlussfolgerungen kommt den Auswertungsmethoden besondere Bedeutung zu. Dazu gehört neben der Auswertung der Akten und der Exploration vor allem die Auswertung diagnostischer Verfahren (Fragebögen, Leistungstests, Persönlichkeitstests, Verhaltensbeobachtungen, apparative Untersuchungsverfahren, physiologische Messungen, ggf. ärztliche Untersuchungsbefunde etc.).

Der Fachmann möchte im Allgemeinen zumindest so ausreichend informiert werden, dass er das Zustandekommen der Ergebnisse verstehen kann. Falls er die Ergebnisse nachprüfen will, braucht er darüber hinaus detaillierte und eindeutige Angaben über die jeweiligen Auswertungsverfahren.

Dazu zählen z. B. Informationen über folgende Aspekte:

Tabelle 54: Auswertungsverfahren

- Im Rahmen welcher Untersuchungsdurchführung sind die vorliegenden Daten entstanden (z. B. Einzel-/Gruppentest; genaue Testangabe; Notierung durch den Untersuchten, den Untersucher, apparativ automatisch; körperliche Untersuchung durch einen Arzt)?
- Auswertung automatisch (maschinell), durch den Untersucher, durch Hilfskräfte?
- Welche (Test-)Normen liegen der Auswertung zugrunde (Altersnormen, Geschlechternormen Berufsgruppen-Normen; tabellarische oder graphische Normen; Breite der Normklassen; Validität der Normierungsstichprobe (von wann und wo sind die Normen?))?
- Sind bei der Auswertung Korrekturen erfolgt (z. B. Rohwertkorrektur für unterschiedliche Schulabschlüsse; Berücksichtigung von Übungsgewinn bei Testwiederholung)?
- Gibt es bei graphischer Auswertung Informations- bzw. Genauigkeitseinbußen (z. B. durch Klassifizierung)?
- Welche unterschiedlichen Auswertungsverfahren führen ggf. zu (welchen?) unterschiedlichen Ergebnissen?

Im Extremfall soll der das Gutachten lesende Fachmann in die Lage versetzt werden, nach den Angaben über Untersuchungsplan, Durchführung und Auswertung eine Kontrolluntersuchung durchzuführen, die grundsätzlich (d. h. abgesehen vom Übungseffekt) wieder zu den gleichen Ergebnissen kommen würde. Er könnte dann – z. B. als Obergutachter – die Ergebnisse des Vorgutachters nachvollziehen, nachprüfen und ggf. bestätigen.

Gutachter können daher kaum daran interessiert sein, so unvollständige oder falsche Angaben zu machen, dass ein Gegen-, Nach- oder Obergutachter schon deshalb mit hoher Wahrscheinlichkeit zu anderen Ergebnissen kommen müsste, weil sein Untersuchungsplan, die Durchführung der Untersuchung(en) oder die Auswertung aus Unkenntnis vom ursprünglichen Verfahren abweichen würde.

Mit Recht wenden Gutachter gegen eine zu detaillierte Beschreibung von Untersuchung und Auswertung ein, dass viele Leser daran gar nicht interessiert seien und dass das Gutachten dadurch nur unnötigerweise umfangreicher würde. Da das stimmt, wird der Gutachter normalerweise einen Mittelweg gehen: er wird lediglich die wichtigsten Orientierungsdaten im Gutachten aufführen. Gleichzeitig wird er aber alle relevanten Details in seiner Handakte bzw. Patientendatei so exakt und vollständig dokumentieren, dass er zumindest bei der Befragung in der mündlichen Verhandlung vor Gericht einem Fachkollegen problemlos die gegebenenfalls verlangten Auskünfte geben könnte.

3.3.4.3 Beurteilungskriterien

Wenn sich der Sachverständige für die Heranziehung bestimmter Normentabellen für die Auswertung seiner Testergebnisse entscheidet, impliziert dies bereits die Entscheidung für die damit verbundenen Beurteilungskriterien.

Der Sachverständige kann Leistungen oder Verhalten z. B. vor dem Hintergrund seiner eigenen beruflichen, fachlichen oder persönlichen Erfahrungen intuitiv beurteilen.

Er kann sich aber auch an publizierten Testnormen orientieren, die ihm vorgeben, die Ergebnisse seines Untersuchten zu denen einer Referenzpopulation in Beziehung zu setzen und daraus Schlussfolgerungen für die Beantwortung der vom Auftraggeber gestellten Fragen zu ziehen.

Möglicherweise beurteilt der Sachverständige Verhalten eines zu Begutachtenden aber auch auf der Grundlage seiner religiösen, weltanschaulichen, politischen, pädagogischen, juristischen, medizinischen, ökonomischen oder anderer Überzeugungen, die durchaus nicht von allen anderen Gutachtern geteilt werden.

Derartige Beurteilungskriterien sind uns im Alltagsleben, aber auch dem Sachverständigen oftmals nicht, zumindest nicht in ihren tatsächlichen Auswirkungen auf den Beurteilungsprozess bewusst.

Je extremer die Beurteilungskriterien eines Sachverständigen von den in seinem Lebens- und Arbeitsraum allgemein üblichen abweichen und je weniger sie ihm bewusst sind, desto leichter kann er in Gefahr geraten, dass seine gutachtliche Sachverhaltsbewertung durch andere Gutachter in Frage gestellt wird.

Wichtig ist in diesem Zusammenhang jedoch nicht nur die Perspektive des Gutachten-Verfassers, sondern auch die des Gutachten-Lesers. Er sollte jedes Gutachten gerade im Hinblick auf die zugrundeliegenden Beurteilungskriterien kritisch analysieren, damit ihm nicht als Betroffenem unzulässigerweise selbst Nachteile entstehen bzw. dass er nicht z. B. als Richter derartige Gutachter-„Vorurteile" übersieht und unbemerkt übernimmt.

Um Missverständnisse oder Missdeutungen zu vermeiden, sollte sich der Sachverständige selbst kritisch mit seinen eigenen Beurteilungsmaßstäben auseinandersetzen und gegebenenfalls besonders auffällige oder weit von der Norm abweichende Auffassungen für den Leser besonders differenziert und nachvollziehbar begründen.

Hilfreich ist in diesem Zusammenhang für den Gutachtenempfänger auch die Klarstellung, welche der zugrundegelegten Beurteilungskriterien in der Fachwelt als herrschende Meinung gelten und welche aus welchen Gründen strittig sind.

Die Ausführlichkeit, mit der die Beurteilungskriterien dargestellt und gegebenenfalls diskutiert werden, hängt von der speziellen Kriterienproblematik ab, aber auch von der Schwierigkeit der Sachfrage, von der Bedeutsamkeit des Endergebnisses für den Betroffenen und nicht zuletzt auch vom Umfang des Gesamtgutachtens und davon, ob die benutzten Beurteilungskriterien allgemein anerkannt sind oder voraussichtlich Widersprüche und Kritik herausfordern werden.

3.3.4.4 Bewertung der Untersuchungsergebnisse

Sind die Beurteilungskriterien dargelegt, kann sie der Sachverständige bei der Bewertung der festgestellten Tatsachen anwenden und zu Interpretationen kommen, die ihm die Beantwortung der vom Auftraggeber gestellten Fragen gestatten.

Aufmerksamkeit sollte er dem Grad der Differenziertheit zuwenden, die der Sache angemessen ist. Werden z. B. als Ergebnis einer Intelligenzuntersuchung nur sehr grobe Bewertungkategorien definiert („unterdurchschnittliche", „durchschnittliche", „überdurchschnittliche Intelligenz"), die leicht den Eindruck bloßer Schlagworte erwecken, reicht das häufig für eine differenzierte Einschätzung der Bedeutung dieses Ergebnisses für die Fragestellung nicht aus. Von Interesse sind in der Regel in solchen Fällen auch Subtestresultate und eventuell Leistungsprofile zur genaueren Erfassung der Leistungsstruktur zum Vergleich mit früheren Leistungen derselben Person oder mit Leistungen anderer Personen derselben Leistungsgruppe (z. B. in einer Schulklasse). Analoges gilt auch für andere Untersuchungsverfahren.

Die Darstellung von Testergebnissen verführt manche Sachverständigen zur ausgiebigen Verwendung von Insider-Abkürzungen (z. B. GZ, F%, SB im d2; AN, RD, WÜ im IST; ZS, BE, MT, FL im HAWIE; GZw, FFb, Hd, Md, DZwG im Z-Test), die entweder bloß gedankenlos aneinandergereiht werden oder sogar mit der Absicht, beim Leser einen fachlich besonders versierten Eindruck zu machen.

Wenn auch derartige Informationen für den Fachmann eine wichtige Hilfe zum Verständnis der Gedankengänge und der Schlussfolgerungen des Gutachters sein können, so sollte dieser doch nicht vergessen, derartigen „Kürzel-Salat" für den Nichtfachmann so ausreichend zu kommentieren, dass er nicht vor dem unverständlichen „Fachchinesisch" resigniert. Wenn der Sachverständige z. B. einem Richter mit fehlender fachpsychologischer Sachkunde zur Vorbereitung einer Entscheidung einen Sachverhalt erläutern soll, dann soll dieser die Erklärung verstehen können. Neben der sachgerechten Untersuchung und Problemanalyse ist die verständliche, sachlich und logisch nachvollziehbare und überzeugende Präsentation der Untersuchungsergebnisse eine der Hauptaufgaben des Gutachters.

Wenn der Sachverständige die Rohdaten seiner Untersuchungsergebnisse auswerten und daraus Antworten auf die vom Auftraggeber gestellten Fragen erarbeiten will, kann er dies auf verschiedene Weise tun:

(1) *Bloße Datendokumentation*
Im einfachsten Fall werden Rohdaten unbewertet und unkommentiert lediglich dokumentiert. Sie werden behandelt wie ein Protokoll von Messdaten aus einem Messgerät (z. B. Anzahl der richtigen/falschen Reaktionen des Probanden in einem apparativen Reaktionsleistungstest; Antworten eines Klienten in einem Satzergänzungstest oder Anzahl der Fehler bei einer Arbeitsprobe).

Die Bewertung überlässt der Sachverständige dem Leser des Gutachtens. Das bedeutet in der Regel nicht, dass der Sachverständige tatsächlich selbst keine eigene Bewertung vornähme. Er bewertet, aber er macht sich diese Bewertung möglicherweise nicht bewusst, jedenfalls teilt er sie dem Leser des Gutachtens im Text seines Gutachtens auch gar nicht mit. Der Leser kann diese Bewertung eventuell jedoch aus dem Kontext erschließen: er liest zwischen den Zeilen.

Sachverständige drücken sich bisweilen vor expliziten Bewertungen, weil sie über keine zuverlässigen Kriterien verfügen oder weil sie diese nicht bekanntgeben wollen. Sie animieren dadurch jedoch den Leser zum Raten. Dabei kann der Gutachter nicht sicherstellen, dass der Ratende auch zu demselben Ergebnis kommt wie der Gutachter. Das Gutachten ist also in diesem Fall nicht eindeutig, weil die Ausführungen des Sachverständigen mehr oder weniger beliebig interpretierbar sind – und das soll nicht sein (s. dazu 4.2.4 „Eindeutigkeit der Formulierungen").

(2) *Bewertung nach vorgegebenen Standards*
Typisches Beispiel für eine Bewertung nach vorgegebenen Standards ist die Umsetzung von Test-Rohdaten in die vom Test-Autor oder in Fachpublikationen zur Verfügung gestellten Test-Normen.

Dieser ersten Stufe der Datenbewertung kann eine zweite folgen: nämlich die Interpretation von z. B. Intelligenzquotienten (IQ) oder Leistungsprofilen mit Hilfe der vom Test-Autor oder anderen Autoren bereits erarbeiteten Standard-Interpretationen. So kann sich etwa ein Sachverständiger die Auffassung des Testautors R. Amthauer zu eigen machen, dass der Intelligenz-Struktur-Test (I-S-T) „Intelligenz" oder sogar die „Intelligenz-Struktur" des Klienten prüft. Er muss in diesem Fall nicht selbst erforschen, was diese Testaufgaben-Sammlung des I-S-T nun nach seiner eigenen fachlichen Überzeugung tatsächlich prüft.

Solange sich der Sachverständige sozusagen an die Lehrmeinung des Faches – in diesem Fall Psychologie – oder eines fachkompetenten Testautors hält, wird von daher kaum Kritik entstehen, die sein Gutachten grundsätzlich invalidieren könnte. Angriffspunkte würde dieses Vorgehen allenfalls einem Kritiker liefern, der meint, ein vom Sachverständigen zur Abklärung einer bestimmten Fragestellung benutztes (Test)Verfahren sei dafür nicht geeignet. Diese Kritik würde sich dann aber grundsätzlich auf die Testauswahl beziehen und nicht auf die Bewertung der Ergebnisse.

Ein Kritiker könnte dem Sachverständigen allerdings vorhalten, er übernehme kritiklos Interpretationsvorschläge des Testautors, obgleich er doch wissen müsse, dass diese in der Fachwelt nicht unumstritten seien. Damit hätte er Recht. Denn in diesem Falle hätte sich der Sachverständige tatsächlich mit den abweichenden Meinungen auseinandersetzen müssen, was allerdings nicht bedeutet, dass er am Ende zu einem anderen Ergebnis hätte kommen müssen. Er sollte aber dem Leser die Gründe aufzeigen, die ihn zu diesem Vorgehen bewogen haben. Der Leser soll schließlich der Logik der Gedankenführung folgen und die Schlussfolgerungen des Gutachters nachvollziehen können (s. dazu 4.2.1 „Logische Gedankenführung").

(3) *Bewertung auf Grund eigener Überzeugungen*

Wo keine vorgegebenen Normen oder Standard-Interpretationen existieren, entwickelt der Sachverständige auf Grund seiner im Studium und in der Berufspraxis erworbenen Fachkenntnisse selbst Kriterien und nimmt dementsprechend Bewertungen vor.

So erstellen sich viele Sachverständige, die in Institutionen arbeiten (z. B. Bundesanstalt für Arbeit, Deutsche Gesellschaft für Personalwesen, Untersuchungsstellen für Fahreignung der TÜV, des DEKRA etc.) im Laufe der Zeit Normen für ihre spezielle Klientel, weil sie entweder für die relevante Population keine publizierten Normen vorfinden oder weil sie selbst Testverfahren neu entwickeln. Werden solche Normen nach den Prinzipien der wissenschaftlichen Testtheorie erstellt (z. B. Lienert & Raatz 1994), wird der Gutachter dafür Akzeptanz erwarten können. Eine umfangreiche Übersicht über Testnormen für die gängigen Testverfahren findet sich bei Brickenkamp (1997).

Stützt der Sachverständige die Bewertung der Daten auf seine berufliche Erfahrung oder will er von der Lehrmeinung des Faches in dem oben angeführten Sinn abweichen, wird er dies hinreichend ausführlich begründen müssen, um eventuellen Missverständnissen oder unberechtigter Kritik von vornherein vorzubeugen.

3.3.4.5 Diskussion der Untersuchungsergebnisse

Die Diskussion der Untersuchungsergebnisse geht über die bloße Bewertung der durch die Aktenanalyse und die eigenen Untersuchungen erhaltenen Daten hinaus.

Hier kann der Gutachter noch einmal zusammenfassend auf seine gesamte Untersuchung und die dem Untersuchungskonzept immanente Logik sowie auf mögliche Einwände eingehen, um dem Leser das Konzept (den Weg vom Anlass und der Fragestellung zu den Ergebnissen und Antworten) transparent zu machen und dadurch Verständnis und Akzeptanz für das Gutachten zu erreichen.

Er kann beispielsweise im Hinblick auf möglichst große Überzeugungskraft seines Gutachtens folgende Aspekte diskutieren:

Tabelle 55: Diskussion der Untersuchungsergebnisse

In Betracht kommt die Diskussion von:
– Untersuchnungsplan – Auswahl der Untersuchungsverfahren – Konzentration auf bestimmte Schwerpunkte – Nichteingehen auf möglicherweise dem Leser relevant erscheinende Sachverhalte – Beziehung der hier erarbeiteten Ergebnisse zu Ergebnissen von Vorgutachten – Lehrmeinungen über bestimmte Aspekte des Problems und die Gründe für eventuelle Abweichungen davon – Zusammenhang zwischen diesen Untersuchungsergebnissen und von im Auftrag enthaltenen Fragestellungen (ggf. erforderlich gewesene Modifikationen)

Fortsetzung Tabelle 55

- Gründen für die eventuelle Nichtbearbeitung einzelner Aspekte des Problems
- Beteiligung von Hilfskräften und/oder weiteren Fachleuten
- besonderen Vorkommnissen bei der Abwicklung des Auftrags, soweit sie für die Ergebnisse von Bedeutung sein könnten
- Unterscheidung von
  - gesicherten Fakten (d. h. Tatsachen),
  - Lehrmeinungen („herrschender Meinung") und
  - eigenen Bewertungen des Sachverständigen (dabei auch zu unterscheiden auf der Skala von: „mit an Sicherheit grenzender Wahrscheinlichkeit" bis „Annahme" von geringer Wahrscheinlichkeit)

Der Gutachter wird sich auf Wesentliches beschränken und sich nicht bemühen, hier eine möglichst breit gefächerte Diskussion einzuschieben. Behandelt werden soll nur, was für das Verständnis der Ausführungen hilfreich ist und was zur Überzeugungskraft des Gutachtens beiträgt.

An dieser Stelle wird der Gutachter noch nicht konkret auf die Beantwortung der vom Auftraggeber gestellten Fragen eingehen. Dieser weiteren Abstraktionsstufe seiner sachverständigen Schlussfolgerungen wird er zweckmäßigerweise wieder ein eigenes Kapitel widmen. Dadurch kann er bei eventuell gegen die Antworten gerichteter Kritik erreichen, dass diese sich nur gegen diese Antworten richtet und dass dadurch nicht zugleich auch seine Untersuchungen und deren sachlich korrekte und fundierte Ergebnisse mit in Zweifel gezogen werden.

3.3.4.6 *Fremde Untersuchungsergebnisse*

Im Kapitel 1.4.1 („Fachkompetenz für das relevante Fachgebiet") haben wir darauf hingewiesen, dass der Sachverständige fachkompetent sein muss für den Tätigkeitsbereich, dem die Thematik des Gutachtenauftrags fachlich zuzuordnen ist. Fehlt ihm dafür nicht grundsätzlich die Fachkompetenz, sondern nur für einen Teilbereich, oder möchte er wegen Arbeitsüberlastung einen Unterauftrag an einen anderen Sachverständigen weitergeben, so kann er dies tun und die Ergebnisse in sein Gesamtgutachten einbeziehen. Dabei wird er in angemessener Form im Gutachten zum Ausdruck bringen, welches seine eigenen und welches fremde Untersuchungsergebnisse sind.

Bedeutsam kann es in solchen Fällen sein, inwieweit lediglich die Tatsachenfeststellungen übernommen werden und inwieweit der Gutachter auch die Bewertungen von Fremduntersuchungen übernimmt. Jedenfalls wird er sich dies im Zusammenhang mit der Überprüfung der vom Unterauftragnehmer benutzten Beurteilungskriterien zu überlegen haben, da er als beauftragter Gutachter letztlich die Gesamtverantwortung trägt.

3.3.5 Beantwortung der vom Auftraggeber gestellten Frage(n)

Dies ist überhaupt das entscheidende Kapitel Ihres gesamten Gutachtens!

Der Auftraggeber hat Ihnen als einem Sachverständigen für ein bestimmtes Fachgebiet Fragen gestellt, die er selbst nicht beantworten kann, weil ihm dafür der erforderliche Sachverstand fehlt. Und diese Fragen sollen Sie ihm beantworten.

Wenn Sie entsprechend den im Abschnitt 2.3 („Bedeutung der Fragestellung für das Gutachten") und 3.2.2 („Auftrag") gegebenen Hinweisen die Fragestellung(en) des Auftraggebers aufgegriffen und gegebenenfalls aufbereitet, d. h. strukturiert und konkretisiert haben, dann werden Sie jetzt kaum Schwierigkeiten bei der Beantwortung haben. Vorausgesetzt, Sie haben die für die Fragen und Teilfragen relevanten Sachverhalte hinreichend gründlich abgeklärt durch:

> – gründliches Aktenstudium
> – sachkompetente eigene Untersuchungen
> – ggf ergänzende Auswertung der einschlägigen Fachliteratur
> – ggf. Konsiliargespräche mit Fachkollegen.

Während Sie bei der Darstellung Ihrer Untersuchung und der fachlichen Ergebnisse noch darauf hoffen können, dass der fachliche Laie (d. h. hier: der Auftraggeber) dies mehr oder weniger überliest, weil er das „Fachchinesisch" dem eingehenden Studium durch Fachleute (z. B. Gegengutachter, Obergutachter) überlässt, müssen Sie ernsthaft damit rechnen, dass der fachliche Laie die von Ihnen gegebenen Antworten komplett liest und dabei auch verstehen will. Ein Richter *muss* sie sogar verstehen, weil er sich einem „überzeugenden Gutachten" nicht ungeprüft anschließen darf, sondern die Schlussfolgerungen logisch und inhaltlich nachvollziehen und erst dann im Ergebnis seiner eigenen Entscheidung zugrunde legen darf.

Tabelle 56: Beantwortung der gestellten Fragen

> **Entscheidend ist also:**
>
> – alle Fragen beantworten – eine nach der anderen
> – keine nicht gestellten Fragen beantworten
> – die Antworten analog zu den Fragen (s. 3.2.2.2) übersichtlich gliedern
> – die Antworten logisch stringent aus Ihren Untersuchungsergebnissen ableiten (s. 3.3.5)
> – verständlich formulieren und die Sprache – soweit möglich – dem Sprachniveau der Leser anpassen (s. 4.2.3 und 4.5)
> – keine widersprüchlichen Antworten geben; die Antworten auf alle Fragen sollen untereinander kompatibel sein (s. 4.2.2)
> – Antworten eindeutig formulieren, der Leser darf Ihrer Formulierung nicht verschiedene Antworten entnehmen können (s. 4.2.4)
> – alle Informationen geben, die zur überzeugenden Begründung Ihrer Antwort erforderlich sind (s. 4.2)

Fortsetzung Tabelle 56

– Ihre Antworten veranschaulichen durch Bilder, Diagramme, Tabellen, Skizzen, wo immer dies möglich ist und zum besseren Verständnis beiträgt (s. 4.4)
– zum besseren Verständnis das Wesentliche gegenüber dem weniger Wesentlichen hervorheben (s. 4.6)
– sich gegebenenfalls mit anderen Meinungen von Fachleuten auseinandersetzen, um unnötiger Kritik vorzubeugen
– für den Leser verdeutlichen, in welchem Maße Ihre Antworten von Tatsachen ausgehen, herrschende Meinungen (Lehrmeinungen) wiedergeben, gesicherte eigene Erfahrungen widerspiegeln oder Annahmen bzw. Vermutungen sind (soweit letztere überhaupt im Gutachten berichtenswert sind) (s. 4.7)

3.3.6 Zusammenfassung

Sie können – insbesondere bei umfangreichen Gutachten – dem Leser die Lektüre bzw. die Aufnahme der für ihn wichtigsten Informationen dadurch erleichtern, dass Sie dem Gutachten eine Zusammenfassung anfügen oder auch voranstellen. Ein vorangestelltes Abstract findet man häufig bei Fachaufsätzen, teilweise auch bei Büchern. Gerichtsurteile enthalten in der Regel erst das Urteil bzw. den Beschluss, danach folgt die ausführliche Begründung. Dadurch wird der Zuhörer bzw. Leser sofort kurz und bündig über das wesentliche Ergebnis informiert, ohne zuvor die oftmals umfangreiche Begründung studieren zu müssen.

Bei der Formulierung einer Zusammenfassung Ihres Gutachtens sollten Sie sich überlegen, für welche Leser diese von Interesse ist und was gerade diese Leser aus der Zusammenfassung möglichst schnell erfahren möchten.

In erster Linie dürfte der Leser eines Gutachtens normalerweise vor allem interessiert sein an dem Anlass für die Erstellung des Gutachtens, der Fragestellung des Auftraggebers und den vom Gutachter darauf gegebenen Antworten. Diese sollten in der Zusammenfassung klar und verständlich resümiert werden.

Ob und wieweit der Sachverständige in diesem Zusammenhang auch Einzelheiten über die beteiligten Personen und die Durchführung seiner Untersuchungen referiert, hängt meistens von der Art des untersuchten Problems, dem Umfang des Gutachtens sowie den Erwartungen des Auftraggebers bzw. der (potentiellen) Leser ab.

3.3.7 Literaturverzeichnis

Im Kapitel 3.2.3.1 „Informationsquellen" haben wir schon darauf hingewiesen, dass im Gutachten die fall- bzw. themenrelevanten Infomationsquellen des Sachverständigen korrekt und nachprüfbar angegeben werden sollten.

Wenn der Gutachter Fachliteratur in seinem Gutachten verwendet, sollte er sie nach in der Wissenschaft üblichen (wenn auch nicht einheitlichen) Regeln korrekt zitieren. Da vollständige bibliographische Angaben (von einzelnen Angaben einmal abgesehen) im fortlaufenden Text leicht als störend empfunden werden, bietet sich deren Dokumentation in einem dem Gutachten beigefügten Literaturverzeichnis an.

Benutzt der Sachverständige fremde Quellen, sollte er nicht so tun, als habe er selbst diese Inhalte oder Formulierungen erarbeitet. Denn einerseits sind solche Quellen gerade auch anderen Fachleuten oftmals nicht unbekannt. Diese können dann unschwer erkennen, wo Sie Ihre Anleihen („geistiger Diebstahl") genommen haben, und Ihr Gutachten sowie Ihren Arbeitsstil dementsprechend einschätzen.

Andererseits ist nicht jede Quelle fehlerfrei. Zitieren Sie aber falsche Daten etc., ohne die Quelle anzugeben, wird der Fehler, sobald er entdeckt wird oder vielleicht sogar zu Haftungsproblemen führt, verständlicherweise nicht dem tatsächlichen Verfasser, sondern Ihnen angelastet. Wenn die Erstellung eines Gutachtens längere Zeit zurückliegt, Sie dann aber z. B. vor Gericht mündlich zu einem solchen Fehler Stellung nehmen sollen, haben Sie, wenn Sie die Quelle nicht zumindest in Ihren Handakten korrekt notiert haben, sogar Schwierigkeiten, die Sache zumindest im Nachhinein noch aufzuklären.

Außerdem trägt ein mehr oder weniger ausführliches Literaturverzeichnis mit dazu bei, dem Leser den Eindruck zu vermitteln, dass Sie nicht nur gewissermaßen „aus dem hohlen Bauch" argumentieren, sondern sich auf die herrschende Meinung der Fachwelt stützen. Zudem belegen Sie gleichzeitig, dass Ihr Gutachten auf dem aktuellen Stand des Wissens Ihres Faches ist. Damit gewinnt Ihr Gutachten von vornherein an Überzeugungskraft (s. dazu 4.2 „Lesbarkeit und Überzeugungskraft").

3.3.8 Anhang

Oftmals stehen Gutachter vor der Frage, welche Informationen (z. B. Abbildungen, Tabellen) sie im Text darstellen und welche sie in einen Anhang übernehmen sollen. Beides hat Vor- und Nachteile.

Der Leser freut sich, wenn er die im Text erwähnten Abbildungen, Diagramme, Tabellen etc. möglichst auf der gleichen Seite findet, weil er deren Information dann sofort mit den Inhalten des fortlaufenden Texts in Zusammenhang bringen, vergleichen und kontrollieren kann, ohne umständlich nachblättern und suchen zu müssen.

Nachteile entstehen für den Leser jedoch dann, wenn es sich um umfangreichere Einschübe handelt die den fortlaufenden Text wiederholt auseinanderreißen und ihm dadurch die Lektüre erschweren.

Ich tendiere daher zu folgender *Empfehlung:*

Tabelle 57: Tabellen, Abbildungen, Diagramme etc.

Einzelne Tabellen, Abbildungen, Diagramme etc. können in der Regel vorteilhaft in den fortlaufenden Text aufgenommen werden:
– zur Veranschaulichung der im Text gemachten Ausführungen – um einen komplizierten Sachverhalt anschaulicher und damit zugleich besser verständlich darstellen zu können

Fortsetzung Tabelle 57

– wenn der fortlaufende Text als solcher erhalten bleibt und nicht durch Einschübe unterbrochen wird, die über mehrere Seiten gehen
Sie sollten jedoch lieber in einem Anhang untergebracht werden:
– wenn sie über mehr als 1-2 Seiten gehen und deshalb den fortlaufenden Text zu stark unterbrechen – wenn sie über das Standardformat (z. B. DIN A4) hinausgehen und gefaltet werden müssen – wenn sie nicht in engem Zusammenhang mit dem Text stehen, aber aus wichtigem Grunde dem Leser trotzdem zugänglich gemacht werden sollen (z. B. eine in einer Fachzeitschrift abgedruckte Testnormen-Tabelle) und weil deren Gesamtinformation für den Fachmann von Bedeutung ist.

Wenn Sie sich für einen Anhang entscheiden, sollte insbesondere bei mehreren Anhängen dem Inhaltsverzeichnis des Gutachtens auch eine Übersicht über die Anhänge (Nr. des Anhangs, Thema, Seitenzahl) beigefügt werden, damit der Leser das Gesuchte möglichst leicht und schnell findet. Terminologisch sollten Sie sich einheitlich auf *„Anhang"* oder *„Anlage"* festlegen, die Begriffe aber nicht in demselben Text wechselnd mit gleicher Bedeutung benutzen, um den Leser nicht unnötig zu irritieren.

Manche Gutachter gestalten Anhangblätter so, dass ein DIN A3-Blatt (Querformat) auf der linken Seite freibleibt während die rechte, beschriftete DIN A4-Hälfte herausgeklappt werden kann. Sie erreichen dadurch, dass der Leser während der Lektüre des fortlaufenden Gutachtentextes aus dem herausgeklappten Anhang die relevanten Informationen ohne Hin- und Herblättern präsent hat.

Der Gutachter sollte weder im Text noch im Anhang unnötige Tabellen etc. aufnehmen. Diese Unterlagen sind nur dann sinnvoll, wenn sie entweder dem Fachmann die Nachprüfung von Feststellungen des Gutachters ermöglichen oder wenn sie zur Veranschaulichung und damit zum besseren Verständnis des Textes beitragen. Was diesen wichtigen Zielen nicht dient, sollte wegbleiben. Es gehört dann eher in die Handakte des Gutachters als in den Anhang des Gutachtens.

3.3.9 Gutachtenabschluss (Datum, Unterschrift, Schlussformel, Verteiler)

3.3.9.1 Datum

Das Gutachten wird datiert. In der Praxis gibt man meistens routinemäßig das Datum der Reinschrift an – d. h. das Datum wird vom Schreibbüro eingesetzt. Manche Sachverständigen legen Wert darauf, dass das Datum der Unterzeichnung des Gutachtens allein oder zusätzlich angegeben wird. Werden in dieser Weise zwei unterschiedliche Daten im Gutachten angegeben (z. B. Datum der Reinschrift im Briefkopf; Datum der Unterzeichnung des Gutachtens neben der Unterschrift des Gutachters), kann das zu Unklarheiten führen, wenn für die

Fertigstellung eines Gutachtens ein Termin vorgegeben oder vereinbart worden ist und wenn sich daran eventuell sogar noch schwerwiegende Rechtsfolgen anschließen (z. B. Schadenersatzpflicht bei Terminüberschreitung).

Wichtig ist das Datum für den Gutachter z. B. auch bei Überarbeitungen eines Gutachtens, um die verschiedenen Textversionen auseinanderhalten zu können. Sonst könnte versehentlich eine veraltete Version als endgültiges Gutachten abgeschickt werden.

Das Datum ist jedoch auch wichtig für die Bewertung eines Gutachtens, wenn z. B. zu einem späteren Zeitpunkt (etwa in einer Hauptverhandlung bei Gericht) die Frage auftaucht, ob der Sachverständige bei der Abgabe seines Gutachtens bereits über bestimmte Sachverhalte oder über erst kürzlich bekannt gewordene neue Forschungsmethoden oder -ergebnisse hätte informiert sein können oder müssen.

Ein weiterer Aspekt ist die Einhaltung von Fristen. Diese können dem Gutachter z. B. nach § 411 ZPO vom Gericht gesetzt oder sonst von einem Auftraggeber vorgegeben werden. Das Gutachtendatum kann auch (insbesondere in Verbindung mit der Unterschrift) den Sachverständigen innerhalb einer Institution von dem Vorwurf entlasten, er sei Schuld an der verspäteten Gutachtenerstellung, wenn z. B. sein Gutachten durch ein Versehen des Büros oder der Post nicht rechtzeitig beim Auftraggeber eingegangen ist.

Als Termin der fristgerechten Ablieferung eines Gutachtens gilt häufig nicht das Erstellungsdatum, sondern das Datum des Poststempels oder der Eingangsstempel des Empfängers (daher ggf. per Einschreiben versenden).

3.3.9.2 Unterschrift

„Das schriftliche Gutachten ist vom Sachverständigen handschriftlich zu unterzeichnen." (Müller 1978, S.322; Gebhardt 1978, S.21; Bayerlein 1990, S.478).

Deshalb ist für die Unterzeichnung maßgeblich, *wer* als Gutachter bestellt worden ist (z. B. im Beweisbeschluss eines Gerichts). Der zum Gutachter bestellte Sachverständige hat das Gutachten auch dann verantwortlich zu unterschreiben, wenn andere Sachverständige an der Erstellung mit beteiligt waren oder wenn z. B. ein Klinikleiter dem Sachverständigen in der Klinikhierarchie übergeordnet ist.

Folgendes ist daher grundsätzlich zu beachten:

Tabelle 58: Unterzeichnung des Gutachtens (Grundsätzliches)

– Der verantwortliche Sachverständige unterzeichnet das Gutachten (auch bei Hinzuziehung von Hilfskräften) persönlich.
– Lässt der Leiter (Klinikdirektor, Institutsleiter etc.) das Gutachten durch einen Mitarbeiter erstellen, ist dieser von der Sache her Gutachter: er hätte das Gutachten in diesem Fall verantwortlich zu unterzeichnen. Allerdings würde der Leiter bei dieser Verfahrensweise dem an ihn ergangenen Gutachtenauftrag nicht gerecht. Er müsste nämlich das Gutachten selbst unterzeichnen, dürfte dies aber nicht,

Fortsetzung Tabelle 58

> wenn er es nicht selbst erarbeitet oder zumindest mit erarbeitet hätte. Erweckte
> der Leiter den unzutreffenden Eindruck, er selbst sei der Verfasser dieses Gutach-
> tens, läge eine falsche Aussage vor. Bei Gerichtsgutachten müsste das Gericht
> korrekterweise auf Antrag den Leiter als Gutachter durch den Mitarbeiter ersetzen
> (Müller 1978, S. 323).
> – Ist der Mitarbeiter einer Institution als Gutachter bestellt, hat er selbst und nicht
> der Leiter zu unterzeichnen. Die eventuelle zusätzliche Unterschrift des Leiters
> (z. B. mit dem Vermerk „gesehen") ist sachlich ohne Bedeutung, sofern dieser sich
> nicht anstelle seines Mitarbeiters (unzulässigerweise) als Verfasser des Gutach-
> tens darstellen will.
> – Wird eine Institution als solche mit einem Gutachten beauftragt, ist zu klären, wer
> verantwortlicher Gutachter ist. Unterzeichnen Leiter und Mitarbeiter ohne weitere
> Hinweise, gelten beide als Gutachter mit gemeinschaftlicher Verantwortung für den
> Inhalt.

Um Missverständnisse zu vermeiden, empfiehlt Müller (1978, S. 324) Hinweise
etwa folgender Art im Gutachten:

Tabelle 59: Unterzeichnung des Gutachtens (Beispiele)

(1) Bei gemeinschaftlicher Erstellung des Gutachtens:

Für das Gutachten tragen der Leiter X und der Mitarbeiter Y gemeinschaftlich die
Verantwortung.

(2) Wenn der Leiter X allein die Verantwortung trägt:

Das Gutachten ist unter Hinzuziehung des Mitarbeiters Y von Leiter X erstellt.

(3) Wenn der Mitarbeiter Y die Verantwortung trägt:

Das Gutachten wurde von dem Mitarbeiter Y in eigener Verantwortung erstellt. Der
Leiter ist mit der Erstattung des Gutachtens einverstanden (ohne dafür die Verantwortung zu übernehmen).

**(4) Wenn mehrere Sachverständige bestimmte Teile eines Gutachtens selb-
ständig erarbeitet haben:**

Es zeichnet verantwortlich:
– Für die ärztlichen Untersuchungen: Dr. med. A.
– Für die psychologischen Untersuchungen: Dipl.-Psych. B.

Ergänzend dazu hebt Beaumont (1987) hervor, dass die geforderte eigenhändige
Unterzeichnung des Gutachtens (d. h. einer „Urkunde") zu der Verpflichtung füh-
re, dass die Unterschrift den Urkundentext räumlich abschließe. Nicht ausreichend sei demzufolge die Unterschrift am Rand oder auf einem Briefumschlag.

Außerdem müsse die Unterschrift die Person des Sachverständigen erkennbar
machen. Daher genüge die Unterschrift mit dem Familiennamen ohne die Hinzufügung des Vornamens. (Den Vornamen wird jedoch z. B. ein Gutachter „Müller" hinzufügen, um Verwechslungen mit anderen Damen oder Herren mit Na-

men Müller zu vermeiden.) Dabei komme es nicht auf die Leserlichkeit der Unterschrift an. Jedoch müsse der Schriftzug die Zusammensetzung aus Buchstaben erkennen lassen. Der Schriftzug müsse individuell und einmalig sein, entsprechende charakteristische Merkmale aufweisen und die Identität des Unterschreibenden ausreichend kennzeichnen (s. dazu auch § 126 BGB („Gesetzliche Schriftform")).

Um dem Leser das Entziffern schwer lesbarer Unterschriften zu erleichtern, ist es üblich, den Namen noch einmal maschinenschriftlich darunterzusetzen und die akademischen Grade des Gutachters hinzuzufügen (z.B. Dipl.-Psych., Dr., Prof.) und eventuell die Funktion innerhalb einer Institution anzugeben (z.B. Institutsleiter, Direktor der XX-Klinik, Chefarzt, Leitender Psychologe, Klinischer Psychologe, Psychotherapeut).

Da der Gutachter im Regelfall einen Briefbogen mit vorgedrucktem Briefkopf benutzen wird, braucht die Institution (z.B. Medizinische Hochschule, Stadtkrankenhaus) bei der Unterschrift nicht noch einmal aufgeführt zu werden. Hier wird allenfalls die Fachabteilung genannt, in der der Sachverständige tätig ist (z.B. Abteilung für Kinder– und Jugendpsychiatrie, Abteilung für Psychosomatik).

Die Unterzeichnung des Gutachtens könnte also z.B. folgende Form haben:

....

....

.... (Text) ......

Abteilung für Psychosomatik

(Unterschriftszug)

Dipl.-Psych. Dr. Zuschlag
– Psychotherapeut –

Der Gutachter unterschreibt nach DIN 5008 unten links und nicht – wie früher üblich – unten rechts. Der Grund für diese Veränderung im Schriftverkehr fällt in die Zeit der Benutzung elektrischer Schreibmaschinen und liegt wohl in der Schreibvereinfachung bei maschinenschriftlichen Texten mit automatischem Zeilensprung. Nach dem Zeilenwechsel steht der Schreibkopf der Maschine vorn auf Grad 10 bzw. 12; dort kann sofort weitergeschrieben werden. Andernfalls müsste der Schreibkopf erst mit dem Tabulator nach rechts verschoben werden.

Analoges gilt für die Arbeit mit EDV-Textprogrammen für Arbeitsplatz- bzw. Personal-Computer (PC) und angeschlossenen Druckern. Auch hier entfallen mehr oder weniger aufwändige zusätzliche und letztlich auch unnötige Formatierungen.

3.3.9.3 Schlussformel

Bayerlein (1990, S. 478) weist darauf hin, der Sachverständige müsse, allerdings nur, wenn das Gericht dies verlange, *„unter Berufung auf seinen allgemein geleisteten Eid oder an Eides statt versichern, daß er das Gutachten ‚unparteiisch und nach bestem Wissen und Gewissen‘ erstatte (§ 410 ZPO)."*

Solche Versicherungen sollten auf derartige Gerichtsgutachten beschränkt bleiben.

Weithin üblich geworden sei hingegen als Schlussformel die schlichte Versicherung, das Gutachten werde nach bestem Wissen und Gewissen erstattet, weil dies verdeutliche, dass sich der Sachverständige seiner Pflichten und seiner persönlichen Verantwortung bewusst sei.

Ich verzichte generell auf derartige Schlussformeln in meinen Gutachten, weil nach meiner Auffassung bereits die Übernahme eines Gutachtenauftrages diese inhaltliche Aussage impliziert, weil die Rechte und vor allem die Pflichten des Sachverständigen bereits ausreichend in den jeweiligen Verfahrensordnungen (z. B. ZPO, StPO) geregelt sind. Wer dennoch gegen diese grundsätzlichen Sachverständigen-Pflichten verstößt, haftet als Sachverständiger ohnehin zivil- und gegebenenfalls auch strafrechtlich.

Zusätzlich abgegebene ausdrückliche Versicherungen könnten demgegenüber leicht den Verdacht erwecken, dass es mit der Neutralität, der Objektivität sowie dem besten Wissen und Gewissen des Sachverständigen nicht so gut bestellt sei, wenn der Gutachter glaubt, dies als Besonderheit für den jeweiligen Fall ausdrücklich hervorheben zu müssen.

Erstellt er denn auch parteiliche Gutachten ohne derartige Schlussformeln – also solche, die nicht nach bestem Wissen und Gewissen gefertigt sind? – Hoffentlich nicht!

Vertretbar wäre aus diesen Gründen meines Erachtens – wenn eine solche Versicherung nicht zu umgehen ist – allenfalls die Formulierung:

> „*Auch* dieses Gutachten habe ich nach bestem Wissen und Gewissen erstellt."

3.3.9.4 Verteiler

Wird das Gutachten in Kopie vom Gutachter auf Anweisung des Auftraggebers bzw. mit dessen Einverständnis auch an andere Empfänger verschickt, als an den im Adressfeld angegebenen, sollte er dies im „Verteiler" vermerken.

Welche Personen oder Institutionen eine Kopie des Gutachtens direkt vom Sachverständigen erhalten, ist zuvor mit dem Auftraggeber abzustimmen. Da der Gutachter dem Auftraggeber gegenüber zu Vertraulichkeit und Verschwiegenheit verpflichtet ist (s. 1.5.3 „Vertraulichkeit, Datenschutz"), darf er das Gutachten nicht eigenmächtig und unbefugt an Dritte weitergeben.

Der Verteilervermerk hat zudem den Zweck, alle Verfahrensbeteiligten (z. B.

in einem Gerichtsverfahren) darüber zu informieren, wer bereits eine Kopie des Gutachtens erhalten hat, damit unnötige Anfertigung und Versand von Kopien (und somit Arbeitsaufwand und Kosten) vermieden werden können.

4 Gestaltung des Gutachtens

4.1 Form und Inhalt

Gutachten sind *Urkunden*, die z. B. im Gerichtsverfahren beim Urkundenbeweis vorgelegt und verlesen werden können. Wir haben schon darauf hingewiesen, dass es nach Jessnitzer (1992, S. 242) weder für den Aufbau noch für den Inhalt eines Gutachtens ein starres Schema oder gesetzliche Vorschriften gibt, dass sich jedoch in der Praxis dafür gewisse Grundregeln herausgebildet haben.

Da ein Gutachten überzeugend sein soll, würde sich ein Gutachter die Akzeptanz seines Gutachtens unnötig erschweren, wenn er seine Ausarbeitungen in einer unbefriedigenden Form vorlegte (z. B. verknittertes Papier, Kaffeeflecken auf Seite 1, schlechtes Schriftbild, Tippfehler, ungegliedert, handschriftlich nachgetragene Korrekturen). Er kann kaum verhindern, dass der Leser dann schon bei der Entgegennahme des Gutachtens auf Grund der unprofessonellen äußeren Gestaltung einen negativen Eindruck bekommt und von einem unprofessionell wirkenden oder gar unappetitlichen Äußeren des Gutachtens auf einen ebensolchen Inhalt schließt. Deshalb empfehlen wir, schon bei der äußeren Gestaltung, aber auch beim Aufbau und der Darstellung des Inhalts formbewusst zu sein und Professionalität zu zeigen, damit der Leser bereits beim Anblick des Gutachtens vom ersten Augenblick an positiv eingestimmt wird.

4.1.1 Äußere Aufmachung

Zur äußeren Aufmachung des Gutachtens gehört, wenn man den Auftrag insgesamt betrachtet, schon der Briefumschlag und dessen Beschriftung beim Versand des fertigen Gutachtens. Folgendes ist daher beim *Versand des Gutachtens* zu beachten:

Tabelle 60: Hinweise für den Versand des Gutachtens

– Einen Umschlag ausreichender Größe wählen (in der Regel DIN B4), damit das Gutachten nicht geknautscht wird oder unnötig gefaltet werden muss.   – Den Umschlag maschinenschriftlich adressieren und Absender (ggf. Stempel) nicht vergessen. Die Beschriftung sollte wasserfest sein, damit sie auf dem Postwege nicht verschmiert.   – Die richtige Adresse vollständig angeben, damit das Gutachten unverzüglich zum richtigen Empfänger gelangt.   – Ausreichende Frankierung, damit der Empfänger nicht schon durch Nachporto verärgert wird oder gar die Annahme der Briefsendung verweigert.   – Eine angemessene Versandart wählen (z. B. Standard-, Kompakt-, Groß-, Maxi-Brief, Übergabeeinschreiben) bzw. das Gutachten durch einen Boten schicken oder sogar persönlich beim Empfänger abgeben.   – Den Umschlag so verschließen, dass er nicht leicht durch Unbefugte geöffnet werden kann. Es handelt sich schließlich um eine vertrauliche Unterlage.

Fortsetzung Tabelle 60

Die heute üblichen einfachen Haftverschlüsse, wo Briefe problemlos auch von Unbefugten geöffnet, gesichtet, ggf. kopiert und unbemerkt wieder verschlossen werden können, erfüllen demzufolge grundlegende Anforderungen an die Sicherstellung der Vertraulichkeit der Briefinhalte nicht.

Sofern das Gutachten nicht bereits durch Vorschuss oder Vorauszahlung abgerechnet worden ist, wird der Gutachter dem fertigen Gutachten die Rechnung beifügen. Auch diese sollte den üblichen Anforderungen entsprechen und korrekt sein (s. dazu Kapitel 7.1 „Abrechnung von Gerichtsgutachten nach ZSEG"), damit der Empfänger nicht schon vor der Lektüre des Gutachtens in Missstimmung gerät.

Nach dem Öffnen des Briefumschlags wendet sich der Adressat dem Gutachten selbst zu. Wodurch kann der Gutachter bereits in diesem ersten Augenblick des Kontaktes des Auftraggebers mit dem Gutachten einen positiven ersten Eindruck vermitteln?

Tabelle 61: Der positive Eindruck vom Gutachten

Das fertige Gutachten
– Ein umfangreicheres Gutachten sollte so geheftet bzw. gebunden sein, dass es nicht schon beim Durchblättern auseinanderfällt.
– Das Gutachten kann in einen Schnellhefter aus Pappe oder Klarsichtfolie eingelegt werden, damit es nicht so leicht verschmutzt.
– Auf dem Titelblatt sollte graphisch herausgehoben und deutlich lesbar stehen, um was es sich handelt – um ein:
GUTACHTEN.
(Nicht als Ersatz für „Gutachten" die Begriffe „Bericht", „Stellungnahme" etc. verwenden, sondern nur, wenn es sich tatsächlich um solche handelt.)
– Möglichst schon auf dem Titelblatt sollte der Empfänger weitere wichtige Informationen zur Groborientierung über den Vorgang finden (s. Kapitel 3.2.1 „Formale Angaben"):
– Absender des Gutachtens (Institution, Gutachter)
– Auftraggeber und dessen Aktenzeichen
– Thema des Gutachtens (mit Namen des/der Untersuchten)
– Datum der Gutachtenerstellung
– Umfang von Gutachten und Anlagen
– Das Gutachten sollte auf allen Blättern als einheitliche Urkunde gekennzeichnet sein durch Angabe einer Identifikation (z. B. Aktenzeichen oder „Blatt.., Gutachten Franz Müller").
– Das Gutachten sollte auf Blätter im gebräuchlichen Format DIN A4 geschrieben sein.
– Gutachten werden nach Möglichkeit auf weißem Papier von angemessener Papierqualität geschrieben. Bei farbigen oder Recycling-Papieren ist daran zu denken, dass Probleme beim Kopieren auftreten können (Grauschattierungen und Flecken können die Kopien verunzieren). Unter Umständen erwarten aber gerade ökologisch engagierte Auftraggeber die Verwendung derartiger Papiere.

Vielleicht wollen Sie jetzt, nachdem Sie die Empfehlung hinter dem letzten Spiegelstrich gelesen haben, als umweltschutzbewusster Leser nicht nur die Empfehlungen, sondern das ganze Buch in den Papierkorb werfen, weil es auf weißem Papier gedruckt ist.

Sie müssen jedoch gar nicht unter allen Umständen weißes Papier benutzen und befürchten, damit vielleicht gegen Ihre eigenen ökologischen Grundsätze zu verstoßen. Man sollte im übrigen wissen, dass nicht jedes weiße Papier mehr ökologische Probleme aufwirft als graues Recycling-Papier. Aber Sie sollten in jedem Fall darauf achten, dass Ihr Gutachten auch nach dem Kopieren – auf welchem Papier auch immer es geschrieben ist – noch lesbar bleibt und dass das Gutachten einen professionell sauberen und ordentlichen Gesamteindruck macht.

Wer in einer Institution gutachtet, wird übrigens bisweilen feststellen, dass ihm dort Schreibpapier, Briefkopf und noch manche andere Rahmenbedingung bereits fest vorgegeben ist, so dass er in dieser Hinsicht kaum Wahlmöglichkeiten hat.

4.1.2 Gliederung

Notwendigkeit und Vorteile einer systematischen und übersichtlichen Gliederung des Gutachtens haben wir im Kapitel 3 „Gutachten-Gliederung" schon ausführlich dargestellt.

Eine gute Gliederung erleichtert dem Leser in Verbindung mit konsequent fortlaufender Nummerierung der Gutachtenseiten das Auffinden bestimmter Informationen und erspart ihm nutzloses und frustrierendes Herumblättern. Das Fehlen einer vernünftigen Gliederung bewirkt das Gegenteil und kann insbesondere vom eiligen Leser als sehr lästig empfunden werden.

Ihre Gutachten-Gliederung sollte deshalb in gleicher Weise sowohl den aus der Fragestellung abzuleitenden sachlichen Erfordernissen entsprechen als auch den berechtigten Erwartungen des Auftraggebers an eine vernünftige Orientierungshilfe.

4.1.3 Schriftsatz

Anleitungen für einen ordentlichen Schriftsatz nach aktuellem Stand der Schreibtechnik finden sich z. B. in der DIN 5008 („Regeln für Maschinenschreiben"), in der DIN 1422 („Veröffentlichungen aus Wissenschaft, Technik, Wirtschaft und Verwaltung"), aber auch im Duden „Die deutsche Rechtschreibung" („Hinweise für das Maschinenschreiben" sowie „Richtlinien zur Rechtschreibung, Zeichensetzung und Formenlehre in alphabetischer Reihenfolge") mit Berücksichtigung der neuen deutschen Rechtschreibung.

Viele Gutachter kennen diese Hilfsmittel gar nicht oder benutzen sie nicht. Sie vertrauen oft zu Unrecht darauf, dass das, was sie z. T. vor Jahrzehnten in der Schule gelernt haben, heute noch unverändert gilt und dass sie das seinerzeit Gelernte auch richtig anwenden.

Ein paar Stichworte mögen verdeutlichen, worüber der versierte Gutachter insbesondere auch im Hinblick auf die neue deutsche Rechtschreibung und Zeichensetzung Informationen in den genannten Unterlagen finden kann:

- Gliederung, Wortauswahl und Satzbau
- Zitate, Literaturangaben im Text
- Verweisungen, Fußnoten
- Tabellen, Bilder (zugehörige Legenden, Quellennachweise)
- Seiten-Nummerierung (Paginierung)
- Satzspiegel (Briefkopf, Kopfzeilen; Zeilenanfang, -ende)
- Satz mit/ohne Randausgleich
- Schrifttypen, Schriftgröße, Zahlen, Sonderzeichen
- Zeilenabstand
- Hervorhebungen
- Korrekturen

Der Gutachter sollte darauf achten, dass die Gutachtengestaltung von der ersten bis zur letzten Seite einheitlich ist und gegebenenfalls dem Schreibbüro entsprechende Anweisungen geben.

Bisweilen versuchen sich Gutachter der Verantwortung für die Textgestaltung dadurch zu entziehen, dass sie diese dem Schreibbüro zuschieben. Das entlastet sie aber nicht. Denn letztlich wird für das Gutachten als Gesamtwerk vom Empfänger oder Auftraggeber nicht das Schreibbüro verantwortlich gemacht, sondern der Gutachter. Er ist der Sachverständige, und er muss notfalls auch die vom Büro in den Gutachtentext hineingebrachten Fehler entdecken und korrigieren bzw. korrigieren lassen. Denn er ist es, der das Gutachten unterschreibt, und er muss es in genau dieser Textfassung vertreten, aber nicht die Schreibkraft.

Oft erreicht der Gutachter schon viel, wenn er die Kenntnislücken im Schreibbüro zu beseitigen hilft, indem er den Schreibkräften eine DIN 5008 und einen Rechtschreib-Duden beschafft. Diese Hilfsmittel werden dort gern benutzt, weil in der Regel auch die Schreibkräfte selbst den Ehrgeiz haben, korrekte Schriftsätze anzufertigen und nicht durch zahlreiche Fehler ihrem eigenen Ansehen zu schaden und sich laufend berechtigter und grundsätzlich unnötiger Kritik auszusetzen.

Im Übrigen bieten die modernen EDV-Textverarbeitungs-Programme viel Komfort für eine sachgerechte Textgestaltung; in der Regel verfügen sie (z.B. Microsoft Word) auch über automatische Trennroutinen und eine Rechtschreibkontrolle, deren Einschaltung Flüchtigkeitsfehler zu beseitigen helfen und eigene Kenntnislücken von Sachverständigen und Schreibpersonal erfolgreich kompensieren kann.

Es hat sich bewährt, den fertigen Text zum Schluss noch einmal komplett durchzulesen, um in diesem Arbeitsgang eventuell noch vorhandene gedankliche Fehler, falsche Worttrennungen, Interpunktions- und Grammatik-Fehler auszumerzen. Das ist auch mit diesem Text geschehen. Aber leider werden gerade bei umfangreichen Texten trotzdem meistens noch Fehler übersehen.

4.1.4 Rechtschreibung, Zeichensetzung

Wenn der Gutachter zahlreiche Fehler der Rechtschreibung und der Zeichensetzung im fertigen Gutachten übersieht und/oder nicht korrigieren lässt, fällt dies leicht auf ihn zurück. Von diesen Fehlern schließt der Leser allzu leicht darauf, dass auch der Inhalt des Gutachtens fehlerhaft sein könnte.

Besonders kritisch zu bewerten sind Fehler bei Zahlen. Denn es macht schon einen Unterschied, ob ein Kind einen Intelligenzquotienten von 95 oder von 59 hat. Der Zahlendreher entscheidet zwischen durchschnittlicher Intelligenz und Schwachsinn. Treten solche Zahlenfehler in Einzelfällen oder sogar gehäuft auf, kann der Leser leicht das Vertrauen in das gesamte Zahlenwerk verlieren. Er wird sich dann bei jeder Zahl in Verbindung mit dem Kontext fragen, ob sie richtig oder falsch angegeben ist.

Übrigens sollten Sie zwar die in der EDV-Software integrierten Rechtschreib- und Zeichensetzungsroutinen zur Optimierung Ihrer Texte einsetzen (weil Sie erfahrungsgemäß z. B. manche Tippfehler auch bei gründlicher wiederholter Textdurchsicht übersehen werden), aber Sie sollten sich nicht darauf verlassen, dass diese Routinen immer fehlerfrei arbeiten. So ist besondere Vorsicht bei automatischen Trennroutinen geboten und vielfach Nachkorrektur von Hand erforderlich.

4.1.5 Abkürzungen

Es gibt nicht nur Sachverständige, sondern auch Schreibkräfte, die geradezu eine Leidenschaft für Abkürzungen entwickeln. Neben den gebräuchlichen, wie „z. B.", „usw.", „ggf.", die auch im Duden stehen, entwickeln sie eigene Abkürzungen, die „z. T." mit anderen „amtlichen" kollidieren und für den Nichteingeweihten unverständlich sind.

Bisweilen werden auch längst überholte Abkürzungen benutzt (Sekunde: *sec.* statt *s*; Quadratmeter: *qm* statt m^2), was beim Leser den Eindruck erwecken kann, dass der Gutachter schon ein etwas älteres Semester und mit seinen (Fach-)Kenntnissen nicht mehr ganz auf dem neuesten Stand ist.

Diesen Verdacht können Gutachter übrigens auch dann erwecken, wenn sie ihre Briefe unten rechts unterschreiben (wie in der „guten alten Zeit") und nicht unten links, wie dies nach der neueren DIN 5008 geschehen soll (s. 3.3.9.2 „Unterschrift").

Wir empfehlen daher grundsätzlich, auf Abkürzungen so weit wie möglich – insbesondere im fortlaufenden Text – zu verzichten. Erscheinen dem Gutachter trotzdem Abkürzungen in Einzelfällen unumgänglich, dann sollten die Begriffe zumindest erst einmal ausgeschrieben werden mit beigefügter Abkürzung, wie

z. B.:
- Medizinisch-Psychologische Untersuchung (MPU)
- Hamburg-Wechsler-Intelligenztest für Erwachsene (HAWIE)
- Berufsverband Deutscher Psychologinnen und Psychologen e.V. (BDP)
- Strafgesetzbuch (StGB)

Wenn aus sachlichen Gründen zahlreiche Abkürzungen vorkommen und erläutert werden müssen, kann man dem Gutachten auch ein separates Abkürzungsverzeichnis (hier: Kapitel 11 „Glossar") beifügen. Das hat den Vorteil, dass der Leser bei jeder im Text vorgefundenen Abkürzung sofort im Verzeichnis nachsehen kann und nicht darauf angewiesen ist, mühsam nachzublättern, wo die betreffende Abkürzung zum ersten Mal aufgetaucht und erklärt worden ist.

4.1.6   Bilder, Tabellen, Diagramme

Bilder, Tabellen und Diagramme können Gutachten bereichern, Anschaulichkeit und Verständlichkeit verbessern:

Tabelle 62: Bilder (Fotos, Skizzen, Grafiken)

Bilder
- *veranschaulichen* die Text-Ausführungen - dienen der *Auflockerung* des fortlaufenden Textes - unterstützen die Textgliederung - können ein Thema einleiten oder im Sinne einer Zusammenfassung abschließen - geben dem Leser die Möglichkeit, selbst am Material mitzuarbeiten, indem er z. B. die vom Sachverständigen dargestellte Analyse eines Bildes oder einer Grafik nachvollzieht oder sogar weitere interessante Aspekte entdeckt - wirken der Monotonie beim Lesen längerer Texte entgegen - sind *Beweismaterial* - sichern vergängliche Beweise (z. B. Gesichtsbildung vor und nach einer kosmetischen Operation) - halten beweiskräftig zur jederzeitigen Besichtigung und Kontrolle fest, was sonst nur schwer zugänglich oder z. B. nicht in einen Gerichtssaal transportierbar ist (wie die Wohnsituation eines Kindes). - Ein Röntgenbild spricht oft schon ohne Kommentar für sich (z. B. Blutergüsse als Beweis für körperliche Züchtigung; Fraktur; Hydrozephalus). - Der Leser kann sich ein Untersuchungsverfahren besser vorstellen bzw. versteht Ergebnisse von Tests leichter (z. B. des Szeno-Tests; des Mosaiktests aus dem HAWIE; einer Arbeitsprobe). - Der Leser gewinnt durch ein Foto leichter einen zutreffenden Eindruck von dem Untersuchten (z. B. dem Grad einer körperlichen Behinderung, von Art und Schwere einer Verletzung). - Der Leser kann sich die Wohnsituation besser vorstellen (Kinderzimmer, Wohnumgebung). - Durch eine Skizze können wesentliche Aspekte eines Problems schnell und übersichtlich dargestellt werden. - In Bilderreihen können Ereignisse von verschiedenen Zeitpunkten zusammenhängend dargestellt werden (z. B. Prozessverläufe).

Manchem erfahrenen Gutachter werden vermutlich weitere Verwendungsmöglichkeiten von Bildern in einem Gutachten einfallen. Aber schon die angeführten Beispiele zeigen, dass ein Sachverständiger sich von vornherein bei der Planung seines Gutachtens und der dafür erforderlichen Untersuchungen überlegen sollte, welche Einzelheiten sich zur Bilddokumentation eignen. Es hilft ihm nämlich später beim Zusammenschreiben seiner Ergebnisse wenig, wenn er dann gern ein Foto einarbeiten würde, aber im Rahmen seiner Untersuchung noch keines angefertigt hat. Denn häufig ist es nach Abschluss der Untersuchung gar nicht mehr möglich, die erforderlichen Aufnahmen noch zu machen (z. B. kosmetischer Zustand vor einer Schönheits-Operation).

Der Gutachter kann seine Bilder an der dafür geeigneten Stelle im Text einfügen. Er kann sie jedoch auch – was sich aus schreibtechnischen Gründen oft anbietet – dem Gutachten als Anhang beifügen.

Wichtig für den Leser ist eine ausreichende Bildunterschrift und die durchgehende Nummerierung der Bilder. Die Bildnummern sollten an den entsprechenden Textstellen als Bildhinweis aufgenommen werden.

Wenn der Leser ein Bild sieht, dann soll er aus der Bildunter- oder -überschrift klar entnehmen können, was auf dem Bild gezeigt wird bzw. gezeigt werden soll. Zu diesem Zweck können auch ergänzende Hinweise in das Bild eingezeichnet werden, die den Leser auf bestimmte Bilddetails und deren Bedeutung für die Sache aufmerksam machen.

Tabelle 63: Tabellen

Tabellen
– geben einen schnellen Überblick über größere Daten- bzw. Zahlenmengen (z. B. Ergebnisse eines Intelligenztests, wenn die Einzelergebnisse aller Subtests aufgeführt werden, wie etwa beim HAWIE, HAWIK, I-S-T, B-T-S)   – erleichtern es, wenn man Ergebnisreihen aus verschiedenen Zeitabschnitten nebeneinanderstellen und vergleichen will   – werden leicht in Rechenanlagen durch entsprechende Software produziert und können dann ohne weitere Aufarbeitung dem Gutachten als Beleg beigefügt werden (dann bevorzugt als Anhang)   – und Diagramme sind eine passende Form der Darstellung der Ergebnisse aus apparativen Testeinrichtungen (z. B. Wiener Determinationsgerät, Simulatoren; Wiener Testsystem und Verkehrspsychologische Testbatterie von Schuhfried, Hogrefe-Test-System); dort können Drucker angeschlossen werden, deren Ausdrucke dem Gutachten als Beleg beigefügt werden können (ebenfalls zweckmäßigerweise im Anhang)

Umfangreiche Tabellen eignen sich meistens besser für Anhänge als zur Einfügung in den fortlaufenden Text. Kurze Tabellen können aber nach meiner Erfahrung die Transparenz mehrdimensionaler Sachverhalte – auch im fortlaufenden Text eingefügt – wesentlich verbessern.

Ich selbst habe mir angewöhnt, z. B. die lebensgeschichtliche Entwicklung von Klienten, Krankengeschichten von Patienten, Übersichten über die kriminelle Vergangenheit von Straftätern, Mobbing-Prozesse in Organisationen etc.

in mehrspaltigen Tabellen nach verschiedenen Merkmalen strukturiert zu dokumentieren. Auch bei Tabellen ist es für den Leser wichtig, auf einen Blick anhand der Überschrift zu erfassen, worum es geht. Deshalb sollte die Überschrift nicht zu allgemein formuliert sein, sondern schon möglichst konkrete Hinweise auf den Tabelleninhalt erhalten.

Also nicht: „Tabelle" oder „Ergebnisse", sondern z. B.: „Ergebnisse der Intelligenzuntersuchung mit dem I-S-T (von Amthauer): In den Subtests erzielte Roh- und Standardwerte".

Außerdem erwartet der Leser informative Überschriften über Tabellenspalten. Abkürzungen sollten dem Duden-Standard bzw. der Fachterminologie entsprechen oder zumindest aus sich heraus verständlich sein. Unübliche und schwer verständliche Abkürzungen sollten vermieden oder mit einer entsprechenden Anmerkung unter der Tabelle erläutert werden.

Tabelle 64: Diagramme

Diagramme
– In Diagrammen können umfangreiche Zahlenmengen übersichtlich zusammengestellt werden, so dass Strukturen bzw. Zusammenhänge leichter erkannt werden. – Häufig benutzt werden Säulen-Diagramme, Polygonzüge, Kreisdiagramme etc., die je nach Sachverhalt und Demonstrationsabsicht des Sachverständigen eingesetzt werden. – Durch Polygonzüge können z. B. zeitliche Entwicklungsreihen übersichtlich dargestellt werden. – Durch Darstellung von mehreren Variablen in demselben Diagramm werden Vergleiche transparent (z. B. Vergleich des Leistungsprofils des Untersuchten mit dem einer Referenzgruppe; Leistungsprofile des Untersuchten bei Testwiederholungen zu unterschiedlichen Zeiten zur Dokumentation von Entwicklungsfortschritten).

Diagramme können wesentlich zur Veranschaulichung der verbalen Ausführungen in einem Gutachten beitragen. Aber auch hierbei ist eine informative Überschrift in Verbindung mit ausreichender Beschriftung der Koordinatenachsen (Variable, Maßeinheit und Koordinatenteilung) und der im Diagramm dargestellten Merkmale eine wichtige Voraussetzung für das Verständnis durch den Leser.

4.2 Lesbarkeit und Überzeugungskraft

Von einem Gutachten wird nicht nur verlangt, dass es fachlich in Ordnung ist, sondern auch, dass man es einigermaßen flüssig lesen kann und dass es den Leser von der Richtigkeit der Befunde, bzw. der Resultate und Schlussfolgerungen des Sachverständigen überzeugt. Wird dieses Ziel nicht erreicht, dann kann das an verschiedenartigen Mängeln des Gutachtens liegen:

4.2.1 Logische Gedankenführung

Gutachten sollen logisch aufgebaut sein. Das sagt man so leicht dahin. Hinter „Logik" verbirgt sich indessen ein umfangreicher Wissenschaftszweig (z. B. in Form der „mathematischen Logik"), der eine lange geisteswissenschaftliche Tradition hat.

Schon Aristoteles hat sich mit den Grundregeln der (insbesondere: deduktiven) Logik bei der Darstellung syllogistischer Schlussfiguren befasst (s. Tredennick & Forster 1960, Cooke & Tredennick 1962). Der vielleicht bekannteste Syllogismus lautet (nach Crescenzo 1988, S. 143):

> **„Alle Menschen sind sterblich.**
> **Sokrates ist ein Mensch.**
> **Sokrates ist sterblich."**

Eine falsche Alternative könnte z. B. folgendermaßen formuliert werden:

> **„Sokrates pfeift.**
> **Die Lokomotive pfeift.**
> **Sokrates ist eine Lokomotive."**

Dabei ist anstelle des notwendigen Obersatzes ein weiterer Untersatz vorangestellt – und dadurch wird die Conclusio falsch, denn Sokrates war bekanntlich keine Lokomotive, sondern ein Philosoph.

Wohl jedem Gutachter, dem ein solcher Lapsus nicht unterläuft!

Später haben andere Denker (z. B. Philosophen und Mathematiker, wie Kant 1781; Boole 1847; Carnap 1934, 1960; Bochenski 1978) diese traditionelle Logik ergänzt (z. B. durch Relationsprädikate) und sich mit den Problemen der logischen Schlussfolgerungsregeln auch im Rahmen der mathematischen Logik auseinandergesetzt (dazu auch: Menne 1981).

Über die unterschiedlichen Lehrsysteme hinweg ist unbestritten, dass es unter Gesichtspunkten der Logik zulässige und unzulässige Schlussfolgerungen gibt. Wenn ein Sachverständiger daher die Grundregeln der Logik in seinem Gutachten nicht beachtet, wird er sich schwerlich dem Vorwurf entziehen können, seine Schlussfolgerungen seien falsch und das Gutachten nicht überzeugend, eben „unlogisch". Das ist dann kein bloßer Schönheitsfehler mehr, sondern ein grundsätzlicher Gutachtenmangel, der die Verwertbarkeit des Gutachtens insgesamt in Frage stellt.

Ein Grundprinzip des logischen Gutachtenaufbaues haben wir schon dargestellt:

> **Frage → Untersuchung → Antwort**

Und das heißt für den konkreten Fall meistens, dass die vom Auftraggeber gestellte Gesamt-Frage aus der fachlichen Sicht des Sachverständigen in mehr oder weniger zahlreiche prüfbare Einzelfragen aufzugliedern ist, so dass sich schließlich in etwa folgendes Bild ergibt:

Gesamtfrage
Einzelfrage 1	→	**Untersuchung 1**	→	**Antwort 1**
Einzelfrage 2	→	**Untersuchung 2**	→	**Antwort 2**
Einzelfrage 3	→	**Untersuchung 3**	→	**Antwort 3**

Probleme der logischen Stringenz und der Nachvollziehbarkeit können schon durch lückenhafte Bearbeitung der der Gesamtfrage impliziten Einzelaspekte entstehen:

Nehmen wir an, dass z. B. Untersuchung 2 oder Antwort 3 fehlt. Fehlt Untersuchung 2, weiß der Leser nicht, wo logischerweise die Antwort 2 herkommt. Fehlt hingegen Antwort 3, bleibt Frage 3 unbeantwortet. Gar nicht so selten ist übrigens auch der Fall – wie an anderer Stelle (2.2 „Fragestellungen") schon ausgeführt –, dass Antwort 1 zwar gegeben wird auf Grund der Ergebnisse der Untersuchung 1, dass dazu jedoch die Ausgangsfrage im Auftrag fehlt.

Solche Probleme entstehen besonders dann leicht, wenn der Sachverständige sein Gutachten nicht – z. B. mit Hilfe eines Ablaufplans – systematisch vorbereitet und bearbeitet, sondern mehr intuitiv auf die ihm gerade im Augenblick wichtig erscheinenden Aspekte eingeht.

Logische Fehler können auch bei unzutreffenden *Generalisierungen* (d. h. bei induktiven Schlüssen) entstehen: wenn der Gutachter z. B. einen Intelligenztest durchführt und dem Untersuchten eine überdurchschnittliche oder mangelhafte Intelligenz bescheinigt. Solange sich diese generelle Feststellung nur auf das Ergebnis dieses Intelligenztests bezieht, mag sie im Sinne von „Intelligenz ist, was der Intelligenztest mißt" (Boring 1923) noch zutreffen. Sobald der Sachverständige daraus jedoch auf die Leistungen in anderen Intelligenztests, auf das Problemlösungsverhalten in der sozialen Umwelt oder auf Schul-, Berufs- oder Studienerfolg extrapoliert, werden die Schlussfolgerungen fragwürdig.

Im umgekehrten Fall, bei *deduktiven Schlüssen* (d. h. beim Schluss vom Allgemeinen auf den Einzelfall), sind die Ergebnisse nicht minder problematisch. Wird z. B. eine Rückfallwahrscheinlichkeit von X% für ein bestimmtes Delikt (z. B. 2 mal Trunkenheit im Verkehr) auf der Grundlage empirischer Daten ermittelt, kann aus dieser abstrakten statistischen Wahrscheinlichkeit nicht auf die individuelle Rückfallwahrscheinlichkeit eines bestimmten Täters zurückgeschlossen werden (dazu auch Himmelreich & Hentschel 1990, S. 289 ff.).

Logische Fehler können auch bei *unklarer Verwendung von Begriffen* unterlaufen. Der Fahreignungs-Gutachter kann z. B. zur Bezeichnung eines Kraftfahrers, der mit 2,5‰ BAK ein Kraftfahrzeug im öffentlichen Straßenverkehr fährt bzw. gefahren hat, verschiedene Begriffe verwenden:

Diese Begriffe sind also nicht äquivalent und daher auch nicht beliebig austauschbar:

– Trunkenheitsauffälliger	(jemand ist durch Trunkenheit aufgefallen)
– Trunkenheitstäter	(jemand hat in betrunkenem Zustand eine Ordnungswidrigkeit oder Straftat begangen)
– trunkenheitsauffälliger Kraftfahrer	(ein Kraftfahrer ist durch Trunkenheit im Verkehr aufgefallen)
– Wiederholungstäter	(jemand ist wiederholt durch Ordnungswidrigkeiten bzw. Straftaten aufgefallen)

Die konkrete Bedeutung muss daher auch bei den Schlussfolgerungen des Gutachters genau beachtet werden.

Würde nämlich der Gutachter als Maßnahme zur Reduzierung der Rückfallgefahr eines durch Trunkenheit im Verkehrs aufgefallenen Kraftfahrers die Teilnahme an einer Alkoholentziehungskur empfehlen, würde er damit dem Kraftfahrer – und zwar unbewiesen – therapiebedürftige Alkoholabhängigkeit unterstellen, und damit würde seiner logischen Schlussfolgerungskette gerade das entscheidende Glied fehlen: der Beweis der Alkoholabhängigkeit. Die Schlussfolgerung wäre formal falsch und damit angreifbar (wenngleich der Gutachter mit seiner „Vermutung" grundsätzlich durchaus Recht haben könnte).

4.2.2   Widerspruchsfreiheit der Argumentation

Widerspruchsfreiheit der Argumentation ist ein spezieller Aspekt der logischen Gedankenführung (s. 4.2.1 „Logische Gedankenführung") und damit eine der Grundvoraussetzungen für jedes Gutachten. Der Leser weiß ja nicht, was er davon halten soll, wenn plötzlich auf Seite 8 des Gutachtens das Gegenteil von dem steht, was er gerade erst auf Seite 3 gelesen hat. Welche der beiden Aussagen ist richtig – oder sind sogar beide falsch?

Im Gutachten gilt logisch immer:	$A = A$ und $B = B$ etc.
Unzulässig ist immer:	$A = $ **Nicht-A** und $B = $ **Nicht-B** etc.

Der Gutachter kann nicht den ungestörten Verlauf der kindlichen Entwicklung im Elternhaus darstellen und später zu dem Ergebnis kommen, die neurotische Fehlentwicklung sei wesentlich auf Geschwisterrivalität bzw. einen inkonsequenten oder verwöhnenden falschen Erziehungsstil der Eltern zurückzuführen. Durch derartige Widersprüchlichkeiten wird der Leser verunsichert. Er kann die Ergebnisse des Sachverständigen in dieser Form nicht übernehmen, sondern muss – z. B. als Richter für die Urteilsfindung – diese Widersprüche erst selbst aufzulösen versuchen, um eine ausreichende Urteilsbasis zu erhalten. Das aber wäre die Aufgabe des Gutachters gewesen.

Solche im Text auftretenden Widersprüche müssen jedoch nicht immer auch auf Denkfehler des Gutachters zurückgehen. Sie treten oftmals einfach dadurch auf, dass dieser seine Denkschritte nicht vollständig darstellt. Wie bei einem Rätsel, muss sich dann der Leser darum bemühen, den scheinbaren Widerspruch aufzulösen, indem er durch eigene Kreativität die in der Darstellung fehlenden Denkschritte aus dem Kontext zu erschließen (d. h. oft: zu erraten) versucht, damit das Gutachten für ihn logisch nachvollziehbar und somit verständlich wird.

Widersprüchlichkeiten können auch dadurch entstehen, dass dieselben Worte in unterschiedlicher Bedeutung benutzt werden, wie z. B.:

Tabelle 65: In unterschiedlicher Bedeutung gebrauchte Wörter

Wort	Bedeutung 1 (positiv)	Bedeutung 2 (negativ)
Eigenart	Besonderheit	Absonderlichkeit
kindlich	kindgemäß	kindisch
anhänglich	lieb	lästig
Mutterfigur	fürsorgliche Mutter	erdrückende Mutter
Vaterfigur	Autorität, Vorbild	autoritär
intelligent	klug	clever, „schlitzohrig"

Vermeintliche Widersprüche können auch entstehen, wenn die Sprache des Gutachters der des Lesers nicht angepasst ist.

So meinen Psychologen in der Regel, wenn sie „grundsätzlich" sagen: „immer" (d. h. „ausnahmslos"). Der Jurist hingegen meint in solchen Fällen: „meistens, aber mit Ausnahmen". Er würde den Text des Psychologen somit falsch interpretieren. Deshalb sollte sich der Gutachter rechtzeitig mit derartigen Eigenarten des Sprachgebrauchs von Auftraggebern, die aus anderen Berufsgruppen stammen, vertraut machen, um gegebenenfalls seine Terminologie darauf einzustellen.

Ein Beispiel aus meiner psychotherapeutischen Praxis mag verdeutlichen, wie weit solche Missverständnisse gehen können: Besorgte Eltern berichteten über ihre drei Kinder, die beiden Söhne seien „homosexuell", die Tochter „lesbisch". Und besonders schlimm stehe es um den Freund ihres ältesten Sohnes: der solle sogar „heterosexuell(!)" sein. Erst im Verlaufe des weiteren Gesprächs wurde mir aus dem Kontext klar, was die Mutter mir dann auch auf Nachfrage bestätigte: Sie meinte gar nicht „*hetero*sexuell", sondern „*bi*sexuell".

Peinlich, wenn ein Gutachter derartige Wissenslücken nicht erkennt, unkritisch als vermeintliche Fakten in sein Gutachten übernimmt und darauf seine sachverständige Beurteilung aufbaut.

Widersprüche entstehen auch manchmal bei der Interpretation von nummerischen Testergebnissen, Tabellen und Diagrammen, wenn der Sachverständige Zahlen aus der falschen Zeile oder Spalte abliest bzw. die falsche Diagrammkurve/-säule im Blickfeld hat und interpretiert. Die Interpretation stimmt dann nicht mehr mit den richtigen Zahlen/Kurven überein und kann somit vom Leser nicht mehr nachvollzogen werden.

Solche Fehler wird der Gutachter leider auch beim Korrekturlesen leicht übersehen, solange sein Text ihm logisch erscheint. Er müsste deshalb eigentlich jede Interpretation noch einmal anhand der zugehörigen Zahlen und Diagramme im Detail überprüfen. Diese Überprüfung unterbleibt bisweilen, weil sie beträchtlichen zusätzlichen Zeitaufwand erfordert und weil der Sachverständige oftmals ohnehin bereits unter Zeitdruck steht.

4.2.3　Sprachliche Verständlichkeit (Grammatik, Stil)

Viele Sachverständige waren schon in der Schule, aber auch im Studium davon beeindruckt, wenn Lehrer oder Professoren mit professioneller Routine die Terminologie ihres Faches in mehr oder weniger kunstvollen grammatischen Strukturen und sprachlichen Bandwürmern strapazierten. Dieses Bild von „echter" Wissenschaft haben viele so verinnerlicht, dass sie nunmehr Gleiches in ihren Gutachten versuchen, um ihnen den rechten wissenschaftlichen Anstrich zu geben.

Das Resultat solcher Anstrengungen kann in dieser Richtung nicht ambitionierte Leser verärgern. Sie akzeptieren zwar, dass der Fachmann um die Benutzung wichtiger und schwer zu ersetzender Fachbegriffe (Termini) aus seinem Fachgebiet auch in einem Gutachten nicht umhinkommt. Aber er erwartet von ihm andererseits, dass er so schreibt, dass er als fachlicher Laie das Wesentliche doch einigermaßen gut verstehen kann und dass er als Auftraggeber zumindest die Antworten auf seine Fragen in verständlicher Form erhält. Denn diese Antworten sollen ja Ausgangspunkt für weitere Aktivitäten sein – beim Richter z. B. für die Urteilsfindung.

Ich empfehle aus diesem Grund den Sachverständigen in unseren Seminaren regelmäßig, ihr *Textkonzept* gewissermaßen in zwei Teile aufzuteilen:

Teil 1 für den Fachkollegen, der das Gutachten u.U. nachprüfen will oder muss und dafür alle wesentlichen Informationen fachlich exakt benötigt.

Teil 2 für den fachlichen Laien, der die „fachchinesischen" Details überschlagen kann, aber über die wesentlichen Untersuchungsabschnitte und Ergebnisse doch so verständlich informiert wird, dass er bei der Lektüre nicht verzweifelt.

Modellhaft lässt sich ein solches Konzept wie in Abb. 6 veranschaulichen. Die hier links/rechts (als xxx bzw. yyy) getrennt dargestellten Textbereiche werden im Gutachten zweckmäßigerweise ineinandergeschoben.

Dann folgt jeweils – z. B. zum Ende eines Kapitels – die Erläuterung der fachlich und differenziert dargestellten Untersuchungen und Ergebnisse in einer für den fachlichen Laien verständlichen Weise. Dieses Resümee wird auch der Fachmann gern mitlesen, da er an dieser Stelle zugleich überprüfen kann, ob er den fachlichen Ausführungen alle aus der Sicht des Gutachters relevanten Informationen zutreffend entnommen hat oder ob er eventuell eigenen Vorurteilen aufgesessen ist.

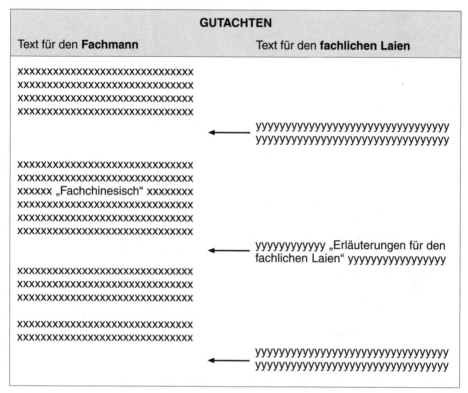

Abbildung 6: Textfassung für Fachleute und fachliche Laien

Manche Gutachter haben schon in der Schule für den Deutschaufsatz gelernt, dass zum guten Stil „Wechsel im Ausdruck" gehört. Deshalb suchen sie – u. U. sogar mit Benutzung eines Stilwörterbuchs (z. B. Duden, Bd. 2: Das Stilwörterbuch; Bd. 8: Die sinn- und sachverwandten Wörter), in dem sie Anregungen zur Verbesserung des eigenen Sprach- und Schreibstils bzw. begriffliche Alternativen zu von ihnen benutzten Wörtern finden – alternative Begriffe, um den Text aufzulockern. Gerade das ist jedoch nicht unproblematisch.

Beispielsweise könnte man anstelle des Begriffs „Intelligenz" folgende inhaltlich keineswegs identische Ausdrucksalternativen verwenden:

- Geist
- Geisteskräfte
- Genialität
- Genie
- gesunder Menschenverstand
- intellektuelle Leistungsfähigkeit
- Intelligenzleistung
- Intellekt
- Intellektualität

- Klugheit
- Schläue
- Vernunft
- Verstand
- Verstandeskräfte

Man kann mit diesen Begriffen sehr unterschiedliche Aspekte von „Intelligenz" erfassen, jedoch mit hoher Wahrscheinlichkeit nicht immer exakt denselben Sachverhalt.

Beim Leser tragen solche terminologischen Varianten erfahrungsgemäß eher zur Verwirrung bei als zur Erleichterung des Lesens und Verstehens. Denn der Fachmann versucht, möglichst eindeutig zu erfassen, was der Gutachter mit dem von ihm benutzten Begriff tatsächlich beschreiben will. Der fachliche Laie hingegen wird durch die Vielzahl von mehr oder weniger ähnlichen oder ihm bereits in anderen Zusammenhängen bekannten Begriffe eher zu unnötigen Spekulationen angeregt als zum sicheren Verständnis des Gesagten geführt.

Wir empfehlen deshalb, für die Beschreibung eines Sachverhalts einen einzigen treffenden Begriff zu wählen und diesen dann im gesamten Gutachten mit derselben Bedeutung weiter zu verwenden. Die stilistische Abwechslung im Ausdruck sollte in Gutachten der Klarheit und Eindeutigkeit der Terminologie und des Verstehens untergeordnet werden.

4.2.4 Eindeutigkeit der Formulierungen

Grundsatz ist: die Formulierungen im Gutachten sollen *eindeutig* sein und nicht zwei- oder mehrdeutig. Der Leser soll dem Text eine eindeutige Information entnehmen können und nicht darauf angewiesen sein zu erraten, welche von mehreren möglichen Bedeutungen oder Inhalten der Gutachter seiner Formulierung zugedacht haben könnte.

Das Problem kann schon bei der Wiedergabe der Fragestellung des Auftraggebers auftreten. Dazu folgende Beispiele:

Tabelle 66: Richtige/falsche Zitierung der Fragestellung

Fragestellung des Auftraggebers	Wiedergabe dieser Fragestellung durch den Gutachter
„Gemäß Beweisbeschluss vom 10.10.90 soll Beweis erhoben werden über die Schuldunfähigkeit der Angeklagten nach § 20 StGB."	(A) „Gemäß Beweisbeschluss vom 10.10.90 soll Beweis erhoben werden über die Schuldunfähigkeit der Angeklagten nach § 20 StGB."
	(B) Gemäß Beweisbeschluss vom 10.10.90 soll Beweis erhoben werden über die

Fortsetzung Tabelle 66

	Schuldunfähigkeit der Angeklagten nach § 20 StGB.
	(C) Das Gericht hat uns beauftragt, zur Schuldfähigkeit der Angeklagten Stellung zu nehmen.
	(D) Wir sollen entsprechend dem Beweisbeschluss des Gerichts eine Stellungnahme abgeben über die Schuldunfähigkeit der Angeklagten wegen seelischer Störungen.
	(E) Das Gericht hat uns mit der Begutachtung der Schuldfähigkeit nach § 20 StGB beauftragt.
	(F) Wir sollen ein Gutachten über die Schuldunfähigkeit nach § 20 StGB erstellen.

Eindeutig ist eigentlich nur die Wiedergabe (A), da sie als wörtliches Zitat des Beweisbeschlusses gekennzeichnet ist. Bei den übrigen Varianten, die z. T. sogar schwerwiegende Fehler enthalten, kennt der Leser den exakten Auftrag des Gerichts nicht. Er kann bei einigen Varianten nicht einmal sicher sein, ob die Schuldunfähigkeit nach § 20 StGB oder die eingeschränkte Schuldfähigkeit nach § 21 StGB begutachtet werden soll:

(B) Da die Anführungszeichen als Kennzeichnung eines wörtlichen Zitats fehlen, kann der Leser nicht sicher erkennen, dass hier wörtlich und richtig zitiert worden ist.

(C) Zur *Schuldfähigkeit* soll angeblich Stellung genommen werden, obwohl im Auftrag eigentlich Schuldunfähigkeit nach § 20 StGB angeführt ist.

(D) Obwohl vom Auftraggeber nicht ausdrücklich genannt, heißt es in § 20 StGB tatsächlich, wie hier vom Sachverständigen angeführt: „Schuldunfähigkeit wegen seelischer Störungen". Der Auftrag wird als Aufforderung zur „Stellungnahme", nicht zur „Erstellung eines Gutachtens" interpretiert. Nicht erwähnt ist, von wann der Beweisbeschluss ist.

(E) Hier wird der Auftrag als Gutachtenauftrag interpretiert. Inhalt soll „Schuldfähigkeit nach § 20 StGB" sein. Dort geht es jedoch um Schuldunfähigkeit, während „Verminderte Schuldfähigkeit" in § 21 StGB erfasst wird.

(F) Hier wird nicht ein Gutachten über die Schuldunfähigkeit der *Angeklagten X* in Angriff genommen, sondern ein *Gutachten über die Schuld-*

> *unfähigkeit nach § 20 StGB.* Darunter wäre korrekterweise nicht die Untersuchung eines konkreten Falles zu verstehen, sondern eine grundsätzliche wissenschaftliche Untersuchung von Problemen der Begutachtung der Schuldunfähigkeit nach § 20 StGB.

Besonders problematisch wird es, wenn der Gutachter der mangelnden Eindeutigkeit der Auftragsformulierung selbst zum Opfer fällt, indem er z. B. sein Gutachten an der falschen Fragestellung orientiert.

Der Auftraggeber erwartet vor allem die eindeutige Beantwortung seiner Fragen. Mancher Gutachter möchte sich dabei durch „schwammige Formulierungen aus der Affäre ziehen". Wenn der Auftraggeber das merkt, wird er diesem Sachverständigen zu Recht keine weiteren Gutachtenaufträge erteilen, denn er erhält ja nicht die von ihm gewünschte Entscheidungshilfe.

In diesem Zusammenhang sind auch die zahlreichen unscharfen und von daher mehrdeutigen Begriffe zu nennen, wie z. B.

Tabelle 67: Unscharfe Begriffe

– Dinge – Sachen – Gegenstände	statt: Speisen, Möbel, Spielgeräte etc.
– man	statt: der Gutachter, ich, die Psychologen

Der Schreiber (oder Sprecher) vermeidet die konkrete Benennung, um sich nicht zu exakt festzulegen. Er glaubt, dadurch Angriffsflächen zu vermeiden, bietet aber gerade durch diese Ausweichstrategie neue Angriffsflächen. Der Ausweg liegt nach unserer Auffassung deshalb nicht im Ausweichen, sondern eher in dem expliziten Eingeständnis, dass über eine bestimmte „Sache" eben unter den gegebenen Umständen vom Fachmann nichts Genaueres gesagt werden kann - insbesondere nicht „mit an Sicherheit grenzender Wahrscheinlichkeit", wie Gerichte dies gern verlangen.

4.2.5 Problematische Begriffe und Formulierungen

4.2.5.1 Superlative

Probleme für das Verständnis eines Gutachtens und für die Einschätzung seiner Qualität entstehen nicht nur durch eine unprofessionelle Terminologie (z. B. falsche Verwendung medizinischer Krankheitsbezeichnungen), sondern bisweilen schon durch die unbedachte Verwendung von *Superlativen oder superlativähnlichen Diktionen,* wie z. B.:

Tabelle 68: Beispiele für kritische Begriffe

Absolut	größte(r, s)	nie
äußerst(er)	hundertprozentig	nirgends
alle	immer	nur
alleinig	intelligenteste(r, s)	optimal
allein	irrelevant	perfekt
allgemeingültig	jede(r, s)	schlechteste(r, s)
ausnahmslos	keine(r, s)	überall
bedenkenlos	keinesfalls	umfassend
beste(r, s)	kleinste(r, s)	unendlich
einwandfrei	komplett	unmöglich
einzigartig	leer	völlig
einzig(ster)	letztlich	voll
endlos	lückenlos	vollkommen
ewig	makellos	vollständig
fehlerfrei	minimal, Minimum	vorderster
gegenstandslos	müssen	willenlos
generell	nahtlos	zuletzt

Diese Liste können Sie aus Ihrem eigenen Erfahrungsbereich noch beträchtlich erweitern.

Derartige Begriffe implizieren *alle* Ereignisse bzw. Gegenstände oder Personen der betreffenden Kategorie *ausnahmslos*. Ausnahmen gibt es nicht. Gäbe es jedoch in diesen Fällen auch nur eine einzige Ausnahme, wäre die „Superlativ"-Aussage falsch – und damit dann natürlich zugleich das Gutachten (zumindest an dieser Stelle bzw. in diesem Punkt).

Beispiele:

- „Deshalb kann das Sorgerecht *nur* der Mutter übertragen werden."
  (Vielleicht könnte es aber auch dem Vater, der Großmutter, dem Jugendamt übertragen werden. Ob das auch vernünftig wäre, spielt dabei zunächst keine Rolle.)
- „Das Kind *muss* lernen, vernünftig zu handeln."
  (Vielleicht werden manche Ziele gerade durch unvernünftiges Handeln besser oder leichter erreicht.)
- „Darüber ist *keine* Prognose möglich."
  (Vielleicht doch: z. B. eine falsche!)

Sie brauchen deshalb nicht *generell* auf die Verwendung solcher Begriffe zu verzichten. Allerdings sollten Sie in *jedem* Einzelfall sorgfältig prüfen, ob Sie tatsächlich eine derart apodiktische Feststellung treffen wollen und ob dies aus den genannten sachlichen und logischen Gründen zulässig ist.

4.2.5.2 Begriffe in abweichender Bedeutung benutzen

Problematisch ist auch die Benutzung von Begriffen in einer Bedeutung, die vom üblichen Sprachgebrauch abweicht bzw. mit der Fachterminologie eines (anderen) Wissenschaftsgebietes kollidiert.

Wir haben schon erwähnt dass z. B. der Jurist den Begriff „grundsätzlich" verwendet, um einen Regelfall mit Ausnahmen zu bezeichnen. In der Umgangssprache ist „grundsätzlich" demgegenüber gleichbedeutend mit „immer" (d. h. „ohne Ausnahme").

Der Arzt sagt über das Ergebnis einer Untersuchung: „Der Befund ist *positiv*.", wenn er Krankheitssymptome oder -ursachen festgestellt hat (z. B. Laborwerte, Röntgen-Aufnahmen). Im normalen Sprachgebrauch würde man demgegenüber unter einem positiven Befund nichts Negatives, sondern eher etwas Erfreuliches verstehen. Einen erfreulichen Befund würde der Arzt hingegen „*negativ*" nennen, was bedeutet, dass er keine Krankheitsbefunde festgestellt hat (also: „o.B. – ohne Befund" – d. h. „Der Befund ist negativ.").

„Der Patient ist ein *Idiot*." bedeutet aus fachmedizinischer bzw. -psychologischer Sicht keineswegs eine Patientenbeleidigung, sondern lediglich die sachliche Feststellung, dass der Patient nur über eine messbar geringe intellektuelle Leistungsfähigkeit verfügt (auf der Skala: überdurchschnittliche Intelligenz, durchschnittliche („normale") Intelligenz, unterdurchschnittliche Intelligenz - mit den Abstufungen: Debilität, Imbezillität, *Idiotie*).

4.2.5.3 Unzulässige Generalisierungen

Ergebnisse von Intelligenztests (z. B. HAWIE, I-S-T) werden bisweilen in Feststellungen folgender Art verbalisiert:

> „Der Patient verfügt über eine überdurchschnittliche Intelligenz."

Diese generelle Aussage kann die Frage nahelegen, ob der Betreffende sozusagen allround intelligent ist oder nur auf bestimmten Gebieten (allgemeine Intelligenz, soziale Intelligenz, sprachliche Intelligenz, produktive oder reproduktive Intelligenz, technische Intelligenz, praktische Intelligenz etc.), ob sich seine Intelligenz in der Lebensbewältigung zeigt oder lediglich aus dem bei einem Test erreichten Punktwert erschlossen wird.

In einem Intelligenztest erzielte Ergebnisse rechtfertigen in der Regel keine derart generalisierende Feststellung über *die* Intelligenz des Untersuchten. Wir erinnern hier an die Erkenntnis: Intelligenz ist, was ein Intelligenztest misst. Üblicherweise sollten derartige Intelligenztest-Ergebnisse im Zusammenhang mit der lebensgeschichtlichen Entwicklung des Untersuchten und mit seinen aktuellen Lebensumständen gesehen und dann erst dementsprechend interpretiert werden.

Auf andere Gefahren einer unzulässigen Generalisierung haben wir schon im Kapitel 4.2.5.1 „Superlative" hingewiesen.

4.3 Vollständigkeit der Darstellung

Für die Forderung nach Vollständigkeit der Darstellung gibt es wichtige Gründe. Der Leser erwartet zumindest ausreichende Informationen über:

> – die Fragestellung,
> – die Durchführung der Untersuchung mit den zugehörigen Untersuchungsergebnissen bzw. -befunden
> – und die Beantwortung der vom Auftraggeber gestellten Frage(n).

1. Der Leser soll der Logik der Gedankenführung folgen können. Andernfalls würde er wegen der Informationslücken nicht ohne weiteres von der Richtigkeit der Ausführungen überzeugt sein.
2. Die neutrale und fachlich objektive Position des Gutachters soll nicht gefährdet werden. Würde er seine Untersuchungsergebnisse unvollständig darstellen, weil er nicht in sein Konzept passende Details unterschlüge, dann entstünde kein objektives, sondern ein tendenziöses Gutachten.

Schon von daher ist dem Gutachter die vollständige Darstellung zu empfehlen. Diese hat natürlich dort Grenzen, wo er entscheiden muss, ob er alle ihm vorliegenden Informationen (Einzeltestdaten, anamnestische Befunde, Zwischenergebnisse etc.) darstellen oder dem Gutachten als Anhang beifügen soll. Das wird er in der Regel schon aus Gründen der Arbeitsökonomie und der Übersichtlichkeit des Gutachtens nicht tun, und von daher wird auch kaum ein Gutachten in diesem absoluten Sinne vollständig sein. Der Grad der Vollständigkeit ergibt sich in der Praxis deshalb vorwiegend aus dem persönlichen Arbeitsstil des Sachverständigen und aus den Rahmenbedingungen der Begutachtung (Erwartungen des Auftraggebers; Kompliziertheit des zu begutachtenden Sachverhalts; einmaliger Sonderfall oder Routinegutachten, finanzielle Rahmenvorgaben durch Gebührenordnungen – z. B. bei Fahreignungsgutachten).

Manche Gutachter verfügen zwar über vollständige Unterlagen, halten diese jedoch bisweilen auch aus taktischen Überlegungen teilweise bei der schriftlichen Fassung ihres Gutachtens oder auch beim mündlichen Vortrag zurück. Sie gewinnen dadurch den Vorteil, dass sie noch über Material- und Informationsreserven verfügen, wenn bereits im Gutachten dargestellte Probleme – z. B. in einer Hauptverhandlung – zum besseren Verständnis vertieft werden müssen oder wenn im Rahmen der Beweiserhebung vorhersehbar weitere Fragen aufgeworfen werden, die auf der Grundlage einer detaillierteren Darstellung und Auswertung der vorliegenden Untersuchungsbefunde ebenfalls beantwortet werden können.

Dieses Vorgehen hat durchaus seine Berechtigung, wenn z. B. danach gefragt ist, ob zumindest eine durchschnittliche Intelligenz bei einem zu Begutachtenden vorhanden ist. Dann könnte der Gutachter zunächst nur den Gesamt-IQ mitteilen und die Subtestergebnisse sowie die Profildarstellung für eine möglicherweise noch später gewünschte detailliertere Darstellung der Intelligenzstruktur in Reserve halten.

Aber es ist dann bedenklich, wenn durch unzulässiges Zurückbehalten von Befunden, auf deren Kenntnis der Untersuchte bzw. die Verfahrensbeteiligten einen Rechtsanspruch haben, im Gutachten irreführende Lücken entstehen, eine einseitig tendenziöse Akzenturierung bewirkt wird oder wenn damit sogar eine explizite Manipulationsabsicht des Gutachters verbunden ist.

Zusammenfassend ist daher insbesondere festzuhalten:

Vollständige Darstellung heißt, dass der Gutachter laufend zwischen Wichtigem und Nebensächlichem unterscheidet. Denn die für das Verständnis durch den Leser wichtigen Informationen gehören in das Gutachten, während allzu detailliert berichtete Nebensächlichkeiten den Leser leicht irritieren und beim Verständnis der Zusammenhänge behindern könnten. Sie sollten daher rigoros aus dem Text entfernt bzw. gar nicht erst aufgenommen werden.

Unvollständigkeit der Befunddarstellung und -auswertung zum Zwecke der Ergebnismanipulation ist rechtswidrig – und kann unter entsprechenden Rahmenbedingungen zivil- und strafrechtliche Konsequenzen für den Gutachter auslösen.

4.4 Veranschaulichung

Auf Möglichkeiten einer sinnvollen Veranschaulichung von Untersuchungsbefunden haben wir im Kapitel 4.1.6 („Bilder, Tabellen, Diagramme") schon in anderem Zusammenhang hingewiesen.

Warum überhaupt und in welchem Umfang veranschaulichen?

Manche Gutachter verzichten geradezu ängstlich auf jede Art von Veranschaulichung ihrer schriftlichen Ausführungen. Auch beim mündlichen Vortrag beschränken sie sich gern auf das Verlesen ihrer schriftlich vorbereiteten Stellungnahme, sofern sie sich nicht doch noch in freier Rede äußern müssen und dabei dann gern unanschaulich in gestelztes Beamten- bzw. Papierdeutsch verfallen. Sie glauben, gerade dadurch den Anforderungen an die Wissenschaftlichkeit und Korrektheit ihrer Ausführungen angemessen zu entsprechen. Aber sie übersehen dabei, dass derart trockene und z. T. in sehr umständlichen grammatischen Konstruktionen abgegebene sachverständige Stellungnahmen Leser wie Hörer mehr anstrengen, verwirren und ermüden, als dass sie klare Informationen vermitteln und das Verständnis erleichtern.

Tabelle 69: Mittel zur Veranschaulichung

Schriftliches Gutachten	Mündliches Gutachten
– Fotografien – Skizzen – Tabellen – Diagramme – Patientenzeichnungen – Testaufgaben	– Körpersprache (Mimik, Gestik) – Diapositive, Fotografien – Filmsequenz (Video-Film) – Modelle – Arbeitsergebnisse des Klienten – Testmaterial (durchgeführte Tests) – Situationsskizzen (z. B. auf Flip-Chart) – Demonstrationen (z. B. am Untersuchten)

Die Übersicht zeigt, dass sowohl beim schriftlichen als auch beim mündlich erstatteten Gutachten ausreichend Möglichkeiten zur Veranschaulichung dessen bestehen, was der Gutachter dem Leser bzw. den Zuhörern/Zuschauern bei Gericht mitzuteilen hat.

Ziel solcher Veranschaulichung ist normalerweise nicht bloße Effekthascherei, sondern der Wunsch des Sachverständigen, das Wesentliche, das aus fachlicher Sicht zu sagen ist, dem Leser oder Hörer, dem der spezielle Sachverstand fehlt oder der sich als Fachkollege mit der Thematik auseinandersetzen muss, möglichst exakt, eindeutig und verständlich zu übermitteln.

Die Wirkung der Veranschaulichung kann auch überprüft werden: Gerade bei mündlichen Stellungnahmen sind z. B. (Kontroll-)Rückfragen des Gutachters oft sehr zweckmäßig um sicherzustellen, dass das von ihm Gesagte und Gezeigte auch wirklich genau so verstanden worden ist, wie es gemeint war.

4.5 Leserbezogenes Sprachniveau

Die Verständlichkeit des geschriebenen wie des gesprochenen Wortes hängt unter anderem bekanntlich auch davon ab, ob der Leser oder Hörer durch das Sprachniveau der fachlichen Darstellung über- oder unterfordert wird.

Der Fachmann hat häufig nur eine unzureichende Vorstellung davon, was der fachliche Laie von der Menge der Fachtermini, die dem Sachverständigen als „Jargon" geläufig sind, nicht versteht. Von dieser Unkenntnis machen manche Mediziner mit voller Absicht Gebrauch, wenn sie z. B. am Krankenbett „lateinisch" reden, damit die Patienten nicht verstehen, was über ihren Zustand gesprochen wird.

Ich habe des öfteren die Erfahrung gemacht, dass gerade besonders kompetente Fachleute sich für Laien sehr verständlich ausdrücken können und dies auch tun. Denn sie leiden nicht unter der Profilneurose mancher, die sich als wenig(er) qualifiziert empfinden (dies oft leider auch sind) und die diesen persönlich empfundenen Mangel durch hochgestochene Sentenzen und Aneinanderreihung von Fachtermini und ihnen intelligent erscheinende Floskeln zu kaschieren und zu überspielen versuchen.

Ein Fachmann verfügt über die Terminologie seines Faches. Das ist für ihn Alltag und nicht ständiger Anlass, sich damit hochzustilisieren. Denn auch bei schlichter und verständlicher Ausdrucksweise braucht er nicht zu befürchten, dass dadurch Zweifel an seiner Fachkompetenz entstehen. Er braucht das Fach-Kauderwelsch auch nicht als Schutz gegen mehr ins Detail gehende Fragen der Zuhörer, weil er über eine genügend breite Wissens- und Erfahrungsbasis verfügt, um solche Fragen sachkompetent beantworten zu können. Und wenn er einmal keine Antwort weiß, bringt ihn auch das nicht in Verlegenheit – denn manches muss man überhaupt nicht wissen bzw. jederzeit sofort aus dem Gedächtnis reproduzieren können. Vieles kann man bei Bedarf nachschlagen oder bei anderen Spezialisten erfragen, und einige ungelöste Probleme wird der Fachmann vielleicht durch eigenes Nachdenken weiter abzuklären versuchen oder auch einräumen müssen, dass sie (z. Z. noch) unlösbar sind.

Die folgende Tabelle enthält ein paar Beispiele für die einfache Umsetzung von oft unnötigen psychologischen Fachtermini, deren Verständlichkeit sogar noch durch Reduzierung auf eine Abkürzung weiter beeinträchtigt werden kann, in Normalsprache:

Tabelle 70: Verständlichkeit von psychologischen Fachtermini

Psychologische Fachtermini	Normalsprache
– Frustrationstoleranz	– Enttäuschung und Zurücksetzung (durch erzwungenen Verzicht oder Versagung der Befriedigung von Wünschen) ertragen
– IQ	– Intelligenzquotient: Intelligenzleistung im Vergleich mit einer repräsentativen Bezugsgruppe
– CT	– Computertomogramm: Untersuchung von Körperteilen mit Hilfe von Röntgenstrahlen
– HAWIE	– Hamburg-Wechseler Intelligenztest zur Messung der Intelligenz Erwachsener (von D. Wechsler)

Hilfreich sind in solchen Fällen einschlägige Wörterbücher, wie z. B. Dorsch (1994; bzw. Häcker & Stapf 1998), Duden (1996), Pschyrembel (2001). Sie erleichtern das Auffinden begrifflicher Alternativen, das Übersetzen von Fremdwörtern sowie das Verstehen und Erläutern von Fachtermini.

Kaum weniger problematisch ist ein Sprach- und Schriftverhalten *unter* Niveau. Das muss nicht einmal primitiv oder ordinär sein. Hierfür reicht schon mangelnde Präzision im Ausdruck. Vom Fachmann erwartet man, dass er sich sachlich, exakt und konkret ausdrücken kann.

Tabelle 71: Sprache unter Niveau

Sprache unter Niveau	Normalsprache
– Ich werde mich um diese Dinge kümmern.	– Ich werde diese Anschuldigung überprüfen.
– Es wurde sich stets vergewissert, ob der Patient die Tabletten genommen hatte.	– Wir vergewisserten uns stets, ob der Patient die Tabletten genommen hatte.
– Das Kind machte Dummheiten.	– Das Kind kicherte oft, wenn es... – Das Kind spielte an seinem Geschlechtsteil (Penis). – Das Kind schlug andere Kinder. – Das Kind stahl Süßigkeiten im Supermarkt.

Entscheidend ist auch hierbei, dass der Leser des Gutachtens eine möglichst anschauliche und eindeutige Vorstellung von dem berichteten Geschehen bekommt.

4.6 Hervorhebung des Wesentlichen

Der Leser erwartet im Gutachten bestimmte Informationen. Danach möchte er nicht lange suchen. Deshalb empfiehlt es sich, die für ihn besonders wichtigen Ausführungen gleich an den Anfang des Gutachtens zu stellen oder an das Ende – z. B. als Zusammenfassung oder in einem eigens herausgehobenen Kapitel: „Beantwortung der vom Auftraggeber gestellten Frage(n)".

Anfang und Ende des Gutachtens bieten sich zur Hervorhebung des Wesentlichen an, weil Leser erfahrungsgemäß diesen beiden Stellen vorrangig ihre Aufmerksamkeit zuwenden. Diese Erwartungshaltung kann der Gutachter deshalb auch leicht nutzen, indem er den Leser schon am Anfang durch für ihn interessante Informationen auf die weitere Lektüre des Gutachtens einstimmt und gespannt macht: „Auftrag, Anlass für die Begutachtung, Fragestellung".

Will der Sachverständige also in seinem Gutachten Wesentliches ins Blickfeld rücken, wird er entweder an hervorgehobener Stelle (z. B. am Anfang oder Ende des Gutachtens) deutlich darauf hinweisen und/oder besondere graphische Gestaltungsmittel einsetzen (Fettdruck, Umrandung, farbige Markierung, besondere Schrifttypen oder -größen).

Manche Autoren fügen ihren Büchern eine Leseanweisung bei oder markieren bestimmte Textabschnitte durch Randstriche. Sie erleichtern es daher dem Leser, sich vor allem auf diejenigen Stellen zu konzentrieren, die ihn besonders interessieren, und gleichzeitig die für ihn weniger interessanten zu überschlagen.

Der Verfasser erreicht dadurch, dass der Leser nicht beim endlosen Diagonallesen von ihm unwesentlich Erscheinendem ermüdet oder bei der Suche nach dem für ihn Interessanten zunehmend ärgerlich wird. Durch sinnvolles Anleiten kann er den Leser relativ schnell zum Ziel und damit zum persönlich empfundenen Erfolg führen: der Verfasser hat sich um die Interessen des Lesers gekümmert, was ihn sympathisch macht. Der Leser hat schnell das Wichtigste gefunden, und das macht ihn zufrieden in der Sache und ein wenig stolz auf seinen sicheren Sucher-Blick.

Ein wichtiges Hilfsmittel für die Orientierung des Lesers über das für ihn Wesentliche und Unwesentliche ist eine systematische Gliederung des Gesamtwerks mit einer ausreichenden Anzahl von Haupt- und Unterkapiteln. Dabei sollte der Verfasser nichtssagende Überschriften, wie Einleitung, Hauptteil, Viertes Kapitel, Zweites Unterkapitel, Schluss bzw. Schlusswort vermeiden, weil der Leser durch solche Überschriften allzu wenig – wenn überhaupt etwas – über den in diesem Kapitel zu erwartenden Inhalt erfährt.

Besser sind konkret auf den Inhalt bezogene Überschriften; z. B. je nach Problemstellung:

- Anlass für die Begutachtung der Glaubwürdigkeit
- Fragestellung (des Auftraggebers)
- Entstehung und Entwicklung der Schulschwierigkeiten
- Zweifel an der Fahreignung wegen Trunkenheit am Steuer
- Rechtsgrundlagen
- Mögliche Ursachen einer Kleptomanie

4.7 Tatsachen, herrschende Meinung, eigene Bewertungen

Gutachten werden in der Regel dann angefordert, wenn im Rahmen der Vorbereitung einer Entscheidung (z. B. im Verwaltungs- oder Gerichtsverfahren) eine dafür wichtige Grundlage durch einen Fachmann geklärt werden soll.

Wäre der genaue Sachverhalt leicht festzustellen (z. B. mit dem Ergebnis: „Das Kind ist 1,68 cm groß."), dann würde sich der Auftraggeber den für diese Messung erforderlichen Sachverstand normalerweise selbst zutrauen und keinen Sachverständigen mit der Erstellung eines Gutachtens beauftragen.

Weil die zu klärenden Probleme jedoch durchweg wesentlich komplizierter und daher schwerer zu lösen sind (z. B. im Hinblick auf die Beurteilung: „Ist das Kind (nicht) geistig gesund und/oder (nicht) normal entwickelt?"), bewegt sich die Sicherheit der Beurteilung im Rahmen des „beachtlichen Abwägungsprozesses des Sachverständigen" zwischen Extremen:

Tabelle 72: Grad der Sicherheit sachverständiger Beurteilungen

Unteres Extrem (geringe Sicherheit)	Oberes Extrem (große Sicherheit)
1. Überhaupt nicht feststellbar.	Mit absoluter Sicherheit feststellbar.
2. Schätzung.	Messung.
3. Annahme.	Feststellung.
4. Bloße Vermutung.	Feststehende Tatsache.
5. Behauptung, Gerücht.	Faktum.
6. Hypothese.	Ergebnis einer Untersuchung.
7. Denkmöglichkeit.	Durch Praxiserfahrung gesicherte Feststellung des Sachverständigen.
8. Spekulation.	Wissenschaftlich begründete Prognose.
9. Strittige Meinung.	Herrschende Lehrmeinung.

Tabelle 72 zeigt die jeweiligen Extrempunkte des Kontinuums, auf dem die Beurteilung durch den Sachverständigen irgendwo einzuordnen ist. Wenn er dem Leser des Gutachtens oder dem Zuhörer keine eindeutigen Hinweise gibt, kann dieser oft nur schwer beurteilen, welcher Grad an Wahrscheinlichkeit bzw. an statistischer Sicherheit der Beurteilung im konkreten Fall zukommt.

Der Empfänger des Gutachtens kann daher verschiedene Fehler machen:

1. Er ordnet der Sachverständigenbeurteilung eine unangemessen hohe Wahr-scheinlichkeit/Sicherheit zu. So können aus Gerüchten vermeintliche Tat-sachen entstehen. Es kann der Eindruck entstehen, der Gutachter habe in unsachlicher Weise „den Mund zu voll genommen".
2. Der Leser bewertet den Grad der Wahrscheinlichkeit/Sicherheit der Beur-teilung zu niedrig. Die tatsächliche Überzeugungskraft des Gutachtens wird dadurch unterschätzt. Der Gutachter verkauft sich und seinen Sachverstand unter Wert.

Diese Fehler sind insbesondere dann nicht leicht zu erkennen, wenn die Abwei-chungen von der tatsächlichen Position nicht groß sind. Jedenfalls sollte sich der Gutachter durch exakte Terminologie und Formulierung darum bemühen, dass möglichst beide Fehlerarten vermieden werden.

Einige Beispiele zu den in der Tabelle aufgeführten Extrempositionen sollen dem Gutachter zeigen, wie derselbe Sachverhalt sowohl in die Formulierung des unteren (UE) als auch des oberen Extrems (OE) gebracht werden kann (wobei das Ergebnis im einen Fall richtig und im anderen notwendigerweise falsch ist).

Als vorgegebenen Sachverhalt nehmen wir an, ein Kraftfahrer sei durch Trun-kenheit im Straßenverkehr mit 2,5 %o Blutalkoholkonzentration aufgefallen und solle im Auftrag des Straßenverkehrsamtes hinsichtlich eines bestimmten Aspektes seiner Fahreignung begutachtet werden:

Tabelle 73: Grad der Sicherheit sachverständiger Beurteilungen
(Formulierungsbeispiele)

(1) Sicherheit einer Feststellung:

(UE): Ob Herr X alkoholabhängig ist, können wir im Rahmen dieser Untersuchung nicht feststellen.
(OE): Der hohe Gamma-GT-Wert beweist eindeutig, dass Herr X Alkoholiker ist.

(2) Schätzung:

(UE): Aufgrund der zum Zeitpunkt der Blutentnahme festgestellten BAK von 2,5 %o ist bereits zum Zeitpunkt der Tat schätzungsweise eine BAK von 2,1 %o vorhanden gewesen.
(OE): Eine Stunde nach der Tat ergab die BAK-Bestimmung 2,5 %o.

(3) Annahme:

(UE): Angenommen, die von Herrn X angegebene Trinkmenge stimmt, dann ist der von ihm angegebene „Fadenriss" für den Zeitpunkt der Tat glaubhaft.
(OE): Der von Herrn X für den Zeitpunkt der Tat angegebene „Fadenriss" ist glaub-haft, weil der Arzt 30 Minuten später eine Blutalkoholkonzentration von 3,5 ‰. festgestellt hat.

Fortsetzung Tabelle 73

---

(4) Bloße Vermutung:

(UE): Vermutlich sagt Herr X die Unwahrheit, wenn er die Trinkmenge mit nur 2 Glas Bier angibt.

(OE): Fest steht jedoch, dass Herr X mehr als nur 2 Glas Bier getrunken hat (Zeugenaussage des Gastwirts sowie der Gäste A und B; BAK-Wert von 1,5 ‰).

---

(5) Behauptung, Gerücht:

(UE): Nach Darstellung des Verletzten soll Herr X total betrunken gewesen sein.

(OE): Herr X war nachweislich total betrunken (Zeugnis von A, B, C; BAK-Wert von 3,0‰.).

---

(6) Hypothese:

(UE): Wenn die Hypothese zutrifft, dass Herr X total betrunken gewesen ist, dann hätte er gar nicht mehr mit seinem Pkw in diesem dichten Verkehr unfallfrei nach Hause fahren können.

(OE): Die Blutuntersuchung hat eine BAK von 0,5 ‰ ergeben, so dass Herr X demnach nicht total betrunken gewesen ist.

---

(7) Denkmöglichkeit:

(UE): Man könnte aber auch daran denken, dass der Zeuge absichtlich die Unwahrheit sagt, um nicht selbst strafrechtlich zur Verantwortung gezogen zu werden.

(OE): In unserer langjährigen Berufspraxis haben wir häufig erlebt, dass Zeugen die Unwahrheit sagen, um nicht selbst strafrechtlich zur Verantwortung gezogen zu werden.

---

(8) Spekulation:

(UE): Wir könnten natürlich darüber spekulieren, ob der Beklagte diesen Unfall auch verursacht hätte, wenn er statt 0,8 nur 0,3 ‰ BAK gehabt hätte.

(OE): Wissenschaftlich gesichert ist die Tatsache, dass bei steigender Blutalkoholkonzentration die Unfallgefahr zunimmt.

---

(9) Strittige Meinung:

(UE): Über die Beurteilung solcher Ergebnisse sind die Auffassungen in der Fachwelt geteilt: ...

(OE): Bei der Beurteilung solcher Ergebnisse ist nach herrschender Meinung folgendermaßen vorzugehen: ...

UE = Formulierung einer unteren Extremposition
OE = Formulierung einer oberen Extremposition

Der Sachverständige sollte sich also bei allem, was er schreibt oder sagt, vorher darüber klar werden, welcher Grad von Wahrscheinlichkeit oder statistischer Sicherheit dem zukommt und danach die zutreffende Formulierung wählen.

5 Häufig auftretende Fehler und Mängel

In unseren Gutachtenseminaren haben wir bei der Analyse fertiger Gutachten eine Reihe von *Fehlern* und *Mängeln* wiederholt gefunden. Deshalb erscheint es sinnvoll, das Augenmerk der Gutachter gerade auf diese zu lenken, damit sie diese von vornherein vermeiden können:

5.1 Unklare Frage-/Aufgabenstellung

Auf die entscheidende Bedeutung einer klaren Frage- bzw. Aufgabenstellung sind wir schon ausführlich im Kapitel 2.3 („Bedeutung der Fragestellung für das Gutachten") eingegangen. An dieser Stelle sollen deshalb weitere mögliche Fehler und Mängel im systematischen Zusammenhang ergänzend dargestellt werden:

Tabelle 74: Fehler des Auftraggebers

> – Er erteilt den Auftrag nicht schriftlich, sondern nur mündlich (z. B. telefonisch).
> – Er formuliert die Frage/den Auftrag zu allgemein, nicht konkret genug.
> – Er fasst die Frage/den Auftrag zu weit/zu eng.
> – Er stellt die Frage falsch.
> – Er fragt nach etwas, was er eigentlich gar nicht wissen will.
> – Die Frage ist in dieser Form gar nicht beantwortbar.
> – Er setzt einen im Verhältnis zur gestellten Aufgabe zu engen finanziellen Rahmen.
> – Der Gutachter wird vom Auftraggeber nicht über den (wahren) Anlass informiert, der die Erstellung dieses Gutachtens erfordert.
> – Er informiert den Gutachter nicht hinreichend über den Zweck, für den er das Gutachten benötigt.
> – Er versucht, den Gutachter zu einem Gefälligkeitsgutachten zu bewegen.

Die aufgeführten Fehlermöglichkeiten seitens der Auftraggeber sind nicht nur wichtig für den Auftraggeber selbst (damit er diese Fehler vermeiden kann), sondern auch für den Gutachter. Wenn dieser nämlich schon bei der Entgegennahme eines Auftrages mit diesen möglichen Fehlern bzw. Mängeln rechnet, kann er sie zu vermeiden helfen oder zumindest umgehend angemessene Maßnahmen dagegen einleiten (z. B. indem er den Auftraggeber rechtzeitig pflichtgemäß bezüglich der Formulierung einer sachlich angemessenen Fragestellung berät).

So kann er z. B. bei der telefonischen Entgegennahme eines Gutachtenauftrags den Auftraggeber schon auf eine konkrete Fragestellung festzulegen versuchen, unklare Angaben sofort präzisieren lassen und die schriftliche Auftragsbestätigung (durch den Auftraggeber oder ihn selbst) verabreden.

Der Gutachter wird bei mündlicher Beauftragung zweckmäßigerweise sofort alle die Fragestellung betreffenden Unklarheiten zu beseitigen versuchen, aber auch gleichzeitig den vom Auftraggeber angezielten Zweck des Gutachtens erkunden. Falls erforderlich (weil der Auftraggeber keinen Überblick über die ent-

stehenden Kosten hat oder weil der sonst übliche Kostenrahmen durch den Umfang gerade dieses Auftrags überschritten würde), wird er auch den Kostenrahmen
abklären oder sich mit Ansinnen nach einem Gefälligkeitsgutachten kritisch auseinandersetzen.

Ist er auf derartige Probleme, die bereits durch Art und Weise der Auftragserteilung und -übernahme entstehen können, von vornherein eingestellt, werden
ihm die meisten der in der folgenden Tabelle zusammengestellten Fehler – hoffentlich – nicht mehr unterlaufen.

Tabelle 75: Fehler des Gutachters

– Er erstellt sein Gutachten auf der Grundlage einer
   – unklaren
   – zu allgemeinen
   – zu umfangreichen
   – fachlich so nicht bearbeitbaren Frage- bzw. Aufgabenstellung, ohne diese
     vorher mit dem Auftraggeber genau abzuklären.
– Er bestätigt dem Auftraggeber die telefonisch vereinbarte bzw. präzisierte oder
  veränderte Fragestellung nicht schriftlich.
– Er erstellt sein Gutachten, ohne die Komplexität der Fragestellung systematisch zu
  analysieren und die impliziten Einzelfragen in einem hierarchisch strukturierten
  Ablaufplan zu ordnen.
– Er bearbeitet Fragen, die überhaupt nicht Gegenstand des Auftrags sind.
– Er bearbeitet die gestellten Fragen nicht alle oder im einzelnen unvollständig.

Mancher erfahrene Gutachter wird an dieser Stelle vielleicht (wieder einmal)
einwenden, das seien doch alles Trivialitäten. Solche Fehler machten vielleicht
Anfänger, aber doch keine Gutachter mit langjähriger Berufserfahrung.

Leider stimmt das nach unserer Erfahrung nicht. Langjährige Berufserfahrung ist manchmal sogar ein Nachteil, weil die wenigsten Gutachter in ihrer
„Lehrzeit" in eine solchermaßen systematische Begutachtungstechnik eingear-
beitet worden sind. Die Sachverständigen haben sich oft in mühsamer autodi-
daktischer Kleinarbeit ihre Gutachtentechnik selbst beigebracht. Sie haben Gutachten anderer Fachkollegen gelesen, als Berufsanfänger ältere Kollegen über
dieses oder jenes Problem befragt und vielleicht auch einmal einen Aufsatz oder
ein Buch über die Begutachtung gelesen. Dabei stehen dann allerdings meistens
konkrete fachliche Fragen im Vordergrund, und die Technik der sachgerechten
und überzeugenden Darstellung wird allenfalls am Rande mitbehandelt.

In Seminaren erleben wir manchmal „betriebsblinde" Gutachter, die zwar
Fehler und Mängel, wie wir sie in den Tabellen aufgelistet haben, als solche
erkennen. Sie neigen aber zu der Auffassung, dass solche Fehler zwar bei Gutachten anderer Sachverständiger, nicht jedoch bei ihren eigenen Gutachten auftreten. Allerdings sind sie dann durchweg überrascht, wenn sie ein eigenes Gutachten zur kritischen systematischen Analyse im Seminar vorlegen und dabei –
nicht zuletzt im Erfahrungsaustausch mit den anderen anwesenden Sachverständigen – zu der Erkenntnis gelangen, dass – leider – auch ihre Gutachten derartige Schwächen haben.

Gerade bezüglich der Fragestellung haben viele Gutachter angesichts der erworbenen Routine Schwierigkeiten, zu erkennen, dass sie unsystematisch an die Sache herangehen und dass deshalb teilweise sehr unübersichtliche und schwer verständliche Textfassungen entstehen.

Erst bei konsequenter Analyse der Fragestellung und der systematischen Aufgliederung entsprechend der im Kapitel 2.3 („Bedeutung der Fragestellung für das Gutachten") gegebenen Anleitung entdecken sie die Schwächen und Fehler ihrer eigenen Gutachten – z. T. mit echtem Erstaunen. So hören wir dann z. B. Kommentare, wie: „Gut, dass ich das Gutachten noch nicht abgeschickt habe. Ich werde es erst noch einmal gründlich überarbeiten." Oder bei schon länger zurückliegenden Gutachten: „Ach du liebe Zeit! Das ist mir aber peinlich. Das Gutachten ist so rausgegangen. Ich kann nur hoffen, dass das niemand gemerkt hat."

Aber auch derartige Erkenntnisse implizieren nicht ohne weiteres, dass ein Gutachten mit derartigen Darstellungsschwächen auch inhaltlich schwach oder gar falsch sein müsste. Ein exzellenter Sachverständiger ist nicht immer auch zugleich ein exzellenter Schreiber von Gutachten. Trotzdem können die Ergebnisse für den Auftraggeber bedeutungsvoll und verwertbar sein. Würde das Gutachten jedoch die aufgezeigten Mängel nicht aufweisen, könnte der Auftraggeber die relevanten Inhalte oft leichter und schneller erfassen, und dem Sachverständigen bliebe manche insoweit unnötige und zeitraubende Nachfrage erspart.

5.2 Unvollständige Informationen

Wenn der Informationsgehalt Ihrer Gutachten mangelhaft ist, merken Sie das leicht daran, dass der Auftraggeber nach der Lektüre mehr oder weniger zahlreiche Rückfragen hat, dass ergänzende Ausführungen oder weitere Stellungnahmen verlangt oder dass in einer Gerichtsverhandlung viele Verständnisfragen gestellt werden.

Das sollte für Sie Anlass sein, Ihr Informationskonzept zu überdenken.

Am besten versetzen Sie sich in die Lage des Auftraggebers, des Lesers bzw. Zuhörers oder Verhandlungsbeteiligten und überlegen, was diesen an dem Fall interessiert, welche Fragen er sich vermutlich stellt und wie Sie diese in der Rolle des Sachverständigen am besten (und das heißt vor allem: klar, verständlich und überzeugend) beantworten können.

Viele Gutachter machen leider den Fehler zu glauben, sie müssten nur das aufschreiben, was für sie selbst aus fachlicher Sicht wichtig ist, denn das würde auch die anderen Beteiligten interessieren. Den Fachmann interessieren jedoch oftmals Details, die für den fachlichen Laien weitgehend uninteressant sind. Andererseits lässt der Experte die aus fachlicher Sicht trivialen Informationen einfach weg in dem Glauben, das wisse ohnehin jeder. Aber genau diese Annahmen sind oft falsch. Er sollte sich deshalb überlegen, wer zum Verständnis seines Gutachtens welche Informationen benötigt – und diese sollte er geben: für den Fachmann die fachlichen Details und für den fachlichen Laien die zum Verständnis notwendigen ergänzenden Angaben.

Beispielsweise muss ich dem Psychiater oder Neurologen nicht erklären, was

ein „CT" ist. Dem in Psychopathologie ausgebildeten Psychologen reicht vielleicht der ausgeschriebene Fachterminus „Computertomogramm". Aber dem fachlich nicht entsprechend vorgebildeten Richter, den Schöffen oder anderen
Verfahrensbeteiligten werde ich wohl auch noch erklären müssen, dass CT ein
klinisches Diagnostikum (d. h. eine ärztliche Untersuchungsmethode) ist, was
dieses leisten kann (eine Röntgenaufnahmetechnik) und was man damit bezweckt
(z. B. Information über die Morphologie von Gehirn, Rückenmark und angren-
zenden Strukturen zur Diagnostik von angeborenen Missbildungen, Unfall-
verletzungen, Tumoren etc.).

> **Informationen**
> **sind erst dann für den Gutachtenleser nützlich,**
> **wenn er sie versteht.**

5.3 Unvollständige Untersuchung

Für unvollständige Untersuchungen gibt es verschiedene Gründe:

Tabelle 76: Gründe für eine unvollständige Untersuchung

– Der Gutachter plant erforderliche Untersuchungen nicht ein oder führt sie zumindest nicht durch:
  – weil er fachlich überfordert ist (er weiß gar nicht, dass eine bestimmte Untersuchung nötig wäre),
  – weil die Zeit dafür nicht reicht,
  – weil die erforderlichen Diagnostica nicht vorhanden sind,
  – weil Fachpersonal dafür nicht zur Verfügung steht,
  – weil er keinen Unterauftrag an einen Konkurrenten vergeben will,
  – weil der Auftraggeber bestimmte (umfangreiche und teure) Untersuchungen
   nicht bezahlen kann oder will.
– Der Patient/Klient verweigert die Untersuchung.
– Der Patient/Klient ist körperlich oder psychisch außerstande, an einer bestimmten
 Untersuchung teilzunehmen.
– Der Patient steht für die Untersuchung nicht mehr zur Verfügung.
– Die Untersuchung kann wegen geänderter Umstände nicht mehr durchgeführt
 werden.
– Die bereits begonnene Untersuchung muss unterbrochen werden.
– Eine bestimmte Untersuchung ist rechtlich, aus moralischen oder ethischen
 Gründen unzulässig.

Ist der Sachverständige mit dem Erstellen eines Gutachtens über ein bestimmtes
Problem (z. B. elterliche Sorge; Berufseignung, Fahreignung, Erwerbsunfähigkeit, Glaubwürdigkeit) überfordert, weil ihm dafür einschlägige Fachkenntnisse
fehlen und er sich diese auch nicht in Kürze aneignen kann, sollte er von vornherein die Übernahme des Auftrags ablehnen (s. dazu 1.3.4 „Auswahl der Sachverständigen", 1.3.5 „Ablehnung des Sachverständigen", 1.4 „Fachkompetenz
des Gutachters"). Andernfalls sollte er sich, wenn er zwar grundsätzlich über die

notwendige Fachkompetenz verfügt, jedoch nur selten derartige Gutachten anfertigt, bei Fachkollegen und durch Literaturstudium jeweils auf den neuesten Kenntnisstand bringen lassen.

Wenn die für das Gutachten *vom Auftraggeber vorgegebene Zeit* für eine aus fachlicher Sicht vollständige Untersuchung nicht reicht, sollte der Gutachter auch bedenken, ob er unter diesen Umständen überhaupt ein fachlich korrektes und überzeugendes Gutachten erstellen kann oder ob er den Auftrag nicht besser ablehnen sollte. Wie auch immer er sich entscheidet, er sollte die Ursachen der Zeitknappheit und die dadurch bedingten Einschränkungen der Untersuchung in ihren Ursachen und Auswirkungen darlegen. Das bewahrt den Auftraggeber vor unliebsamen Überraschungen. Erteilt er den Auftrag trotzdem, fällt ihm die Verantwortung zu für eventuelle Zeitverzögerungen bei der Abwicklung des Auftrags und nicht dem Sachverständigen.

Häufiger scheint jedoch der Fall einzutreten, dass die Zeitknappheit institutionell oder durch den Gutachter selbst verursacht ist. Der Sachverständige, der in einer Institution arbeitet, hat für seinen Arbeitgeber zu viele Aufträge zu bearbeiten oder übernimmt sich in seiner eigenen Praxis derart, dass für das Gutachten letztlich zu wenig Zeit zur Verfügung steht. Das Problem kann besonders dringend werden, wenn das Gutachten noch gar nicht begonnen wurde, aber der vereinbarte Abgabetermin bedrohlich nahegerückt oder gar schon überschritten ist und die Mahnung des Auftraggebers eintrifft.

Arbeitsüberlastung ist auch gegenüber einem Gericht ein ausreichender Grund, auf die Gutachtenanforderung zu verzichten. Der Sachverständige wird den Auftraggeber in solchem Fall sofort darüber informieren, wann er frühestens das verlangte Gutachten fertigstellen könnte, damit z. B. das Gericht darüber befinden kann, ob der Termin für den ungestörten Verfahrensablauf ausreicht oder nicht. Es muss ja gegebenenfalls rechtzeitig einen anderen Gutachter beauftragen.

Wird dem Gutachter von seinem eigenen Arbeitgeber zwar der Gutachtenauftrag übertragen, für die Bearbeitung jedoch nicht ausreichend Zeit zur Verfügung gestellt (eine häufige Klage!), bleibt es in der Regel der Zivilcourage des Sachverständigen und seinem Durchsetzungsvermögen überlassen, ob und in welcher Form er eine befriedigende Regelung im Sinne einer angemessenen Arbeits- und Zeitplanung erreichen kann. Jedenfalls ist er selbst letztlich für die ordnungsgemäße – und das heißt auch fristgemäße – Abwicklung des Gutachtenauftrags verantwortlich.

Bedenklich wird es, wenn die *diagnostischen Mittel* (z. B. Tests, Untersuchungs-Geräte) nicht zur Verfügung stehen, die zur Klärung der aufgeworfenen Fragen benötigt werden. Auch bei Beachtung des Ermessensspielraums, den der Sachverständige bei der Planung seiner Untersuchungen hat, gibt es Grenzen: wenn z. B. die Intelligenz eines Kindes beurteilt werden soll, dafür passende Verfahren und Normen jedoch nicht zur Verfügung stehen. In solchen Fällen kann nicht einfach die standardisierte Messung durch eine intuitive Schätzung ersetzt werden, weil das zumindest andere Fachleute (z. B. einen Gegen- oder Obergutachter) in der Regel nicht überzeugen würde.

Anders verhält es sich unter Umständen, wenn zur Beantwortung einer Frage ein bestimmtes Untersuchungs- oder Therapieverfahren nötig wäre (z. B. eine absolut zuverlässige Therapie von Virus-Infektionen, etwa gegen AIDS oder Krebs), aber (noch) nicht verfügbar ist, weil die wissenschaftliche Forschung noch nicht so weit ist. Dann darf oder muss sogar mit z. T. wenig gesicherten Annahmen gearbeitet werden, ohne dass sich der Sachverständige hierbei fachliche Pfuscherei vorwerfen lassen müsste. Berechtigter Kritik würde er sich in solchen Fällen erst dann aussetzen, wenn er das Vorhandensein oder die Benutzung eines zuverlässigen und gültigen Messinstruments bzw. einer erfolgssicheren Therapie vortäuschte, über die er tatsächlich jedoch gar nicht verfügt oder die hier zumindest nicht eingesetzt worden ist.

Wenn der Gutachter eine Einzel-Untersuchung nicht selbst durchführen kann und dafür auch kein anderes *Fachpersonal* zur Verfügung steht (z. B. ist die Fachkraft wegen länger dauernder Erkrankung ausgefallen oder plötzlich verstorben) wird er entscheiden müssen, ob auf diese spezielle Untersuchung mit einer ausreichenden Begründung verzichtet werden kann, ob er einen entsprechenden Unterauftrag – notfalls sogar an einen Konkurrenten – vergeben kann oder ob er den Auftrag deswegen ablehnen oder zurückgeben muss.

Denkbar ist auch, dass der Patient die *Teilnahme an einer bestimmten Untersuchung verweigert*, weil er daraus Nachteile für sich befürchtet (z. B. projektive Testverfahren, Persönlichkeitstests, „Lügendetektor", „Phallo-Plethysmographie") oder weil er sie für gefährlich hält (z. B. Fahrprobe, Blutuntersuchung, Belastungstest).

Der Sachverständige wird in solchen Fällen zu prüfen haben, ob einer solchen Untersuchung sachliche, rechtliche oder ethische Bedenken entgegenstehen und der Patient sich deshalb zu Recht weigert. Gegebenenfalls wird er dann auf diese Untersuchung verzichten. Weigert sich der Patient/Klient ohne eine solche sachliche, Rechts- oder ethische Grundlage, wird der Gutachter gegebenenfalls mit dem Auftraggeber (z. B. dem Gericht) Rücksprache nehmen, um das weitere Vorgehen abzuklären.

Kommt aus irgendwelchen Gründen die Untersuchung nicht zustande, wird der Sachverständige diesen Sachverhalt in seinem Gutachten nicht verschweigen, sondern korrekt darstellen und gegebenenfalls auch die daraus für die Sache und für die Gutachtenerstellung von ihm gezogenen Schlussfolgerungen mitteilen.

Der Gutachter kann auch in die Lage kommen, Personen untersuchen zu müssen, deren *körperlicher oder psychischer Zustand* bestimmte Untersuchungen nicht zulässt. So werden z. B. kurz nach dem Verlust eines nahen Familienangehörigen oder vor einer bevorstehenden schweren Operation Konzentrations- und Leistungstests kaum optimale Ergebnisse bringen. Ein Rorschach-Test wird möglicherweise situationsbedingte Reaktionen ergeben, deren Verwertung für eine persönlichkeitsspezifische Langzeitdiagnostik fragwürdig wäre. Uncharakteristische Reaktionen erhält der Untersucher auch bei Personen unter Alkohol-, Drogen- oder Medikamenteneinfluss bzw. -entzug sowie bei hochgradiger Ermüdung oder einer akuten Erkrankung (z. B. Grippe mit starken Kopfschmerzen). Der Sachverhalt ist daher rechtzeitig abzuklären, damit der Gutachter nicht wegen einer solchen Fahrlässigkeit unverwertbare Untersuchungsergebnisse er-

hält oder sich der berechtigten Kritik aussetzt, wenn er sie wie sachgerecht zu-
standegekommene Ergebnisse in seinem Gutachten verwertet.

Der korrekt arbeitende Gutachter hat in solchen Fällen zu entscheiden, ob
eine Untersuchung zum gegebenen Zeitpunkt oder überhaupt durchgeführt werden kann und welche Konsequenzen dies möglicherweise für den Zeitplan der
Gutachtenerstellung oder grundsätzlich für die Erstellung haben kann.

Wenn ein Klient zur Untersuchung *als Person nicht mehr zur Verfügung* steht,
kann das verschiedene Gründe haben:

Tabelle 77: Gründe für die Nichtverfügbarkeit eines Klienten

– Er kann inzwischen verstorben sein. – Er kann sich schwer erkrankt für längere Zeit oder auf Lebenszeit in einer Fachkli- nik befinden (Landesheilanstalt, Pflegeheim). – Er kann ausgewandert oder in sein Heimatland ausgewiesen (z. B. auch: als ausländischer Straftäter) bzw. freiwillig oder gezwungenermaßen zurückgekehrt sein (z. B. als Gastarbeiter/abgelehnter Asylbewerber).

Eine Variante dieses Problems entsteht, wenn die Person zwar noch vorhanden
ist, aber die für die Untersuchung relevanten Eigenschaften der Person durch
alterungsbedingte Entwicklung oder durch Veränderung des Körpers bzw. der
Psyche nicht mehr existieren:

Tabelle 78: Zustandsveränderungen

– Ein Kind ist erwachsen geworden. Der kindliche Reifezustand kann dann nicht mehr untersucht werden. – Der Psychotiker (z. B. Schizophrenie als Paranoia) ist wieder gesund. Die psycho- tische Wahrnehmungsstörung kann nicht mehr untersucht werden. – Der Mann lebt nach operativer Geschlechtsumwandlung als Frau. Denken und Empfinden sowie das Leistungsvermögen des vormaligen Mannes können nicht mehr untersucht werden. – Das Verhalten des Sexualstraftäters vor der stereotaktischen Hirnoperation kann nachher nicht mehr untersucht werden. – Der langjährige Gefängnisinsasse zeigt „Hospitalisierungsveränderungen". Die Persönlichkeit vor Strafantritt kann jetzt nicht mehr untersucht werden. – Das frühere Denk- und Urteilsvermögen des gesunden Menschen kann nach Eintritt einer Altersdemenz nicht mehr untersucht werden.

In solchen Fällen wird der Gutachter auf die Untersuchung aus objektiven Gründen verzichten müssen. Er kann die relevanten Fakten allenfalls noch explorativ
beim Klienten bzw. von den Bezugspersonen erfragen oder den Akten mit älteren Untersuchungsberichten zu entnehmen versuchen.

Auch bei *Veränderung der Lebensumstände* eines Klienten/Patienten wird man
nicht mehr ohne weiteres oder sogar überhaupt nicht die Persönlichkeitseigenschaften oder -eigenarten untersuchen können, die für eine frühere Zeit
charakteristisch gewesen sind. Einige Beispiele mögen diese Problematik verdeutlichen:

Tabelle 79: Veränderung der Lebensumstände

- Das legasthenische Kind hat inzwischen lesen und schreiben gelernt. Tests zur nachträglichen Feststellung des Ausgangsschweregrades der Legasthenie sind nicht mehr möglich.
- Der Patient ist inzwischen erblindet. Die Leistung in Reaktionstests (z. B. Wiener Determinationsgerät, Labyrinthtest) kann nicht mehr im Sinne einer Kontrolluntersuchung überprüft werden.
- Schulleistungsstörungen, die in einer bestimmten Schule, bei bestimmten Lehrern und in einer bestimmten Klassengemeinschaft aufgetreten sind, können nach der Umschulung zur Beweissicherung nicht noch einmal in demselben sozialen Kontext untersucht werden.

Deshalb sollte der Gutachter dies schon bei der Gutachtenplanung berücksichtigen, wenn im Verlaufe der Erstellung eines Gutachtens Veränderungen der Lebensumstände eines Klienten zu erwarten sind, der untersucht werden soll. Er sollte die Gesamtuntersuchung bereits im Hinblick auf die dadurch möglicherweise entstehenden Probleme besonders sorgfältig planen und im Ablauf, soweit möglich, auf die zu erwartenden Veränderungen abstimmen.

Verpasste Untersuchungen sind unter Umständen später nicht mehr nachzuholen. Der Gutachter müsste sich dann angesichts der in seinem Gutachten auftretenden Lücken den Vorwurf gefallen lassen, dass er diese aufgetretenen Veränderungen hätte vorhersehen können oder dass er trotz Kenntnis der bevorstehenden Veränderungen die erforderlichen Untersuchungen nicht rechtzeitig durchgeführt und deshalb diese Gutachtermängel selbst zu verantworten habe.

Bisweilen muss der Sachverständige eine schon *begonnene Untersuchung abbrechen.* Vielleicht ist er selbst unpässlich oder wird unerwartet zu einem auswärtigen Termin gerufen; dann wird er die Untersuchung durch einen Kollegen fortsetzen lassen oder nach Möglichkeit einen weiteren Untersuchungstermin für einen späteren Zeitpunkt vereinbaren. Ist der zusätzliche Termin durch ihn verursacht, wird er dies bei der Abrechnung zu berücksichtigen haben.

Aber auch infolge des Verschuldens eines Untersuchten können Untersuchungen unterbrochen oder vorzeitig beendet werden:

Tabelle 80: Unterbrechung einer Untersuchung durch Verschulden des Klienten

Unterbrechung der Untersuchung:
- wenn der Untersucher zu Beginn oder im Verlaufe der Untersuchung feststellt, dass der Untersuchte angetrunken ist, unter Drogen- oder Medikamenteneinfluss steht oder übermüdet ist;
- wenn der Untersuchte sich plötzlich unpässlich fühlt;
- wenn der Untersuchte über Äußerungen des Untersuchers oder über Untersuchungsverfahren wütend wird und deshalb die Untersuchung verlässt;
- wenn der Klient sich zeitlich nicht auf eine ganztägige Untersuchung eingestellt hat und schon vorzeitig weg muss;
- wenn der Psychologe seine Untersuchung unterbrechen muss, weil z. B. in einer Klinik der Untersuchungs- oder Therapiezeitplan von Ärzten oder anderen Behandlern eingehalten werden soll und sein Klient gerade dort benötigt wird;
- wenn der Untersucher selbst wegen gesundheitlicher Probleme während einer Untersuchung ausfällt;

Fortsetzung Tabelle 80

– wenn der Untersucher aus dringenden Gründen abgerufen wird (z. B. als Arzt zu einem Notfall).

Nach Möglichkeit sollten derartige Unterbrechungen durch angemessene Vorplanung vermieden werden, denn Unterbrechungen von Untersuchungen – aus welchem Grund auch immer – haben meistens schwer kontrollierbare Einflüsse auf die Ergebnisse. Bei Wiederholung derartiger Untersuchungen sind gegebenenfalls einstellungs- bzw. entwicklungsbedingte Veränderungen des Untersuchten sowie Übungseffekte (z. B. bei Testwiederholung) zu berücksichtigen.

5.4 Einsatz unzulässiger Untersuchungsverfahren

Ein besonderes Problem stellen *Einwände gegen Untersuchungen aus rechtlichen, moralischen und ethischen Gründen* dar. Auf einzelne wichtige Aspekte haben wir schon im Kapitel 1.3.8 über „Körperliche/psychologische Untersuchung des Klienten/Patienten" hingewiesen. Deshalb dürfen durch die Rechtsprechung ausgeschlossene psychologische Untersuchungsverfahren für einen speziellen Bereich (z. B. Strafverfahren, Fahreignungsbegutachtung) oder generell nicht eingesetzt werden, um nicht von vornherein die Akzeptanz des Gutachtens in Frage zu stellen.

Auch ohne derart klare Rechtsvorschriften sollte der Gutachter im Einzelfall jeweils sorgfältig überlegen, ob die von ihm benutzten Untersuchungsverfahren oder die Art und Weise der Durchführung der Untersuchung Anlass zu Beanstandungen von Betroffenen oder Beteiligten geben könnten. Dabei sind auch deren moralische, ethische und insbesondere religiöse Werthaltungen zu beachten. Oftmals kommt es dabei gar nicht so sehr auf die objektiven Gegebenheiten an, sondern vielmehr auf subjektive Bewertungen durch die Betroffenen, auf die der Gutachter im Interesse der Sache und in seinem eigenen Interesse angemessen Rücksicht nehmen sollte (z. B. Verweigerung der Blutentnahme oder einer Infusion aus Glaubensgründen).

Vor der Klärung der Rechtslage haben oftmals Betroffene, religiös und weltanschaulich oder politisch engagierte Bürger oder Interessengruppen an bereits praktizierten Untersuchungstechniken Anstoß genommen und das Problem in die öffentliche Diskussion gebracht. Durch Gerichtsentscheidungen auf dem Instanzenweg, also durch die Rechtsprechung bildet sich dann im Laufe der Zeit ein verbindlicher rechtlicher Rahmen für den Einsatz bestimmter psychologischer Untersuchungsverfahren heraus (z. B. bezüglich des Einsatzes projektiver Testverfahren, der Zulässigkeit umfassender Persönlichkeitsuntersuchungen, der Verwendung des „Lügendetektors"). Siehe dazu auch die aktuelle Diskussion zur „psychophysiologischen Aussagebeurteilung" mit Hilfe des „Polygraphentests" (Praxis der Rechtspsychologie, 9. Jg., Sonderheft Juli 1999 mit Urteil des Bundesgerichtshofes vom 17.12.1998 – 1 StR 156/98 – LG Mannheim).

So gilt nach § 81 a StPO („Körperliche Untersuchung des Beschuldigten") grundsätzlich:

„Der Beschuldigte muß körperliche Untersuchungen dulden. Er ist auch verpflichtet, sich für die Untersuchung zu entkleiden ... und die erforderliche Körperhaltung einzunehmen. ... Zu einer aktiven Beteiligung an der Untersuchung kann er aber nicht gezwungen werden. ... Er braucht keine Fragen zu beantworten ..., muß sich keinen Prüfungen unterziehen ... und muß weder zum Zweck eines Trinkversuchs Alkohol trinken ... noch Kontrastmittel für Röntgenuntersuchungen einnehmen oder bei einem Belastungs-EKG mitwirken ... sich nicht zur Feststellung des Drehnystagmus herumdrehen ..., die Knie nicht beugen, die Arme nicht ausstrecken und keine Gehproben vornehmen ...

Die freiwillige Mitwirkung bei der Untersuchung erfordert eine besondere Belehrung durch das Strafverfolgungsorgan, das die Untersuchung angeordnet hat ..., über die Freiwilligkeit ..., sofern es sich nicht um eine Mitwirkung handelt, die der Arzt üblicherweise von seinen Patienten zu fordern berechtigt ist ... Auch Tests bei Blutprobenentnahme können ohne besondere Belehrung verlangt werden ...“ (Kleinknecht/Meyer-Goßner 1997, S. 238-239).

In § 136 a StPO sind „verbotene Vernehmungsmethoden" aufgeführt:

„I Die Freiheit der Willensentschließung und der Willensbetätigung des Beschuldigten darf nicht beeinträchtigt werden durch Mißhandlung, durch Ermüdung, durch körperlichen Eingriff, durch Verabreichung von Mitteln, durch Quälerei, durch Täuschung oder die Hypnose. Zwang darf nur angewandt werden, soweit das Strafverfahrensrecht dies zuläßt. Die Drohung mit einer nach den Vorschriften unzulässigen Maßnahme und das Versprechen eines gesetzlich nicht vorgesehenen Vorteils sind verboten.
II Maßnahmen, die das Erinnerungsvermögen oder die Einsichtsfähigkeit des Beschuldigten beeinträchtigen, sind nicht gestattet.
III Das Verbot der Absätze 1 und 2 gilt ohne Rücksicht auf die Einwilligung des Beschuldigten. Aussagen, die unter Verletzung dieses Verbots zustande gekommen sind, dürfen auch dann nicht verwertet werden, wenn der Beschuldigte der Verwertung zustimmt."

Was für verbotene „Vernehmungsmethoden" gilt, ist analog auch bei „psychologischen/psychiatrischen Untersuchungen und Explorationen" zu beachten.

Rechtliche Einwände sind verschiedentlich sowohl im strafrechtlichen wie im zivilrechtlichen Bereich gegen die Verwendung bestimmter Tests und apparativer Untersuchungsverfahren geltend gemacht worden:

Tabelle 81: Unzulässige bzw. fragwürdige psychologische Untersuchungsmethoden

– Hypnose
– Narkose
– Phallo-Plethysmographie
– Untersuchungen mit Polygraphen (Lügendetektoren)
– Projektive Persönlichkeitstests
– Persönlichkeits-Fragebögen

– *Hypnose, Narkose*
  „Die Anwendung von Hypnose und Narkose und andere Verände-
  rungen des seelischen Zustands sind immer unzulässig."
  (Kleinknecht & Meyer 1985, S. 248).

– *Phallo-Plethysmographie*
Mit einem Plethysmographen werden normalerweise Volumenveränderungen
eines Körperteiles (z. B. Arm, Finger) gemessen, in dem dieser in einem allseitig
geschlossenen, wassergefüllten Gefäß gelagert wird. Auftretende Volumenänderungen werden durch die Verdrängung der umgebenden Flüssigkeit gemessen und registriert. Diese Methode wird gelegentlich bei Sexualstraftätern in
Betracht gezogen, um aus Volumenänderungen des Penis, die beim Ansehen von
anreizenden Bildern auftreten, Schlüsse auf bestimmte sexuelle Präferenzen bzw.
sexuelle „Normabweichungen" – wie Homosexualität, Päderastie – zu ziehen.

– *Polygraphen (Lügendetektoren)*
  „Die Untersuchung mit Polygraphen (Lügendetektoren) verletzt die
  Freiheit der Willensentschließung und -betätigung des Beschuldig-
  ten und ist daher im Strafverfahren wie in den Vorermittlungen ohne
  Rücksicht auf sein Einverständnis unzulässig." (BGH 1 StR 578/53
  vom 16.2.1954, zit. nach Krieger 1965).

Dazu gibt es eine neuere BGH-Entscheidung (BGH 1 StR 156/98 – LG Mannheim vom 17.12.1998:

> „1. Wirkt der Beschuldigte freiwillig an einer polygraphischen Untersuchung mit, so verstößt
> dies nicht gegen Verfassungsgrundsätze oder § 136a StPO.
> 2. Die polygraphische Untersuchung mittels des Kontrollfragentests und – jedenfalls im Zeit-
> punkt der Hauptverhandlung – des Tatwissentests führt zu einem völlig ungeeigneten Beweis-
> mittel i. S. d. § 244 Abs. 3 Satz 2 4. Alt. Stop."

Ausführlich kommentieren: Fiedler (1999), Undeutsch & Klein (1999), Steller
& Dahle (1999).

– *Projektive Persönlichkeitstests und Fragebögen*
Die Verwendbarkeit „charakterologischer Tests" hat das OVG Bremen (I A 2/
61) schon in einem Urteil vom 6.11.1962 in Zweifel gezogen und für die Überprüfung der Fahreignung abgelehnt, weil sie mit dem Grundgesetz nicht verein-
bar und auch keine Tatsachen im Sinne des § 2 StVG seien. Das OVG Münster
(VIII A 1088/62) und das Bundesverwaltungsgericht (BVerwG VII C 103/62)
haben sich dieser Auffassung allerdings nicht angeschlossen.
  Die Frage war dadurch zwar rechtlich entschieden, aber das offenbar verbliebe-
ne Unbehagen führte rund 20 Jahre später zu einer neuerlichen Diskussion über
den Einsatz von Persönlichkeitstests und Fragebögen (z. B. MMPI) als Routine-
Untersuchungsverfahren bei der Fahreignungsuntersuchung (dazu z. B. VerwG
Berlin 15 A 332/78). Im Ergebnis wurden diese Verfahren aus der Routineuntersu-

chung zurückgezogen und seither nur noch bei spezieller Indikation (z. B. Verdacht auf Psychose) verwendet (s. dazu Himmelreich & Hentschel 1990, S. 280 ff.).

Im übrigen weisen wir bezüglich der kritischen Beurteilung von Tests und apparativen Untersuchungsverfahren auf die einschlägige Literatur hin (z. B. Paszensky 1974, Sieber 1978, Grubitzsch & Rexilius 1978, Klein 1982).

Erwähnung verdienen im Hinblick auf *berufsethische Implikationen* in diesem Zusammenhang u. a. auch die „Berufsordnung für Psychologen" des Berufsverbandes Deutscher Psychologen e. V. (1989), „Ethische Richtlinien" der Deutschen Gesellschaft für Psychologie e. V. (DGPs) und des Berufsverbandes Deutscher Psychologinnen und Psychologen e. V. (BDP) (1999), „Ethische Rahmenrichtlinien der DGVT und deren Kommentare" von der Deutschen Gesellschaft für Verhaltenstherapie (1996), die „Richtlinien für die Erstellung Psychologischer Gutachten" der Föderation Deutscher Psychologenvereinigungen (1995) sowie deren neue Fassung von Kühne & Zuschlag (2001).

5.5 Überschreiten der eigenen Fachkompetenz

Die *Fachkompetenz eines Sachverständigen* ist eine wesentliche Voraussetzung für seine Auswahl als Gutachter (s. dazu 1.3.4 „Auswahl der Sachverständigen" und 1.4 „Fachkompetenz des Gutachters").

Entscheidend ist, dass der Gutachter für das Sachgebiet, aus dem das Gutachtenthema stammt, fachlich kompetent ist. Nimmt er trotz fehlender Fachkompetenz einen Gutachtenauftrag an, besteht die erhöhte Gefahr, dass ihm gravierende Fehler unterlaufen und dass er deshalb nach den im Kapitel 1.3.10 („Haftung") dargestellten Grundsätzen zur Haftung herangezogen werden kann.

Dass ein Diplom-Psychologe sich ohne entsprechende zusätzliche ärztliche Ausbildung keine Fachkompetenz als Psychiater oder Neurologe zusprechen sollte, bedarf hier keiner weiteren Erläuterung. Problematischer ist hingegen möglicherweise die Selbsteinschätzung eines Diplom-Psychologen hinsichtlich seiner Fachkompetenz auf den unterschiedlichen Teilgebieten der Psychologie. Wo liegen z. B. die Grenzen der Fachkompetenz eines klinischen Psychologen bzw. Psychotherapeuten, wenn er um die Erstellung eines Gutachtens über die Fahreignung, über die elterliche Sorge oder über die Eignung für eine bestimmte Berufstätigkeit gebeten wird?

Letztlich wird wohl jeder Sachverständige für sich zu beurteilen haben, ob er sich den dafür erforderlichen Sachverstand zutraut, wie dies im übrigen auch für einen Richter gilt: Er hat im konkreten Fall zu entscheiden, ob er sich die für die Beurteilung des Falles erforderliche Sachkunde selbst zutraut oder ob er einen Sachverständigen benötigt, der ihm die fehlende Sachkunde ersetzt.

Ein anderer Aspekt von Kompetenzüberschreitung ist der Eingriff des Sachverständigen in *Entscheidungskompetenzen des Auftraggebers.*

In diese Gefahr kann ein Gutachter leicht kommen, wenn er für eine Behörde oder ein Gericht tätig wird und wenn ihm eine „verführerische" Frage (z. B.: „Ist Herr X geeignet zum Führen von Kraftfahrzeugen?") gestellt wird. Will oder muss ein Richter oder ein Verwaltungsbeamter eine Entscheidung treffen, kann er für die Vorbereitung und Fundierung seiner Entscheidung das Gutachten eines Sachverständigen benötigen. Durch Form bzw. Inhalt seiner Frage an den Gutachter kann er dessen Kompetenzüberschreitung geradezu provozieren.

Soll z. B. das Straßenverkehrsamt über die Erteilung oder den Entzug einer Fahrerlaubnis entscheiden, möchte der Sachbearbeiter vom Sachverständigen Informationen über die Fahreignung des betroffenen Verkehrsteilnehmers haben. Da der Gutachter das weiß und auch die Entscheidungsalternativen der Behörde kennt, liegt es für ihn nahe, sein Gutachten auch ohne eine dazu herausfordernde explizite Frage mit dem klaren Hinweis zu beschließen:

> „Herr X ist zum Führen von Kraftfahrzeugen geeignet."

Mit dieser juristischen (bzw. „amtlichen") Bewertung würde er jedoch seine Sachverständigenkompetenz überschreiten.

Ganz verzichten sollten Sachverständige aber auf sachdienlich klare Formulierungen als Verständnis- und Entscheidungshilfe auch nicht. Denn sonst kann der Beamte bzw. Sachbearbeiter in der Behörde dem Gutachten unter Umständen nicht eindeutig entnehmen, zu welchem Ergebnis der Sachverständige gekommen ist und welche entscheidungserheblichen Schlussfolgerungen er nun als Amtsperson aus den vorliegenden Resultaten ziehen sollte.

Der Streit von Juristen mit psychologischen und medizinischen Gutachtern hat in dieser Frage schließlich zu dem Kompromiss geführt, dass letztere ihre Gutachtenergebnisse ohne juristische Beanstandung mit dem Satz resümieren dürfen:

> „*Aus medizinisch-psychologischer Sicht* ist Herr X zum Führen von Kraftfahrzeugen geeignet."

Aber auch diese Formulierung ist inzwischen dadurch überholt, dass der Gutachter in der sogenannten „anlassbezogenen" Untersuchung konkretere Fragen gestellt bekommt, so dass er dann z. B. gar nicht mehr allgemein zur „Fahreignung" Stellung nehmen muss, sondern beispielsweise nur dazu, ob eine „Wiederholungsgefahr bezüglich des Fahrens unter Alkoholeinfluss" besteht.

Die Antwort könnte dann etwa lauten: „Es ist zu erwarten, dass der Untersuchte auch zukünftig ein Kraftfahrzeug unter Alkoholeinfluss führen wird." oder: „Es ist jedoch nicht zu erwarten, dass der Untersuchte künftig Fahrten in alkoholbedingt fahruntüchtigem Zustand hinreichend sicher vermeiden kann."

5.6 Unzureichende Beantwortung der gestellten Fragen

Wenn der Gutachter die an ihn gestellten Fragen nicht oder nicht hinreichend beantwortet, ist sein Gutachten unter Umständen für den Auftraggeber wertlos. Deshalb sollte er gerade den hier angesprochenen Fehlermöglichkeiten Aufmerksamkeit widmen.

Tabelle 82: Mögliche Fehler des Gutachters

---

1) Er versteht die Frage(n) des Auftraggebers nicht richtig und arbeitet sozusagen an seinem Auftrag vorbei.
2) Er bearbeitet die gestellten Fragen, jedoch ohne die gefundenen Antworten im Gutachten explizit zu formulieren. Er überlässt es dem Leser, die richtigen Antworten aus dem Text, den präsentierten Tabellen, Diagrammen oder Bildern selbst zu erraten.
3) Er beantwortet die gestellten Fragen absichtlich nicht, sondern weicht einer konkreten Stellungnahme ängstlich aus.
4) Er gibt zusätzlich Antworten auf Fragen, die vom Auftraggeber nicht gestellt worden sind.
5) Er beantwortet die gestellten Fragen so umständlich oder zusammenhanglos, dass der Leser die Antworten nicht versteht.
6) Er führt den Leser (d. h. hier: den Auftraggeber oder den Betroffenen) durch seine Antworten zu Missverständnissen und provoziert dadurch gegebenenfalls falsche Entscheidungen des Gerichts bzw. der Verwaltungsbehörde bzw. unnötige und unter Umständen kostspielige Abwehrreaktionen des Begutachteten.

Einige Erläuterungen und Beispiele sollen den Inhalt der Tabelle verdeutlichen:

1) Wenn der Gutachter die Frage(n) des Auftraggebers nicht bzw. falsch versteht und auf dieser Basis sein Gutachten erstellt, wird er den Auftraggeber mit seinen Ergebnissen – seien sie auch noch so sorgfältig erarbeitet – kaum zufriedenstellen.

Deshalb ist bei einer nicht ganz eindeutigen Fragestellung dem Sachverständigen anzuraten, die genaue Fragestellung noch einmal im Detail mit dem Auftraggeber zu klären. Zumindest sollte er in Zweifelsfällen durch telefonische Rückfrage überprüfen, ob er den Auftraggeber richtig verstanden hat. Zu diesem Zweck könnte er diesen z. B. über die geplanten Untersuchungen und über die daraus zu erwartenden Ergebnisalternativen informieren. Liegt er damit völlig falsch, kann er erwarten, dass der Auftraggeber das merkt und das Missverständnis noch rechtzeitig aufklärt.

2) Wenn z. B. die Frage des Auftraggebers lautet:
  „Ist das Kind so gut begabt, dass es voraussichtlich den Abschluss im Gymnasium schaffen wird?"
dann wäre als Ergebnis der Untersuchung diese Mitteilung unzureichend:
  „Das Kind hat einen IQ = 115."
Es würde nämlich die Information fehlen, welche Bedeutung ein IQ = 115 bei dem hier benutzten Intelligenztest hat (denn Untersuchungen mit HAWIE, HAWIK, BTS, IST, Progressive Matrices etc. führen insoweit – in Abhängigkeit von Mittelwert und Standardabweichung – nicht ohne weiteres zu identischen Interpretationen). Außerdem würde die Bewertung dieses Testwertes im Hinblick auf die Prognose des gymnasialen Schulerfolgs fehlen. Daher reicht es also nicht aus, wenn der Sachverständige nur seine Untersuchung fachlich korrekt durchführt und darstellt, er hat vielmehr auch die Ergebnisse hinsichtlich ihrer konkreten Bedeutung für die gestellte Frage zu bewerten.

Manche Gutachter präsentieren nur ihre Tabellen, Diagramme oder Bilder, ohne dem Leser zu erläutern, was darauf zu sehen ist und was der Sachverständige diesen Unterlagen für die Beantwortung der gestellten Fragen entnimmt. Das kann besonders prekär werden, wenn mehrere Fragen gestellt sind und die Unterlagen Beiträge für die Beantwortung mehrerer Fragen liefern.

So reicht z. B. die bloße Auflistung der Subtestergebnisse eines Tests zur Prüfung der Intelligenz, der Berufsinteressen, der neurotischen Fehlhaltungen etc. allein nicht aus, um dem Leser die vom Sachverständigen daraus gezogenen Schlussfolgerungen mitzuteilen.

Die normentsprechenden Werte, aber auch die Abweichungen in der einen oder anderen Richtung müssen erst vom Sachverständigen bewertet und für den Leser im Hinblick auf die sachverständige Beurteilung einschließlich der Konsequenzen für die Beantwortung der gestellten Frage(n) interpretiert werden. Der Gutachter sollte sich nicht darauf verlassen, dass der Leser auch ohne ihn die zutreffende Interpretation findet. Zumindest darf der Leser erwarten, dass der Gutachter ihm diese Aufgabe auftragsgemäß schon abgenommen hat, zumal die sachverständige Ergebnisbewertung zu den wesentlichen Aufgaben der Sachverständigentätigkeit gehört.

Mir liegt z. B. ein fachpsychiatrisches Gutachten vor, in dem der Sachverständige eine „narzißtische Persönlichkeitsstörung" diagnostiziert und sich dabei sachlich zutreffend auf die ICD-10 F 60.8 sowie das DSM-IV Nr. 301.81 mit Zitierung des vollständigen, 9 Punkte umfassenden Kriterienkatalogs stützt. Allerdings ist dann seinen weiteren Ausführungen nicht mehr zu entnehmen, welche davon sich gegebenenfalls auf welches der 9 aufgeführten Bewertungskriterien beziehen. In diesem Fall entsteht sogar beim Leser der unerfreuliche Eindruck, dass der Sachverständige den Kriterienkatalog nur aus „optischen" Gründen zitiert hat, ohne sich anschließend überhaupt noch mit Untersuchungsbefunden auf die einzelnen Kriterien zu beziehen, sondern nur noch ein pauschales, intuitiv geprägtes Gesamturteil zu fällen. Da in diesem speziellen Fall sogar widersprechende Befunde anderer Sachverständiger vorliegen, die schwerwiegende Zweifel an der Berechtigung der gestellten Diagnose wecken, kann hier sogar der Verdacht der Erstellung eines nicht nur durch objektive und neutrale Begutachtung entstanden „parteilichen" Gutachtens entstehen. Durch einen weiteren Gutachter ist später dieser Verdacht bestätigt worden: eine narzisstische Persönlichkeitsstörung war anhand der neuen Befunderhebung nicht nachweisbar.

3) Es gibt auch selbstunsichere und ängstliche Gutachter und solche, die sich aus missverstandener Diplomatie möglichst vor jeder klaren Stellungnahme drücken. Mancher Sachverständige schreibt deshalb sogar über sein Gutachten nicht „Gutachten", sondern „Gutachtliche Stellungnahme", weil er (übrigens zu Unrecht!) glaubt, dies sei weniger verpflichtend für ihn und stelle geringere Qualitätsanforderungen.

Entscheidend ist jedoch nicht die Überschrift (das Etikett), sondern der Inhalt. Wenn der Sachverständige (s. Kap. 1.2.1.1 „Gutachten") die Ergebnisse seiner Untersuchungen dokumentiert und diese auf der Grundlage eines beachtlichen Abwägungsprozesses (gerade dafür wird nämlich der Sachverständige benötigt) bewertet, dann handelt es sich der Sache nach um ein Gutachten, auch wenn es nicht als solches deklariert ist.

Der fachkompetente Sachverständige sollte deshalb selbstbewusst zu seinen Untersuchungen und den aus den Resultaten nach seiner Kenntnis und Erfahrung zu ziehenden Schlussfolgerungen stehen und sich nicht mit seiner fundierten Auffassung hinter schwammigen oder „diplomatisch" ausweichenden und letztlich nichtssagenden Formulierungen verstecken. Er muss damit rechnen, dass seine Auffassung kritisch analysiert wird. Aber wenn sie wirklich fundiert ist, wird er sie auch sachgerecht und überzeugend vertreten können. Das macht auf jeden Fall einen besseren Eindruck und ist seinem Renommee zuträglicher.

4) Bisweilen meint es der Sachverständige besonders gut, wenn er auf Fragen eingeht, die vom Auftraggeber gar nicht gestellt worden sind. Das kann zwar ganz in dessen Interesse liegen; der Sachverständige weiß dies jedoch meistens nicht genau, er vermutet es nur. Korrekterweise hätte er dies bei der Festlegung der Fragestellung mit dem Auftraggeber durch Rücksprache rechtzeitig klären sollen.

Derartige Erweiterungen der Fragestellung(en) können entstehen, weil Auftraggeber und/oder Sachverständiger bei der Verabredung des Auftragsumfangs daran nicht gedacht oder die ausdrückliche Benennung gerade dieses Themas unterlassen haben (z. B. deshalb, weil es nach üblichem Verständnis ohnehin zu einem solchen Auftrag gehört). Möglicherweise werden aus der Sicht des Sachverständigen Erweiterungen der ursprünglichen Fragestellung erst im Laufe der Abwicklung seines Auftrages erforderlich. Dann sollte er jedoch den Auftraggeber umgehend darüber informieren und dazu dessen Zustimmung einholen.

Bedenklich wird ein solches Vorgehen allerdings dann, wenn der Auftraggeber aus gutem Grunde gerade dieses Thema nicht in den Auftrag einbezogen hatte. Wenn z. B. Eltern ihr Kind hinsichtlich einer Legasthenie begutachten lassen, möchten sie u. U. nicht in dem Gutachten lesen, es habe sich auf Grund der Gespräche mit den Eltern gezeigt, der Vater sei Alkoholiker und sollte sich möglichst bald einer Entziehungskur unterziehen. Auch die bestgemeinten Absichten des Gutachters können in solchen Fällen zu von ihm nicht vorhergesehenen Problemen führen.

5) Der Leser freut sich normalerweise, wenn er auf klare Fragen kurze, klare, gut verständliche Antworten erhält. Leider ist dieses erstrebenswerte Ziel oft schon von der Sache her (wegen zu großer Komplexität des Problems oder vielfältiger Verflechtung mit anderen Problemen) schwer zu erreichen. Der Gutachter sollte es dennoch nicht aus den Augen verlieren und sich im Rahmen der Möglichkeiten darum bemühen.

Das erreicht er z. B. dadurch, dass er:

- kurze Sätze formuliert und auf Bandwurmsätze verzichtet,
- das Gutachten übersichtlich gliedert,
- seine Schlussfolgerungen logisch konsequent aus seinen Untersuchungsbefunden bzw. -ergebnissen ableitet

– und seine Ausdrucksweise den Verständnismöglichkeiten des Gutachten-
lesers anpasst.

6) Wenn sich der Gutachter aus lauter Mitgefühl oder aus irgendwelchen „diplo-
matischen" Überlegungen heraus unklar ausdrückt, kann dies den Empfänger
bzw. Leser seines Gutachtens auf falsche Spuren führen.

So könnte er z. B. einen unintelligenten Schüler oder dessen Eltern, um ihnen
nicht weh zu tun, in dem Glauben belassen, das Kind werde den angezielten
Schulabschluss schon noch schaffen. Die Eltern werden deshalb möglicherweise
die notwendigen Konsequenzen (z. B. verstärkte Nachschulung, Schulwechsel)
nicht ziehen und können dadurch zusammen mit ihrem Kind erst recht in Schwierigkeiten geraten.

Der Sachverständige sollte seine Aufgabe hier eher darin sehen, den Betroffenen über ein unerfreuliches Untersuchungsergebnis taktvoll aufzuklären, als darin,
das Unangenehme wortreich zu beschönigen und dadurch die Betroffenen von
zweckmäßigen und notwendigen Konsequenzen abzuhalten.

Ein Richter könnte z. B. die vom Sachverständigen verklausuliert dargestellte
Analyse der „Schuldfähigkeit" eines Angeklagten missverstehen und demzufolge dem Urteil auch tatsächlich „Schuldfähigkeit" zugrunde legen, obwohl der
Sachverständige eigentlich „Schuld*un*fähigkeit" gemeint hatte – mit sehr weit-
reichenden negativen Konsequenzen bezüglich der Inhaftierung für den Verurteilten.

6 Rationelle Abwicklung eines Gutachtenauftrags

Manche Sachverständige schrecken vor der Annahme von Gutachtenaufträgen vor allem deshalb zurück, weil sie keine oder wenig Erfahrung mit dem Erstellen von Gutachten haben oder weil sie noch kein rationelles Arbeitsverfahren für sich gefunden oder entwickelt haben. Sachverständige haben oftmals das Erstellen von Gutachten nicht während ihrer Ausbildung systematisch gelernt, sondern sich die notwendigen Kenntnisse und Fertigkeiten erst autodidaktisch oder unter Anleitung eines älteren Kollegen während der Berufstätigkeit aneignen müssen. Dabei stehen sie oftmals unter einem beträchtlichen Zeitdruck. Denn Begutachtungen – vor allem für Gerichte – sind vielfach nicht die Hauptarbeit des Sachverständigen, sondern eine zusätzliche Arbeit, die neben der Haupttätigkeit eines Psychologen oder Psychiaters (z. B. Diagnostik, Psychotherapie, Beratung) nebenher läuft.

Ein wichtiger Aspekt ist auch die Rationalisierung der Gutachtenerstellung im Hinblick auf den Zeitbedarf und die im Zusammenhang damit entstehenden Kosten. Je schneller ein Sachverständiger Gutachten abschließt, ohne dabei die Qualität zu beeinträchtigen, desto mehr verdient er – oder die Institution, für die er arbeitet. Zeit ist Geld – auch bei der Begutachtung!

Gerade deshalb lohnt sich für den Sachverständigen die Erarbeitung einer rationellen Strategie. Diese soll den Sachverständigen weitestgehend von Routinearbeiten sowie von unnötigen zeit- und arbeitsaufwändigen Tätigkeiten entlasten, damit er sich voll und ganz auf seine eigentliche Sachverständigenfunktion konzentrieren kann. Und diese besteht vor allem aus Denkarbeit: Er soll vom Auftraggeber gestellte Fragen beantworten, Probleme lösen. Er soll sich nicht mit unnötigem Suchen, Ordnen, Schreiben und wiederholtem Verbessern von Fehlern aufhalten und nervös machen lassen.

Deshalb finden Sie hier einige Anhaltspunkte, wie Sie sich Ihre Arbeit in dieser Hinsicht etwas erleichtern können:

6.1 Aktenführung

Geordnete Akten sind eine wichtige Voraussetzung zur Vermeidung unnötigen und oft sehr zeitaufwändigen Suchens.

> **Wer Ordnung hält, ist nur zu faul zu suchen!**

Gerade diese Maxime sollte nicht den Arbeitsstil des Sachverständigen bestimmen. Wer mehrere Gutachten gleichzeitig bearbeitet, sollte besonders darauf achten, dass die Unterlagen der verschiedenen Vorgänge nicht durcheinandergeraten. Zweckmäßig ist es, wenn der Sachverständige alle Unterlagen desselben

Vorgangs in einem Aktenordner einsortiert. Bei der sachgerechten Aufteilung der Gesamtakte hilft ein übersichtliches Register:

Tabelle 83: Aktenplan für Gutachten

(1) Schriftverkehr
(a) mit dem Auftraggeber (b) mit dem zu Begutachtenden (c) mit sonstigen Stellen
(2) Unterlagen
(a) Vorgutachten und frühere Untersuchungsbefunde (b) Gerichtsurteile und -beschlüsse (c) Bescheinigungen und Zeugnisse
(3) Eigene Untersuchungen

(a) Untersuchungsplan
(b) Untersuchungsbefunde
   1. Daten
   2. Auswertungen
   3. Interpretationen

(4) Gutachten
(a) Gutachtengliederung (b) Textfassung (c) Anlagen
(5) Benutzte Fachliteratur

So oder ähnlich kann sich der Sachverständige seine Akte organisieren und – wenn er innerhalb jedes Abschnitts die Unterlagen noch nach Datum ordnet – dadurch erreichen, dass er jederzeit schnell und zuverlässig die gerade benötigten Unterlagen findet. Einordnen der gelochten Unterlagen in einen (hinreichend umfangreichen) Aktenordner enthebt den Sachverständigen zudem der leidigen Arbeit, in Bergen von aufeinandergestapelten Papieren zu blättern, die ständig wegrutschen und in denen man einmal entnommene Papiere nur schwer wieder an passender Stelle einsortieren kann.

Der Sachverständige sollte sich in diesem Zusammenhang auch angewöhnen, neue oder zu einem bestimmten Zweck vorübergehend entnommene Unterlagen unverzüglich wieder ordentlich einzuheften. Andernfalls wird er trotz bester Absichten und eines löblichen Beginnens bald wieder in gewohnter Weise im Chaos enden.

6.2 Zeitrahmen für die Bearbeitung

Wenn (z. B. nach § 73 I StPO oder § 411 I ZPO) zwischen dem Gericht als Auftraggeber für das Gutachten und dem Sachverständigen eine Frist für die Erstellung des Gutachtens festgelegt worden ist, dann wird dieser sich bemühen, den Auftrag in dem vorgegebenen Zeitrahmen abzuschließen.

Jessnitzer (1988, S. 58) stellt fest:

> *„... die häufigen Verzögerungen bei der Gutachtenerstattung gehö-*
> *ren erwiesenermaßen zu den Hauptursachen der oft beklagten lan-*
> *gen Dauer der Gerichtsverfahren!"*

Der Gutachter sollte gerade angesichts dieser Erwartungshaltung weder die Geduld seines Auftraggebers noch sein eigenes Ansehen dadurch strapazieren, dass er vereinbarte Fristen ohne wirklich triftigen Grund (z. B. längerdauernde Erkrankung) überschreitet. Dann sollte gegebenenfalls rechtzeitig eine Fristverlängerung beantragt werden, damit ihm keine schuldhafte Verzögerung zur Last gelegt werden kann. Ansonsten muss der Gutachter (z. B. nach § 411 II ZPO) damit rechnen, dass ihm das Gericht unter Setzung einer Nachfrist ein Ordnungsgeld androht und vollstreckt. Das Ordnungsgeld kann wiederholt festgesetzt, die durch wiederholte Fristversäumnis verursachten Kosten können dem Sachverständigen auferlegt werden (§ 409 ZPO). Schließlich kann ihn das Gericht auch als Gutachter gebührenlos entlassen (Albers & Hartmann 1986, S. 1163).

Damit der Gutachter nicht unter unnötigen Zeitdruck gerät oder die Erstellung des Gutachtens den vorgegebenen Zeitrahmen überschreitet, sollte er sich gleich zu Beginn einen Zeitplan machen, um die oben angeführten Probleme möglichst gar nicht erst entstehen zu lassen:

Tabelle 84: Zeitplan für das Erstellen des Gutachtens

Tätigkeit	Zeitbedarf (Stunden, Tage)	Terminrahmen (von... bis...)
(1) Aktenstudium		
– Anforderung von Akten – Lesen und Analyse der Akten		
(2) Psychologische Untersuchung		
– Termin 1 (Tests) – Exploration – Test 1 – ... – Auswertung – Termin 2 (Hausbesuch) – ... – Auswertung		

Fortsetzung Tabelle 84

– Termin 3 – Termin ...		
(3) Literaturstudium		
– Literaturbeschaffung – Literaturbearbeitung		
(4) Gutachtenentwurf		
(5) Korrekturen und Reinschrift		
Zeitbedarf insgesamt		

Auf diese Weise kann der Sachverständige sich relativ schnell einen Überblick darüber verschaffen, wieviel Zeit er für die Anforderung noch ausstehender Akten und das Studium aller Akten anzusetzen hat. Er kann aus Erfahrung festlegen, wieviele Termine zu wieviel Stunden er zur Durchführung der Exploration(en), von Tests, Hausbesuchen etc. voraussichtlich benötigen wird. Er kann auch aus der Einschätzung der Schwierigkeit der zu beantwortenden Fragen in etwa absehen, welchen Aufwand an Literaturstudium er voraussichtlich betreiben muss. Schließlich wird er abschätzen, wieviel Zeit er für das Diktieren des Gutachtenentwurfs, für die anschließenden Korrekturen und für die Reinschrift des Gutachtens anzusetzen hat.

Aus dieser Zeitbedarfsschätzung (in Stunden bzw. Tagen) wird er in Verbindung mit dem Zeitbedarf für seine übrigen Aufgaben den Terminrahmen festlegen können. Dabei kann es durchaus zur parallelen Arbeit hinsichtlich Aktenstudium, Untersuchungen und Literaturstudium kommen. Versierte Gutachter werden nebenher auch schon Teile des Gutachtenentwurfs anfertigen. Entscheidend ist daher die realistische Abschätzung des endgültigen Termins der Fertigstellung des Gutachtens. Dieser Termin sollte nicht zu knapp kalkuliert werden, da sich erfahrungsgemäß manche Arbeiten am Gutachten als zeitaufwändiger herausstellen als ursprünglich vorherzusehen. Außerdem können andere dienstliche Termine unvorhergesehen dazwischenkommen (z. B. auch Urlaub oder Erkrankungen von Mitarbeitern), so dass auch von daher mit Verzögerungen zu rechnen ist.

Wieviel Zeit der Sachverständige daher im konkreten Einzelfall auf seine Grundkalkulation aufschlagen muss, wird er am besten aus seiner Erfahrung mit seinem eigenen Arbeitsstil bzw. mit den Arbeitsabläufen in der Institution, in der er tätig ist, selbst entscheiden.

Auf ein spezielles Problem ist noch hinzuweisen:

Die sachgerechte Bearbeitung einer bestimmten Fragestellung erfordert einen dafür ausreichenden Zeitrahmen und dementsprechende finanzielle Mittel. Wenn z. B. ein Auftraggeber nur 500,– DM zur Verfügung stellt und dafür die Erstellung eines umfassenden Persönlichkeits-, Leistungs- oder Eignungsgutachtens verlangt, wird der Sachverständige ihm gegebenenfalls mitzuteilen haben, dass ein derart umfangreicher Auftrag für diesen Betrag nicht erledigt werden kann.

Ein vergleichbares Problem tritt auf, wenn der für die Untersuchung eines Patienten und für das Erstellen eines Gutachtens vom Auftraggeber vorgegebene Zeitrahmen zu eng ist.

Übernimmt der Gutachter den Auftrag trotzdem, hat er auch für die vorhersehbaren Mängel seines Gutachtens mit allen Konsequenzen einzustehen.

6.3 Organisations- und Arbeitshilfen

Einige Organisations- und Arbeitshilfen beim Erstellen von Gutachten haben wir schon beiläufig erwähnt: z. B. Gliederung, Ordnung der Unterlagen, Diktiergerät, PC mit zweckmäßiger Software (z. B. Textverarbeitung). Hier werden noch einmal einige wesentliche Möglichkeiten der Arbeitserleichterung zusammengestellt, so dass Sie im Einzelfall und für Ihre Arbeitsbedingungen prüfen können, von welchen Hilfen Sie mit Gewinn Gebrauch machen können und wollen:

Tabelle 85: Organisations- und Arbeitshilfen

Vorbereitungsarbeiten

(1) Orientierung an (eigenen oder fremden) Mustergutachten.
(2) Konsultation erfahrener Fachkollegen.
(3) Gutachtengliederung als Check-Liste verwenden.
(4) Erstellen bzw. Verwenden von Formblättern (z. B. zur Erhebung der Anamnese).
(5) Erstellung eines zweckmäßigen Zeit- und Ablaufplans für Vorbereitungsarbeiten, Durchführung der erforderlichen Untersuchungen, Ausarbeitung und Reinschrift des Gutachtens.
(6) Rechtzeitige Terminabsprache mit dem zu Untersuchenden, anderen Beteiligten (z. B. beteiligten Parteien), zu konsultierenden Fachkollegen etc.
(7) Rechtzeitige Terminabsprache mit eventuell benötigten Assistenten, Reservierung der Untersuchungsräume, Ausschließen von Störungen während der Untersuchung.
(8) Rechtzeitige Vergabe und Terminabsprache für Unteraufträge (z. B. fachärztliche Zusatzuntersuchungen).
(9) Anlegen einer Akte zur systematischen Sammlung und Ordnung aller Unterlagen.
(10) Rechtzeitige Anforderung der benötigten Akten (z. B. vom Gericht).
(11) Rechtzeitige Literaturbeschaffung für systematisches Literaturstudium (falls erforderlich).
(12) Auswahl von schnell und leicht auswertbaren Untersuchungsverfahren (z. B. mit Markierungsbelegen, Geräten mit automatischer Messwerterfassung und Auswertung durch EDV-Programm).
(13) Rechtzeitige Beschaffung oder Bereitstellung der voraussichtlich benötigten Untersuchungsverfahren (z. B. Testhefte, Auswertungsblätter, Auswertungsschablonen, Normen für die betreffende Population).
(14) Stoffsammlung anlegen (Exzerpte aus Akten und Literatur, eigene Vorüberlegungen und Formulierungseinfälle notieren etc.); ggf. Textbausteine erstellen oder aus anderen Quellen zusammenstellen (z. B. aus fremden oder eigenen Gutachten).

Fortsetzung Tabelle 85

(15) Im Hinblick auf die Abrechnung des Gutachtens (insbesondere für Gerichtsgutachten) alle Arbeitszeiten bzw. Tätigkeiten in einem Formblatt laufend
mitnotieren (s. dazu Kap. 7 „Abrechnung des Gutachtens").

Durchführung der Untersuchungen

(1) Rationelle Tageseinteilung (Beginn, Abfolge der Untersuchungen, Pausen,
Mittagessen, Abschluss) nach Zeitplan mit Reserven für unvorhergesehene
Überziehungen.
(2) Wo möglich: Durchführung der Tests als Gruppentests (Zeitersparnis).
(3) Durchführung von Routineuntersuchungen durch Assistent/innen, um den
Sachverständigen zu entlasten (z. B. für eingehende Exploration oder Spezial-
untersuchungen).
(4) Testauswertung durch Assistent/innen parallel zu den laufenden Untersuchungen (damit die Ergebnisse gegebenenfalls für die Klärung daraus erkennbarer
Probleme noch während des Untersuchungstermins zur Verfügung stehen) –
u.a. im Hinblick auf ggf. noch notwendige Zusatzuntersuchungen.

Gutachtenentwurf, Reinschrift und Versand

(1) Zusammenstellung aller vorhandenen Unterlagen in der für die Ausarbeitung
des Gutachtens nach der Gliederung zweckmäßig erscheinenden Reihenfolge.
(2) Aktenauszüge im Gutachten auf das Unumgängliche beschränken.
(3) Den Gutachtenentwurf möglichst nicht mit der Hand oder einer konventionellen
Schreibmaschine schreiben, sondern mit Diktiergerät (nicht ins Stenogramm!)
diktieren oder selbst im PC ausarbeiten.
(4) Speziell im Diktieren Ungeübte können den Entwurf auf PC (Personal-Computer) mit Textverarbeitungssystem (z. B. WORD) schreiben und speichern, um
sich Korrekturen und Textveränderungen zu erleichtern.
(5) Die Gliederung bzw. Check-Liste als Diktat- bzw. Arbeitsleitfaden benutzen.
(6) Tabellen, Diagramme und Abbildungen einfügen, um dadurch unnötig lange
Textausführungen zu sparen bzw. abzukürzen.
(7) Alles, was nicht unmittelbar zum Thema gehört, weglassen.
(8) Gegebenenfalls Vorkorrektur des Gutachtenentwurfs durch Assistenten durchführen lassen.
(9) Den Gutachtenentwurf mit Hilfe der Check-Liste „Endkontrolle" systematisch
auf Richtigkeit und Lesbarkeit hin überprüfen (s. Kap. 6.6 „Endkontrolle beim
fertigen Gutachten").
(10) Reinschrift des Gutachtens im Format DIN A4 und auf solches Papier drucken,
das Vervielfältigung mit Kopiergeräten in einwandfreier Qualität zulässt.
(11) Das Gutachten nicht auf zu dickem (schwerem) Papier schreiben, drucken oder
kopieren, um nicht unnötig hohe Portokosten beim Gutachtenversand zahlen zu
müssen.

Bei der Verwendung der oben erwähnten *Textbausteine* im Gutachten sollte der
Gutachter auf einige mögliche Probleme achten:

– Der Gutachter muss eventuell aus einer Vielzahl von Textbausteinen die für
seinen konkreten Fall am besten zutreffende Formulierung heraussuchen.
Bei unzulänglicher Organisation der Textbausteine kann dies beträchtlichen
Zeitaufwand erfordern.

- Bisweilen wird der Sachverständige die für seinen konkreten Fall passende Formulierung in seiner Textbaustein-Sammlung nicht finden. Er wird dann entweder einen neuen Textbaustein konzipieren oder sich in sachlich fragwürdiger Weise für die Verwendung eines nicht ganz passenden entscheiden.
- Textbausteine spiegeln das Sprach- und Stilgefühl des Verfassers wider. Werden sie in den fortlaufenden Text eines anderen Verfassers eingefügt, kann dies zum spürbaren Stilbruch führen.
- Textbausteine sind oftmals nicht so formuliert, dass sie problemlos in beliebiger Folge aneinandergereiht werden können. Z. B.:
  - „Im I-S-T zeigte der Proband eine durchschnittliche Intelligenzleistung."
  - „Im Test d2 zeigte der Proband eine durchschnittliche Konzentrationsleistung."
  - „Im FPI zeigte der Proband eine ..."
  In solchen Fällen kann eine stilistisch einigermaßen befriedigende Textfassung noch dadurch erreicht werden, dass die Textbausteine ineinander- und aneinandergearbeitet werden, was allerdings einen Aufwand erfordert, der den Nutzen solcher Textbausteine stark relativiert.
- Ein weiteres Problem besteht darin, dass der Gutachten-Leser häufiger benutzte Textbausteine wiedererkennt, wenn sie in mehreren oder gar zahlreichen Gutachten verwandt werden, die er vorgelegt bekommt. Er wird dann leicht den Eindruck gewinnen, dass hier kein individuell auf den Untersuchten abgestimmter Text verfasst worden ist, sondern dass hier *„für teures Geld"* ein Standardtext verkauft werden solle, der zudem noch den Besonderheiten des Einzelfalls nicht gerecht werde.

Problematisch kann es auch werden, wenn Gutachter erst mit Rationalisierungsüberlegungen anfangen, wenn sie mit dem Erstellen des Gutachtens bereits begonnen haben und bemerken, dass ihnen die Arbeit über den Kopf wächst. Auch dann können in der Regel noch einige Maßnahmen zur Erleichterung und zur rationelleren Abwicklung der noch anstehenden Arbeiten ergriffen werden. Aber wirkungsvoller ist erfahrungsgemäß die sorgfältige Arbeitsplanung, schon bevor Untersuchungen durchzuführen oder gar Gutachtentexte zu schreiben sind.

6.4 Gutachtenkonzept

Der Gutachter sollte sich darauf einstellen und damit abfinden, dass er sein Gutachten nicht in geradezu genialer Weise vom ersten bis zum letzten Satz und noch dazu in einem einzigen Arbeitsgang fertigstellen kann. Denn die meisten Gutachter sind keine Genies, sondern mehr oder weniger erfahrene Sachverständige, die mit Sachverstand, Berufserfahrung, ein bisschen Kreativität beim Denken und im übrigen intensivem Arbeitseinsatz ihre Gutachten oft recht mühsam erarbeiten. Das fertige Gutachten fällt ihnen, salopp gesagt, nicht in den Schoß.
   Deshalb ist es auch keineswegs ehrenrührig, wenn ein Sachverständiger sein

Gutachten erst einmal im Konzept (als erste Fassung, Entwurf) erstellt und anschließend, unter Umständen sogar erst in mehreren Arbeitsgängen bis zur endgültigen Fassung weiterentwickelt.

Ein solches Konzept kann er leicht erarbeiten, wenn er von einer Standard-Gliederung (s. Kap. 3.2 „Hinweise zur Umsetzung der Standard-Gliederung in ein Gutachten") ausgeht, die er möglicherweise für spezielle Arten von Gutachtenaufträgen, wie er sie zu bearbeiten hat, modifiziert oder ergänzt hat. Die Erarbeitung des Gutachtenkonzepts kann z. B. in folgenden Arbeitsschritten erfolgen:

Tabelle 86: Erarbeitung des Gutachtenkonzepts

(1) Erstellen einer Gliederung
(2) Analyse und Festlegung der endgültigen Fragestellung
(3) Stoffsammlung
(4) Vorhandenen Stoff nach der Gliederung ordnen
(5) Erkennbare Lücken ausfüllen durch Herbeischaffen der noch fehlenden Unterlagen
(6) Textentwurf für den Abschnitt 3.2 („Hinweise zur Umsetzung der Standard-Gliederung in ein Gutachten") erstellen als Grundlage für die detaillierte Untersuchungsplanung
(7) Durchführung der Untersuchungen
(8) Auswertung, Ordnung und Interpretation der Untersuchungsergebnisse
(9) Ergänzung des Textentwurfs (6) durch den Abschnitt 3.3 („Untersuchungen der/des Sachverständigen")
(10) Durchsicht des Konzepts nach der Check-Liste „Endkontrolle des Gutachtens" (Tab. 87)

Ein sorgfältig erarbeiteter Gutachtenentwurf hat bereits nahezu die Qualität einer Gutachten-Reinschrift – insbesondere, wenn der Entwurf auf einem PC geschrieben und der Text gespeichert ist. Eventuell sind dann für das endgültige Gutachten nur noch einige Abbildungen oder Anhänge zu ergänzen. Und möglicherweise werden noch einige redaktionelle Arbeiten für die optimale Textgestaltung – z. B. Zentrierung von Überschriften, Blocksatz, Fett- oder Kursivdruck sowie zweckdienlicher Umbruch, der Tabellen und zusammengehörige Texte nicht unnötig auseinanderreißt – angeschlossen.

6.5 Reinschrift

Der fehlerfreien Reinschrift des Gutachtens kommt besondere Bedeutung zu, wenn der Sachverständige den Entwurf nicht auf einem PC gefertigt hat. Der Text des Gutachtens liegt dann nur handschriftlich, als Banddiktat oder maschinenschriftlich vor und muss nun von dort – dabei gibt es zahlreiche Fehlermöglichkeiten – in die Reinschrift übertragen werden. Das Abspeichern des Entwurfs erleichtert demgegenüber Überarbeitungen mit Korrekturen, Ergänzungen und Streichungen.

Da es sich beim Gutachten um eine Urkunde handelt und solche Urkunden nicht nachträglich von Interessenten in unsachgemäßer oder tendenziöser Weise verändert werden sollen, darf auch in die sogenannte Reinschrift nicht mehr beliebig hineinverbessert werden. Unkritisch sind solche *Korrekturen* durchweg, wenn es sich um die Beseitigung von offensichtlichen Tipp-Fehlern handelt.

Problematischer ist eine *Korrektur von Zahlenwerten,* wie z. B. bei einem „Zahlendreher" IQ = 101 statt IQ = 110. Denn hierdurch entsteht eine Veränderung der inhaltlichen Aussage. Würde man in der Reinschrift die Korrektur (hand- oder maschinenschriftlich) von 101 auf 110 zulassen, könnten auch andere Zahlen von Interessenten mit Täuschungsabsicht in ähnlicher Form zu ihrem Vorteil geändert werden. Aus dem gleichen Grund sollten auch keine Lücken in Texten oder Tabellen bleiben, in die Unbefugte nachträglich ihnen zweckdienliche Eintragungen einfügen könnten. Solche Lücken entstehen z. B. heutzutage leicht automatisch, wenn ein auf einer Diskette oder Festplatte im PC gespeicherter Text in Blocksatz umgesetzt wird, wie dies beim folgenden Absatz geschehen ist:

> Die Reinschrift soll jedoch nicht nur fehlerfrei und lückenlos sein, sondern auch äußerlich einen ansprechenden Eindruck machen. Der Leser möchte nicht durch (infolge abgenutzten Farbbands) blasse *Schrifttypen* zum Erraten statt zum Lesen des Textes gezwungen werden. Die Schrifttypen sollten außerdem nicht zu klein oder zu verschnörkelt oder in anderer Weise „exotisch" sein.

> Die Reinschrift soll jedoch nicht nur fehlerfrei und lückenlos sein, sondern auch äußerlich einen ansprechenden Eindruck machen. Der Leser möchte nicht durch (infolge abgenutzten Farbbands) blasse *Schrifttypen* zum Erraten statt zum Lesen des Textes gezwungen werden. Die Schrifttypen sollten außerdem nicht zu klein oder zu verschnörkelt oder in anderer Weise „exotisch" sein.

Alle zum Text gehörenden Buchstaben sollten sich auf den Textblättern befinden und nicht außerhalb des Blattrandes, weil das Papierformat in PC oder Drucker falsch eingestellt ist. Deshalb ist auch auf einen hinreichend breiten freien *rechten Rand* zu achten, weil sonst beim Kopieren (dabei wird der Text leicht vergrößert!) unter Umständen dicht am rechten Rand befindliche Buchstaben verlorengehen.

Auch die Breite des *linken Heftrandes* (ca. 2 cm) sollte nicht unterschritten werden, weil Gutachten oft für die Ablage in einem Aktenordner gelocht werden und auf der Fläche der ausgestanzten Löcher wichtige Informationen (Buchstaben, Zahlen) verlorengehen könnten.

Üblich ist auch die Einhaltung eines ausreichend breiten *oberen und unteren Blattrandes.* Für die Abmessungen sowie für das Anfügen von Kopfzeilen, Paginierung und Fußzeilen bzw. Anmerkungen gibt die DIN 5008 („Regeln für Maschinenschreiben") zweckdienliche Hinweise. Der Gutachter sollte sich bei der Gestaltung der Reinschrift nicht blind auf die Kenntnisse oder die Intuition der

Schreibkräfte verlassen, sondern gegebenenfalls persönlich seine diesbezüglichen Wünsche und Anforderungen bekanntgeben und deren Erfüllung durch konsequentes Korrekturlesen kontrollieren und notfalls erzwingen, indem er seine Unterschrift erst unter die einwandfreie Reinschrift setzt.

Leider sind auch die Möglichkeiten einer noch so konsequenten Korrekturlesung erfahrungsgemäß begrenzt. Deshalb finden Leser von Texten – mit hoher Wahrscheinlichkeit gilt das auch für dieses Buch – leider auch nach der Textfreigabe durch den Verfasser noch Fehler. Der Grund liegt vor allem darin, dass wir als hochgeübte Textleser die Worte meistens nicht Buchstabe für Buchstabe entziffern, sondern als Ganzwortgestalt wahrnehmen und dabei bisweilen auch bei wiederholten Lesungen fehlende oder falsche Buchstaben übersehen. Deshalb ist die im folgenden Kapitel vorgeschlagene Endkontrolle zwar wichtig und notwendig, aber letztlich leider auch keine 100%-Garantie gegen solche Fehler.

6.6 Endkontrolle beim fertigen Gutachten

Sie werden jetzt gegen die vorgeschlagene Endkontrolle vielleicht einwenden: „Was soll dieses zwanghafte Kontrollieren? So eine Art von Pingeligkeit oder Korinthenkackerei geht mir total gegen den Strich!"

Sie haben völlig recht mit solcher Skepsis. Aber, haben Sie nicht auch schon einmal Bücher gelesen (vielleicht sogar dieses), in denen Sie sich über anscheinend völlig unnötige Druckfehler, fehlende Abbildungen, vertauschte Textseiten, grammatisch unvollständige oder verdrehte Sätze etc. geärgert haben? Vielleicht sind Sie sogar über Schreibfehler in Ihren eigenen Veröffentlichungen oder Gutachten gestolpert, wenn Sie diese nach einiger Zeit noch einmal durchgelesen haben.

Leider zeigt die Erfahrung, dass wir meistens auch bei noch so gründlichem Durchlesen unserer Texte nicht alle Tipp- und sonstigen Fehler finden und korrigieren können. Je weniger Korrekturaufwand Sie jedoch bei Ihren Texten treiben, desto größer wird die Wahrscheinlichkeit von unentdeckten Fehlern. Durch eine gründliche *Endkontrolle* können Sie dem ein wenig gegensteuern:

Tabelle 87: Endkontrolle des Gutachtens

(1)	Sind alle vom Auftraggeber gestellten Fragen vollständig beantwortet?
(2)	Enthält das Gutachten keine Antworten, die nicht durch die Fragestellung(en) veranlasst sind und die gegebenenfalls sogar vom Auftraggeber absichtlich aus dem Auftragsumfang ausgeklammert worden sind?
(3)	Sind die wichtigsten Ergebnisse nicht nur in Zahlen, Tabellen, Diagrammen mitgeteilt, sondern auch hinreichend ausführlich verbal erläutert?
(4)	Welche Ergebnisse kann ein Außenstehender fälschlich aus dem Gutachten herauslesen, wenn er nicht über einschlägige und fundierte Fachkenntnisse verfügt?
(5)	Ist das Gutachten verständlich für den Auftraggeber, aber auch für andere potentielle Leser?

Fortsetzung Tabelle 87

(6) Welche Tatsachen haben das größte Gewicht? Sind sie im Text sowohl sprachlich als auch graphisch genügend hervorgehoben?

(7) Enthält das Gutachten für den Auftraggeber alle notwendigen, zweckdienlichen und zulässigen Entscheidungshilfen und gegebenenfalls auch nützliche Empfehlungen?

(8) Können noch nebensächliche Einzelangaben als entbehrlich gestrichen werden?

(9) Kann das Gutachten durch Streichung unwesentlicher Passagen noch gekürzt und dadurch in seiner Aussagekraft weiter präzisiert werden?

(10) Ist die Argumentation über alle Kapitel hinweg logisch und in sich konsistent?

(11) Sind alle Zitate (aus Akten und Fachliteratur) im Literaturverzeichnis korrekt belegt?

(12) Sind alle Untersuchungsverfahren, die Auswertungsmethoden und Bewertungskriterien hinreichend dargestellt und belegt?

(13) Enthält der Text zu viele Zahlenangaben (z. B. Tabellen) oder zu viele unerklärte Fachausdrücke?

(14) Sind alle Text- und Zeichensetzungsfehler korrigiert?

(15) Enthält der Text keine Lücken mehr, in die Unbefugte nachträglich Textpassagen oder Zahlen nach eigenen Wünschen einfügen könnten?

(16) Sind die verwendeten Abkürzungen und Maßeinheiten im gesamten Gutachten konsistent?

(17) Entsprechen die Fachausdrücke dem üblichen Gebrauch (z. B. psychologische, medizinische Fachtermini)?

(18) Enthält die Zusammenfassung alle wichtigen Informationen, und ist sie für sich allein verständlich?

(19) Macht das Gutachten insgesamt einen sauberen und ordentlichen Eindruck?

(20) Ist das Gutachten vollständig? Sind alle Blätter und Anlagen vorhanden und mit dem Aktenzeichen oder einem Signum versehen, das sie als Bestandteile derselben einheitlichen Urkunde kennzeichnet?

(21) Ist das Gutachten richtig datiert und vom Sachverständigen unterschrieben?

Durch eine weitgehend fehlerfreie und optisch ansprechende Reinschrift können Sie beim Leser den Eindruck vermeiden, die im Gutachten enthaltenen zahlreichen Tipp- und Flüchtigkeitsfehler seien nur die „Spitze des Eisbergs" eines insgesamt und insbesondere hinsichtlich der Untersuchungsergebnisse und ihrer Interpretation fehlerhaften und nicht vertrauenswürdigen Gutachtens.

Stellen Sie sich deshalb doch bitte noch einmal vor der Herausgabe Ihres Gutachtens abschließend die in Tab. 87 aufgelisteten Kontrollfragen.

Hat der Gutachter diese Endkontrolle für sein Gutachten gründlich durchgeführt, kann er – wenn dafür eine geeignete Person zur Verfügung steht – dieselbe Endkontrolle noch einmal als Nachkontrolle z. B. durch einen Assistenten oder Fachkollegen durchführen lassen (dabei aber bitte Schweigepflicht und Vertraulichkeit beachten). Er wird häufig die überraschende Feststellung machen, dass bei dieser Nachkontrolle weitere Fehler entdeckt werden, die vom Bearbeiter selbst trotz mehrfachen gründlichen Durchlesens und Kontrollierens leider immer noch übersehen worden waren.

6.7   Kopien und Versand

Oftmals verlangt der Auftraggeber schon bei der Auftragsvergabe neben dem Gutachten auch eine bestimmte Anzahl von *Kopien*. Die erforderliche Anzahl richtet sich nach dem Geschäftsgang, in den das Gutachten geht.

Der Gutachter kann davon ausgehen, dass der Auftraggeber zumindest neben dem Original eine Kopie für seine Akten oder zur Weitergabe an Dritte benötigt. Je nach Sachlage oder Vereinbarung wird der Sachverständige daher beim Versand des Gutachtens dem Original eine Kopie des Gutachtens beifügen oder – wenn der Empfänger selbst über ein Kopiergerät verfügt – die Anfertigung der von ihm benötigten Gutachtenkopien (schon aus Kostengründen) ihm selbst überlassen.

Die Lesbarkeit der Kopien sollte nicht hinter der des Originals zurückstehen. Insbesondere ist darauf zu achten, dass farbige Abbildungen und Diagramme nicht durch Reduktion des Informationsgehalts bei der Schwarz-weiß-Ablichtung unverständlich oder gar unleserlich werden. Auch Schwarz-weiß-Vorlagen können beim Kopieren durch Verlust von Schattierungen und Kontrasten in kaum noch erkennbare Klecksbilder übergehen und dadurch ihren Informationszweck verfehlen. Notfalls sollten von Abbildungen gar keine Abzüge gefertigt werden, sondern der Sachverständige sollte von vornherein im Hinblick auf die benötigten Gutachten-Kopien eine entsprechende Anzahl von Original-Fotos bzw. -Abbildungen anfertigen lassen, die dann in die kopierten Texte eingeklebt oder im Anhang beigefügt werden.

Außerdem sollte der Gutachter wenigstens eine vollständige Kopie des Gutachtens bei seinen eigenen Akten behalten. Falls nämlich Original-Gutachten mitsamt Kopien beim Postversand oder sonstwie verlorengehen, ist zumindest sein Arbeitsergebnis und der mühsam ausgearbeitete Gutachtentext nicht verloren.

Aus demselben Grund wird der Sachverständige auch die Diskette aufheben, auf der das Gutachten gespeichert ist. Im übrigen könnte er von gespeicherten Texten auch später noch nach Belieben gut lesbare weitere Gutachten-Kopien in gleicher Qualität wie das Original erstellen, wenn solche nachgefordert werden sollten.

Wir empfehlen daher, nur ein *kontrolliertes Original* zu erstellen (und zwar jeweils vom Original und nicht von der 1., 2. oder 3. etc. Kopie!) und bei Bedarf die benötigten *Kopien auf einem Kopiergerät* anzufertigen, sofern diese weiteren Exemplare nicht direkt vom PC-Drucker ausgedruckt werden können.

Schließlich muss das fertige Gutachten dem Empfänger, der meistens mit dem Auftraggeber identisch ist, zugestellt werden. Auch bei der *Zustellung* bzw. dem *Versand* ist einiges zu beachten:

Tabelle 88: Zustellung des Gutachtens

Persönliche Übergabe des Gutachtens:
– Ermöglicht zusätzliche Erläuterungen durch den Sachverständigen. – Der Sachverständige kann Fragen des Empfängers zum Gutachten sofort beantworten.

Fortsetzung Tabelle 88

– Der Gutachter kann sich den Empfang sofort quittieren lassen als Beweis für
  termingerechte Abgabe.
– Aufwändige Verpackung und teures Porto kann gespart werden.
– Die Unwägbarkeiten des Postweges werden ausgeschlossen; das kann wichtig
  sein für die Einhaltung eines festgesetzten Abgabetermins.

Übergabe durch Boten:

– Die Unwägbarkeiten des Postweges werden ausgeschlossen; das kann wichtig
  sein für die Einhaltung eines festgesetzten Abgabetermins.
– Der Bote kann sich den Empfang sofort quittieren lassen als Beweis für termingerechte Abgabe.

Postversand:

– Das Gutachten sollte sorgfältig verpackt werden, damit es gegen mechanische
  Beschädigungen, Zerknittern, Feuchtigkeit etc. geschützt ist.
– Durch die richtige Postanschrift ist sicherzustellen, dass das Gutachten den richtigen Empfänger erreicht; denn wenn das Gutachten in falsche Hände gerät, kann
  das schwerwiegende Folgen für den Betroffenen, aber auch für den Gutachter
  haben.
– Das Gutachten ist so rechtzeitig abzuschicken, dass trotz des Postweges der vereinbarte Abgabetermin eingehalten wird.
– Der Brief/das Päckchen ist zweckentsprechend zu deklarieren (Standard-, Kom-
  pakt-, Groß-, Maxi-Brief, Übergabeeinschreiben, Päckchen etc.) und demgemäß
  ausreichend zu frankieren, damit unnötige Verzögerungen, Nachporto oder
  Rücksendung möglichst vermieden werden.
– Korrekte Absenderangabe ist erforderlich, damit die Verpackung nicht bei Unzu-
  stellbarkeit aus postdienstlichen Gründen zur Feststellung des Absenders geöffnet
  werden muss (dadurch mögliche Verletzung der Schweigepflicht des Sachverständigen).

Verschickt der Gutachter Kopien an verschiedene Empfänger, sollte er den *Verteiler* auf der ersten oder letzten Gutachtenseite angeben. Dann wissen alle Empfänger sofort, wer bereits vom Gutachter eine Kopie erhalten hat und brauchen nicht selbst noch einmal unnötigerweise eine weitere Kopie an denselben Verfahrensbeteiligten zu schicken. Allerdings sollten bei der Festlegung des Verteilers die Grundsätze der Vertraulichkeit und Schweigepflicht sorgfältig beachtet werden. Zweckmäßigerweise wird der Verteiler rechtzeitig vor dem Versand mit dem Auftraggeber abgesprochen.

So hat der Gutachter also auch bei der Vervielfältigung des Gutachtens und bei der Zustellung an den Empfänger noch manches zu beachten, was ihm sonst eine Menge Ärger verursachen könnte. Er hat seinen Auftrag ja erst dann ordnungsgemäß erledigt, wenn das Gutachten beim Auftraggeber eingegangen ist und wenn er von diesem schriftlich, mündlich oder durch Fristablauf die Bestätigung erhalten hat, dass das Gutachten angenommen worden ist.

7 Abrechnung des Gutachtens

Selbstverständlich will der Sachverständige für seine Gutachten auch eine angemessene Bezahlung erhalten. Er hat sich bei der Abrechnung der von ihm erbrachten Leistungen entweder an eine Gebührenordnung zu halten (z. B. ZSEG bei Gerichtsgutachten), oder er kann den Preis für sein Gutachten mit dem Auftraggeber frei aushandeln (Werkvertrag nach § 632 BGB). Dabei spielt es dann eine Rolle, ob der Sachverständige für das relevante Fachgebiet z. B. leicht durch einen anderen zu ersetzen wäre, ob er unbekannt ist oder über ein besonderes fachliches Renommee verfügt oder ob er sich bzw. seine Leistung einfach nur gut oder schlecht verkaufen kann.

7.1 Abrechnung von Gerichtsgutachten nach ZSEG

Der gerichtliche Sachverständige – also der Sachverständige, der ein Gutachten für ein Gericht erstellt – hat sein Gerichtsgutachten nach den Bestimmungen des Gesetzes über die Entschädigung von Zeugen und Sachverständigen (ZSEG) abzurechnen – und zwar auf der Grundlage der Gesetzes-Novelle, die zum 01.07.1994 in Kraft getreten ist (BGBl. I S. 1325; Bleutge, 1995, Zuschlag 1996; Kühne & Zuschlag 2001).

Das ZSEG gilt gemäß § 1 ZSEG für Sachverständige, Behörden oder sonstige Stellen, die von einem Gericht der staatlichen Gerichtsbarkeit oder von der Staatsanwaltschaft zu Beweiszwecken als Gutachter herangezogen werden. In einer ausführlichen Kommentierung geht Bleutge (1995) auf die wesentlichen Punkte des Abrechnungsverfahrens ein.

Grundsätzlich sollte die in zweifacher Ausfertigung eingereichte Abrechnung mindestens die in der folgenden Übersicht (nach Bleutge 1995, S. 238 ff. bzw. Zuschlag 1996, S. 184 bzw. Kühne & Zuschlag 2001) genannten Einzelpositionen berücksichtigen. Im Einzelfall nicht zutreffende Abrechnungspositionen können entweder auf „Null" gesetzt oder – wenn das Formular im PC gespeichert ist – einfach gelöscht werden.

Zu beachten ist weiterhin, dass ab 01.01.2002 die Rechnungsbeträge in EURO (umgerechnet) auszuweisen sind.

Tabelle 89: Abrechnung von Gerichtsgutachten

Zeitaufwand			
– Studium der Gerichtsakten	... Std.*)	à ... DM	.... DM
– Schriftverkehr	... Std.*)	à ... DM	.... DM
– Hausbesuche etc.	... Std.*)	à ... DM	.... DM
– Gerichtstermine	... Std.*)	à ... DM	.... DM
– Reise- und Wartezeiten:			
– Anreise zum Termin	... Std.*)	à ... DM	.... DM
– Rückreise	... Std.*)	à ... DM	.... DM
– Wartezeiten	... Std.*)	à ... DM	.... DM
– Untersuchungen	... Std.*)	à ... DM	.... DM
– Studium der Fachliteratur	... Std.*)	à ... DM	.... DM
– Ausarbeitung und Diktat des Gutachtens	... Std.*)	à ... DM	.... DM
– Wahrnehmung des Gerichtstermins	... Std.*)	à ... DM	.... DM
Summe (Zeitaufwand)	... Std.*)		
Summe (Zeitaufwand, aufgerundet)	... Std.*)		.... DM

Ersatz für Aufwendungen			
– Abwesenheitsentschädigung**)			
– xx.xx.200x	... Std.*)		.... DM
– yy.yy.200x	... Std.*)		.... DM
– Übernachtung (s. Beleg)			.... DM
– Fahrtkosten für ...			
(z. B. Hausbesuch, Gerichtsverhandlung)			
– Bahn			.... DM
– Flugzeug			.... DM
– Kraftfahrzeug	... km	à 0,52 DM	.... DM
– Parkgebühren			.... DM
– Taxi (s. Belege)			.... DM
– öffentliche Verkehrsmittel			.... DM
– Schreibkosten			
– schriftliches Gutachten	... Seiten	à 4,00 DM	.... DM
– Gutachtenkopien			
für Gericht und Handakte***)			.... DM
– Aktenkopien***)			.... DM
– Lichtbilder (Originale)	... Bilder	à 4,00 DM	.... DM
– Lichtbilder (weitere Abzüge)	... Bilder	à 1,00 DM	.... DM
– Materialverbrauch (z. B. Testmaterial)	... Stück	à ... DM	.... DM
– Telefon, Fax, Porto			.... DM
– Aufwendungen für Hilfskräfte	... Std.	à ... DM	.... DM
(zuzüglich 15 % Gemeinkosten)			
Summe (Aufwendungen)			.... DM

Fortsetzung Tabelle 89

Gesamtentschädigung:		
Summe (Zeitaufwand, aufgerundet)	... Std.*)	.... DM
Summe (Aufwendungen)		.... DM
MWSt 16 %		.... DM
Gesamtsumme		.... DM
Gesamtsumme (aufgerundet gemäß § 12 ZSEG)		**......... DM**

> *) Einfacher Stundensatz
> gemäß § 3 (3) a ZSEG bei eingehender Auseinandersetzung mit der wissenschaftlichen Lehre bzw. alternativ dazu gemäß § 3 (3) b ZSEG als Berufssachverständige, sofern sie ihre Berufseinkünfte zu mindestens 70 % als Sachverständige erzielen oder wegen der Dauer und Häufigkeit ihrer Heranziehung einen nicht zumutbaren Erwerbsverlust erleiden würden.
> **) Bei Abwesenheit von mindestens 4 Stunden von seinem Büro bzw. seiner Praxis kann er die in der folgenden Tabelle unter § 10 ZSEG aufgeführten Beträge als Abwesenheitsgeld liquidieren (auf der Grundlage der Reisekostenstufe B der Reisekostenvergütung für Richter im Bundesdienst).
> ***) Für die ersten 50 Kopien jeweils 1,00 DM, für jede weitere Kopie 0,30 DM.

Einige weitere Anhaltspunkte (insbesondere die gesetzlich zulässigen DM-Beträge) für die Erstellung einer nach ZSEG korrekten Gutachtenabrechnung enthält die folgende Tabelle:

Tabelle 90: Nach ZSEG vorgegebene Abrechnungsbeträge

ZSEG	DM
§ 3 Pro Stunde der erforderlichen Zeit (dazu gehört auch nach § 4 ZSEG die Ausfallzeit für den normalen Dienst); je nach Schwierigkeit:	50–100
Bis zu 50 % Erhöhung sind zulässig für Berufssachverständige bzw. bei höheren wissenschaftlichen Anforderungen – also:	75–150
Die letzte begonnene Stunde wird voll gerechnet.	
§ 7 Die Parteien können (davon abweichend) mit dem Gericht eine bestimmte Entschädigung der Leistung des Sachverständigen vereinbaren:	...
§ 8 Ersatz für Aufwendungen:	
(1) – Für Vorbereitung und Erstattung des Gutachtens aufgewandte Kosten (einschließlich Hilfskräfte):	...
– Aufschlag von 15 % des Gemeinkostenanteils auf Hilfskrafthonorare:	...
– Für eine Untersuchung verbrauchte Stoffe und Werkzeuge:	...
(2) – Schreibauslagen je angefangene Gutachtenseite:	4,00
– Für angeforderte Kopien sowie 1 Kopie für die Handakte des Sachverständigen je angefangene Seite jeweils***):	1,00/0,30

Fortsetzung Tabelle 90

> (3) – Auf die Entschädigung anfallende Umsatzsteuer
>   MWSt 16 %:   ...
>
> § 9 Fahrtkosten
>   – Erstattung bis zur Höhe der Kosten für das preisgünstigste
>   öffentliche Verkehrsmittel: ...
>   – Bis 200 km Erstattung für Pkw-Benutzung pro km: 0,52
>   – Parkgebühren: ...
>
> § 10 Entschädigung für Aufwand bei Abwesenheit vom Aufenthaltsort

	Bei Abwesenheit, die nicht länger als einen vollen Kalendertag beansprucht:		Bei Abwesenheit von mehreren Tagen:
– mehr als 12 Stunden	28,00 DM		39,00 DM
– 8–12 Stunden	14,00 DM		19,50 DM
– 6– 8 Stunden	8,40 DM		11,70 DM
– weniger als 6 Stunden	6,00 DM	(Zehrgeld)	6,00 DM

> § 11 Ersatz sonstiger notwendiger Aufwendungen (d. h. barer
>   Auslagen für Abschriften, Kopien für die Handakte etc.):   ...
>
> § 14 Vorschuss wird bewilligt auf Antrag, wenn der Sachverständige
>   30 Tage seiner regelmäßigen Erwerbstätigkeit entzogen wird
>   oder wenn die Erstattung des Gutachtens bare Aufwendungen
>   erfordert oder wenn die Auslage von Reisekosten nicht zumutbar
>   ist: ...

Anzumerken ist noch, dass der gerichtliche Sachverständige nicht automatisch entschädigt wird, sondern nur auf Verlangen (§ 15 ZSEG).

Zuständig für die Festsetzung der Entschädigung ist zunächst der Kostenbeamte und dann das Gericht oder der Richter, von dem der Sachverständige herangezogen worden ist. Gegen die Entscheidung ist Beschwerde zulässig (§ 16 ZSEG).

Sachverständige können ggf. nach § 2 ZSEG Zeugengeld abrechnen, wenn sie als sachverständige Zeugen herangezogen werden.

Schon Jessnitzer (1988, S. 232 ff.) weist ausdrücklich darauf hin, dass z. B. völlig überflüssige Aktenauszüge zu Abstrichen von der Honorarforderung führen können. Außerdem sollte der Gutachter das Gericht rechtzeitig verständigen, wenn die ursprünglich zu erwartenden Kosten für die Erstellung des Gutachtens voraussichtlich erheblich überschritten werden.

Zu der vom Gutachter abrechenbaren „erforderlichen Zeit" zählen vor allem Zeiten (einschließlich der erforderlichen Wege und Reisen) für:

> – Studium der Gerichtsakten,
> – Besichtigungen (auch Hausbesuche)

- Untersuchungen
- Ausarbeitung des Gutachtens
- Diktat des Gutachtens
- Durchsicht des Gutachtens
- Wahrnehmung der Gerichtstermine
- ggf. die Durcharbeitung des schriftlichen Gutachtens zur Vorbereitung auf die mündliche Verhandlung
- Reisezeiten
- Wartezeiten
- Zeiteinbußen (wenn z. B. der Gerichtstermin um 9.00 Uhr angesetzt ist, braucht der Psychologe nicht um 8.00 Uhr in seiner Praxis zu arbeiten, sondern er kann diese Zeiteinbuße berechnen).

Die Entschädigung nach § 3 ZSEG erhöhende besondere Umstände können z. B. sein:

- Termine zur Nachtzeit (z. B. zur Beurteilung akuter Krankheitszustände)
- notwendige Unterbrechung des Urlaubs oder der Kur zur eiligen Fertigstellung des Gutachtens
- besondere Gefahren oder Belästigungen (z. B. bei Hausbesuchen, bei Untersuchungen)
- hartnäckige Auseinandersetzungen in der Gerichtsverhandlung, die viel Nervenkraft kosten
- wenn der Gutachter zu einer Mehrzahl wissenschaftlicher Meinungen mit Bezug auf den konkreten Fall kritisch Stellung nimmt
- wenn der Gutachter zur Klärung der aufgeworfenen Fragen eigene Forschungen durchführt, um sie im Gutachten zu verwerten.

7.2 Gutachten für andere Auftraggeber

Wird ein Sachverständiger nicht als Gerichtsgutachter tätig, kann er im Rahmen eines privatrechtlichen *Werkvertrags* (nach § 632 BGB) die Höhe seiner Vergütung aushandeln. Wenn eine ausdrückliche Honorarvereinbarung nicht getroffen worden ist, kann der Gutachter nach Jessnitzer (1988, S. 228) „die taxmäßige Vergütung, in Ermangelung einer Taxe die übliche Vergütung" verlangen.

Als Beispiel für die Abrechnung von Gutachten nach einer *Gebührenordnung* seien die Fahreignungsgutachten genannt. So werden z. B. in der Anlage zu § 1 GebOSt „Gebührenordnung für Maßnahmen im Straßenverkehr" folgende Vorgaben gemacht:

Tabelle 91: Gebührensätze für Fahreignungsgutachten (nach Anl. zu § 1 GebOSt)

Gebühren- Nr.	Gegenstand	Gebühr (DM)
	3. Untersuchungen der amtlich anerkannten Begutachtungsstellen für Fahreignung	
451	medizinisch-psychologische Gutachten nach den §§ 2a und 4 Abs. 10 StVG sowie den §§ 11 Abs. 3, 13, 14 FeV	
451.1	körperliche und geistige Mängel (§ 11 Abs. 3 i. V. m. Abs. 2 FeV), ausgenommen neurologisch-psychiatrische Mängel	360,–
451.2	neurologisch-psychiatrische Mängel (§ 11 Abs. 3 i. V. m. Abs. 2 FeV)	510,–
451.3	Altersbewerber	360,–
451.4	Auffälligkeit bei der Fahrerlaubnisprüfung (§ 11 Abs. 3 Nr. 3 FeV)	390,–
451.5	Tatauffällige (allgemein, ausgenommen Gebühren-Nr. 451.6 und 451.7; § 11 Abs. 3 Nr. 4 und 5, Abs. 10 Nr. 2 FeV und § 2a Abs. 4 und 5 sowie § 4 Abs. 10 StVG)	510,–
451.6	Alkoholauffällige (§ 13 Nr. 2 FeV)	590,–
451.7	Betäubungsmittel- und Medikamentenauffällige (§ 14 FeV) Soweit von der Begutachtungsstelle selbst ein Drogenscreening durchgeführt wird, erhöht sich der Betrag um DM	590,– 250,–
451.8	Untersuchungen bei Mehrfachfragestellungen (§ 11 Abs. 6 FeV)	für die Fragestellung mit der höchsten Gebühr den vollen Satz; für alle weiteren Fragestellungen insgesamt 1/2 der hierfür geltenden höchsten Gebühr
451.9	Teiluntersuchungen oder Nachuntersuchungen	1/2 bis 2/3 der jeweiligen Gebühr nach den Nr. 451.1 bis 451.7
452	Gutachten zur Vorbereitung einer Entscheidung über die Befreiung von den Vorschriften über das Mindestalter (§ 11 Abs. 3 Nr. 2 FeV)	
452.1	Klassen A, A1, B, BE, C, CE, C1	186,–
452.2	Klassen M, L, T	159,–

Fortsetzung Tabelle 91

Gebühren-Nr.	Gegenstand	Gebühr (DM)
454	Gutachten nach § 3 Satz 1 Nr. 3 und § 33 Abs. 3 FahrlG	
454.1	Untersuchung eines Bewerbers auf seine körperliche und geistige Eignung	329,–
454.2	Untersuchung eines Fahrlehrers auf seine körperliche und geistige Eignung	510,–
455	Kann eine der unter den Gebühren-Nummern 451, 452 und 454 genannten Untersuchungen ohne Verschulden der Begutachtungsstelle für Fahreignung und ohne ausreichende Entschuldigung der zu untersuchenden Person am festgelegten Termin nicht stattfinden oder nicht beendet werden, ist die für die Untersuchung vorgesehene Gebühr fällig. Für die Fortsetzung einer derartig unterbrochenen Untersuchung ist eine Gebühr bis zur Hälfte der vorgesehenen Gebühr zu entrichten.	
	4. Terminzuschläge	

460	Soweit Überstunden oder Einsatz außerhalb der normalen Arbeitszeit mit dem Auftraggeber vereinbart sind, werden auf die Gebühren oder den Stundensatz
	– an normalen Werktagen
	  zwischen 6.00 und 20.00 Uhr 30 v. H.,
	– an dienstfreien Werktagen
	  zwischen 6.00 und 20.00 Uhr 60 v. H.,
	– in den Nachtstunden
	  zwischen 20.00 und 6.00 Uhr 60 v. H.,
	– an Sonntagen
	  zwischen 0.00 und 24.00 Uhr 80 v. H.,
	– an Feiertagen
	  zwischen 0.00 und 24.00 Uhr 120 v. H.
	als Zuschlag erhoben.	

Die Übersicht zeigt, dass je nach Zielgruppe und Untersuchungsaufwand z. T. sehr unterschiedliche amtliche Gebühren festgesetzt sind.

8 Zitierte und weiterführende Literatur

Als Erleichterung für diejenigen Benutzer, die sich in die Begutachtungs-
problematik einarbeiten wollen oder die Literatur zu bestimmten Themen oder
Schwerpunkten suchen, wird die zitierte und (teilweise auch die für manche
Aspekte wichtige ältere) weiterführende Literatur (selbstverständlich ohne Anspruch auf Vollständigkeit) gemeinsam dokumentiert und unter entsprechenden
Suchbegriffen geordnet. In das Literaturverzeichnis sind u. a. die Literatur-
empfehlungen vom „Bundesausschuß Psychologische Gutachten" des BDP (Stand
28.04.1997) übernommen sowie eine Literaturübersicht, die A. Kühne u. a. für
die „Richtlinien zur Erstellung psychologischer Gutachten" (Kühne, A. & B.
Zuschlag, 2001) zusammengestellt hat. Hinweise finden sich auch auf gutachten-
relevante Gesetze und Kommentare sowie auf einschlägige Fachzeitschriften.

8.1 Handbücher, Gesetze, Kommentare sowie rechtliche und berufsethische Grundlagen

Baumgärtel, F.; F.-W. Wilker & U. Winterfeld (Hrsg.; 1997): Innovation und Erfahrung - Analy-
sen, Planungen und Erfahrungsberichte aus psychologischen Arbeitsfeldern. Bonn (Deutscher
Psychologen Verlag).
Bayerlein, W. (Hrsg.; 1996[2]): Praxishandbuch Sachverständigenrecht. München (Beck).
Berufsverband Deutscher Psychologen e. V. (1984): Empfehlungen und Kriterien zur Erstellung
psychologischer Gutachten. Gutachtenausschuss im BDP. Bonn.
Berufsverband Deutscher Psychologen e. V.: (1988): Richtlinien für die Erstellung psychologi-
scher Gutachten. Bonn. (s. auch: Föderation deutscher Psychologenvereinigungen, 1988).
Berufsverband Deutscher Psychologen e. V. (1987): Grundlagen der heilkundlichen Tätigkeit von
Psychologen. Bonn (Deutscher Psychologen Verlag).
Berufsverband Deutscher Psychologen e. V. (1988): Grundsätze für die Anwendung psychologi-
scher Eignungsuntersuchungen in Wirtschaft und Verwaltung. Bonn 5/88.
Berufsverband Deutscher Psychologen e. V. (1989): Diplom-Psychologen als Sachverständige
bei Gericht. Bonn (Deutscher Psychologen Verlag).
Blau, G. (1973): Schweigepflicht und Schweigerecht der Fachpsychologen. NJW 26, 2234-2239.
Blau, G. & E. Müller-Luckmann (1962): Gerichtliche Psychologie. Neuwied, Berlin (Luchter-
hand).
Bleutge, P. (1995[3]): Gesetz über die Entschädigung von Zeugen und Sachverständigen. Kommen-
tar. Essen (Wingen, Verl. F. Wirtschaft und Verwaltung).
Brickenkamp, R. (1997[2]): Handbuch psychologischer und pädagogischer Tests. Göttingen
(Hogrefe).
Brickenkamp, R. (1986): Handbuch apparativer Verfahren in der Psychologie. Göttingen (Hogrefe).
Büttner, H. (1998): Änderungen im Familienverfahrensrecht durch das Kindschaftsrechts-
reformgesetz. Zeitschrift für das gesamte Familienrecht, 45, 585–594.
Bundesdatenschutzgesetz und Datenschutzgesetze der Bundesländer.
Bundeskostengesetze (1995[21]); München (Beck).
Bundesministerium für Arbeit und Sozialordnung (Hrsg.; 1983): Anhaltspunkte für die ärztliche
Gutachtertätigkeit im sozialen Entschädigungsrecht und nach dem Schwerbehindertengesetz.
Bonn (Köllen).

Calliess, P. R. & Müller-Dietz, H. (1998): Strafvollzugsgesetz – Gesetz über den Vollzug der Freiheitsstrafe und der freiheitsentziehenden Maßnahmen, Maßregeln der Besserung und Sicherung mit ergänzenden Bestimmungen. München (Beck).

Coester, M. (1991): Die Bedeutung des Kinder- und Jugendhilfegesetzes (KJHG) für das Familienrecht. Zeitschrift für das gesamte Familienrecht, 31, 253-263.

Crefeld, W. (1990): Der Sachverständige im Betreuungsverfahren. Familie und Recht, 1, 272-281.

Creifelds, C. (1997[14]): Rechtswörterbuch. München (Beck).

Dettenborn, H., H. H. Fröhlich & H. Szewczyk (1984): Lehrbuch der gerichtlichen Psychologie für Juristen, Kriminalisten, Psychologen, Pädagogen und Mediziner. Berlin (VEB-Verlag Deutscher Wissenschaften).

Deutsche Gesellschaft für Psychologie & Berufsverband deutscher Psychologinnen und Psychologen (1995). Ethische Richtlinien der DGPs und des DPP – zugleich Berufsordnung des BDP. Bonn (Deutscher Psychologenverlag).

Döbereiner, W. & Graf v. Keyserlingk (1979): Sachverständigenhaftung. Wiesbaden, Berlin (Bauverlag).

Dorsch, F. (1994): Psychologisches Wörterbuch. Bern (Huber); s. auch: Häcker & Stapf (Hrsg.; 1998).

Dreher, E. & H. Tröndle (1999[49]): Beck'sche Kurzkommentare, Bd. 10, Strafgesetzbuch und Nebengesetze. München (C .H. Beck'sche Verlagsbuchhandlung).

Ehinger, U. (1995): Rechtliche Informationen zur Begutachtung. Familie – Partnerschaft – Recht. 1, 68-71.

Eisen, G. (Hrsg.; 1974): Handwörterbuch der Rechtsmedizin, Bd. II. Stuttgart (Enke).

Eisen, G. (Hrsg.; 1977): Handwörterbuch der Rechtsmedizin für Sachverständige und Juristen. Bd. III: Der Täter, sein sozialer Bezug, seine Begutachtung und Behandlung. Stuttgart (Enke).

Fahrerlaubnisverordnung. Bundesgesetzblatt (1998). Teil I, Heft 55, 2214.

Föderation deutscher Psychologenvereinigungen (1988): Richtlinien für die Erstellung Psychologischer Gutachten. Bonn (Deutscher Psychologen Verlag); (s. dazu auch Kühne & Zuschlag, 2001).

Gebührenordnung für Ärzte (GOÄ).

Gebührenordnung für Psychologen (GOP).

Gesetz über die Entschädigung von Zeugen und Sachverständigen (ZSEG).

Glatzel, J. (1985): Forensische Psychiatrie. Der Psychiater im Strafprozeß. Stuttgart (Enke).

Göppinger, H. & H. Witter (1972): Handbuch der forensischen Psychiatrie. 2 Bde. Berlin (Springer).

Groffmann, K. J. & L. Michel (Hrsg.; 1982): Grundlagen psychologischer Diagnostik. Enzyklopädie der Psychologie, Bd. 1. Göttingen, Toronto, Zürich (Verlag für Psychologie – Hogrefe).

Groffmann, K. J. & L. Michel (Hrsg.; 1982): Intelligenz- und Leistungsdiagnostik. Enzyklopädie der Psychologie, Bd. 2. Göttingen (Verlag für Psychologie – Hogrefe).

Groffmann, K. J. & L. Michel (Hrsg.; 1982): Psychologische Diagnostik - Persönlichkeitsdiagnostik. Enzyklopädie der Psychologie, Bd. 3. Göttingen (Verlag für Psychologie – Hogrefe).

Groffmann, K. J. & L. Michel (Hrsg.; 1982): Verhaltensdiagnostik. Enzyklopädie der Psychologie, Bd. 4. Göttingen (Verlag für Psychologie – Hogrefe).

Häcker, H. & K.-H. Stapf (Hrsg.; 1998): Dorsch. Psychologisches Wörterbuch. Bern (Huber).

Haesler, W. T. & J. Rehberg (Hrsg.; 1980[2]): Probleme des gerichtspsychiatrischen und -psychologischen Gutachtens. Diessenhofen (Rüegger).

Jessnitzer, J. (1988): Zur Ablehnung von medizinischen Gutachtern im Sozialgerichtsverfahren. Der Sachverständige, H. 10, S. 234-235.

Jessnitzer, K. (1992[10]): Der gerichtliche Sachverständige. Köln u. a. (Heymanns).

Jessnitzer, K. & Frieling (2001[11]): Der gerichtliche Sachverständige. Köln u. a. (Heymanns).

Kette, G. (1987): Rechtspsychologie. Wien (Springer).

Klein, F. J. (1982): Die Rechtmäßigkeit psychologischer Tests im Personalbereich. Gelsenkirchen (Dr. Mannhold).

Kleinknecht, Th. & L. Meyer-Goßner (1997[43]): Strafprozeßordnung. München (Beck).

Klocke, W. (1981): Der Sachverständige vor Gericht. Der Sachverständige, VIII, 145-146.

Kopp, F. O. (1994[10]): Verwaltungsgerichtsordnung. München (Beck).

Kühne, A. (1988): Psychologie im Rechtswesen – Psychologische und psychodiagnostische Fragestellungen bei Gericht. München, Weinheim (Deutscher Studienverlag).

Kühne, H.-H. (1986): Berufsrecht für Psychologen. Baden-Baden (Nomos).

Künkel, B. (1998): Neue Zuständigkeiten des Familiengerichts ab 1.7.1998. Zeitschrift für das gesamte Familienrecht, 45, 877-879.

Liebel, H. & W. v. Uslar (1975): Forensische Psychologie. Urban-Taschenbuch Nr. 219. Stuttgart (Kohlhammer).

Löwe, E. & W. Rosenberg (1999[25]): Die Strafprozeßordnung und das Gerichtsverfassungsgesetz. Berlin (de Gruyter).

Lüderitz, A. (1999[27]): Familienrecht, begründet von G. Beitzke. München (Beck).

Markowsky, M. (1982): Psychologische Gutachten und juristische Einstellungen. Frankfurt/M. (Fischer).

Meyer, P., A. Höver & W. Bach (1997[20]): Gesetz über die Entschädigung von Zeugen und Sachverständigen. Köln (Heymanns).

Müller, K. (1988[3]): Der Sachverständige im gerichtlichen Verfahren – Handbuch des Sachverständigenbeweises. Heidelberg (Müller – Juristischer Verlag).

Palandt (1996[55]): Bürgerliches Gesetzbuch. München (Beck).

Peters, K. (1967): Die prozeßrechtliche Stellung des psychologischen Sachverständigen. In: Undeutsch (Hrsg.; 1967): S. 768-800.

Pfeiffer, G. (1993[3]): Karlsruher Kommentar zur Strafprozeßordnung und zum Gerichtsverfassungsgesetz mit Einführungsgesetz. München (Beck).

Pieper, H., L. Breunung & G. Stahlmann (1982): Der Sachverständige im Zivilprozeß. München (Beck).

Pschyrembel, W. (1998[258]): Klinisches Wörterbuch. Berlin, New York (de Gruyter).

Rasch, W. (1986): Forensische Psychiatrie. Stuttgart (Kohlhammer).

Rasch, W. (1992). Die Auswahl des richtigen Psycho-Sachverständigen im Strafverfahren. Neue Zeitschrift für Strafrecht, 12, 257-304.

Rauscher, Th. (1998): Das Umgangsrecht im Kindschaftsrechtsreformgesetz. Zeitschrift für das gesamte Familienrecht, 45, 32-341.

Schaffstein, F. & W. Beulke (1998[13]): Jugendstrafrecht – eine systematische Darstellung. Stuttgart (Kohlhammer).

Schellhorn, W. (1999[6]): Jugendhilferecht. Neuwied (Luchterhand).

Schellhorn, W. & M. Wienand (1999[2]): Kinder- und Jugendhilfegesetz – Kommentar. Neuwied (Luchterhand).

Schlund, G. H. (1988): Zu den Pflichten und zur zivilrechtlichen Haftung des gerichtlich bestellten medizinischen Sachverständigen. Der Sachverständige, H. 10, S. 244-250.

Schönke, A. & H. Schröder (1997[25]): Strafgesetzbuch - Kommentar. München (Beck'sche Verlagsbuchhandlung).

Scholl, C. (1982): Der Sachverständige als Gutachter vor Gericht. Technische Überwachung 23 (12), 476-480.

Schumacher, D. & I. Schumacher-Merz (1982). Rechtsbedingungen psychologischer Diagnostik. In: Groffmann, K. J. & L. Michel (Hrsg.; 1982): S. 538-567.

Schwab, D. (1998): Elterliche Sorge bei Trennung und Scheidung der Eltern. Die Neuregelung des Kindschaftsrechtsreformgesetzes. Zeitschrift für das gesamte Familienrecht, 45, 457-472.

Schwind, H.-D. & A. Böhm (1999[3]): Strafvollzugsgesetz - Kommentar. Berlin (de Gruyter).

Schreiber, H.-L. (2000): Der Sachverständige im Verfahren und in der Verhandlung. In: Venzlaff, U. & K. Foerster (Hrsg.; 2000[4]): S. 55-66.

Schreiber, H.-L. (2000): Rechtliche Grundlagen der psychiatrischen Begutachtung. In: Venzlaff, U. & K. Foerster (Hrsg.; 2000[4]): S 1-54.

Strafgesetzbuch (StGB).

Strafprozessordnung (StPO).

Straßenverkehrsgesetz. Bundesgesetzblatt (1998). Teil I, Heft 24, 747. Bonn.

Thomas, H. & H. Putzo (1999²²): Zivilprozeßordnung mit Gerichtsverfassungsgestz und den Einführungsgesetzen etc. München (Beck).

Uertz, P. (1997): Rechtliche Aspekte der Personalauswahl und Eignungsuntersuchung. In: Baumgärtel, F., F.-W. Wilker & U. Winterfeld (Hrsg.; 1997): S. 286 - 295.

Undeutsch, U. (1967): Forensische Psychologie. Handbuch der Psychologie, Bd. 11. Göttingen (Hogrefe).

Undeutsch, U. (1980): Überblick über die gerichtspsychologische Gutachtertätigkeit in Deutschland. In: Haesler, W. & J. Rehberg (Hrsg.; 1980).

Venzlaff, U. & K. Foerster (Hrsg.; 2000⁴): Psychiatrische Begutachtung - ein praktisches Handbuch für Ärzte und Juristen. München, Jena (Urban & Fischer).

Verwaltungsgerichtsordnung. München (Beck).

Wegener, H. (1981): Einführung in die Forensische Psychologie. Darmstadt (Wissenschaftliche Buchgesellschaft).

Zivilprozessordnung (ZPO).

8.2 Ausgewählte juristische und psychologische Fachzeitschriften

Der Amtsvormund
Archiv für Kriminologie
Der Betriebsarzt (DB)
Der Sachverständige (DS)
Blutalkohol
Deutsches Autorecht (DAR)
Diagnostica
Familie, Partnerschaft, Recht
Familie und Recht (FuR)
Kindschaftsrechtliche Praxis
Kriminalistik
Kriminologisches Journal
Monatsschrift für Kriminologie und Strafrechtsreform
Neue Juristische Wochenschrift (NJW)
Neue Zeitschrift für Strafrecht (NStZ)
Praxis der Rechtspsychologie
Psychologische Rundschau
Recht der Jugend und des Bildungswesens
Recht und Psychiatrie
Report Psychologie
Sozialgerichtsbarkeit
Der Strafverteidiger
Zeitschrift für Bewährungshilfe (Fachzeitschrift für Bewährungs-, Gerichts- und Straffälligenhilfe)
Zeitschrift für das Gesamte Familienrecht (FamRZ)
Zeitschrift für Psychologie
Zentralblatt für Jugendrecht und Jugendhilfe

8.3 Grundlagen der Gutachtenerstellung und Gutachten-Qualität

8.3.1 Einführung, Grundlagen, Qualität (unter Einbeziehung psychiatrischer Begutachtung)

Bayerlein, W. (Hrsg.; 1996²): Praxishandbuch Sachverständigenrecht. München (Beck).

Beaumont, W. (1984): Das Obergutachten. Der Sachverständige. H. 7/8, S. 187.

Beaumont, W. (1987): Das schriftliche Gutachten des § 411 ZPO. Der Sachverständige. H. 3, S. 57.

Behn, S. (1953): Über die Kunst des praktisch brauchbaren Gutachtens. Psychologische Beiträge, 1, 361-388.

Berufsverband Deutscher Psychologen e. V: (Hrsg.; 1988): Grundsätze der Anendung psychologischer Eignungsuntersuchungen in Wirtschaft und Verwaltung. Bonn 5/88.

Berufsverband Deutscher Psychologinnen und Psychologen e. V: (Hrsg.; 1996²): Diplom-Psychologen als Sachverständige bei Gericht (Bonn).

Berufsverband Deutscher Psychologinnen und Psychologen e. V: (Hrsg.; 1988): Richtlinien für die Erstellung psychologischer Gutachten. Bonn (Deutscher Psychologen Verlag); (s. dazu auch: Kühne und Zuschlag, 2001).

Blau, G. & E. Müller-Luckmann (Hrsg.; 1962): Gerichtliche Psychologie Neuwied (Luchterhand).

Bochenski, J. M. (1978⁴): Formale Logik. Freiburg (Alber).

Boerner, K. (1998⁵): Das psychologische Gutachten. Weinheim (Beltz).

Boole, G. (1847): The mathematical analysis of logic.

Boring, E. G. (1923, 1950²): A history of experimental psychology. Zit. nach Hofstätter, P. R. (Hrsg.; 1957): Psychologie. Frankfurt/M. (Fischer).

Brandenberger, W. (1980): Was erwartet der Richter vom forensisch-psychiatrischen Gutachten? In: Haesler, W. & J. Rehberg (Hrsg.; 1980).

Bundesgerichtshof (1998): Urteil des BGH vom 17.12.1998 – 1 StR 156/98 – LG Mannheim über die Zulässigkeit von „polygraphischen Untersuchungen".

Bundesgerichtshof (1999): Wissenschaftliche Anforderungen an aussagepsychologische Begutachtungen (Glaubhaftigkeitsgutachten). Urteil vom 30.07.1999 – 1 StR 618/98 – LG Ansbach. Veröffentlicht in: Der Strafverteidiger 1999, 19 (9), 473-478 und Praxis der Rechtspsychologie 9 (2), 113-125.

Dettenborn, H., H. H. Fröhlich & H. Szewczyk (1984): Lehrbuch der gerichtlichen Psychologie für Juristen, Kriminalisten, Psychologen, Pädagogen und Mediziner. Berlin (VEB-Verlag Deutscher Wissenschaften).

Fisseni, H.-J. (1992²): Persönlichkeitsbeurteilung. Zu Theorie und Praxis des psychologischen Gutachtens. Göttingen (Hogrefe).

Föderation deutscher Psychologenvereinigungen (1988): Richtlinien für die Erstellung Psychologischer Gutachten. Bonn (Deutscher Psychologen Verlag); (s. dazu auch: Kühne und Zuschlag, 2001).

Groth-Marnat, G. (1990): The psychological report. In: Groth-Marnat, G. (ed.; 1990): pp 395-443.

Groth-Marnath, G. (1990): Handbook of psychological assessment. New York (Wiley).

Gruhle (1955): Gutachtentechnik. Berlin (Springer).

Haesler, W. T. & J. Rehberg (Hrsg.; 1980²): Probleme des gerichtspsychiatrischen und -psychologischen Gutachtens. Diessenhofen (Rüegger).

Hansen, W. (1991): Das medizinische Gutachten. Stuttgart, New York (NTB Schattauer).

Hartmann, H. A. & R. Haubl (Hrsg.; 1984): Pychologische Begutachtung. Problembereiche und Praxisfelder. München (Urban & Schwarzenberg).

Heckl., R. W. (1983): Der Arztbrief. Stuttgart, New York (Thieme).

Heiss, R. (1964): Technik, Methodik und Problematik des Gutachtens. In: Handbuch der Psychologie, Bd. 6, Diagnostik. Göttingen (Hogrefe).

Himmelreich, K. (1976): Gutachten der Medizinisch-Psychologischen Institute. DAR 45 (8), 197-206.

Himmelreich, K. (1979): Brauchbarkeit der gegenwärtigen medizinisch-psychologischen Gutachten zur Überprüfung der Fahreignung. Blutalkohol 16, 153-170.

Jessnitzer, K. (1992): Abweichen des mündlichen vom vorher schriftlich erstatteten Sachverständigengutachten im Strafverfahren. Der Sachverständige, H. 6, S. 134.

Jessnitzer, K. & G. Frieling (2001[11]): Der gerichtliche Sachverständige. Ein Handbuch für die Praxis. Köln u. a. (Heymanns).

Kaminski, G. (1970): Verhaltenstheorie und Verhaltensmodifikation. Stuttgart (Klett).

Kisker, K. P. (1977): Gutachten und sprachliche Interaktion. Mensch, Medizin, Gesellschaft, 2, 69-73.

Klopfer, W. G. (1960): The psychological report. New York (Grune & Stratton).

Kühne, A. (1988): Psychologie im Rechtswesen. Psychologische und psychodiagnostische Fragestellungen bei Gericht. Weinheim (Deutscher Studien Verlag).

Kühne, A. (1996): Kriterien und Qualitätsstandards der psychologischen Begutachtung bei familienrechtlichen Fragestellungen. Familie, Partnerschaft, Recht, 2, (4), 184-187.

Kühne, A. & B. Zuschlag (2001): Richtlinien für die Erstellung psychologischer Gutachten. Bonn (Deutscher Psychologen Verlag).

Kühne, H. H. (1986): Berufsrecht für Psychologen. Baden Baden (Nomos).

Kurth, W. (1980): Das Gutachten. Anleitung für Mediziner, Psychologen, Juristen. München (Reinhardt).

Kury, H. (Hrsg.; 1987): Ausgewählte Fragen und Probleme forensischer Begutachtung. Köln (Heymann).

Lempp, R. (1983): Gerichtliche Kinder- und Jugendpsychiatrie. Bern (Huber).

Liebel, H. & W. v. Uslar (1975): Forensische Psychologie. Eine Einführung. Urban-Taschenbuch 219. Stuttgart (Kohlhammer).

Müller, K. (1988[3]): Der Sachverständige im gerichtlichen Verfahren. Heidelberg (C. F. Müller).

Pieper, H., L. Breunung & G. Stahlmann (1982): Sachverständige im Zivilprozeß. München (Beck).

Rasch, W. (1986): Forensische Psychiatrie. Stuttgart (Kohlhammer).

Thomae, H. (1967): Prinzipien und Formen der Gestaltung psychologischer Gutachten. In: Undeutsch, U. (Hrsg.; 1967): S. 743-767.

Undeutsch, U. (Hrsg.; 1967): Forensische Psychologie. Handbuch der Psychologie, Bd. 11., Göttingen (Verlag für Psychologie).

Wegener, H. (1981): Einführung in die Forensische Psychologie. Darmstadt (Wissenschaftliche Buchgesellschaft).

Westhoff, K. & M.-L. Kluck (1999[3]): Psychologische Gutachten schreiben und beurteilen. Berlin u.a. (Springer).

Venzlaff, U. (Hrsg.; 1986): Psychiatrische Begutachtung. Stuttgart (Fischer).

Zainhofer (1983): Die Technik der Erstellung von Gutachten im Wirtschaftsstrafbereich. ZSW 49 ff.

Zuschlag, B. (1996): Gutachten-Qualität. Optimierungshinweise für die Planung und Erstellung von Gutachten aus verschiedenen Bereichen der Technik und Naturwissenschaft. Renningen-Malmsheim (expert verlag).

8.3.2 Formale Aspekte der Gutachtenerstellung

Clemens, H. (1991): Rationelle Gutachtenerstattung mit EDV-Unterstützung am Beispiel eines Gerichtsauftrages. Der Sachverständige, H. 6, S. 148-153.

DIN Deutsches Institut für Normung e. V. (Hrsg.): Berlin, Köln (Beuth): Veröffentlichungen aus Wissenschaft, Technik, Wirtschaft und Verwaltung:
- DIN 676:   Geschäftsbrief
- DIN 1421:   Gliederung und Benummerung von Texten

- DIN 1422: Teil 1: Gestaltung von Manuskripten und Typoskripten
            Teil 2: Gestaltung von Reinschriften und reprographischen Verfahren
            Teil 3: Typographische Gestaltung
- DIN 5008: Regeln für Maschinenschreiben
- DIN 5009: Regeln für das Phonodiktat
DUDEN (Hrsg.). Mannheim, Wien, Zürich (Bibliographisches Institut, Dudenverlag):
- Bd. 1: Die Rechtschreibung
- Bd. 2: Stilwörterbuch
- Bd. 5: Das Fremdwörterbuch
- Bd. 8: Die sinn- und sachverwandten Wörter
Kipnowski, A. (1981): Hinweise für die Gestaltung psychologischer Gutachten. Psychologie und Praxis, 25, 183-190.
Thomae, H. (1967): Prinzipien und Formen der Gestaltung psychologischer Gutachten. In: Undeutsch, U. (Hrsg.; 1967): S. 743-767.
Volze (1991): Mustervertrag bei privater Sachverständigentätigkeit. DS, 209 ff.

8.4 Rechte und Pflichten von Sachverständigen bzw. Gutachtern
(mit Berücksichtigung der für öffentlich bestellte und vereidigte Sachverständige geltenden Rechte und Pflichten)

Bayerlein, W., P. Bleutge & H. Busch (1989): Die Zusammenarbeit mehrerer Sachverständiger und die Einschaltung von Hilfskräften. Schriftenreihe des Instituts für Sachverständigenwesen, Nr. 5, Köln.
Berufsverband Deutscher Psychologen e. V. (Hrsg.; 1986): Berufsordnung für Psychologen. Bonn.
Beaumont, W. (1993): Der Sachverständige und seine Verständlichkeit. DS, 20 ff.
Bleutge, P. (1985): Hilfskräfte des Sachverständigen - Mitarbeiter ohne Verantwortung? NJW, 1185 ff.
Bleutge, P. (1991): Experten-Rat zum Gerichtsauftrag. IHK-Merkblatt für den Sachverständigen. Hrsg.: Deutscher Industrie- und Handelstag (DIHT), Bonn.
Bleutge, P. (1993): Ablehnung wegen Besorgnis der Befangenheit. Erläuterungen und 160 Gerichtsentscheidungen in Leitsätzen. Schriftenreihe des Instituts für Sachverständigenwesen e. V., Bd. 11, Köln.
Bleutge, P. (1995[4]): Sachverständige. Inhalt und Pflichten ihrer öffentlichen Bestellung. Hrsg.: Deutscher Industrie- und Handelstag (DIHT), Bonn.
Budde, J. (1985): Weitergabe arbeitsmedizinischer Daten durch den Betriebsarzt. DM, H. 29, S. 1529-1533.
Cors, K. G. (1992): Sachverständiger - Wie werde ich das? Haus der Technik, Essen (Vulkan).
Hausner, H. H. (1984): Psychologie für Sachverständige. Der Sachverständige, Juni 1984, H. 6, 134-137.
Heinrich, W. (1996): Das Sachverständigenverfahren im Privatisierungsrecht. Frankfurt/M. (Lang).
Henn (1993): Die Unparteilichkeit des Schiedsrichteramtes. BB 1993, Beil. 17,13.
Jessnitzer, K. (1992): Ablehnung wegen Befangenheit des Sachverständigen bei Duzfreundschaft mit einem Prozeßbevollmächtigten. Der Sachverständige, Sept. 1992, H. 9, 199.
Kamphausen (1988): Der Privatgutachtenauftrag. DS, 268 ff.
Klocke, W. (1995[3]): Der Sachverständige und seine Auftraggeber. Wiesbaden, Berlin (Bauverlag).
Krammer, H. (1990): Die Allmacht des Sachverständigen. Überlegungen zur Unabhängigkeit und Kontrolle der Sachverständigentätigkeit. Niederösterr. Jurist. Ges. Nr. 54. (Orac-Fachbuchverl.).

Kreuzer, A. (1989): Forschung und aktuelle Diskussion zum Zeugnisverweigerungsrecht. Suchtgefahren 35, S. 263-272.
Pause, E. (1986): Die Unabhängigkeit des Sachverständigen. GewArch., 145 ff.
Pfeifer, G. (1983): Die Bedeutung der Tätigkeit des Sachverständigen für den Richter. Der Sachverständige, H. 7/8, S. 171-175.
Pieper, H., L. Breunung & G. Stahlmann (1982): Sachverständige im Zivilprozeß. München (Beck).
Swoboda (1984): Fachleute als Richter – Schiedsgerichtsbarkeit in der Bundesrepublik Deutschland. DIHT, Bonn.
Wellmann, C. R. (1994[6]): Der Sachverständige in der Praxis. Düsseldorf. (Werner).

8.5 Gerichtliche Sachverständige bzw. Gutachter

Bleutge, P. (1991): Experten-Rat zum Gerichtsauftrag. IHK-Merkblatt für den Sachverständigen. Bonn.
Bremer, H. (1972[2]): Der Sachverständige. Seine Stellung im privaten und öffentlichen Recht. Heidelberg (Recht und Wirtschaft).
Jessnitzer, K. & G. Frieling (2001[11]): Der gerichtliche Sachverständige. Ein Handbuch für die Praxis. Köln u. a. (Heymanns).
Kette, G. (1987): Rechtspsychologie. Wien (Springer).
Klocke, W. (1981): Der Sachverständige vor Gericht. Der Sachverständige, VIII, S. 145-146.
Kühne, A. (1988): Psychologie im Rechtswesen. Psychologische und psychodiagnostische Fragestellungen bei Gericht. Weinheim (Deutscher Studien Verlag).
Kury, H. (Hrsg.; 1987): Ausgewählte Fragen und Probleme forensischer Begutachtung. Köln (Heymanns).
Liebel, H. & W. v. Uslar (1975): Forensische Psychologie. Eine Einführung. Urban-Taschenbuch 219. Stuttgart (Kohlhammer).
Müller, K. (1988[3]): Der Sachverständige im gerichtlichen Verfahren. Heidelberg (C. F. Müller).
Pantle (1989): Die Anhörung des Sachverständigen. MDR, 312 ff.
Pfeiffer, G. (1983): Die Bedeutung der Tätigkeit des Sachverständigen für den Richter. Der Sachverständige, X, H. 7/8, S. 171-175.
Pieper, H., L. Breunung & G. Stahlmann (1982): Sachverständige im Zivilprozeß. München (Beck).
Scholl, C. (1982): Der Sachverständige als Gutachter vor Gericht. Technische Überwachung 23 (12), S. 476-480.
Schrader (1984): Die Ladung des Sachverständigen zur mündlichen Erläuterung seines Gutachtens. NJW 2806 ff.
Sigler, W. (1989): Die Kunst des Vergleichens. Psychologische Hilfen für den Sachverständigen aus Richtererfahrung. Der Sachverständige, H. 12, S. 309-312.
Wegener, H. (1981): Einführung in die Forensische Psychologie. Darmstadt (Wissenschaftliche Buchgesellschaft).
Wellmann, C. R. (1981[4]): Der Sachverständige in der Praxis. Düsseldorf (Werner).

8.6 Diagnostik

Brenner, F. & D. Dilger (1987): Eignungstests mit Erfolg bestehen. Die gebräuchlichen Testmuster. Wiesbaden (Englisch-Verlag).
Boerner, K. (1998[7]): Das psychologische Gutachten – ein praktischer Leitfaden. Weinheim (Beltz).
Brickenkamp, R. (1997[2]): Handbuch psychologischer und pädagogischer Tests. Göttingen (Hogrefe).
Brickenkamp, R. (1986): Handbuch apparativer Verfahren in der Psychologie. Göttingen (Hogrefe).

Dilling, H. et al. (2000[4]): Internationale Klassifikation psychischer Störungen (ICD 10). Bern (Huber).

Feger, H. & J. Bredenkamp (Hrsg.; 1982): Datenerhebung. Enzyklopädie der Psychologie, Bd. II. Göttingen (Verlag für Psychologie, Hogrefe).

Fisseni, H.-J. . (1992[2]): Persönlichkeitsbeurteilung. Zu Theorie und Praxis des psychologischen Gutachtens. Göttingen (Verlag für Psychologie - Hogrefe).

Fisseni, H.-J. . (1997[2]): Lehrbuch der psychologischen Diagnostik. Göttingen (Hogrefe).

Gaul, D. (1990): Rechtsprobleme psychologischer Eignungsdiagnostik. Bonn (Deutscher Psychologen Verlag).

Groffmann, K. J. & L. Michel (Hrsg.; 1982): Grundlagen psychologischer Diagnostik. Enzyklopädie der Psychologie, Bd. 1. Göttingen, Toronto, Zürich (Verlag für Psychologie – Hogrefe).

Groffmann, K. J. & L. Michel (Hrsg.; 1982): Intelligenz- und Leistungsdiagnostik. Enzyklopädie der Psychologie, Bd. 2. Göttingen (Verlag für Psychologie – Hogrefe).

Groffmann, K. J. & L. Michel (Hrsg.; 1982): Psychologische Diagnostik - Persönlichkeitsdiagnostik. Enzyklopädie der Psychologie, Bd. 3. Göttingen (Verlag für Psychologie – Hogrefe).

Groffmann, K. J. & L. Michel (Hrsg.; 1982): Verhaltensdiagnostik. Enzyklopädie der Psychologie, Bd. 4. Göttingen (Verlag für Psychologie – Hogrefe).

Hartmann, A. H. (1979): Psychologische Diagnostik. Auftrag-Testsituation-Gutachten. Stuttgart (Kohlhammer).

Hartmann, A. H. & R. Haubl (Hrsg.; 1984). Psychologische Begutachtung. Probleme und Praxisfelder. München (Urban & Schwarzenberg).

Heiss, R. (Hrsg.; 1964): Psychologische Diagnostik. Handbuch der Psychologie, Bd. 6. Göttingen (Hogrefe).

Jäger, R. S. (1988): Psychologische Diagnostik - eine Einführung. Weinheim (Psychologie Verlags Union).

Klein, F. J. (1982): Die Rechtmäßigkeit psychologischer Tests im Personalbereich. Gelsenkirchen (Dr. Mannhold).

Köhnken, G. (1986): Verhaltenskorrelate von Täuschung und Wahrheit. Psychologische Rundschau, 37, 76-84.

Kube, E., H.-U. Störzer & S. Brugger (Hrsg.; 1983): Wissenschaftliche Kriminalistik. Wiesbaden, Schriftenreihe des BKA. 16 /1

Kühne, A. (1988): Psychologie im Rechtswesen. Psychologische und psychodiagnostische Fragestellungen bei Gericht. Weinheim (Deutscher Studien – Verlag).

Kühne, A. (1990). Psychologische Begutachtung bei Gericht – Fragestellungen und neuere Aspekte. Psychomed. 2, 260 – 265.

Saß, H., H.-U. Wittchen & M. Zaudig (Dt. Bearbeitung; 1996): Diagnostisches und Statistisches Manual Psychischer Störungen DSM-IV. Göttingen u. a. (Verlag für Psychologie, Hogrefe).

Schmidt, L. (1982): Diagnostische Begutachtung. In: Groffmann, K. J. & L. Michel (Hrsg.; 1982): Bd. 1, 467-537.

Thomae, H. (1967). Prinzipien und Formen der Gestaltung psychologischer Gutachten. In: Undeutsch, U. (Hrsg.; 1967): Bd. 11, 743 – 767.

Undeutsch, U. (Hrsg.; 1967): Forensische Psychologie. Handbuch der Psychologie, Bd. 11. Göttingen (Verlag für Psychologie, Hogrefe).

Undeutsch, U. (1982): Exploration. In: Feger, H. & J. Bredenkamp (Hrsg.; 1982): Bd. II, 321-361.

Undeutsch, U. (1983): Vernehmung und non-verbale Information. In: Kube, E., H.-U. Störzer & S. Brugger (Hrsg.; 1983): 389 – 418.

Warnke, A., G.-E. Trott & H. Remschmidt (Hrsg.;1997): Forensische Kinder- und Jugendpsychiatrie – ein Handbuch für Klinik und Praxis. Bern (Huber).

Wegener, H. . (1992[2]): Einführung in die Forensische Psychologie. Darmstadt (Wissenschaftliche Buchgesellschaft).

Westhoff, K. & M.-L. Kluck . (1999[3]): Psychologische Gutachten schreiben und beurteilen. Berlin (Springer.

8.7 Gutachten aus speziellen Fachgebieten

8.7.1 Glaubhaftigkeit von Zeugenaussagen

Arntzen, F. (1993[3]): Psychologie der Zeugenaussage. System der Glaubwürdigkeitsmerkmale. München (Beck).

Arntzen, F. (1993): Vernehmungspsychologie – Psychologie der Zeugenvernehmung. München (Beck).

Bundesgerichtshof (1999): Wissenschaftliche Anforderungen an aussagepsychologische Begutachtungen (Glaubhaftigkeitsgutachten) Urteil vom 30. Juli 1999 – 1 StR 618/98 – LG Ansbach veröffentlicht in: Strafverteidiger, 1999, 19 (9), 473-478 sowie in Praxis der Rechtspsychologie 9 (2), 113–125.

Egle, U. T., S. O. Hoffmann & P. Joraschky (Hrsg.; 1997): Sexueller Mißbrauch, Mißhandlung, Vernachlässigung. Stuttgart, New York (Schattauer).

Fegert, J. M. (1993): Sexuell mißbrauchte Kinder und das Recht. Bd. 2. Köln (Volksblatt).

Füllgrabe, U. (1995): Irrtum und Lüge. Stuttgart (Boorberg).

Fiedler, K. & J. Schmidt (1999): Gutachten über Methodik für Psychologische Glaubwürdigkeitsgutachten. Praxis der Rechtspsychologie, 9 (2), 5-45.

Greuel, L. (1994): Anatomische Puppen – Diagnostische Hilfsmittel im Brennpunkt der Kritik. Report Psychologie, 19, 16-27.

Greuel, L., Th. Fabian & M. Stadler (Hrsg.; 1997): Psychologie der Zeugenaussage. Weinheim (Beltz, Psychologie Verlags Union).

Greuel, L., S. Offe, A. Fabian, P. Wetzels, Th. Fabian, H. Offe & M. Stadler (1998): Glaubhaftigkeit der Zeugenaussage – Theorie und Praxis der forensisch-psychologischen Begutachtung. Weinheim (Beltz – Psychologie Verlags Union).

Kraheck-Brägelmann, S. (Hrsg.; 1993): Die Anhörung von Kindern als Opfer sexuellen Mißbrauchs. Rostock (Hanseatischer Fachverlag für Wirtschaft).

Kube, E., H.-U. Störzer & S. Brugger (Hrsg.; 1983): Wissenschaftliche Grundlagen und Perspektiven. Wiesbaden: Schriftenreihe des BKA, 16 /1.

Kühne, A. & M.-L. Kluck (1995): Sexueller Mißbrauch – forensisch-psychologische und psychodiagnostische Aspekte. Zeitschrift für das Gesamte Familienrecht, Heft 16, 981-986.

Maisch, H. (1974): Die psychologisch-psychiatrische Begutachtung von Zeugenaussagen. Usch-Krim, 57, 267-279.

Raskin, D. (Ed.; 1989): Psychological methods in criminal investigation and evidence. New York (Springer).

Roemer, A. & P. Wetzels (1991): Zur Diagnostik sexuellen Mißbrauchs bei Kindern in der forensisch-psychologischen Praxis. Praxis der Forensischen Psychologie, 1, 22-31.

Salzgeber, J., M. Stadler, G. Drechsel & C. Vogel (Hrsg.; 1989): Glaubhaftigkeitsbegutachtung. München (Profil).

Sporer, S. (1997): Kinder vor Gericht: soziale und kognitive Voraussetzungen der Aussagen von Kindern. Psychologische Rundschau, 48 (3), 141-162.

Steller, M. (1987): Psychologische Aussagebeurteilung. Göttingen u. a. (Hogrefe).

Steller, M. & G. Köhnken (1989): Criteria-based statement analysis. In: Raskin, D. (Ed.; 1989): p. 217-245.

Steller, M. & R. Volbert (1997): Psychologie im Strafverfahren. Bern (Huber).

Steller, M. & R. Volbert (1999): Forensisch-aussagepsychologische Begutachtung (Glaubwürdigkeitsbegutachtung). Praxis der Rechtspsychologie, 9 (2), 46-106.

Trankell, A. (1971): Der Realitätsgehalt von Zeugenaussagen. Methodik der Aussagepsychologie. Göttingen (Vandenhoeck & Ruprecht).

Undeutsch, U. (Hrsg.; 1967): Forensische Psychologie, Handbuch der Psychologie, Bd. 11. Göttingen (Hogrefe).

Undeutsch, U. (1967): Beurteilung der Glaubhaftigkeit von Zeugenaussagen. In Undeutsch, U. (Hrsg.; 1967): S. 26-181.

Undeutsch, U. (1983): Vernehmung und non-verbale Information. In: Kube et al. (Hrsg.; 1983): 16 /1, 389-418.

Volbert, R. & V. Pieters (1996): Suggestive Beeinflussung von Kinderaussagen. Psychologische Rundschau, 47, 183-198.

Wellershaus, P. (1992): Glaubhaftigkeit kindlicher Zeugenaussagen. Psychomed 4, S. 20.24.

8.7.2 Straf- und Maßregelvollzug

Bohling, H. & G. Weisenfeller (1984): Kriminalpsychologie: Gutachterliche Stellungnahme im Strafvollzug. In: Hartmann, H. & R. Haubl (Hrsg.; 1984): S. 229-253.

Duncker, H. (1998): Behandlung und Rehabilitation psychisch kranker Delinquenten im Maßregelvollzug. Recht und Psychiatrie, 16, 134–137.

Kaiser, G., H.-J. Kerner & H. Schöch (1992): Strafvollzug. Ein Lehrbuch. Heidelberg (C. F. Müller).

Kerner, H.-J.; G. Dolde & H.-G. Mey (1996): Jugendstrafvollzug und Bewährung - Analysen zum Vollzugsverlauf und zur Rückfallentwicklung. Godesberg (Forum).

Laubenthal, K. (1995): Strafvollzug. Berlin (Springer).

Schwind, H.-D. & G. Blau (1988²): Strafvollzug in der Praxis. Eine Einführung in die Probleme und Realitäten des Strafvollzugs und der Entlassenenhilfe. Berlin (de Gruyter).

Stock, S. (1993): Behandlungsuntersuchung und Vollzugsplan. Zum Instrumentarium einer an Rückfallverhinderung orientierten Ausgestaltung des Strafvollzugs in der Bundesrepublik Deutschland. Egelsbach (Hansel-Hohenhausen).

Volckart, B. (1991): Maßregelvollzug. Das Recht des Vollzuges der Unterbringung nach §§ 63, 64 StGB in einem psychiatrischen Krankenhaus und in einer Entziehungsanstalt. Neuwied (Luchterhand).

8.7.3 Schuldfähigkeit und strafrechtliche Verantwortlichkeit

Blau, G. & E. Müller-Luckmann (Hrsg.; 1962): Gerichtliche Psychologie. Neuwied (Luchterhand).

Blau, G. (1962): Der psychologische Sachverständige im Strafprozeß. In: Blau, G. & E. Müller-Luckmann (Hrsg.; 1962): S. 344-376.

Egg, R. (Hrsg.; 1991): Brennpunkte der Rechtspsychologie. Bonn.

Eisen, G. (Hrsg.; 1974): Handwörterbuch der Rechtsmedizin, Bd. II. Stuttgart (Enke).

Heinz, G. (1982): Fehlerquellen forensisch-psychiatrischer Gutachten. Heidelberg (Kriminalistik - Wissenschaft und Praxis). In: Lösel, F. (Hrsg.; 1982). Kriminalpsychologie . Weinheim (Beltz), 180-190).

Kury, H. (1991): Zur Begutachtung der Schuldfähigkeit: Ausgewählte Ergebnisse eines empirischen Forschungsprojektes. In: Egg, R. (Hrsg.; 1991): S. 331-350.

Lösel, F. (Hrsg.; 1983): Kriminalpsychologie . Weinheim (Beltz).

Maisch, H. (1984): Disziplinen und Methodologie psychologisch-psychiatrischer Sachverständiger. Recht und Psychiatrie, S. 162-170.

Müller-Isberner, R. & S. Gonzales–Cabeza (Hrsg.; 1998): Forensische Psychiatrie: Schuldfähigkeit, Kriminaltherapie, Kriminalprognose. Bad Godesberg (Forum).

Nedopil, N. (1996): Forensische Psychiatrie - Klinik, Begutachtung und Behandlung zwischen Psychiatrie und Recht. Stuttgart (Thieme, C.H. Beck).

Rasch, Wilfried (1986). Forensische Psychiatrie. Stuttgart: Kohlhammer.

Rausch, H. J. (1984): Nochmals: Gutachterliche Kompetenz bei der Klärung der Schuldfähigkeit oder: Der Streit zwischen Psychiatrie und Psychologie. NStZ, S. 497-500.

Saß, H. (Hrsg.; 1993): Affektdelikte. Interdisziplinäre Beiträge zur Beurteilung von affektiv akzentuierten Straftaten. Berlin (Springer).

Thomae, H. & J. Mathey (1983): Psychologische Beurteilung der Schuldfähigkeit. In: Lösel, F. (Hrsg.; 1983): S. 180-190.

Undeutsch, U. (1974): Schuldfähigkeit unter psychologischem Aspekt. In: Eisen, G. (Hrsg.; 1974): S. 91-115.

Venzlaff, U. & K. Foerster (Hrsg.; 2000[3]): Psychiatrische Begutachtung. München, Jena (Urban & Fischer).

8.7.4   Familien- und vormundschaftsrechtliche Fragestellungen

Arntzen, F. (1994[2]): Elterliche Sorge und persönlicher Umgang mit dem Kind. Ein Grundriß der forensischen Familienpsychologie München (Beck).

Arndt, J., H. Oberloskamp & R. Balloff (Hrsg.; 1993): Gutachterliche Stellungnahmen in der sozialen Arbeit. Eine Anleitung mit Beispielen für die Mitwirkung in Vormundschafts- und Familiengerichtsverfahren. Neuwied (Luchterhand).

Balloff, R. (1992): Kinder vor Gericht. München (Beck).

Beitzke, G. (1992[26]): Familienrecht. München (Beck).

Belchhaus, G. (1980): Elterliches Sorgerecht. Köln (Schmidt).

Berk, H. J. (1985): Der psychologische Sachverständige in Familienrechtssachen. Stuttgart (Kohlhammer).

Finger, P. (1998): Gutachten in gerichtlichen Sorge- und Umgangsrechtsverfahren – Erwartungen an psychologische Sachverständige. Familie, Partnerschaft, Recht, 4, 224-229.

Fthenakis, W. E. (1995): Umgangsmodelle zur kindgerechten Gestaltung der Beziehungen zwischen Eltern und Kindern in der Nachscheidungsphase. Familie, Partnerschaft, Recht, 1, 94-98.

Fthenakis, W. E., R. Niesel & H. R. Kunze (1982): Ehescheidung – Konsequenzen für Eltern und Kinder. München (Urban & Schwarzenberg).

Harms, E. & B. Strehlow (1999): Adoptivkind - Traumkind in der Realität - psychoanalytische Einblicke in die Probleme von adoptierten Kindern und ihren Familien. Idstein (Schulz-Kirchner).

Klenner, W. (1989): Vertrauensgrenzen des psychologischen Gutachtens im Familienrechtsverfahren. FamRZ, H. 8, 804 ff.

Klußmann, R. W. & B. Stötzel (1995): Das Kind im Rechtsstreit der Erwachsenen. München, Basel (Reinhard).

Kodjoe, U. O. & P. Koeppel (1998): The Parental Alienation Syndrome (PAS). Der Amtsvormund, 10–22.

Kühne, A. (1996): Kriterien und Qualitätsstandards der psychologischen Begutachtung bei familienrechtlichen Fragestellungen. Familie, Partnerschaft, Recht, 2. Jg., Heft 4, 84-187.

Limbach, J. (1988): Gemeinsame Sorge geschiedener Eltern. Heidelberg (Müller).

Maccoby, E. E. & R. H. Mnookin (1995): Die Schwierigkeiten der Sorgerechtsregelung. Zeitschrift für das Gesamte Familienrecht, 1, 1-16.

Martinius, J. & F. Rainer (Hrsg.; 1990): Vernachlässigung, Mißbrauch und Mißhandlung von Kindern – Erkennen – Bewußtmachen – Helfen. Bern (Huber), S. 123-127.

Menne, K., H. Schilling & M. Weber (1993): Kinder im Scheidungskonflikt. Beratung von Kindern und Eltern bei Trennung und Scheidung. Weinheim (Juventa).

Münder, J.; D. Greese, E. Jordan, D. Kreft, Th. Lakies; H. Lauer, R. Proksch & K. Schäfer (1993): Frankfurter Lehr- und Praxiskommentar zum Kinder- und Jugendhilfegesetz. Münster (Votum).

Nienstedt, M. & A. Westerrmann (1989). Pflegekinder. Münster (Votum).

Oelkers, H., Kasten & H. Oelkers (1994): Gemeinsames Sorgerecht. Zeitschrift für das Gesamte Familienrecht, 17, 1081-1083.

Oelkers, H. (1995): Die Rechtsprechung zur elterlichen Sorge – eine Übersicht über die letzten fünf Jahre. Zeitschrift für das Gesamte Familienrecht, 42, 1097-1111.
Salgo, L. (1987): Pflegekindschaft und Staatsintervention. Darmstadt (Verlag für Wissenschaftliche Publikationen).
Salzgeber, J. (1992²): Psychologische Sachverständige in familienrechtlichen Verfahren. München (C.H. Beck).
Salzgeber, J. & M. Stadler (1999): Parental Alienation Syndrom (PAS) – alter Wein in neuen Schläuchen. Familie, Partnerschaft, Recht, 4, 231-235.
Schade, B. & S. Friedrich (1998): Die Rolle des psychologischen Gutachters nach Inkrafttreten des neuen Kindschaftsrechts. Familie, Partnerschaft, Recht, 4, 237-241.
Schwab, D. (Hrsg.; 1995³): Handbuch des Scheidungsrechts. München (Vahlen).
Walter, E. (1999): Begleiteter Umgang (§ 1684 Abs. 4 BGB) – Erfahrungen, Konzeptionen, Praxismodelle und neue Möglichkeiten. Familie, Partnerschaft, Recht, 5, 204-211.
Willutzki, S. (1998): Kindschaftsrechtsreform: Bedeutsame Änderungen im Sorge-, Umgangs- und Verfahrensrecht. Praxis der Rechtspsychologie, 8, 137-141.

8.7.4.1 Betreuungsrecht

Deinert, H. u.a. (1999): Das neue Betreuungsrecht. Berlin (Kommunales Bildungswerk).
Denzler, P., H. Markowitsch & J. Kessler (1995): Demenz im Alter. Weinheim (Beltz).
Jünger, H. (1991): Das Betreuungsgesetz. Stuttgart (Deutscher Sparkassenverlag).
Jürgens, A., D. Kröger, R. Marschner & P. Winterstein (1999⁴): Das neue Betreuungsrecht München (C.H. Beck).
Konrad, N. (1992): Aufgaben des psychowissenschaftlichen Sachverständigen im neuen Bertreuungsrecht. Recht & Psychiatrie, 10 (1), 2-9.
Kisker, K.-P. u.a. (1989): Alterspsychiatrie. Psychiatrie der Gegenwart, Bd. 8, Berlin (Springer).
Marschner, R. (1991): Was bringt das neue Betreuungsrecht? Recht & Psychiatrie, 9 (4).
Mietzel, G. (1993): Wege in die Entwicklungspsychologie – Erwachsenenalter und Alter. München (Quintessenz).
Oberloskamp, H., A. Schmidt-Koddenberg & E. Ziers (1992): Hauptamtliche Betreuer und Sachverständige. Köln (Bundesanzeiger).
Raack, W. & J. Thar (1995): Das Betreuungsrecht – ein Leitfaden. Köln (Bundesanzeiger).
Zimmermann, W. (1994): Betreuungsrecht. Beck-Rechtsberater. München (dtv).

8.7.5   Strafrecht

8.7.5.1 Zum Realitätsgehalt von Zeugenaussagen

Baurmann, M. (1983): Sexualität, Gewalt und psychische Folgen. Wiesbaden (Schriftenreihe des Bundeskriminalamtes).
Bleutge, P. (1995): Das Gesetz über die Entschädigung von Zeugen und Sachverständigen - Kommentar. Essen (Verlag für Wirtschaft und Verwaltung – Hubert Wingen).
Braun-Scharm, H. (1990): Die inzestuöse Familie als Ort psycho-sexueller Fehlentwicklung. In: Martinius, J. & R. Frank (Hrsg.; 1990): Vernachlässigung, Mißbrauch und Mißhandlung von Kindern - Erkennen-Bewußtmachen-Helfen. Bern (Hans Huber) , S. 123-127.
Bundesgerichtshof (1999): Wissenschaftliche Anforderungen an aussagepsychologische Begutachtungen (Glaubhaftigkeitsgutachten). Urteil vom 30. Juli 1999 - 1 StR 618/98 - LG Ansbach. Veröffentlicht in:
  – Strafverteidiger, 1999, 19 (9), 473-478.
  – Praxis der Rechtspsychologie 9 (2), 113-125.

Fegert, J. M. (1993): Sexuell mißbrauchte Kinder und das Recht. Bd. 2. Köln (Volksblatt).

Füllgrabe, U. (1995): Irrtum und Lüge. Stuttgart (Boorberg).

Egle, U. T., S. O. Hoffmann & P. Joraschky (1997; Hrsg.): Sexueller Mißbrauch, Mißhandlung, Vernachlässigung. Stuttgart – New York (Schattauer).

Fiedler, K. & J. Schmidt (1999): Gutachten über Methodik für Psychologische Glaubwürdigkeitsgutachten. Praxis der Rechtspsychologie, 9 (2), 5-45.

Greuel, L. (1994): Anatomische Puppen - Diagnostische Hilfsmittel im Brennpunkt der Kritik. Report Psychologie, 19, 16-27.

Greuel, L., Th. Fabian & M. Stadler (Hrsg.; 1997): Psychologie der Zeugenaussage. Weinheim (Beltz, Psychologie Verlags Union).

Greuel, L., S. Offe, A. Fabian, P. Wetzels, Th. Fabian, H. Offe, & M. Stadler (1998): Glaubhaftigkeit der Zeugenaussage – Theorie und Praxis der forensisch-psychologischen Begutachtung. Weinheim (Beltz, Psychologie Verlags Union).

Kluck, M.-L. & M. Müther (1992): Mißbrauch des Mißbrauchs. psychomed, 4, Heft 4, 202-205.

Kraheck-Brägelmann, S. (Hrsg.; 1993): Die Anhörung von Kindern als Opfer sexuellen Mißbrauchs. Rostock (Hanseatischer Fachverlag für Wirtschaft).

Kühne, A. & M.-L. Kluck (1995): Sexueller Mißbrauch – forensisch-psychologische und psychodiagnostische Aspekte. Zeitschrift für das Gesamte Familienrecht, Heft 16, 981-986.

Krück, U. (1989): Psychische Schädigungen minderjähriger Opfer von gewaltlosen Sexualdelikten auf verschiedenen Altersstufen. Monatsschrift für Kriminologie und Strafrechtsreform, 72, 313-325.

Lempp, R. (1989): Mißhandlung und sexueller Mißbrauch. In: Eggers, Chr., R. Lempp, G. Nissen & P. Strunk (Hrsg.; 1989): Kinder- und Jugendpsychiatrie. Berlin (Springer), S. 587-594.

Meyer, P., A. Höver & W. Bach (1997[20]): Gesetz über die Entschädigung von Zeugen und Sachverständigen. Köln (Heymanns).

Roemer, A. & P. Wetzels (1991): Zur Diagnostik sexuellen Mißbrauchs bei Kindern in der forensisch-psychologischen Praxis. Praxis der Forensischen Psychologie, 1, 22-31.

Salzgeber, J., M. Stadler, G. Drechsel & C. Vogel (Hrsg.; 1989): Glaubhaftigkeitsbegutachtung. Mit Beiträgen von Eckehard Littmann, Hans Szewczyk, Udo Undeutsch und Hermann Wegener. München (Profil).

Sporer, S. (1997): Kinder vor Gericht: soziale und kognitive Voraussetzungen der Aussagen von Kindern. Psychologische Rundschau, 48 (3), 141-162.

Steller, M. & G. Köhnken (1989): Criteria-based statement analysis. In: Raskin, D. (Eds.; 1989): Psychological methods in criminal investigation and evidence. New York (Springer), p. 217-245.

Steller, M. & R. Volbert (1997): Psychologie im Strafverfahren. Bern (Huber).

Steller, M. & R. Volbert (1999): Forensisch-aussagepsychologische Begutachtung (Glaubwürdigkeitsbegutachtung). Praxis der Rechtspsychologie, 9 (2), 46-106.

Volbert; R. & V. Pieters (1996): Suggestive Beeinflussung von Kinderaussagen. Psychologische Rundschau, 47, 183-198.

Undeutsch, U. (1967): Beurteilung der Glaubhaftigkeit von Zeugenaussagen. In: Undeutsch, U. (Hrsg.; 1967): Forensische Psychologie, Handbuch der Psychologie, Bd. 11. Göttingen (Verlag für Psychologie), S. 26-181.

Undeutsch, U. (1983): Vernehmung und non-verbale Information. In: Kube, E., H.-U. Störzer & S. Brugger (Hrsg.; 1983): Wissenschaftliche Grundlagen und Perspektiven. Wiesbaden, Schriftenreihe des BKA, 16 /1, 389-418.

8.7.5.2 Psychophysiologische Aussagebeurteilung

Fiedler, K. (1999): Gutachterliche Stellungnahme zur wissenschaftlichen Grundlage der Lügendetektion mit Hilfe sogenannter Polygraphentests. Praxis der Rechtspsychologie, 9, 5-44.

Greuel, L. (1998): Der Einsatz des Polygraphen in der Behandlung und Überwachung hochrückfall-gefährdeter Sexualstrafttäter. Praxis der Rechtspsychologie, 8, 54-70.

Greuel, L. & M. Stadler (1997): Formale Aspekte psychologischer Polygraphiegutachten. Praxis der Rechtspsychologie, 7 (2), 222-228.

Rill, H.G. & G. Vossel (1998): Psychophysiologische Täterschaftsbeurteilung („Lügendetektor", „Polygraphie"): Eine kritische Analyse aus psychophysiologischer und psychodiagnostischer Sicht. Neue Zeitschrift für Strafrecht, 18, 482-486.

Steller, M. & K.-P. Dahle (1999): Grundlagen, Methoden und Anwendungsprobleme psychophysiologischer Aussage- bzw. Täterschaftsbeurteilung („Polygraphie", „Lügendetektion"). Praxis der Rechtspsychologie, 9, 127-204.

Tent, L. (1967): Psychologische Tatbestandsdiagnostik (Spurensymptomatologie, Lügendetektion). In: Undeutsch, U. (Hrsg.; 1967): Forensische Psychologie, Handbuch der Psychologie, Bd. 11. Göttingen (Verlag für Psychologie – Hogrefe), S. 185-259.

Undeutsch, U. & G. Klein (1999): Wissenschaftliches Gutachten zum Beweiswert psychophysiologischer Untersuchungen. Praxis der Rechtspsychologie, 9, 45-126.

Volckart, B. (1998): Das Verwertungsverbot für Lügendetektortests. Recht und Psychiatrie, 16, 138-144.

8.7.5.3 Jugendstrafrecht – strafrechtliche Verantwortlichkeit

Nedopil, N. (1996): Forensische Psychiatrie – Klinik, Begutachtung und Behandlung zwischen Psychiatrie und Recht. Stuttgart (Thieme; C.H. Beck).

Rasch, W. (1986): Forensische Psychiatrie. Stuttgart (Kohlhammer).

Strunk, P., M. Rapp & A. Wenn (1995): Zur strafrechtlichen Verantwortlichkeit aus jugendpsychiatrischer Sicht. In: Busch, M., H. Müller-Dietz & H. Wetzstein (Hrsg.; 1995): Zur Praxis der Jugendstrafrechtspflege und ihrer wissenschaftlichen Begründung, S. 147-167.

Wegener, H. (1992[2]): Einführung in die Forensische Psychologie. Darmstadt (Wissenschaftliche Buchgesellschaft).

8.7.5.4 Erwachsenenstrafrecht – Schuldfähigkeit und strafrechtliche Verantwortlichkeit

Blau, G. (1962): Der psychologische Sachverständige im Strafprozeß. In: Blau, G. & E. Müller-Luckmann (Hrsg.; 1962). Gerichtliche Psychologie. Neuwied (Luchterhand), S. 344-376.

Heinz, G. (1982): Fehlerquellen forensisch-psychiatrischer Gutachten. Heidelberg (Kriminalistik - Wissenschaft und Praxis).

Maisch, H. (1984): Disziplinen und Methodologie psychologisch-psychiatrischer Sachverständiger. Recht und Psychiatrie, S. 162-170.

Müller-Isberner, R. & S. Gonzales – Cabeza (Hrsg.; 1998): Forensische Psychiatrie: Schuldfähigkeit, Kriminaltherapie, Kriminalprognose. Bad Godesberg (Forum).

Nedopil, N. (1996): Forensische Psychiatrie - Klinik, Begutachtung und Behandlung zwischen Psychiatrie und Recht. Stuttgart (Thieme, C.H. Beck).

Rasch, W. (1986): Forensische Psychiatrie. Stuttgart (Kohlhammer).

Saß, H. (Hrsg.; 1993): Affektdelikte. Interdisziplinäre Beiträge zur Beurteilung von affektiv akzentuierten Straftaten. Berlin (Springer).

Thomae, H. & J. Mathey (1983): Psychologische Beurteilung der Schuldfähigkeit. In: Lösel, F. (Hrsg.; 1983) Kriminalpsychologie. Weinheim (Beltz), S. 180-190.

Undeutsch, U. (1974): Schuldfähigkeit unter psychologischem Aspekt. In: Eisen, G. (Hrsg.: 1974): Handwörterbuch der Rechtsmedizin, Bd. II. Stuttgart (Enke), S. 91-115.

Venzlaff, U. & K. Foerster (Hrsg.; 2000[3]): Psychiatrische Begutachtung. München, Jena (Urban & Fischer).

8.7.5.5 Justiz- und Maßregelvollzug

Duncker, H. (1998): Behandlung und Rehabilitation psychisch kranker Delinquenten im Maßregel-vollzug. Recht und Psychiatrie, 16, 134-137.

Kaiser, G.; H.-J. Kerner & H. Schöch (1992): Strafvollzug. Ein Lehrbuch. Heidelberg (C. F. Müller).

Kerner, H.-J., G. Dolde & H.-G. Mey (1996): Jugendstrafvollzug und Bewährung – Analysen zum Vollzugsverlauf und zur Rückfallentwicklung. Godesberg (Forum).

Laubenthal, K. (1995): Strafvollzug. Berlin (Springer).

Schwind, H.-D. & G. Blau (1988²): Strafvollzug in der Praxis. Eine Einführung in die Probleme und Realitäten des Strafvollzugs und der Entlassenenhilfe. Berlin (de Gruyter).

Stock, S. (1993): Behandlungsuntersuchung und Vollzugsplan. Zum Instrumentarium einer an Rückfallverhinderung orientierten Ausgestaltung des Strafvollzugs in der Bundesrepublik Deutschland. Egelsbach (Hansel-Hohenhausen).

Volckart, B. (1991): Maßregelvollzug. Das Recht des Vollzuges der Unterbringung nach §§ 63, 64 StGB in einem psychiatrischen Krankenhaus und in einer Entziehungsanstalt. Neuwied (Luchterhand).

8.7.6 Arbeits- und Sozialrecht

Ecker, W. (1986): Sozialgerichtliche Rechtsprechung zur Neurosebeurteilung. In: Venzlaff, U. (Hrsg.; 1986): Psychiatrische Begutachtung. Stuttgart (S. Fischer), S. 535-548.

Erlenkämper, A. (2000³): Sozialrecht – rechtliche Grundlagen. In: Venzlaff, U. & K. Foerster (Hrsg.; 2000³): Psychiatrische Begutachtung. München, Jena (Urban, Fischer), S. 461-505.

Foerster, K. (2000³): Psychiatrische Begutachtung im Sozialrecht. In: Venzlaff, U. & K. Foerster (Hrsg., 2000³): Psychiatrische Begutachtung. München, Jena (Urban, Fischer), S. 505-522.

Kühne, A., H. J. Freyberger & H. Freyberger (1994): Das psychosomatische und psychologische Gutachten – am Beispiel des Gutachtens im Sozialgerichtsverfahren. psychomed, Heft 2, 6. Jg., 119-124.

8.7.7 Verwaltungsrecht

8.7.7.1 Fahreignung

Antons, K. & W. Schulz (1990): Normales Trinken und Suchtentwicklung. Göttingen (Verlag für Psychologie – Hogrefe).

Bode, J. & W. Winkler (1994): Fahrerlaubnis, Eignung, Entzug, Wiedererteilung. Bonn (deutscher Anwaltsverlag).

Bundesminister für Verkehr (Hrsg.; 1996⁵): Krankheit und Kraftverkehr. Begutachtungsleitlinien des Gemeinsamen Beirats für Verkehrsmedizin beim Bundesministerium für Verkehr und beim Bundesministerium für Gesundheit. Schriftenreihe, Heft 73. Bonn (Köllen Druck).

Friedel, B. & E. Lappe (2000³): Fahreignung psychisch kranker Patienten. In: Venzlaff, U. & K. Foerster (Hrsg., 2000³): Psychiatrische Begutachtung. München, Jena (Urban, Fischer), S. 523-548.

Gehrmann, L. & U. Undeutsch (1995): Das Gutachten der MPU und Kraftfahreignung. Das Gutachten der medizinisch-psychologischen Untersuchungsstellen (MPU) als Grundlage für die Beurteilung der Eignung zum Führen von Kraftfahrzeugen. München (Beck).

Haus, K.-L. (1992): Eignungsbegutachtung aufgrund medizinisch-psychologischer Gutachten – Rheinland-Pfalz erläßt landeseinheitliche Kriterien für die Bewertung von Gutachten. zfs 92, 145.

Himmelreich, K. & P. Hentschel (1990[6]): Fahrverbot, Führerscheinentzug. Düsseldorf (Werner).

Himmelreich, K. & H. Janker (1999[2]): MPU-Begutachtung mit geändertem StVG und der neuen Fahrerlaubnis-VO. Ein juristischer Leitfaden zur psychologischen Beurteilung der Fahreignung. Düsseldorf (Werner).

Kroj, G. (1997): Die medizinisch-psychologische Untersuchung von Kraftfahrern. Die Fahreignungsuntersuchung aus psychologischer Sicht. VGT, 303 ff.

Kürti, K. (1986): Fehlerquellen bei der psychologischen Fahreignungsbegutachtung. BA, 381 ff.

Kürti, K. & D. Bringewatt (1995): Geheimsprache TÜVologischer Fahreignungsbegutachtung. Leitfaden zum Entschlüsseln wahren Inhalts von MPU-Gutachten für Betroffene, Juristen und Mitarbeiter von Führerscheinstellen. Düsseldorf.

Lewrenz, H. (1992): Eignungsbegutachtung bei Alkoholtätern nach Entziehung der Fahrerlaubnis. Das nachvollziehbare Eignungsgutachten. VGT, 169 ff.

Müller, A. (1984): Verkehrspsychologie: Begutachtung der Fahrtauglichkeit. In. Hartmann, H. A. & R. Haubl (Hrsg.; 1984): Psychologische Begutachtung. München (Urban & Schwarzenberg), 306-328.

Risser, R. (2001): Einige Bereiche der Verkehrspsychologie zum Jahrtausendwechsel. Zeitschrift für Verkehrssicherheit 47 (2001) 3, S. 103-115.

Schneider, W. & G. Schubert (1967): Die Begutachtung der Fahreignung. In: Handbuch der Psychologie, Bd. 11, Forensische Psychologie. Göttingen (Hogrefe), S. 671 ff.

Sohn, J.-M. (1997): Fehler erster und zweiter Art bei der Begutachtung verkehrsauffälliger Kraftfahrer. In: Baumgärtel, F., F.-W. Wilker & U. Winterfeld (Hrsg.; 1997): Innovation und Erfahrung - Analysen, Planungen und Erfahrungsberichte aus psychologischen Arbeitsfeldern. Bonn (Deutscher Psychologen Verlag), S. 33-41.

Stephan, E. (1992): Naturwissenschaftlich-psychologische Verkehrsprognose und Wagniswürdigung in der Eignungsbeurteilung. DAR 1992, 1.

Winkler, W. (1998): Fahreignungsbegutachtung und Nachschulung verkehrsauffälliger Kraftfahrer - Entwicklung – Stand – Zukunftsperspektiven. Verteidigung in Verkehrsstrafsachen. Schriftenreihe der Arbeitsgemeinschaft Verkehrsrecht im DAV. Bonn. S. 21 ff.

Zabel, G. E. & F.-A. Comes (1997): Obergutachten bei Fahreignungszweifeln wegen Alkoholauffälligkeit oder sonstiger charakterlicher Ungeeignetheit. BA 1997, 321 ff.

8.7.7.2 Fragestellungen anderer Behörden und Organisationen

8.7.7.2.1 Diagnostik in der Schule und im Bildungsbereich

Bundschuh, K. (1996[4]): Einführung in die sonderpädagogische Diagnostik. Göttingen (Verlag für Psychologie - Hogrefe).

Brickenkamp, R. (1997[2]): Handbuch psychologischer und pädagogischer Tests. Göttingen (Hogrefe Verlag).

Eggert, D. (1997). Von den Stärken ausgehen. Dortmund (Modernes Leben).

Groffmann, K.-J. & L. Michel (Hrsg.; 1983): Intelligenz- und Leistungsdiagnostik. Enzyklopädie der Psychologie. Serie „Psychologische Diagnostik", Bd. 2. Göttingen (Verlag für Psychologie – Hogrefe).

Heuer, G.U. (1999[2]): Beurteilen - Beraten - Fördern. Materialien zur Diagnose, Therapie und Bericht- / Gutachtenerstellung bei Lern-, Sprach- und Verhaltensauffälligkeiten in Vor-, Grund- und Sonderschule. Göttingen (Verlag für Psychologie - Hogrefe).

Langfeldt, H.-P. & L. Tent (1999): Pädagogisch-psychologische Diagnostik. Bd. 2: Anwendungsbereiche und Praxisfelder. Göttingen (Verlag für Psychologie – Hogrefe).

Tent, L. & I. Steltzl (1993): Pädagogisch-psychologische Diagnostik. Bd. 1: Theoretische und methodische Grundlagen. Göttingen (Verlag für Psychologie – Hogrefe).

8.7.7.2.2 Berufseignung, Personalauswahl, Rehabilitation

Eckardt, H.-H. (1989): Der Psychologische Dienst der Bundesanstalt für Arbeit. Psychologische Rundschau, 38, 69-81.

Eckardt, H.-H. & R. Hilke (1994[2]): Psychologischer Dienst. Aufgaben und Praxis der Bundesanstalt für Arbeit. Bd. 246. Stuttgart (Kohlhammer).

Eckardt, H.-H. & H. Schuler (1988): Berufseignungsdiagnostik. In: Jäger, R. S. (Hrsg.; 1988): Psychologische Diagnostik. München, Weinheim (Psychologie Verlags Union), S. 451-467.

Eckardt, H.-H. (1991): Die Unterstützung individueller beruflicher Entscheidungen durch den Einsatz von Tests und Selbsterkundungsverfahren. In: Ingenkamp, K. & R. S. Jäger (Hrsg.; 1991): Tests und Trends. 9. Jahrbuch der Psychologischen Diagnostik. Weinheim (Beltz), S. 109-150.

Hilke, R. & H. Hustedt (1997): Berufswahlunterstützung - Alexander L., 16 Jahre. In: Kubinger, K.-D. & H. Teichmann (Hrsg.; 1997): Psychologische Diagnostik und Interventionen an Fallbeispielen. Weinheim (Psychologie Verlags Union), S. 89-108.

Kubinger, K. D. & H. Teichmann (Hrsg.; 1997): Psychologische Diagnostik und Interventionen an Fallbeispielen. Weinheim (Psychologie Verlags Union).

Kubinger, K. D. (1999): Moderne Testtheorie. Weinheim (Psychologie Verlags Union).

Sarges, W. (Hrsg.; 2000[3]): Management-Diagnostik. Göttingen (Verlag für Psychologie – Hogrefe).

Schuler, H. (1998[2]): Psychologische Personalauswahl. Einführung in die Berufseignungsdiagnostik. Wirtschaftspsychologie, Bd. 5. Göttingen (Verlag für Psychologie – Hogrefe).

Schuler, H. (Hrsg.; 1991): Beurteilung und Förderung beruflicher Leistung. Beiträge zur Organisationspsychologie, Bd. 4. Göttingen (Verlag für Psychologie – Hogrefe).

8.7.7.2.3 Psychiatrische Begutachtung

Diederichsen, U. & M. Dröge (2000[3]): Zivilrecht – Juristische Voraussetzungen. In: Venzlaff, U. & K. Foerster (Hrsg; 2000[3]): Psychiatrische Begutachtung. München – Jena (Urban, Fischer), S. 361-424.

Ecker, W. (1986): Sozialgerichtliche Rechtsprechung zur Neurosebeurteilung. In: Venzlaff, U. (Hrsg.; 1986): Psychiatrische Begutachtung. Stuttgart (S. Fischer), S. 535-548.

Erlenkämper, A. (2000[3]): Sozialrecht - rechtliche Grundlagen. In: Venzlaff, U. & K. Foerster (Hrsg.; 2000[3]): Psychiatrische Begutachtung. München, Jena (Urban, Fischer), S. 461-505.

Foerster, K. (2000[3]): Psychiatrische Begutachtung im Sozialrecht. In: Venzlaff, U. & K. Foerster (Hrsg., 2000[3]): Psychiatrische Begutachtung. München, Jena (Urban, Fischer), S. 505-522.

Heinz, G. (1982): Fehlerquellen forensisch-psychiatrischer Gutachten. Heidelberg (Kriminalistik - Wissenschaft und Praxis). In: Lösel, F. (Hrsg.; 1982). Kriminalpsychologie. Weinheim (Beltz), 180-190).

Kisker, K.-P. u.a. (1989): Alterspsychiatrie. Psychiatrie der Gegenwart, Bd. 8, Berlin (Springer).

Lempp, R. (1983): Gerichtliche Kinder- und Jugendpsychiatrie. Bern (Huber).

Lempp, R. (1989): Mißhandlung und sexueller Mißbrauch. In: Eggers, Chr., R. Lempp, G. Nissen & P. Strunk (Hrsg.; 1989): Kinder- und Jugendpsychiatrie. Berlin (Springer), S. 587-594.

Maisch, H. (1984): Disziplinen und Methodologie psychologisch-psychiatrischer Sachverständiger. Recht und Psychiatrie, S. 162-170. Maisch, H. (1984): Disziplinen und Methodologie psychologisch-psychiatrischer Sachverständiger. Recht und Psychiatrie, S. 162-170.

Müller-Isberner, R. & S. Gonzales–Cabeza (Hrsg.; 1998): Forensische Psychiatrie: Schuldfähigkeit, Kriminaltherapie, Kriminalprognose. Bad Godesberg (Forum).

Nedopil, N. (1996): Forensische Psychiatrie – Klinik, Begutachtung und Behandlung zwischen Psychiatrie und Recht. Stuttgart (Thieme, C.H. Beck).

Rasch, W. (1986): Forensische Psychiatrie. Stuttgart (Kohlhammer).

Rausch, H. J. (1984): Nochmals: Gutachterliche Kompetenz bei der Klärung der Schuldfähigkeit oder: Der Streit zwischen Psychiatrie und Psychologie. NStZ, S. 497-500.

Strunk, P., M. Rapp & A. Wenn (1995): Zur strafrechtlichen Verantwortlichkeit aus jugend-psychiatrischer Sicht. In: Busch, M., H. Müller-Dietz & H. Wetzstein (Hrsg.; 1995): Zur Praxis der Jugendstrafrechtspflege und ihrer wissenschaftlichen Begründung, S. 147-167.
Venzlaff, U. & K. Foerster (Hrsg.; 2000[3]): Psychiatrische Begutachtung. München, Jena (Urban & Fischer).
Volckart, B. (1991): Maßregelvollzug. Das Recht des Vollzuges der Unterbringung nach §§ 63, 64 StGB in einem psychiatrischen Krankenhaus und in einer Entziehungsanstalt. Neuwied (Luchterhand).

8.8 Abrechnung von Gutachten

Bleutge, P. (1995): Das Gesetz über die Entschädigung von Zeugen und Sachverständigen – Kommentar. Essen (Verlag für Wirtschaft und Verwaltung - Hubert Wingen).
Meyer, P., A. Höver, & W. Bach (1997[20]): Gesetz über die Entschädigung von Zeugen und Sachverständigen. Köln (Heymanns).

9 Anhang

9.1 Abbildungen

9.2 Tabellen

9.3 Grundsätze für die Durchführung der Untersuchungen und die Erstellung der Gutachten
(Anlage 15 zu § 11 Abs. 5 der Fahrerlaubnis-Verordnung – FeV)

1. Die Untersuchung ist unter Beachtung folgender Grundsätze durchzuführen:

   a) Die Untersuchung ist anlaßbezogen und unter Verwendung der von der Fahrerlaubnisbehörde zugesandten Unterlagen über den Betroffenen vorzunehmen. Der Gutachter hat sich an die durch die Fahrerlaubnisbehörde vorgegebene Fragestellung zu halten.

   b) Gegenstand der Untersuchung sind nicht die gesamte Persönlichkeit des Betroffenen, sondern nur solche Eigenschaften, Fähigkeiten und Verhaltensweisen, die für die Kraftfahreignung von Bedeutung sind (Relevanz zur Kraftfahreignung).

   c) Die Untersuchung darf nur nach anerkannten wissenschaftlichen Grundsätzen vorgenommen werden.

   d) Vor der Untersuchung hat der Gutachter den Betroffenen über Gegenstand und Zweck der Untersuchung aufzuklären.

   e) Über die Untersuchung sind Aufzeichnungen anzufertigen.

   f) In den Fällen der §§ 13 und 14 ist Gegenstand der Untersuchung auch das voraussichtliche künftige Verhalten des Betroffenen, insbesondere ob zu erwarten ist, daß er nicht oder nicht mehr ein Kraftfahrzeug unter Einfluß von Alkohol oder Betäubungsmitteln/Arzneimitteln führen wird. Hat Abhängigkeit von Alkohol oder Betäubungsmitteln/Arzneimitteln vorgelegen, muß sich die Untersuchung darauf erstrecken, daß die Abhängigkeit nicht mehr besteht. Bei Alkoholmißbrauch, ohne daß Abhängigkeit vorhanden war oder ist, muß sich die Untersuchung darauf erstrecken, ob der Betroffene den Konsum von Alkohol einerseits und das Führen von Kraftfahrzeugen im Straßenverkehr andererseits zuverlässig voneinander trennen kann. Dem Betroffenen kann die Fahrerlaubnis nur dann erteilt werden, wenn sich bei ihm ein grundlegender Wandel in seiner Einstellung zum Führen von Kraftfahrzeugen unter Einfluß von Alkohol oder Betäubungsmitteln/Arzneimitteln vollzogen hat. Es müssen zum Zeitpunkt der Erteilung der Fahrerlaubnis Bedingungen vorhanden sein, die zukünftig einen Rückfall als unwahrscheinlich erscheinen lassen. Das Gutachten kann empfehlen, daß durch geeignete und angemessene Auflagen später überprüft wird, ob sich die günstige Prognose bestätigt. Das Gutachten kann auch geeignete Kurse zur Wiederherstellung der Kraftfahreignung empfehlen.

   g) In den Fällen des § 2 a Abs. 4 Satz 1 und Abs. 5 Satz 5 oder des § 4 Abs. 10 Satz 3 des Straßenverkehrsgesetzes oder des § 11 Abs. 3 Nr. 4 oder 5 dieser Verordnung ist Gegenstand der Untersuchung auch das voraussichtliche künftige Verhalten des Betroffenen, ob zu erwarten ist, daß er nicht mehr erheblich oder nicht mehr wiederholt gegen verkehrsrechtliche Bestimmungen oder gegen Strafgesetze verstoßen wird. Es sind die Bestimmungen von Buchstabe f Satz 4 bis 7 entsprechend anzuwenden.

2. Das Gutachten ist unter Beachtung folgender Grundsätze zu erstellen:
    a) Das Gutachten muß in allgemeinverständlicher Sprache abgefaßt sowie nachvollziehbar und nachprüfbar sein.
       Die Nachvollziehbarkeit betrifft die logische Ordnung (Schlüssigkeit) des Gutachtens. Sie erfordert die Wiedergabe aller wesentlichen Befunde und die Darstellung der zur Beurteilung führenden Schlußfolgerungen.
       Die Nachprüfbarkeit betrifft die Wissenschaftlichkeit der Begutachtung. Sie erfordert, daß die Untersuchungsverfahren, die zu den Befunden geführt haben, angegeben und, soweit die Schlußfolgerungen auf Forschungsergebnisse gestützt sind, die Quellen genannt werden. Das Gutachten braucht aber nicht im einzelnen die wissenschaftlichen Grundlagen für die Erhebung und Interpretation der Befunde wiederzugeben.
    b) Das Gutachten muß in allen wesentlichen Punkten insbesondere im Hinblick auf die gestellten Fragen (§ 11 Abs. 6) vollständig sein. Der Umfang eines Gutachtens richtet sich nach der Befundlage. Bei eindeutiger Befundlage wird das Gutachten knapper, bei komplizierter Befundlage ausführlicher erstattet.
    c) Im Gutachten muß dargestellt und unterschieden werden zwischen der Vorgeschichte und dem gegenwärtigen Befund.

3. Die medizinisch-psychologische Untersuchung kann unter Hinzuziehung eines beeidigten oder öffentlich bestellten oder vereidigten Dolmetschers oder Übersetzers, der von der Begutachtungsstelle für Fahreignung bestellt wird, durchgeführt werden. Die Kosten trägt der Betroffene.

4. Wer eine Person in einem Kurs zur Wiederherstellung der Kraftfahreignung oder in einem Aufbauseminar betreut, betreut hat oder voraussichtlich betreuen wird, darf diese Person nicht untersuchen oder begutachten.

9.4 Gutachten-Gliederung

0	**Information über den Auftrag (Titelblatt)**
0.1	Art der Darstellung (Gutachten, Stellungnahme, Bericht ...)
0.2	Thema
0.3	Erstellungsdatum
0.4	Auftraggeber, Auftragsdatum, Aktenzeichen des Auftraggebers; Adressat und ggf. Verteiler
0.5	Personaldaten des Klienten bzw. Patienten (wenn er nicht mit dem Auftraggeber identisch ist)
0.6	Sachverständiger/Gutachter (mit Anschrift und Telefon-Nr.)
0.7	Umfang von Text und Anhang
0.8	Inhaltsübersicht
1	**Beauftragung**
2	**Anlass für die Begutachtung**
2.1	Ereignis (z. B. Unfall, Krankheit, Bewerbung um eine Stelle, Verlust der Fahrerlaubnis, Ehescheidung)
2.2	Aktueller Stand des Verfahrens (z. B. bei Verwaltungsverfahren und Instanzen bei gerichtlichen Auseinandersetzungen)
2.3	Beweisbeschluss des Gerichts oder Verfügung der Verwaltungsbehörde
3	**Fragestellung** (Antworten unter Punkt 6) Exakte Wiedergabe der Fragestellung des Auftraggebers und sachgerechte Strukturierung im Rahmen der Arbeitshypothesen des Sachverständigen
4	**Informationquellen**
4.1	Gerichtsakten, Verwaltungsakten
4.2	Untersuchungsberichte und Gutachten von Voruntersuchern
4.3	Augenzeugenberichte, mündliche Mitteilungen Beteiligter
4.4	Vorliegender Schriftverkehr
4.5	Rechtsgrundlagen
4.6	Fallrelevante Fachliteratur
4.7	Untersuchungen des/der Sachverständigen (Dokumentation: unter Punkt 5)
5	**Untersuchung(en) des/der Sachverständigen**
5.1	**Untersuchungssituation(en)**
5.1.1	Ort(e), Raum bzw Räume, Service
5.1.2	Termin(e), Zeitpunkt(e), Zeitrahmen
5.1.3	Untersucher, Assistenz
5.1.4	Einzel– bzw. Gruppenuntersuchungen
5.2	**Untersuchungsmethoden**
5.2.1	Auswahl der Untersuchungsmethoden
5.2.2	Aktenanalyse(n)
5.2.3	Exploration(en)
5.2.4	Verhaltensbeobachtung
5.2.5	Tests und apparative Verfahren

9.2	Bilder	(z. B. Dokumentation von Verletzungen oder Wohnsituation durch Fotos)
9.3	Diagramme	(z. B. Entwicklungsverläufe)
9.4	Schemazeichnungen	(z. B. Lageskizzen)
9.5	Testergebnisse	(z. B. Zeichnungen von untersuchten Kindern)

9.5 Anamnese-Mosaik
(Dilling, H. & Chr. Reimer, 1995)

Datum der Untersuchung   Untersucher

Name (Geburtsname), **Vorname** (Geschlecht)
Geburtstag (Alter)   Geburtsort
Wohnung (Telefon)   Zwilling
Überwiesen von: wegen:

Biographie

Äußere Innere

Schwangerschaft	Erwünschtheit
Geburt	frühkindliche Entwicklung
Kindergarten	Primordialsymptome, Neurotizismen
Schulen	Bezugspersonen, Erziehungsstil
Studium/Lehre	Erleben von Zärtlichkeit
Militär	Pubertät, Geschlechtsrolle
Berufswahl	Freunde, Sekundäre Gruppen
Beruf/Arbeit	Reaktionen auf Verluste/Kränkungen
Arbeitslosigkeit	Umgang mit Besitz, Ehrgeiz, Ordnung
	Allgemeines Lebensgefühl
	Religiöse Bindung
	Hobbies, Interessen

Prämorbide Persönlichkeitseigenschaften

Familienanamnese

(Psychiatrische Erkrankungen, Erbkrankheiten, Suizide, Sucht, psychische Belastungen, Kriminalität)

Vater (Alter, Beruf)

Mutter (Alter, Beruf)

Elternehe (Dominanz, Rollenverhalten)

Patient .... Geschwisterstelle von ...... Kindern (als „Bruch", z. B. 3/4)
(Halb-, Stief-)Geschwister (Alter, Beruf, Familienstand, Kinder)

Sexuelle Entwicklung (Stellenwert der Sexualität, Aufklärung, Pubertät, Onanie.
Menarche, erster Geschlechtsverkehr, Gravidität, Konzeptionsverhütung, Interruptio,
Menopause, sexuelle Befriedigung, Dysfunktion, Perversion)

Ehe, Partnerschaft (Alter, Beruf, Beginn der Bekanntschaft, Jahr der Heirat, Qualität
der Ehe)

Kinder/Stiefkinder (Vorname, Alter, Ausbildung, Beruf, Legitimität)

Sozialkontakte (Nachbarn, Freunde)   **Wohnen**
                                          (mit wem? wie?)
Wirtschaftliche Verhältnisse (Schulden)

Kriminalität (Gefängnis, Bewährung)

Frühere somatische Erkrankungen
(Krankenhaus, Unfälle, venerische Erkrankungen, Name des Hausarztes)

Spezielle Vorgeschichte
(Auslöser)
Beginn (psychiatrische/psychotherapeutische Vorbehandlung, wo? wann? bei
wem?)

Suizidversuche(-gedanken)

Sucht/Mißbrauch (Tabletten, Alkohol, Nikotin, Rauschdrogen etc., Spiel)

Diagnosen (Persönlichkeitsstruktur, psychiatrische Diagnosen evtl. mehrere
Achsen, Suizidalität, somatische Diagnosen); Versuch der psychodynamischen
Interpretation mit Darstellung des Zusammenhanges zwischen Biographie und
Erkrankung und Einbeziehung von familiendynamischen Aspekten.

Therapieplan

Jetzige Erkrankung, Beschwerden
Beginn, Auslöser, Konflikte, Belastungen, (**Medikamente**)

Psychisch (Äußeres, Eindruck auf den Untersucher, psychopathologischer Befund,
Abwehrmechanismen, Übertragung, Gegenübertragung)

9.6 Voraussetzungen für die amtliche Anerkennung als Begutachtungsstelle für Fahreignung
(FeV Anl. 14 zu § 66 Abs. 2)

Die Anerkennung kann erteilt werden, wenn insbesondere
1. die erforderliche finanzielle und organisatorische Leistungsfähigkeit des Trägers gewährleistet ist,
2. die erforderliche personelle Ausstattung mit einer ausreichenden Anzahl von Ärzten und Psychologen sichergestellt ist,
3. für Bedarfsfälle ein Diplomingenieur zur Verfügung steht, der die Voraussetzungen für die Anerkennung als amtlich anerkannter Sachverständiger oder Prüfer für den Kraftfahrzeugverkehr erfüllt,
4. die erforderliche sachliche Ausstattung mit den notwendigen Räumlichkeiten und Geräten sichergestellt ist;
5. der Träger einer Begutachtungsstelle für Fahreignung nicht zugleich Träger von Maßnahmen der Fahrausbildung oder von Kursen zur Wiederherstellung der Kraftfahreignung ist,
6. die Stelle von der Bundesanstalt für Straßenwesen akkreditiert ist,
7. die Teilnahme von Personen nach Nummer 2 an einem regelmäßigen und bundesweiten Erfahrungsaustausch unter Leitung der Bundesanstalt für Straßenwesen sichergestellt wird.
8. die wirtschaftliche Unabhängigkeit der Gutachter von der Gebührenerstattung im Einzelfall und vom Ergebnis der Begutachtungen gewährleistet ist und
9. der Antragsteller, bei juristischen Personen die nach Gesetz oder Satzung zur Vertretung berufenen Personen, zuverlässig sind.

Die Anerkennung kann mit Nebenbestimmungen, insbesondere mit Auflagen verbunden werden, um den vorgeschriebenen Bestand und die ordnungsgemäße Tätigkeit der Untersuchungsstelle zu gewährleisten.

Anforderungen an den Arzt:

Arzt mit mindestens zweijähriger klinischer Tätigkeit (insbesondere innere Medizin, Psychiatrie, Neurologie) oder Facharzt,
zusätzlich mit mindestens einjähriger Praxis in der Begutachtung der Eignung von Kraftfahrern in einer Begutachtungsstelle für Fahreignung.

Anforderungen an den Psychologen:

Diplom in der Psychologie, mindestens zweijährige praktische Berufstätigkeit (in der Regel in der klinischen Psychologie, Arbeitspsychologie) und mindestens eine einjährige Praxis in der Begutachtung der Eignung von Kraftfahrern in einer Begutachtungsstelle für Fahreignung.

10 Sachregister

A

Abbildungen 15, 20, 91, 205, **232**, 261, 263, 266, 267, 294
Abkürzungen 15, 199, **216** ff., 219, 266
Ablehnung 22, 38, **49** ff., 63, 166, 174
 – Ablehnung des Sachverständigen **49** ff., 50, 75, 242
 – Ablehnungsgründe 47, 49, 51
Abrechnung des Gutachtens 35, 86, 102, 177, 261, **269** ff.
Absender des Gutachtens **139**
Abwägungsprozess 27
Adressat des Gutachtens 26, 36, 135, 213, 301
Akten 14, 18, 21, 42, 52, 54, 55, 60, 64, 81, 83, 245, 256, 258, 259, 260, 266, 267
 – Aktenanalyse **150** f., **187**
 – Aktenauszüge 138, 148, 150, 261, 272
 – Akteneinsicht 55
 – Aktenführung **256**
 – Aktenlage 129, 133, 138, 145, 150
 – Aktenzeichen 15, 20, 89, 131, 133, 135, **141** ff., 213, 266, 300
aktueller Wissensstand 72, 73, 74, 153, 155
Akzeptanz **22**
Alternativhypothese 101, 118
amtliche Anerkennung **304**
Anamnese 48, 54, 260, **302**, 303
 – biografische Daten 164
Anforderungen an Gutachten **13** ff.
Anhang 15, 20, 21, 24, **143**, **205**, 218, 231, 267, 300, 301
Anlagen 91, 117, 213, 257, 266
Anlass der Begutachtung, Begutachtungs-
 anlass 131, **144**
Annahmen 16, 22, 86, 88, 149, 203, 241, 244
Anschrift 20, 300
Antworten auf gestellte Fragen 20, 90, 105, 112, 144, 199, 203, 224, 252, 256
Anwesenheit des Sachverständigen 55
Arbeitshilfen **260** f.
Arbeitshypothesen 101, 118
Arbeitsrecht **291**
Argumentation 15, 16, 22, 96, 147, 150, 151, 176, 184, 222, 266
Arzt 36, 38, 42, 44, 45, 50, 51, 54, 55, 57, 58, 59, 72, 73, 79, 81, 91, 194, 211, 230, 237, 247, 248, 304

Aufgabenstellung **239** f.
Auftrag 5, **16** f., 28, 31, **33**, 51, 65, **84** ff., 89, 93, 95, 96, 104, 105, 116, 117, 118, 119, 129, 131, 132, 135, 138, 142, **144** ff. 203, 212, 221, 227, 235 ff., 252, 254, 258, 260, 268, 300
 – Auftraggeber 5, **13** ff., 46 f. 66, 71 f., 80, 81, 84, 85, **89** ff, **140** ff., **203** f., 252 f., 273 f.,
 – Auftragnehmer 202
 – Auftragsabwicklung 85, 140
 – Auftragsannahme 72
 – Auftragsbestätigung 119, 142, 144, 146, 239
 – Auftragserteilung **16** ff.
 – Unterauftrag 242, 244
Ausdruck 225, 226, 233, 234, 255
Aussagebeurteilung **289**
Aussagen 15, 36, 52, 69, 76, 132, 147, 148, 154, 207, 209, 222, 248
Auswahl des Sachverständigen **47** ff.
Auswertungsmethoden, Auswertungs-
 verfahren 15, 19, 21, 102, 130, 131, 137, 139, **196** f.

B

Beantwortung der Frage(n) **203**, **251** ff.
Beeidigung (s. auch Eid) **52**, 69
Befangenheit 16, 22, 42, 49, 52, 75, 129
Befunde **195**
Begriffe 20, 25, 31, 76, 191, 206, 213, 216, 221, 225 f., **228** ff.
 – Fachtermini 20, 233, 234, 266
 – Problematische Begriffe und Formulie-
 rungen 228
 – Superlative 228, 230
 – Unscharfe Begriffe 228
Begutachtung (s. Gutachten)
Begutachtungsanlass **144**
Begutachtungspflicht **38**
Begutachtungsstelle für Fahreignung **304**
Behandlungsversuche (s. auch Therapie) 137, 138, 151, **174**, 301
Bericht 141, 213, 300
Berufsethik **78** ff., **276** ff.
Berufsordnung 25, 46, 250
Berufspsychologe 41, 42, 43, 44
Berufstätigkeit **163**
Berufsverband Deutscher Psychologen e.V. 25

11 Glossar

Abkürzungen

AG	Aktiengesellschaft; Amtsgericht
Anl.	Anlage
ArbGG	Arbeitsgerichtsgesetz
Az	Aktenzeichen
BAK	Blutalkoholkonzentration
BDP	Berufsverband Deutscher Psychologinnen und Psychologen e. V.
B-T-S	Begabungs-Test-System
CT	Computer-Tomogramm
DSM	Diagnostisches und Statistisches Manual Psychischer Störungen
BDSG	Bundesdatenschutzgesetz
BGB	Bürgerliches Gesetzbuch
BGBI	Bundesgesetzblatt
BGH	Bundesgerichtshof
BGH St	Entscheidungen des BGH in Strafsachen
DAR	Deutsches Autorecht
DEKRA	Deutsche Kraftfahrzeug (Automobil GmbH)
DGPs	Deutsche Gesellschaft für Psychologie e. V.
DGVT	Deutsche Gesellschaft für Verhaltenstherapie e. V.
DS	Der Sachverständige
DIHT	Deutscher Industrie- und Handelstag
EEG	Elektroenzephalogramm
EKG	Elektrokardiogramm
FamRZ	Zeitschrift für das gesamte Familienrecht
FeV	Verordnung für die Zulassung von Personen zum Straßenverkehr (Fahreignungs-Verordnung)
FGG	Gesetz über die Angelegenheiten der freiwilligen Gerichtsbarkeit
FGO	Finanzgerichtsordnung
FuR	Familie und Recht
GA	Goldtammers Archiv für Strafsachen
GebOSt	Gebührenordnung für Maßnahmen im Straßenverkehr

GewO	Gewerbeordnung
GG	Grundgesetz
GKG	Gerichtskostengesetz
GOP	Gebührenordnung für Psychologen
GOÄ	Gebührenordnung für Ärzte
HAWIE	Hamburg-Wechsler-Intelligenztest für Erwachsene
HAWIK	Hamburg-Wechsler-Intelligenztest für Kinder
ICD	International Classification of Diseases
IHK	Industrie- und Handelskammer
IQ	Intelligenzquotient
I-S-T	Intelligenz-Struktur-Test
JGG	Jugendgerichtsgesetz
KfSachvG	Kraftfahrsachverständigengesetz
KJHG	Kinder- und Jugendhilfegesetz
LG	Landgericht
LuftVZO	Luftverkehrs-Zulassungs-Ordnung
MMPI	Minnesota Multiphasic Personality Inventory
MPU	Medizinisch-psychologische Untersuchung(sstelle)
MWSt	Mehrwertsteuer
NJW	Neue Juristische Wochenschrift
NStZ	Neue Zeitschrift für Strafrecht
OVG	Oberverwaltungsgericht
PKH	Prozesskostenhilfe
PsychKG	Gesetz über Hilfen für psychisch Kranke und Schutzmaßnahmen
PTG, PsychThG	Psychotherapeutengesetz
RStGB	Reichsstrafgesetzbuch
SGB	Sozialgesetzbuch
SGG	Sozialgerichtsgesetz
StGB	Strafgesetzbuch
StPO	Strafprozessordnung
StVG	Straßenverkehrsgesetz
StVO	Straßenverkehrs-Ordnung
StVZO	Straßenverkehrs-Zulassungs-Ordnung
StrÄnG	Strafrechtsänderungsgesetz
TÜV	Technischer Überwachungs-Verein
VwGO	Verwaltungsgerichtsordnung

VwVfG   Verwaltungsverfahrensgesetz
WHO   World Health Organisation (Weltgesundheitsorganisation)
ZPO   Zivilprozessordnung
ZSEG   Gesetz über die Entschädigung von Zeugen und Sachver-
                ständigen

Begriffe

Die Erläuterungen – insbesondere für Fachfremde gedacht – orientieren sich vorwiegend an den Definitionen im Duden, im Klinischen Wörterbuch von Pschyrembel, im Psychologischen Wörterbuch von Dorsch, im Rechtswörterbuch von Creifelds sowie im Goldmann-Lexikon.

Angiographie   Röntgenologische Darstellung der (Blut-)Gefäße (i.e.S. der Arterien) nach Injektion eines Rönt- genkontrastmittels.

Anomalie   Unregelmäßigkeit, Regelwidrigkeit.

Anorexie, Anorexia nervosa   Magersucht, Pubertätsmagersucht, psychogene Ess-Störung.

Arteriosklerose   Arterienverkalkung; krankhafte Veränderung der Arterien mit Verhärtung, Verdickung, Elastizi- tätsverlust und Lichtungseinengung.

Attribuierung   Die jeweilige Ursachenzuschreibung für eige- nes und fremdes Verhalten im Hinblick auf äu- ßere oder innere Bedingungen.

Bulimie, Bulimia nervosa   Heißhunger, Ess-Sucht, Fress-Sucht, psycho- gene Ess-Störung.

Chromosomen-Aberration   Veränderungen der Chromosomenstruktur.

Contergan(Syndrom)   Thalidomid-Embryopathie.

Degeneration   Entartung zellulärer Strukturen oder Funktionen infolge Schädigung der Zelle.

degenerative Hirnerkrankung   Hirnerkrankungen infolge von Rückbildungs- vorgängen oder Zerfall von Geweben bei Alte- rungsprozessen.

Diabetes   Zuckerkrankheit.

Diktion   Schreibart, Ausdrucksweise.

Embryo	Frucht in der Eizelle in der Gebärmutter in den ersten 2 (bzw. 3) Schwangerschaftsmonaten.
Embryopathie	Pränatale Erkrankung mit der Folge einer intrauterinen Entwicklungsstörung des Embryos.
Emotion	Gefühl, Affekt; Gemütsbewegung, Erregung.
endogen	Im Körper selbst entstanden; aus der besonderen Anlage des Körpers entstanden (Gegenteil: exogen).
endogene Depression	Synonym: Affektpsychose oder bipolare Depression; Schwermut mit unbekannter Entstehungsursache.
Enzephalitis	Entzündung des Gehirns.
Epilepsie	Zerebrale Funktionsstörung mit (Krampf-)Anfällen.
exogen	Außerhalb des Organismus entstanden, von außen in den Körper eindringend.
Exploration	Ein aus der medizinischen Fachsprache stammender Begriff für das Eruieren psychopathologischer Erscheinungen durch Befragung des Patienten. In der Psychologie wurde der Begriff auf die Ermittlung normaler psychischer Vorgänge und Verhaltensweisen durch Befragung des Probanden übertragen.
Extremitäten	Gliedmaßen.
Falsifikation	Widerlegung (z. B. einer Hypothese).
forensische Psychiatrie	Der Teil der Psychiatrie, der sich mit denjenigen Geisteskrankheiten, geistigen Störungen bzw. gestörten geistigen Abläufen befasst, die grundsätzlich oder im einzelnen Fall zum Konflikt mit den Gesetzen führen.
Frustration	Enttäuschung durch erzwungenen Verzicht oder Versagung von Befriedigung.
Hirnarteriosklerose	„Verkalkung" der Hirnarterien (s. Arteriosklerose).
homöopathisch, Homöopathie	Medikamentöses Therapieprinzip, wonach Krankheitserscheinungen mit niedrig dosierten Substanzen (Verdünnung in Potenzen) behandelt werden.
Hypnose	Schlafähnlicher Bewusstseinszustand.
Hypochondrie	Eingebildetes Kranksein.

Hypothese	Exakt definierte und widerspruchsfreie Annahme über den Zusammenhang beobachtbarer Größen (Variablen), die zwar einen gewissen Wahrscheinlichkeitsgrad hat, aber der Überprüfung und Bestätigung bedarf, häufig über den Versuch der empirischen Falsifikation (s. auch „Nullhypothese").
implizieren	beinhalten
intrauterin	innerhalb des Uterus
irrational	Vernunftwidrig; für das rationale Denken nicht erfassbar.
Justizvollzugsanstalt	Haftanstalt, Gefängnis.
Klient	Auftraggeber (z. B. eines Rechtsanwalts; aber auch eines Psychologen, wenn er nicht als „Patient" kommt; s. dort).
Kognitionen	Sammelbezeichnung für alle Vorgänge und Strukturen, die mit dem Gewahrwerden und Erkennen zusammenhängen, wie Wahrnehmung, Erinnerung (Wiedererkennen), Vorstellung, Begriff, Gedanke, aber auch Vermutung, Erwartung, Plan und Problemlösen.
Lügendetektor	Polygraph; volkstümliche Bezeichnung für ein Registriergerät, das die Stärke bestimmter körperlicher Reaktionen (Puls-, Atemfrequenz, elektrische Leitfähigkeit der Haut, Blutdruck) misst und aufzeichnet. Plötzliche Veränderungen dieser Reaktionen werden als Ausdruck psychischer Erregungen (z. B. auch infolge von Lügen; d. h. vorsätzlicher Falschbeantwortung von Fragen) interpretiert.
Manierismen	Gekünsteltes Verhalten.
Medikation	Verordnung von Medikamenten.
Meningitis	Hirnhautentzündung.
Narkose	Betäubung.
Nullhypothese	Statistische Hypothese, in der angenommen wird, dass sich aus Stichproben gewonnene Statistiken voneinander und vom entsprechenden Parameter der Population nicht oder nur zufällig unterscheiden (s. auch „Hypothese").
Parameter	Veränderliche oder konstante Hilfsgröße. In der Statistik: Mittelwerte und Streuungsmaße als Kennwerte der Grundgesamtheit (s. Population).

Patient	Vom Arzt oder Psychologischen Psychotherapeuten betreute bzw. behandelte Person (s. auch „Klient").
Phallus	Penis, männliches Glied.
Phallo(plethysmo)graphie	Verfahren zur Aufzeichnung der Häufigkeit von Erektionen des Phallus.
Phobie	Krankhafte Angst; exzessive inadäquate Angstreaktion, die durch bestimmte Gegenstände oder Situationen ausgelöst wird und gleichzeitig mit Einsicht in die Unbegründetheit verbunden ist.
Plethysmographie	Siehe Phallo(plethysmo)graphie. Ganzkörperplethysmographie
Polygraph	Gerät zum Aufzeichnen von körperlichen Reaktionen, aus denen sich Erregungszustände erkennen lassen; Mehrfachschreiber, Lügendetektor.
Population	Bevölkerung. In der Statistik: Grundgesamtheit. Bestand, Gesamtheit der Individuen gleicher Abstammung an einem bestimmten Standort. I.w.S. die Gesamtheit der Träger eines Merkmals bzw. aller Messwerte, über die auf Grund der Untersuchung an einer Stichprobe Aussagen gemacht werden sollen.
Proband	Versuchsperson. Eine Person, die sich in einer (Test-) Untersuchung in ihrer Leistungsfähigkeit oder Persönlichkeitsstruktur zu „erweisen" hat. Bezeichnung für „Klienten" von Psychologen.
Progressive Matrices (Test)	„Kulturfreier" Intelligenztest von Raven.
psychosomatisch	Durch psychische Einflüsse (z.B. Ängste, Überforderung) entstandene somatische (d.h. körperliche) Krankheitssymptome.
replizieren	erwidern, antworten.
Schizophrenie	Spaltungsirresein, dementia praecox; endogene Psychose, die durch ein Nebeneinander von gesunden und veränderten Empfindungen und Verhaltensweisen gekennzeichnet ist.
somatisch	körperlich.
Sozialisation	Prozess der Vermittlung und Einübung der Werte, Normen und Techniken einer Gesellschaft mit dem Ziel der Erlernung spezifischer Rollen bzw. Verhaltensweisen in einer Gesellschaft.

Stringenz	Bündigkeit, strenge Beweiskraft.
Superlativ	Höchste Steigerungsstufe.
synonym	sinnverwandt.
Tic, Tick	Meist automatische, gelegentlich willkürlich beeinflussbare, plötzlich einsetzende, rasche Muskelzuckungen i.S. einer Stereotypie mit zwanghaften Ausdrucks-, Abwehr- oder Reflexbewegungen.
Uterus	Gebärmutter.
venerische Infektion	Geschlechtskrankheit.
Verhaltensanalyse	Problemidentifikation. Diagnosestellung im verhaltensmodifikatorischen Ansatz der Verhaltenstherapie.
Workaholic	Arbeitssüchtiger.
zerebral	Das Gehirn betreffend.

Christopher Rauen

Coaching

Innovative Konzepte im Vergleich
(Reihe: Innovatives Management)

2., aktualisierte Auflage 2001,
236 Seiten,
€ 36,95 / sFr. 63,–
ISBN 3-8017-1433-0

Das Buch bietet zahlreiche konkrete Hinweise und Anregungen zur praktischen und vor allem erfolgreichen Umsetzung von Coaching-Maßnahmen.

Erika Regnet

Konflikte in Organisationen

Formen, Funktionen
und Bewältigung
(Reihe: Wirtschaftspsychologie)

2., überarbeitete Auflage 2001,
VI/289 Seiten, geb.,
€ 39,95 / sFr. 69,–
ISBN 3-8017-1110-2

Das Buch behandelt den Umgang mit Konflikten in Organisationen. Die zweite Auflage wurde mit aktuellen Fragestellungen und Ansätzen zur Konfliktbewältigung ergänzt.

Uwe Peter Kanning

Die Psychologie der Personenbeurteilung

1999, 299 Seiten,
€ 32,95/ sFr. 51,–
ISBN 3-8017-1312-1

Das Werk richtet sich an Personen, die sich professionell mit der Beurteilung von Menschen und sozialen Situationen beschäftigen, wie z.B. Richter, Lehrer, Führungskräfte, Politiker.

Bärbel Voß (Hrsg.)

Kommunikations- und Verhaltenstrainings

(Reihe: Psychologie für das
Personalmanagement)

2. Auflage 1996,
X/282 Seiten,
€ 29,95 / sFr. 57,–
ISBN 3-87844-102-9

Das Buch bietet einen Überblick über bedeutsame Trainingsansätze, u.a. auf den Gebieten Führung, Kommunikation, Konfliktmanagement und Teamentwicklung.

Heinz Schuler (Hrsg.)

Lehrbuch der Personalpsychologie

2001, VI/664 Seiten, Großformat,
€ 49,95 / sFr. 85,–
ISBN 3-8017-0944-2

In diesem Lehrbuch wird erstmalig in deutscher Sprache die Personalpsychologie auf dem neuesten Stand der Forschung und orientiert an den praktischen Aufgaben des Personalwesens aufgezeigt.

Bernd Marcus

Kontraproduktives Verhalten im Betrieb

Eine individuumsbezogene
Perspektive
(Reihe: Wirtschaftspsychologie)

2000, IX/387 Seiten, geb.,
€ 46,95 / sFr. 77,–
ISBN 3-8017-1385-7

Das Buch stellt erstmals umfassend traditionelle und neuere Erklärungsansätze für kontraproduktives oder schädliches Verhalten von Mitarbeitern vor

Hogrefe

Hogrefe-Verlag
GmbH & Co. KG
Rohnsweg 25 • 37085 Göttingen
Tel.: 05 51 - 4 96 09-0 • Fax: -88
E-mail: verlag@hogrefe.de
Internet: www.hogrefe.de